Das Regime des liberalen Kapitalismus

Richard Münch lehrt Soziologie an der Universität Bamberg.

Richard Münch

Das Regime des liberalen Kapitalismus

Inklusion und Exklusion im neuen Wohlfahrtsstaat

Campus Verlag
Frankfurt/New York

Bibliografische Information der Deutschen Nationalbibliothek
Die Deutsche Nationalbibliothek verzeichnet diese Publikation in der Deutschen Nationalbibliografie.
Detaillierte bibliografische Daten sind im Internet unter http://dnb.d-nb.de abrufbar.
ISBN 978-3-593-38894-6

Umschlaggestaltung: Guido Klütsch, Köln
Gedruckt auf Papier aus zertifizierten Rohstoffen (FSC/PEFC).
Printed in Germany

Besuchen Sie uns im Internet: www.campus.de

Inhalt

Vorwort

Die Globalisierungsdebatte wird von einem zentralen Konflikt beherrscht: Die Befürworter sehen im nationalen Wohlfahrtsstaat eine Fessel für wirtschaftliches Wachstum und Wohlstand, in der Globalisierung der Lebensverhältnisse dagegen die Chance auf Befreiung der wirtschaftlichen Wachstumskräfte aus der wohlfahrtsstaatlichen Gefangennahme. Die Kritiker erkennen in der globalen Ökonomie die Ursache für einen entfesselten Kapitalismus, der alle gesellschaftlichen Bindungskräfte zerstört und sich dadurch das eigene Grab schaufelt. Beide Seiten sind sich darin einig, dass wir im Zeitalter eines zunehmend von alten Fesseln befreiten liberalen Kapitalismus leben. Für ein tiefer gehendes Verständnis und eine weitreichendere Erklärung des sich vollziehenden gesellschaftlichen Wandels ist das jedoch zu kurz gegriffen. Es wird nicht zureichend erkannt, dass das Regime des liberalen Kapitalismus von einem fundamentalen Paradigmenwechsel der Solidarität und Gerechtigkeit begleitet wird, der die alten nationalen Maßstäbe obsolet werden lässt, ohne dass die neuen Prinzipien jedoch in ihrer vollen Tragweite erfasst worden wären und unbestrittene Legitimität erlangt hätten. Auf den Punkt gebracht, werden Inklusion und Exklusion in Bezug auf die Teilhabe an der Gesellschaft von der nationalen Ebene auf die transnationale Ebene gestellt. Auf diesem Wege wird das nationale Paradigma der kollektivistischen Inklusion des Individuums in die Gesellschaft durch Verbände, Kirchen und Parteien durch das transnationale Paradigma der individualisierten Inklusion mittels Bildung und Markterfolg abgelöst. Spiegelbildlich verändert sich das Muster der korrespondierenden Exklusion. Wurden bisher von der kollektiven nationalen Inklusion große Teile der peripheren Weltbevölkerung von der Teilhabe am Weltwohlstand ausgeschlossen, sind die Exkludierten der individualisierten Inklusion heute breit über die ganze Welt verstreut und zunehmend auch Teil der alten nationalen Wohlfahrtsstaaten. Es sind die bildungslosen und -schwachen neuen Unterschichten, die nicht länger auf die Bindungskraft nationaler, von Verbänden, Kirchen und Parteien getragener Solidarität hoffen können. Mit der globalisierten und universalisierten Inklusion geht zwangsläufig die relative Exklusion der neuen Unterschichten einher, die sich im Vergleich zum wachsenden Wohlstand der Mehrheit benachteiligt sehen. Das führt zur Desintegration und Desorganisation der nationalen Gesellschaften, die sich an höheren Kriminalitätsraten ablesen lassen. Wenn die kollektiven Kräfte der Inklusion schwinden, bleibt anscheinend nur noch die Option, mittels Abschreckung durch hohe Inhaftierungsraten die gesellschaftliche Ordnung aufrechtzuerhalten. Hier zeigt sich das Dilemma, mit dem sich das Regime des liberalen Kapitalismus und des mit ihm einhergehenden Paradigmenwechsels von Solidarität und Gerechtigkeit konfrontiert sieht. Das zu verstehen, ursächlich zu erklären und in seinen Konsequenzen auszuleuchten, ist das Anliegen dieses Buches.

Die Arbeit an diesem Buch hat viele Anregungen aus Diskussionen bei Konferenzen, Workshops und Seminaren erhalten, bei denen Teile davon vorgestellt wurden. Besonders hervorheben möchte ich das von der Deutschen Forschungsgemeinschaft seit 2002 geförderte interdisziplinäre Graduiertenkolleg »Märkte und Sozialräume in Europa« an der Otto-Friedrich-Universität Bamberg. Sebastian Bechmann und Sabine Frerichs haben Daten gesammelt und aufbereitet. Christian Dressel hat erste Regressionsanalysen zur Delinquenz durchgeführt, die von Sabine Frerichs und Monika Sander weitergeführt wurden. Christian Baier hat die Regressionsanalysen zur Beschäftigungsquote gerechnet. Die zugrunde liegenden Daten hat Alexander Dobeson recherchiert. Nilgun Massih-Tehrani hat die Verlaufskurven zum Außenhandel Deutschlands und zu den Vertragsverletzungsverfahren der EU-Kommission sowie zu den Vorabentscheidungsverfahren des Europäischen Gerichtshofs wie auch zum Dax 30 und zum Dow Jones erstellt. Die Textverarbeitung lag in den Händen von Brigitte Münzel und Juliane Schmidt-Wellenburg. Bei ihnen allen möchte ich mich für die Unterstützung bei der Arbeit an diesem Buch herzlich bedanken.

Bamberg, im Juni 2009 *Richard Münch*

Einleitung

Unsere Gegenwart scheint von einem fundamentalen Widerspruch geprägt zu sein: der globalen Dimension von Finanz- und Warenströmen und der nationalen Gebundenheit von Solidarität und Gerechtigkeit. Diese Sicht auf die Gegenwart macht ihre Rechnung allerdings ohne das Recht auf, das immer schon darauf angelegt ist, jenseits primordialer Bindungen und Kulturen Frieden zu sichern, Konflikte einzudämmen und wirtschaftlichen Austausch zu ermöglichen. Zwischen der Ausdifferenzierung eines globalen Wirtschaftsraumes und dem Entstehen einer korrespondierenden, als legitim anerkannten und rechtlich bestimmten institutionellen Ordnung besteht in Wirklichkeit ein unmittelbarer Zusammenhang der fortschreitenden gegenseitigen Verstärkung. Ein Schritt auf der ökonomischen Seite ermöglicht Schritte auf der rechtlichen Seite, die weitere Schritte auf der ökonomischen Seite erlauben usw. und umgekehrt (vgl. Fligstein und Stone Sweet 2002). Die ökonomische Seite wird sich ohne die rechtliche Seite nicht entwickeln, weil dann nicht das für Eigentumsübertragungen und Entscheidungen über Zahlen/Nicht-Zahlen notwendige Vertrauen entstehen würde. Ein entfalteter Wirtschaftsraum jenseits der Grenzen nationaler Solidarität kann demgemäß nur ein rechtlich konstituierter sein, anderenfalls würde er nicht existieren. Einen Kreislauf von Zahlungen kann es nur in unmittelbarer Symbiose mit den damit korrespondierenden vertraglichen Vereinbarungen geben. Wegen dieser Symbiose kann sich ein Wirtschaftsraum über die Grenzen von (nationalen) Gemeinschaften hinaus nur ausdifferenzieren, wenn das Recht und die Ideen der Gerechtigkeit als Legitimationsgrundlage strukturadäquat mitwachsen bzw. erst die Voraussetzungen dafür schaffen. Das Recht geht demnach der Wirtschaft sogar voraus. Wirtschaft und Recht verhalten sich in dieser Perspektive nicht wie zwei autopoietisch operierende Systeme, die füreinander lediglich Impulse setzen, sie sind vielmehr zwei Seiten ein und derselben Medaille, die untrennbar miteinander verknüpft und von einer spezifischen Strukturänderung geprägt sind, in unserem Fall von der Herauslösung des Handlungsraums aus der Umklammerung durch Gemeinschaft, Gemeinschaftsbesitz und Brüderlichkeitsethik. In beiden Fällen müssen Entscheidungen ohne die Sicherheit verbürgenden und Vertrauen einflößenden Gemeinschaftsbande getroffen werden, ökonomische Entscheidungen der Eigentumsübertragung und Zahlung und rechtliche Entscheidungen der vertraglichen Vereinbarung. Beide Seiten stehen unter denselben Bedingungen und benötigen deshalb strukturgleiche Lösungen. In diesem Sinne verhalten sie sich homolog zueinander. Das beide Seiten miteinander verbindende materielle Substrat ist die Umstellung von mechanischer auf organische Solidarität, von segmentärer auf funktionale Differenzierung und von kollektiver auf individuelle Inklusion in die Gesellschaft (Durkheim 1977). Als kultureller Überbau für beide Seiten dient die Herausbildung des moralischen Universalismus und des ethischen Individualismus mit der Umstellung der Gerechtigkeit von Teilhabe am Ganzen gemäß Mitgliedschaft in einem Kollektiv auf Teilhabe gemäß individueller Leistung unter Bedingungen von Chancengleichheit und Fairness (Abb. E.1).

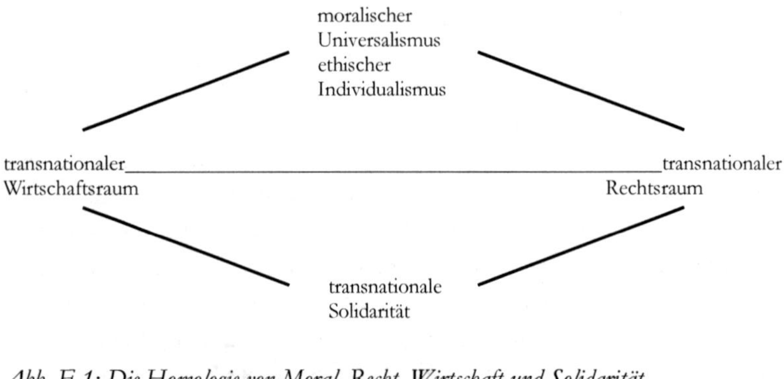

Abb. E.1: Die Homologie von Moral, Recht, Wirtschaft und Solidarität

Unter dem Begriff der Ausdifferenzierung wird in der Regel die Freisetzung wirtschaftlicher Transaktionen aus normativer Regulierung verstanden. Max Weber leistet einer solchen Deutung selbst Vorschub (Weber 1920/1972: 544–546; 1922/1976: 353–355). Das ist nur richtig, wenn man die Maßstäbe der Brüderlichkeitsethik geschlossener Gemeinschaften anlegt. Dabei ist zu bedenken, dass die Brüderlichkeitsethik partikularistischen Charakters ist und die Trennung zwischen Binnen- und Außenmoral impliziert. Natürlich ist es unbrüderlich und damit im Sinne der Brüderlichkeitsethik verwerflich, wenn Arbeitnehmer bei sinkender Ertragslage entlassen werden. Der Markt zwingt den Unternehmer dazu, wenn er das Unternehmen am Markt halten will. Unter welchen Bedingungen, mit welchen Kündigungsfristen und gegebenenfalls Ausgleichszahlungen das möglich ist, schreibt allerdings das Arbeitsrecht vor, in das wiederum ethische Vorstellungen über die Ausbalancierung von Selbstverantwortung und sozialer Sicherheit eingegangen sind. Selbst das Hire-and-fire-System der Vereinigten Staaten ist insofern ethisch imprägniert, als in das Arbeitsrecht die dominante Ethik des Individualismus eingeflossen ist. Da in das Arbeitsrecht der europäischen Wohlfahrtsstaaten Elemente einer Ethik des Kollektivismus im Sinne von gleicher Teilhabe am Wohlstand eingegangen sind, unterliegt die Entlassung von Arbeitnehmern restriktiveren Bedingungen.

Die Ausdifferenzierung eines über Gemeinschaftsgrenzen hinausgehenden Wirtschaftsraumes ist nur möglich, wenn Solidarität, Ethik und Recht mitwachsen (»koevoluieren«) und den Charakter von organischer Solidarität, individueller Inklusion, Leistungsgerechtigkeit, Chancengleichheit und Fairness annehmen. Das heißt, dass sich die ausdifferenzierte Wirtschaft von der »Gemeinwirtschaft« nicht einfach durch ihre Normfreiheit unterscheidet, sondern durch die in sie eingelassene Ethik des Individualismus. Dass Leistungen nach ihrem auf dem Markt im Wettbewerb erzielten Preis entgolten werden und nicht nach den Bedürfnissen der Leistungsanbieter, ergibt sich nicht aus einer »Autopoiesis« der Wirtschaft, sondern aus dem Zusammenwirken des Marktes mit der ausdrücklichen Legitimation seiner Ergebnisse durch die Ethik des Individualismus. Dort, wo uns die Ergebnisse des Marktes im Widerspruch zu *allgemein* begründbaren ethischen Grundsätzen zu stehen scheinen, werden sie ja auch durch Regulierungen des Wettbewerbs-, Verbraucher-, Arbeits- oder Sozialrechts korrigiert. Damit soll nicht behauptet werden, dass die rechtliche Ordnung der Wirtschaft die Spannung zwischen Ethik und Ökonomie grundsätzlich und ein für allemal aufhebt. Das gilt auch für das Verhältnis zwischen der modernen Ethik des Individualismus und dem Konkurrenzkampf auf dem Markt. Die Ethik des Individualismus verlangt zum Beispiel im Rahmen des moralischen Universalismus, dass für alle gleiche Chancen der Selbstverwirklichung bestehen sollen. Die Marktkonkurrenz erzeugt jedoch Ungleichheiten, die bei fortgesetzter Konkurrenz immer größer werden. Das heißt, dass jede Runde der Marktkonkurrenz für jede weitere Runde Chancenungleichheiten hervorbringt, die das ethische Postulat der Chancengleichheit verletzen. Dementsprechend wird das Spannungsverhältnis zwischen Ethik und Ökonomie trotz erster Auflösung in der rechtlich konstruierten Wirtschaftsordnung fortlaufend erneuert und es verlangt immer wieder neue Maßnahmen der Annäherung der wirtschaftlichen Realität an die ethischen Postulate.

Durch die Ausdifferenzierung des wirtschaftlichen Handlungsraumes über die Gemeinschaftsgrenzen hinaus treten Ethik und Ökonomie in einen Gegensatz, der sich in der Differenzierung zwischen Binnen- und Außenmoral äußert. Innerhalb der Gemeinschaftsgrenzen ist Wirtschaften an die Brüderlichkeitsethik gebunden, außerhalb nicht. Dieser Gegensatz wird durch die Herausbildung einer rechtlich konstruierten Wirtschaftsordnung, die innen und außen gleichermaßen gilt, aufgehoben. Gleichzeitig wird die Brüderlichkeitsethik von der Verknüpfung des moralischen Universalismus mit der Ethik des Individualismus abgelöst. Das moderne Wirtschaftsrecht (auch Arbeits- und Sozialrecht) bildet die institutionelle Ordnung des ausdifferenzierten wirtschaftlichen Handlungsraumes. Es vermittelt zwischen dem moralischen Universalismus und dem ethischen Individualismus auf der einen Seite und den Gesetzmäßigkeiten der ökonomischen Nutzenmaximierung auf dem Markt auf der anderen Seite. Das Wirtschaftsrecht bildet eine Zone der Überschneidung von Ethik und Ökonomie, weil wir es hier mit rechtlich geordnetem ökonomischem Handeln zu tun haben, das sowohl an ethischen Maßstäben als auch an ökonomischen Gesetzmäßigkeiten orientiert ist. Außerhalb dieser Überschneidungszone ist die Ethik von der Rücksichtnahme auf ökonomische Gesetzmäßigkeiten und das ökonomische Handeln von der Unterordnung unter ethische Maßstäbe frei. So ist es in ethischen Diskursen stets möglich, weiter gehende ethische Anforderungen zu stellen, als sie im Wirtschaftsrecht verwirklicht sind. Ebenso kann aber auch im wirtschaftlichen Handeln nach Maßstäben der ökonomischen Rationalität Druck in die Richtung einer Änderung des Wirtschaftsrechts ausgeübt werden, um es zum Beispiel von einer zu starken Fesselung durch ethischen Kollektivismus zu befreien. Diese Änderung muss wiederum mit Hilfe von ethischen Maßstäben, zum Beispiel mit Maßstäben des ethischen Individualismus ethisch gerechtfertigt werden, wenn dafür ethische Legitimität erreicht werden soll. Beispielsweise übt die eigendynamische globale Expansion des Wirtschaftsraumes über alle Gemeinschaftsgrenzen hinaus von der wirtschaftlichen Seite her einen Anpassungsdruck auf die ethische Seite in die Richtung der Umstellung vom Kollektivismus auf den Individualismus aus, weil sich die Solidaritätsstrukturen ändern. Die Umstellung des Wirtschaftsrechts übernimmt dann die Führungsrolle bei der schrittweisen Anpassung der Ethik an die neuen wirtschaftlichen *und* solidarischen Verhältnisse. Aber auch die Globalisierung des Raumes ethischer Diskurse wirkt verändernd auf das Wirtschaftsrecht, indem sie den Abbau von Diskriminierung durch Grenzschließung erzwingt. In diesem Sinne arbeiten sich die Globalisierung ethischer Diskurse und die Globalisierung der Wirtschaft gegenseitig in die Hände. Beide Seiten entfalten sich außerhalb ihrer Überschneidungszone im Wirtschaftsrecht eigendynamisch und erzwingen fortlaufend eine entsprechende Erneuerung der Verknüpfungsleistungen des Wirtschaftsrechts. Diese dynamische Verknüpfung von Ethik und Wirtschaft ist das spezifische Merkmal der Ausdifferenzierung des Raumes wirtschaftlicher Transaktionen über die Grenzen von Gemeinschaften hinaus. Sie ist von der Deckungsgleichheit von Ethik und Wirtschaft innerhalb von Gemeinschaftsgrenzen zu unterscheiden. Wir können dieses Spezifikum der Moderne und erst recht der europäischen oder gar globalisierten Moderne als dynamische Interpenetration von Ethik und Ökonomie im Wirtschaftsrecht bezeichnen (Münch 1998: 68–117; 1996; 2001a: 93–99; vgl. Schwinn 1996, 1997).

Nehmen wir als Beispiel den europäischen Wirtschaftsraum. Es ist häufig gesagt worden, dass der europäische Binnenmarkt zu einer rechtlichen Regulierung der Wirtschaft auf dem kleinsten gemeinsamen Nenner und somit zu einem *race to the bottom* führe. Es kann allerdings nicht ernsthaft behauptet werden, dass diese Konsequenz in aller Breite eingetreten ist. In einer Reihe von Richtlinien zu Umwelt, Gesundheit und Sicherheit am Arbeitsplatz sind die EU-Richtlinien sogar über das Schutzniveau der Mitgliedstaaten mit den jeweils strengsten Normen hinausgegangen. Das gilt für die Richtlinien zu PCB (76/769 EG), Schwefeldioxyd (80/779 EG), Gesundheit und Sicherheit am Arbeitsplatz (89/391 EG), Maschinen (89/392 EG), Gesundheit und Sicherheit an Bildschirmarbeitsplätzen (90/270 EG). Während der Spielraum für Umverteilung im Bereich der Sozialpolitik wegen der schwächeren europäischen im Vergleich zur nationalen Solidarität für die Union enger gezogen ist als für die Einzelstaaten, sind ihrer sozialen Regulierung jenseits der Umverteilung offensichtlich nicht so enge Grenzen gesetzt (Eichener 1994). Vergleichbar zu den ebenso weniger in der sozialpolitischen Umverteilung aktiven Vereinigten Staaten, kann die Union als Schrittmacher bei Innovationen der Regulierung in den Bereichen von Umwelt, Nahrung, Arzneimittel, Produktsicherheit und Risikomanagement fungieren (Majone 1996: 134–135). Solche Innovationen passen in das Programm, das den Rechten der individuellen Person im geöffneten transnationalen Raum Priorität vor ihrer Einbindung in kollektive Zwänge gibt. Es geht hier um ihre Gesundheit und körperliche Unversehrtheit. Derselben Logik der Verwirklichung individueller Rechte folgt der konsequente Abbau jeglicher Art von Diskriminierung, bei der sich ebenfalls eine Vorreiterrolle der Europäischen Union gegenüber dem Entwicklungsstand in den einzelnen Mitgliedstaaten beobachten lässt. Das Binnenmarktprogramm ist grundsätzlich darauf ausgerichtet, jede Diskriminierung im freien Verkehr von Waren, Dienstleistungen, Kapital und Personen aufgrund von nationaler Herkunft zu beseitigen. Darüber hinaus verlangt dies Artikel 119 [141] EGV auch in Bezug auf die Geschlechter. Auf dieser Grundlage hat der Europäische Gerichtshof mit einer Reihe von Urteilen die Anforderungen an die Gleichstellung der Geschlechter im Vergleich zur Praxis in den Mitgliedstaaten erheblich verschärft (zum Beispiel Fall 84/170, *Bilka*) (vgl. Blomeyer 1995; Wobbe 2003). Im Vergleich zum nationalen Wirtschaftsraum ist der europäische Wirtschaftsraum nicht einfach durch den Abbau von rechtlicher Regulierung gekennzeichnet, sondern durch die Umstellung auf eine Regulierung, die weiter weg von kollektiver Einbindung nach innen und Abschottung nach außen und näher hin zur rechtlichen Absicherung der Wahrnehmung individueller Rechte unter Bedingungen der Chancengleichheit und Vermeidung jeglicher Art von Diskriminierung führt (Dehousse 1998: 36–39; Weiler 1999: 107–29). Die europäische Integration verändert die nationalen Gesellschaften nachhaltig, während eine europäische Gesellschaft sui generis entsteht (Frerichs 2008; Münch 2008a, 2008b). Am Maßstab nationaler Gesellschaften gemessen, kann man auch von einem Europa ohne Gesellschaft sprechen (Lepsius 1991; Scharpf 1999; Bach 2008; Höpner und Schäfer 2008).

Auch den Umbau der vom Wohlfahrtsstaat getroffenen Regulierungen der Wirtschaft durch die Entwicklung des europäischen Binnenmarktes und die Liberalisierung des Weltmarktes verstehen wir falsch, wenn wir ihn nur als endgültigen Triumph des Kapitalismus über Moral und Ethik und als vollständige Freisetzung eines autopoietischen Systems von normativer Regulierung begreifen (vgl. Pierson 1994; Kitschelt et al. 1999; Huber und Stephens 2001; Seeleib-Kaiser 2001). Wir haben es hier mit einer neuen Stufe der homologen Entwicklung von Wirtschaft, Solidarität, Recht und Ethik in einem transnationalen Raum zu tun. Der Wohlfahrtsstaat hat noch einmal Reste einer segmentären Brüderlichkeitsethik bewahrt und muss jetzt jenseits aller segmentären Differenzierung der vollständigeren Durchsetzung einer Ethik des Individualismus die Bahn frei machen. Dieser enge Nexus zwischen der Ausdifferenzierung der Wirtschaft und der Ausdifferenzierung von Solidarität, Ethik und Recht wird in der Tradition der funktionalistischen Differenzierungstheorie in seiner Eigenart und Tragweite nicht richtig erfasst. Darüber kann auch das erst spät und unvollständig ausgearbeitete Konzept der strukturellen Kopplung nicht hinwegtäuschen (Luhmann 1997: 776–88).

Das von Luhmann am konsequentesten vertretene Argument, dass wirtschaftliche Operationen ethisch nicht steuerbar seien, sondern sich nur selbst steuern können (Luhmann (1988: 324–349), erweist sich als irreführend, weil eine funktionierende ausdifferenzierte Wirtschaft als institutionelle Ordnung – etwas anderes als ein Funktionssystem – grundsätzlich schon ethisch imprägniert ist. Was sich hier gegen Steuerungen sperrt, ist nicht die Autopoiesis der Wirtschaft, sondern die Ethik des Individualismus, die zu weitgehende Eingriffe in das Marktgeschehen als illegitim erscheinen lässt und demgemäß ethisch motivierte und legitimierte Widerstände gegen zu weitgehende Eingriffe in die Autonomie des Individuums erzeugt. Die Wirtschaft verfügt selbst über keine Abwehrkräfte gegen ethisch motivierte Eingriffe in das Marktgeschehen, sonst hätte das realsozialistische Experiment keine 70 Jahre überdauern können. Gescheitert ist dieses Experiment auch keineswegs an der Autopoiesis der Wirtschaft, sondern letztlich an der Auszehrung des mit dem Experiment verknüpften ethischen Potenzials. Was uns von einer weiter gehenden ethischen Steuerung der Wirtschaft abhält, ist nicht deren Autopoiesis, sondern es sind unsere ethischen Prinzipien, die dem Individualismus einen mit der Transnationalisierung des Wirtschaftsraumes zunehmenden Vorrang vor dem Kollektivismus geben. Die Grenzen der ethischen Steuerung der Wirtschaft werden demgemäß nicht von der Wirtschaft, sondern von der Ethik selbst gesetzt. Welche Unterschiede es dabei in der Realität gibt, zeigt etwa die Kluft, die zwischen dem jeweils ethisch legitimierten Steuerabzug aus dem Marktgeschehen in Schweden auf der einen Seite und den Vereinigten Staaten auf der anderen Seite besteht. Man wird wohl nicht argumentieren können, dass die amerikanische Wirtschaft »autopoietischer« operiert als die schwedische, wohl aber, dass die Solidaritätsstruktur und die ihr korrespondierende Ethik in den Vereinigten Staaten eher zum Individualismus neigen, in Schweden dagegen eher zum Kollektivismus. Das hat gewiss etwas mit der Größe und Offenheit des Landes für Zuwanderung zu tun. Größe und Offenheit drängen zur Pluralisierung und Extension der sozialen Kreise und damit zum Individualismus.

Der Diskurs über die Ausdifferenzierung von Handlungsräumen, zum Beispiel des Raumes für wirtschaftliche Transaktionen, ist von der Systemtheorie in eine Richtung gelenkt worden, die den Blick auf den ethischen Umbruch vom Kollektivismus zum Individualismus verstellt hat. Dieser Umbruch erhält im Zeichen der Europäisierung und der Globalisierung einen neuen Schub. In diesem Lichte ist sowohl die Verteufelung der Globalisierung als endgültiger Triumph des Kapitalismus als auch der Wunsch nach Übertragung der kollektivistischen Wohlfahrtsethik der Wohlfahrtsstaaten auf die Europäische Union oder gar die Weltgesellschaft, sowohl das Setzen auf die Erneuerung der kollektivistischen Wohlfahrtsethik in den Wohlfahrtsstaaten selbst als integrierender Gegenpol gegen die zersetzenden Wirkungen der Globalisierung als auch der evolutionäre Fatalismus der Systemtheorie, der jedes Eingreifen in die Welt für sinnlos erklärt, eine unzureichende Deutung der sich real vollziehenden Entwicklung. Die Welt des ausdifferenzierten globalen Wirtschaftsraumes ist ethisch gestaltbar, aber nur strukturadäquat nach den Prinzipien des ethischen Individualismus. Der Weg zu einer solchen legitimen Ordnung ist allerdings auf absehbare Zeit mit schier nicht zu bewältigenden Konflikten gepflastert.

Jeder gesellschaftliche Strukturwandel verteilt die Chancen auf Teilhabe am Wohlstand im weitesten Sinn neu. Die Verteilungsregeln werden neu bestimmt, und neue Institutionen entscheiden über die Inklusion der Individuen in den Wohlstand bzw. über ihre Exklusion aus der Teilhabe daran. Das gilt in besonderem Maße für den sich gegenwärtig vollziehenden Wandel, bei dem das System von souveränen Nationalstaaten zunehmend von internationalen Regimen, transnationalen Ordnungen und supranationalen Formen der Governance überlagert wird. Im Vordergrund steht dabei die Dialektik von wirtschaftlicher und rechtlicher Integration. Durch Veränderungen des Rechts werden Grenzen für finanzielle und realwirtschaftliche Transaktionen beseitigt. Die globalen Finanz- und Warenströme erzeugen allerdings neue Risiken, die wiederum Bestrebungen ihrer rechtlichen Einhegung hervorrufen. Nicht überraschend hat die rechtliche Deregulierung der Finanzmarktkontrollen eine gesteigerte Dynamik in die globalen Finanzströme hineingebracht, sodass sie von heftigsten Auf- und Abwärtsbewegungen, Spekulationsblasen, falschen Bonitätseinschätzungen und unzuverlässigen Risikobewertungen durch Ratingagenturen geprägt und in immer kürzeren Abständen von veritablen Krisen erschüttert werden. Das jüngste Beispiel ist die von faulen Immobilienkrediten in den USA ausgelöste globale Finanzkrise, die Riesen des Investmentbankings und der Versicherung von der Bildfläche verschwinden ließ oder in staatliche Obhut trieb sowie die amerikanische Regierung dazu gezwungen hat, sich vom Kongress eine Gewährleistung in Höhe von nicht weniger als 700 Milliarden Dollar genehmigen zu lassen. In der ganzen Welt sind Banken in Schwierigkeiten geraten und haben Regierungen veranlasst, mit Milliardenbürgschaften den rapide sinkenden Vertrauensverlust im Finanzsystem zu stoppen.

Wie bei allen derartigen Krisen erschallte aus allen politischen Lagern der Ruf nach mehr Transparenz, Regulierung und Kontrolle, um die »Märkte berechenbar« zu halten. Es geht dabei um eine Symbiose von Wirtschaft und Recht jenseits des nationalen Protektionismus, eine Symbiose, die der globalen Dimension der Finanz- und Warenströme gerecht wird. Die einen sehen jetzt überhaupt die liberale Ordnung jenseits und diesseits des Nationalstaats in Gefahr und wollen retten, was zu retten ist. Die anderen sehen die Zeit für die Wiedergeburt des starken Staates gekommen, der innerstaatlich und zwischenstaatlich für eine berechenbare Ordnung sorgt. Die Krise führt in aller Deutlichkeit vor Augen, dass Wirtschaft und Recht zwei Seiten ein- und derselben Medaille sind. Die Kongruenz ihrer Extension ist die Voraussetzung für die Stabilisierung einer berechenbaren Ordnung für die Wirtschaftsakteure, die als legitim anerkannt wird. Dazu gehört insbesondere auch eine als legitim betrachtete Antwort auf die Verteilung des Wohlstands, auf Inklusion und Exklusion diesseits und jenseits des Nationalstaats. Der Weg zu dieser Antwort führt durch heftigste Konflikte innerhalb und zwischen Nationen hindurch. Gerechtigkeit in der Verteilung des Wohlstands wird neu definiert in diesen Konflikten. Dabei scheint das Regime des liberalen Kapitalismus auf einem unaufhaltsamen Siegeszug durch die Welt zu sein. Am tiefgreifendsten erfasst dieser gesellschaftliche Wandel die europäischen Wohlfahrtsstaaten. Die Globalisierung von Wirtschaft und Recht untergräbt nicht nur die Funktionsfähigkeit, sondern auch die Legitimität der alten wohlfahrtsstaatlichen Ordnung, ohne dass es eine neue, als legitim anerkannte Ordnung gäbe. Dem Siegeszug des liberalen Kapitalismus haftet das Signum der Illegitimität an. Krisen, Protest und Widerstand sind deshalb die unvermeidlichen Begleiterscheinungen dieses fundamentalen gesellschaftlichen Wandels (vgl. Sennett 1998; Boltanski und Chiapello 2003).

Wir werden in diesem Buch keine Lösung der Probleme anbieten können, zumal diese nicht am Reißbrett entwickelt zu werden vermag, sondern allein aus den politischen Kämpfen selbst hervorgehen kann. Alles was in einem Buch erreicht werden kann, ist ein tieferes Verständnis des sich vollziehenden Wandels, seiner Ursachen, Begleiterscheinungen und Folgen. Das soll hier in sechs Schritten versucht werden. Im ersten Kapitel soll dargelegt werden, wie Wirtschaft, Recht und Ethik ineinandergreifen, welchen Wandel sie im Übergang von der Tradition zur Moderne, von der nationalstaatlichen zur globalen Moderne vollziehen, wie sich Arbeitsteilung, Solidarität und Gerechtigkeit in diesem Zusammenhang und in Abstimmung aufeinander entwickeln. Ausgehend von dieser theoretischen Grundlage zielen die folgenden fünf Kapitel auf ein Verständnis und eine Erklärung der Veränderung von Inklusion und Exklusion im neuen Wohlfahrtsstaat unter dem Regime des sich global ausbreitenden liberalen Kapitalismus. Die weitere Untersuchung ist so angelegt, dass zunächst in Kapitel 2 der sich vollziehende Wandel der Wirtschaftsordnung auf dem Weg von der nationalstaatlich eingehegten zur entgrenzten globalen Moderne identifiziert wird. Dieser Wandel der Wirtschaftsordnung ist die treibende Kraft des Wandels der Sozialordnung, der in Kapitel 3 untersucht wird. Es entsteht ein neues Regime der individualisierten Inklusion in die Gesellschaft bei gleichzeitiger relativer Exklusion der im verschärften Wettbewerb um Anteile am Wohlstand Gescheiterten. Die Eigenart dieser liberalen Sozialordnung zeigt sich in paradigmatischer Weise in der amerikanischen Gesellschaft, deren Untersuchung in Kapitel 4 demnach hilft, die neue, sich auch in Europa herausbildende Ordnung besser zu verstehen. Wie weit und mit welchen Konsequenzen für die soziale Integration sich die europäischen konservativ und/oder sozialdemokratisch geprägten Wohlfahrtsstaaten dem liberalen Modell annähern, zeigt sich im nächsten Untersuchungsschritt in Kapitel 5. Ihren Abschluss findet die Untersuchung in Kapitel 6 mit der Klärung der Frage, ob die aktuelle globale Finanzkrise dem Regime des liberalen Kapitalismus ein Ende setzt. In der Schlussbetrachtung werden die globale Ausbreitung, Dynamik und Krisenanfälligkeit der liberalen Ordnung und die ihr eigene Dialektik von Inklusion und Exklusion auf den Punkt gebracht.

Die soziologische Herangehensweise an den untersuchten Wandel des Wohlfahrtsstaates im Kontext der sich herausbildenden Weltgesellschaft unterscheidet sich von den in diesem Forschungsfeld dominierenden politikwissenschaftlichen Forschungsansätzen durch eine längere historische Sicht, ein tieferes Hineinleuchten in die Grundstrukturen der Gesellschaft und eine breiter angelegte Gesellschaftsanalyse, die über die Untersuchung politischer Konstellationen hinausgeht. Der Wandel des Wohlfahrtsstaates wird als Teil eines umfassenderen Wandels von Staat, Wirtschaft, Sozialstruktur und Kultur auf dem Weg vom System der Nationalstaaten zur Weltgesellschaft begriffen. Es geht auch nicht einfach um den Abbau wohlfahrtsstaatlicher Sicherheit, nicht einfach um die Ausbreitung von Liberalisierungs-, Privatisierungs- und Vermarktlichungsprogrammen, sondern um einen Funktionswandel der Wirtschaft, einen Strukturwandel der Solidarität und einen Paradigmenwechsel der Gerechtigkeit sowie um den Zusammenhang zwischen ihnen. Es soll ein grundlegender Wandel der Gesellschaft insgesamt in seinem Sinn, seinen Ursachen, Erscheinungsformen und Konsequenzen, ein Wandel von größter Kulturbedeutung begreifbar gemacht werden.

In diesem Bezugsrahmen haben auch Fragen nach politischen Konstellationen ihre Berechtigung. Beispielsweise haben historisch kooperative Beziehungen zwischen Kapital und Arbeit eher ein Verhältniswahlrecht hervorgebracht, das wiederum Mitte-Links-Regierungen und deren Präferenz für umfassende wohlfahrtsstaatliche Sicherheit begünstigt hat. Dagegen haben antagonistische Beziehungen zwischen Kapital und Arbeit ein verängstigtes Bürgertum eher für ein Mehrheitswahlrecht votieren lassen, das wiederum eher Mitte-Rechts-Regierungen und ihre Tendenz zur Begrenzung wohlfahrtsstaatlicher Arrangements unterstützt hat (Iversen und Soskice 2006; Cusack, Iversen und Soskice 2007). Nach der Parteidifferenz-Hypothese ist die unterschiedlich lange Beteiligung von konservativen oder sozialdemokratischen Parteien für den mehr oder weniger weitgehenden Ausbau und auch wiederum für den Abbau des Wohlfahrtsstaates verantwortlich zu machen (Huber und Stephens 2001; Swank 2002). Viele Veto-Spieler im politischen System (Tsebelis 2002) erschweren den Ausbau des Wohlfahrtsstaates, aber auch dessen Abbau, soweit er durchgesetzt worden ist. Diese Erklärungsansätze haben den Vorteil des direkten Zugriffs auf das politische Geschehen, aber auch den Nachteil der Kurzsichtigkeit. Man sieht keine Strukturen, keine umfassenden Zusammenhänge und keine längerfristigen Prozesse. So berechtigt sie für sich selbst in ihrer Fragestellung sind, so sehr bedürfen sie einer Ergänzung durch einen soziologischen Blick in die Breite, Tiefe und Länge des sich vollziehenden gesellschaftlichen Wandels (vgl. Mahoney und Rueschemeyer 2003; Streeck und Thelen 2005a, 2005b).

1. Wirtschaft, Recht und Solidarität: Von der Moderne zur globalisierten Moderne

1.1 Einleitung

Es gehört zum klassischen Repertoire der Soziologie, sich die Moderne als Ergebnis und fortlaufende Komplettierung eines Differenzierungsprozesses vorzustellen (vgl. Schimank 1996; Nassehi 2003; Kieserling 2004). In der Sprache der Systemtheorie von Niklas Luhmann geht es dabei um die fortschreitende Überlagerung der älteren Formen von Differenzierung, der segmentären Differenzierung in Familien, Sippen und Stämme und der stratifikatorischen Differenzierung in Stände (Klassen und Schichten) durch die moderne Form der funktionalen Differenzierung in letztendlich autopoietisch operierende, das heißt sich fortlaufend selbst aus ihren eigenen Elementen – spezifischen Kommunikationen – reproduzierende Systeme (Luhmann 1997: 634–776). In der Sprache der Handlungs- und Systemtheorie verknüpfenden Gesellschaftstheorie von Jürgen Habermas handelt es sich um die Entkopplung von Funktionssystemen aus der Lebenswelt (Habermas 1981, Bd. 2: 229–293). Für Luhmann ist dies ein evolutionärer Prozess, in dem durch Systembildung einerseits Weltkomplexität reduziert, andererseits aber auch Komplexität gesteigert wird. Die Funktionssysteme erlauben es, die Welt nach einfachen Unterscheidungen eines binären Codes (Ja/Nein) zu bearbeiten, andererseits steigern sie selbst im Evolutionsprozess ihre eigene Komplexität, können dadurch mehr Umweltkomplexität bewältigen, tragen aber auf diese Weise zum ständigen gegenseitigen Aufschaukeln von System- und Umweltkomplexität bei. Dieser evolutionäre Prozess treibt sich nach den Prinzipien von Variation, Selektion und Restabilisierung selbst voran und kann keiner Steuerung von außen unterworfen werden. Es ist deshalb müßig, ihn nach irgendwelchen von außen herangetragenen Maßstäben von Vernunft und Moral beurteilen zu wollen (Luhmann 1997: 134–144, 456–505, 743–776; vgl. Schmidt-Wellenburg 2005).

Genau an diesen Maßstäben – zumindest in ihrer prozeduralisierten Form – will Habermas festhalten. Da es sich in seinen Augen nicht um einen evolutionären Prozess handelt, sondern um einen Prozess der Rationalisierung der Lebenswelt, bleibt die Entfaltung der Vernunft Kern des ganzen Vorgangs. Da Habermas an einem umfassenden, theoretische Fragen des Kausalwissens und praktische Fragen der Moral und Ethik einschließenden Vernunftbegriff festhält, erscheint ihm die funktionale Differenzierung der Gesellschaft in Funktionssysteme als eine »Halbierung« der Vernunft und zudem als eine Bedrohung, sogar als eine »Kolonialisierung« der kommunikativen Verständigung über richtiges Handeln und gutes Leben. Es kommt deshalb darauf an, die ausdifferenzierten Systeme durch diskursive Verfahren der Verständigung an die Leine zu nehmen und mit Konzepten des moralisch richtigen Handelns und des guten Lebens verträglich zu machen (Habermas 1981, Bd. 2: 447–593).

Während Luhmanns Ansatz bewusst den Kontakt zur historischen Realität vermeidet, leidet der Habermassche Ansatz darunter, dass er sich zunächst auf das Begriffsspiel der Systemtheorie einlässt, um dann einen nach diesem Begriffsspiel nicht steuerbaren Prozess doch wieder einer Steuerung durch die Vernunft unterwerfen zu wollen. Aus systemtheoretischer Sicht ist dies ein hoffnungsloses Unterfangen. Aus diskurstheoretischer Sicht kommt dagegen die Luhmannsche Position einer Preisgabe des Anspruchs gleich, Gesellschaft nach Maßstäben des Richtigen und Guten zu gestalten.

Einen anderen Zugang zu unserem Untersuchungsgegenstand bietet eine Handlungstheorie, die den betrachteten Vorgang im Anschluss an Max Weber als Ausdifferenzierung von Handlungsräumen mit je eigenen institutionellen Ordnungen begreift. Wirtschaft, Politik, Recht oder Wissenschaft sind in dieser Sicht keine autopoietisch operierenden Funktionssysteme, sondern Handlungsräume, die durch spezifische Institutionen mit je eigenen Leitideen und Rationalitätsstandards für das Handeln der Akteure geordnet werden (Weber 1920/1972: 536–573; Münch 2001a: 56–65, 93–99). Es geht darum, die institutionelle und kulturelle Seite von Wirtschaft im Allgemeinen und Märkten im Besonderen zu begreifen. Das ist zentraler Gegenstand der klassischen wie auch der Neuen Wirtschaftssoziologie. Wesentliche neuere Beiträge dazu finden sich bei Powell und DiMaggio (1990), Beckert (1997), Swedberg (1998, 2000, 2003, 2006), Berger (1999), Fligstein (2001), White (1981, 2002), Maurer und Schmid (2002), Smelser und Swedberg (2005), Beckert, Diaz-Bone und Ganßmann (2007), Baecker (2006), Maurer (2008), Maurer und Schimank (2008) und Deutschmann (2008). Die erste Frage, die sich in unserem Zusammenhang stellt, ist die Frage nach dem »Woher« der Ausdifferenzierung der Wirtschaft in der Moderne. Aus welcher Umklammerung löst sich die Wirtschaft (wie auch die Politik, das Recht oder die Wissenschaft) in ihrem Ausdifferenzierungsprozess? Die Antwort auf diese Frage lautet: aus der Umklammerung durch Gemeinschaftsbande und aus der mit diesen Gemeinschaftsbanden verbundenen Solidarität und Brüderlichkeitsethik (Weber 1922/1976: 348–367). Religiöse Brüderlichkeitsethik ist für Weber eine Übertragung der Brüderlichkeitsethik auf alle Menschen, jenseits der Grenzen partikularistischer Gemeinschaften. Die Befreiung der entsprechenden Handlungsräume aus der Regulierung durch die normativen Vorgaben der Religion und ihrer kirchlichen Verwaltung im Okzident ist als eine spezifische Variante dieses allgemeinen Vorgangs zu verstehen. Diese Herauslösung der Handlungsräume von Ökonomie, Politik, Recht oder Wissenschaft aus der Umklammerung durch Gemeinschaft und Religion bedeutet, dass für sie die Anforderungen gemeinschaftlicher Solidarität und religiöser Ethik nicht mehr gelten. Mit Karl Polanyi (1977) gesprochen, handelt es sich dabei um einen Prozess der normativen Entbettung, der zu einem instabilen Zustand führt, solange nicht eine Wiedereinbettung in ein neues Normengefüge gelungen ist. Bevor die Frage der Wiedereinbettung beantwortet werden kann, bedarf es jedoch zuerst einer Klärung der Frage, welche Umstände die Entbettung hervorgebracht haben. Bei der Beantwortung dieser Frage kann das Raumkonzept fruchtbar gemacht werden (Löw 2001; Schroer 2007). Das soll im Folgenden am Beispiel der Ausdifferenzierung und Institutionalisierung des wirtschaftlichen Handlungsraumes und der damit korrespondierenden Ausdifferenzierung und Institutionalisierung von Solidarität, Recht und Gerechtigkeit dargelegt werden.

1.2 Der Wirtschaftsraum der Moderne

Nehmen wir als Beispiel die Entbettung des wirtschaftlichen Handelns, die auch bei Polanyi (1977) Gegenstand der Untersuchung ist. Der entscheidende Vorgang, der die Entbettung mit sich bringt, ist die räumliche Ausdehnung des Aktionskreises wirtschaftlicher Transaktionen. Es werden dabei die Grenzen solidarischer Gemeinschaftsbande und der mit ihnen verbundenen Brüderlichkeitsethik verlassen, und zwar nicht nur sporadisch in der Begegnung mit einzelnen Fremden, sondern massenhaft in der Entwicklung von Handel und Industrie (Weber 1923: 174–177). Fernhandel und industrielle Massenproduktion mit wachsender Ausdehnung von Absatzmärkten sind die Triebkräfte der Entbettung wirtschaftlicher Transaktionen. Die Voraussetzung für diesen Prozess bilden technische Innovationen, die den Transport von Waren und die Kommunikation über große Räume hinweg sowie die industrielle Massenfertigung erleichtern. Auf diese Weise wird die Abwicklung von wirtschaftlichen Transaktionen jenseits von Gemeinschaftsgrenzen zur Normalität (Weber 1923: 177–180).

Zunächst ist diese Expansion wirtschaftlicher Aktivitäten in den Worten Max Webers von der Trennung zwischen Binnen- und Außenmoral geprägt. Die Moral, die mich innerhalb der Gemeinschaft zum Teilen mit dem Bruder und Genossen sowie zu Treue und Aufrichtigkeit anhält, gilt nicht für die Beziehungen zum Fremden. Nach außen ist das erlaubt, was nach innen verboten ist: Vorteilsnahme, Feilschen um günstige Preise, Wucher bei Darlehen, Übervorteilung des anderen (Weber 1922/1976: 369–370; 1923: 234, 269, 303–304, 307, 312). Bei den eigenen Genossen bringt dieses unbrüderliche Verhalten gegenüber dem Fremden sogar Bewunderung ein (Sahlins 1965: 153). Deshalb herrscht im Außenverkehr kein Vertrauen, sondern grundsätzliches Misstrauen. Jeder muss sich auf die potenziell mögliche Übervorteilung durch den anderen einstellen. Auf dieser Basis des Misstrauens konnte sich der Wirtschaftsverkehr nur in begrenztem Maße entfalten (Weber 1920/1972: 523–524). Er war nur eingeschränkt berechenbar, blieb instabil und war immer wieder von Rückschlägen geprägt. Mangels verbindlicher Regeln waren die Bedingungen für Zahlungen und entsprechende Eigentumsübertragungen nicht eindeutig bestimmt. Ob Zahlungen zu gesichertem Eigentum an der bezahlten Sache führten, war nicht sicher. Die Unterscheidung zwischen Eigentum und Nicht-Eigentum, Zahlen und Nicht-Zahlen konnte nicht scharf gezogen werden, weil es dafür keine verbindlich geltenden Regeln gab (Weber 1923: 292–293; 1922/1976: 181–187, 195–198; vgl. North 1992). In der Sprache der Systemtheorie heißt das, dass das Systemprogramm, nämlich das Eigentumsrecht, nicht weit genug ausgebildet war, um die sichere Anwendung des binären Codes von Zahlen versus Nicht-Zahlen zu erlauben. Infolgedessen herrschten anomische Verhältnisse des unsicheren Besitzes. Hier wird erkennbar, dass die Systemtheorie zur Autopoiesis eines Systems wirtschaftlicher Kommunikationen (Zahlungen) reifiziert, was sich bei näherer Betrachtung als sicherer Ablauf von wirtschaftlichen Transaktionen mit entsprechenden Eigentumsübertragungen aufgrund der rechtlich eindeutigen Regelung der Prozedur erweist (Luhmann 1988: 43–90). Erst die rechtlich eindeutige Formung der wirtschaftlichen Transaktionen macht den legitimen vom illegitimen Eigentumserwerb unterscheidbar und eine klare Entscheidung über Zahlen oder Nicht-Zahlen möglich. In den Worten Max Webers wird die Differenzierung zwischen Binnen- und Außenmoral durch die Umstellung auf formales Recht abgelöst, das innen wie außen gleiche Maßstäbe der Gerechtigkeit ansetzt und die Beziehungen durchgehend ein und denselben Regeln unterwirft. Brüderlichkeit nach innen und Unbrüderlichkeit nach außen werden durch für alle gleich geltende formale Rechtlichkeit verdrängt. Dazu gehören vor allem Leistungsgerechtigkeit, individuelle Selbstverantwortung und Fairness (Weber 1923: 303–304). Die Institutionalisierung einer Ordnung des wirtschaftlichen Handelns für den gesamten Raum der wirtschaftlichen Transaktionen ist die Voraussetzung dafür, um überhaupt eine Grenze zwischen wirtschaftlichen und nichtwirtschaftlichen Kommunikationen ziehen zu können. Es ist hier demgemäß keine geheimnisvolle Autopoiesis am Werk, sondern die Herausbildung einer institutionellen Ordnung mit all ihren Voraussetzungen der Einrichtung durch Gesetzgebung und Implementation durch Rechtsprechung und Verwaltung. Die Sprache der Systemtheorie reifiziert insofern etwas zum System, was als institutionelle Ordnung eines Handlungsraumes realitätsnäher begriffen werden kann (vgl. Schmidt 2005).

Von der Reziprozität zum freien Vertrag

Um einer Klärung unserer Frage nach der Ausdifferenzierung und Institutionalisierung der wirtschaftlichen Transaktionen aus der gemeinschaftlichen Solidarität und Brüderlichkeitsethik näher zu kommen, müssen wir uns zunächst mit der Entwicklung von der Regel der Reziprozität zum freien Vertrag beschäftigen (vgl. Vowinkel 1995: 113–49). Aus der anthropologischen Forschung kennen wir das Reziprozitätsprinzip als Grundregel des sozialen Austauschs, der als Gabentausch zu verstehen ist. Er ist von Marcel Mauss (1975) ausführlich beschrieben worden. Der Gabentausch ist eine normativ geregelte Praxis des Austauschs von Gütern, der sich besonders ausgeprägt in Jägergesellschaften findet. Er erfüllt die Funktion der sozialen Integration. Da das Jagdglück sehr unterschiedlich ausfallen kann, sind die Mitglieder der Jagdgesellschaft in hohem Maße auf die Spendierfreudigkeit derjenigen angewiesen, die vom Glück gerade besonders begünstigt sind. Dabei kann diese Abhängigkeit jeden einmal treffen. Der Glückliche gilt als Eigentümer des erlegten Wilds. Er hat das Recht, darüber zu verfügen. Von ihm wird dabei erwartet, dass er seine Beute unter den Mitgliedern der Gesellschaft als Gabe verteilt. Reziprozität heißt dann, dass diese Gabe bei Gelegenheit, das heißt wenn der andere in der Lage erfolgreicher Beute ist, erwidert wird. Es gibt dafür kein Maß der Äquivalenz. Marshall Sahlins (1965) spricht deshalb in diesem Fall von generalisierter Reziprozität. Es wird allgemein erwartet, dass eine Gabe bei Gelegenheit im Rahmen der dann gegebenen Möglichkeiten erwidert wird. Ist die Beute sehr groß, dann kann auch großzügig zurückgegeben werden, ist sie sehr klein, kann die Gegengabe nur sehr bescheiden sein. Trotzdem ist auch dann die Pflicht erfüllt. Generalisierte Reziprozität ist kein direktes Geben und Nehmen, auch kein zeitlich verzögertes; sie findet vielmehr in der allgemeinen Erwartung Ausdruck, das Empfangen von Gaben dadurch zu rechtfertigen, dass man bei gegebenen Möglichkeiten selbst zur Gabe bereit ist.

Die Erwiderung der Gabe erfolgt bei generalisierter Reziprozität nicht aus Dankbarkeit. Der vom Jagdglück begünstigte Eigentümer verteilt nicht aus freien Stücken Geschenke, er gibt auch keine Almosen, deren Empfänger dankbar sein müssen, weil sie keine andere Möglichkeit der Erwiderung haben. Der Jäger folgt vielmehr einer allgemeinen Regel, und weil diese Regel allgemein für alle gilt, kann jeder mit einer ausreichenden Versorgung mit der Wildbeute rechnen. Generalisierte Reziprozität heißt, dass der Geber etwas ohne Erwartung der Erwiderung der Gabe durch den Empfänger hingibt. Die Verpflichtung des Gebens gilt generell, unangesehen der kurz-, mittel- oder langfristigen Profitabilität des Gebens und unangesehen der Erwiderungsfähigkeit des Empfängers der Gabe. Sie ist nicht auf spezifische Situationen beschränkt, und sie findet gegenüber jedem Mitglied der Gemeinschaft Anwendung. Generalisierte Reziprozität ist kein bilateraler Gabentausch zwischen zwei Personen, sondern eine multilaterale Verteilung von Gütern innerhalb der Gemeinschaft. Sie ist nicht durch bilaterale Attraktion oder Verpflichtung motiviert, sondern durch die Verpflichtung gegenüber der Gemeinschaft. Sahlins stellt deshalb fest, dass die generalisierte Reziprozität in der Regel auf den Kreis der Hausarbeit und die Abstammungsgruppe beschränkt ist. Außerhalb dieses Kreises, im Dorf und in der gesamten Stammesgruppe tritt die ausbalancierte bzw. ausgeglichene Reziprozität in den Vordergrund, jenseits dieser Kreise, zwischen Stämmen, herrscht die negative Reziprozität vor (Sahlins 1965: 152).

Ein Beispiel für den Gabentausch nach der Regel ausgeglichener Reziprozität ist der Kula-Ringtausch der Tobriander, den Bronislaw Malinowski (1989) untersucht hat. Die Tobriander der melanesischen Inseln im westlichen Pazifik praktizieren einen Ringtausch, bei dem sich die Bewohner regelmäßig als ganze Gruppe besuchen. Beim Kula-Tausch der Häuptlinge und sonstigen ranghohen Stammesmitglieder werden nach einer vorgegebenen Zeremonie in die eine Richtung Halsketten, in die andere Richtung Armreifen übergeben, und zwar von Individuum zu Individuum. Zwischen Gabe und Gegengabe besteht eine zeitliche Spanne, die von ein paar Minuten bis zu mehr als einem Jahr dauern kann. Über die Äquivalenz der Gegenstände wird nicht verhandelt, es findet kein Feilschen statt. Der Tausch wird mit einem Bittgeschenk eröffnet, das angenommen oder abgelehnt werden kann. Der Annahme muss das Eröffnungsgeschenk des Annehmenden folgen, das den Empfänger wiederum zum Verriegelungsgeschenk verpflichtet. Damit wird eine Partnerschaft für immer geschlossen. Solche Partnerschaften gewährten den seefahrenden Tobriandern Schutz gegen Gefahren aller Art. Außerdem vermittelten sie Prestige. Es war deshalb wichtig, möglichst ranghohe Partner zu gewinnen, um selbst einen möglichst hohen Rang zu haben. Neben dem heiligen Kula-Tausch, bei dem es nur um den Tausch symbolischer Werte und die Pflege von Partnerschaften ging, gab es den profanen Gunwali-Tausch nützlicher Gebrauchsgegenstände, der geschäftsmäßigen Charakter hatte und streng vom Kula-Tausch getrennt wurde. Für uns bedeutsam ist die Tatsache, dass beide Tauschformen weite geographische Distanzen zwischen Dorfgemeinschaften und sogar Stämmen und Sprachen überwinden und in einem Handlungsraum Vertrauen und eine berechenbare Ordnung schaffen, der sonst von Misstrauen, Unberechenbarkeit und Unsicherheit geprägt ist. Es sind die ersten Formen der Überbrückung der Kluft zwischen dem Eigenen und dem Fremden. Marshall Sahlins stellt fest: »So überwinden primitive Völker das Hobbessche Chaos« (Sahlins 1965: 140; zit. bei Vowinkel 1995: 116).

Die Übergänge zwischen den Reziprozitätsformen sind fließend. In der Dorfgemeinschaft, darüber hinaus auch in der Stammesgemeinschaft, kann sich zum Beispiel eine generalisierte Reziprozität herausbilden, die sicherstellt, dass niemand verhungert. Unterhalb dieser Ebene werden jedoch die Gaben tendenziell nach Maßgabe der erwarteten Erwiderung verteilt, so dass sich die Leistungsfähigeren von den weniger Leistungsfähigen differenzieren. Die Beziehungen auf dieser Ebene sind deshalb eher bilateral und folgen eher dem Prinzip der ausgeglichenen Reziprozität. In diesem Fall wird nur so viel weggegeben, wie man in einem überschaubaren Zeitraum etwa wieder zurückbekommen kann. Die Bereitschaft zum Geben verbindet sich hier mit dem ökonomischen Kalkül einer ertragreichen Investition in die Zukunft. Auch hier ist jedoch eine Norm Grundlage der Beziehungen. Es ist eine Norm, die zum Ausgleich einer empfangenen Gabe verpflichtet. Ihre Verletzung berechtigt zur Sanktion, die von der Dorfgemeinschaft bzw. der Stammesgemeinschaft gestützt wird. Durch großzügiges Geben kann man sich der besonderen Bereitschaft zur Gegengabe versichern (Sahlins 1965: 162). Je mehr man gibt und je mehr Personen man dabei bedenkt, umso größer und gabefreudiger ist der Kreis der Menschen, auf deren Unterstützung und Hilfe man im Bedarfsfall rechnen kann. Durch die strategische Weitergabe von eigenem Überfluss an andere kann man sich mit Hilfe der Reziprozitätsnorm ein breites Solidaritätsnetzwerk schaffen. Es wird dadurch soziales Kapital angehäuft, auf das man zählen kann, wenn es gebraucht wird. Die Gabe nach der Reziprozitätsnorm von Jägergesellschaften bringt einen Prozess der Sozialkapitalbildung zum Ausdruck, der in diesen Gesellschaften besonders klar ausgeprägt ist und ihre soziale Integration sichert. Es ergibt sich daraus aber auch die erste Differenzierung von Einfluss, Prestige und Macht. Das berühmteste Beispiel dafür ist der von Marcel Mauss beschriebene Potlatsch der Kwakiutl-Indiander. Es handelte sich dabei um Feste, bei denen sich die um Prestige und Macht konkurrierenden Häuptlinge durch den Nachweis ihrer Potenz zur Großzügigkeit gegenseitig auszustechen versuchten. Sie verteilten in großen Mengen Nahrung und Decken und gingen sogar so weit, ihre Potenz durch das Zerstören der wertvollsten Dinge zu beweisen. Es sollte demonstriert werden, dass auch die größten Verluste der eigenen Potenz nichts anhaben können (Mauss 1975: 68–69). Wenn auch nicht immer in dieser krassen Form, so handelt es sich hier um einen allgemeinen Mechanismus, der in allen Gesellschaften zu beobachten ist. In der mittelalterlichen Ständegesellschaft waren prunkvolle Feste und großzügige Gaben Gepflogenheiten, mit denen sich der Herr die Treue von Standesgenossen, Vasallen und Untergebenen sicherte (Duby und Barthélemy 1990: 80–81). Auch in der modernen Gesellschaft ist demonstrierte Großzügigkeit ein wirksames Mittel, um Netzwerke der Unterstützung zu schaffen.

In der ausgeglichenen Reziprozität sind in den Jägergesellschaften Ökonomie und Solidarität unmittelbar miteinander verknüpft. Aus der Sicht des Einzelnen ist es ökonomisch ratsam, im Falle des Jagdglücks das Eigentum nicht für sich zu behalten, sondern auch möglichst viele andere daran teilhaben zu lassen, weil man sich damit gegen spätere Glücklosigkeit bei der Jagd versichern kann. Er muss aber das Vertrauen haben, dass seine Gaben im gegebenen Fall erwidert werden. Ist das nicht der Fall, dann wird er selbst beim nächsten Mal zurückhaltender sein, was wiederum bei anderen weniger Verpflichtungen zur Gegengabe entstehen lässt, so dass der Gabenaustausch tendenziell zum Erliegen kommt. Es sind drei Bedingungen, die der Bereitschaft zur Gegengabe und damit der Bestätigung von erwiesenem Vertrauen förderlich sind: die Abhängigkeit von weiteren Gaben, die Schließung des Kreises der potentiellen Tauschpartner und die regelmäßige rituelle Vereinigung. Die rituelle Vereinigung erzeugt ein Zusammengehörigkeitsgefühl, aus dem Mitgefühl für den anderen resultiert und durch das verhindert wird, dass Gaben nur dorthin gehen, wo mit der größtmöglichen Gegengabe gerechnet werden kann. Wäre Letzteres der Fall, dann würde die Gesellschaft leicht auseinanderbrechen. Die rituelle Vereinigung erzeugt Zusammengehörigkeitsgefühl und Mitgefühl, die im Bedarfsfall in Solidarität (Hilfe ohne konkrete Erwartung von Gegenhilfe) umgesetzt wird. Gestützt wird diese Solidarität durch die Schließung des Kreises der potentiellen Tauschpartner nach außen (zum Beispiel durch zu große Distanz zu anderen) und die Abhängigkeit der Tauschpartner von weiteren Gaben. In diesem Bezugsrahmen der Solidarität entwickelt sich auf der Seite der Gebenden Vertrauen in die Bereitschaft zur gelegentlichen Gegengabe der Nehmenden. Es entsteht eine sich selbst verstärkende Spirale von Geben und Nehmen, innerhalb derer es ökonomisch rational ist, zu geben, ohne sofort eine Gegengabe zu erhalten. Um die Bereitschaft zum Geben zu erklären, genügt es deshalb nicht, auf dessen ökonomische Nützlichkeit zu verweisen. Man muss vielmehr die strukturellen Bedingungen spezifizieren, unter denen sich eine sich selbst verstärkende Spirale des Gebens und Nehmens einstellt, die erst das Geben auch ökonomisch lukrativ werden lässt.

Das Gegenteil der generalisierten Reziprozität mit ihrem sich selbst verstärkenden positiven Effekt ist nach Sahlins die negative Reziprozität. Es ist eine sich ebenso selbst verstärkende Spirale von wechselseitiger Schädigung. Eine Schädigung von Alter durch Ego ruft als Gegenreaktion ebenso eine Schädigung von Ego durch Alter hervor. Innerhalb einer solchen Spirale ist es ökonomisch rational, sich auf Schädigungshandlungen des oder der anderen einzustellen und ihnen möglichst durch eigene Schädigungshandlungen zuvorzukommen. Es kann so Spiralen des Feilschens, der Täuschung oder der Gewalt geben. Beim Feilschen versuchen beide Seiten, die jeweils erkennbare Abhängigkeit des anderen auszunutzen. Der Käufer möchte den Verkäufer im Preis drücken, indem er den Eindruck des nur bedingten Interesses an der Ware erweckt. Der Verkäufer schützt sich dagegen, indem er die Begrenztheit der Marktinformation des Käufers ausnutzt und den Preis so hoch ansetzt, dass er die Ware möglicherweise selbst bei heruntergehandeltem Preis noch über dem handelsüblichen Preis verkauft. Das gestiegene Misstrauen aus solchen Transaktionen führt zu einer generellen Zurückhaltung beim Kauf und zu einer engen Begrenzung der Tauschkreise, so dass alle eher einen Nachteil aus dem geringen Niveau des Tausches ziehen. Der Effekt der Täuschung geht in dieselbe Richtung. Der Getäuschte wappnet sich in Zukunft durch eigene Täuschung, woraus insgesamt noch mehr Täuschungen entstehen, die wieder eine abnehmende Bereitschaft zum Tausch zur Folge haben. Das gilt auch für die Spirale der Gewalt. Die Anwendung von Gewalt zur Durchsetzung eines Zieles erzeugt auf der Gegenseite Aufrüstung und als Vorsichtsmaßnahme ebenfalls die Anwendung von Gewalt. Es entsteht so eine Spirale von sich selbst verstärkenden Gewalthandlungen.

Blickt man auf die Situation in einfachen Gesellschaften zurück, dann ist die Spirale der negativen Reziprozität kennzeichnend für die soziale Interaktion außerhalb des Kreises der jeweiligen Gemeinschaft, für die Interaktion zwischen Fremden, deren Beziehungen nicht durch Solidarität in die Spirale der generalisierten oder zumindest der ausgeglichenen Reziprozität gelenkt werden. Feilschen ist das Mindeste, was den Markttausch zwischen Fremden kennzeichnet, Täuschung ist oft mit enthalten. Typischerweise sind beide im Handel innerhalb der Gemeinschaft nicht die Regel, weil die Gemeinschaftsmitglieder den Markt und den handelsüblichen Preis kennen und sich nicht so leicht übervorteilen lassen. Das Mitgefühl für den anderen gebietet Mäßigung, und Täuschung verstößt gegen die Norm der Aufrichtigkeit. Ebenso ist Gewalt innerhalb von Gemeinschaften nicht die Regel. Sie ist dort eine Abweichung von der Norm und wird dementsprechend sanktioniert. Überfälle sind dagegen sehr wahrscheinlich, sobald man sich auf fremdem, unbewachtem Terrain bewegt. Man kann sich dagegen nur durch angemessene Bewaffnung schützen. Auch für die Besiedelung eines Territoriums außerhalb der befestigten Grenzen gibt es zunächst keine Normen. Sie wird in aller Regel mittels Gewalt durchgesetzt, die stets Gegengewalt hervorrufen kann und so eine Spirale der sich selbst verstärkenden Gewalt erzeugt.

Wie der Übergang von der generalisierten zur ausgeglichenen Reziprozität fließend ist, so gibt es auch einen fließenden Übergang von der negativen zur ausgeglichenen Reziprozität. Die Nahtstelle sind bilaterale Beziehungen zwischen Fremden, die in die Bahnen eines friedlichen Austauschs in einer Atmosphäre des Vertrauens gebracht werden. Hier ist die entscheidende Frage, wie Misstrauen abgebaut und Vertrauen aufgebaut werden kann. Bei der ausgeglichenen Reziprozität handelt es sich um unmittelbaren Austausch von Gabe und Gegengabe nach dem Äquivalenzprinzip, zum Beispiel bei Heiratsgütern, Freundschafts- und Friedensverträgen. Im Unterschied zur generalisierten Reziprozität erfolgen hier Gabe und Gegengabe gleichzeitig, und beide Seiten sind auf ihre Äquivalenz bedacht. Während die Gabe der generalisierten Reziprozität einer generellen Norm entspricht und generell der sozialen Integration insgesamt sowie speziell der Integration des Gebenden in die Gemeinschaft dient, erfüllen Gabe und Gegengabe einen spezifischen Zweck aus gegebenem Anlass. Es soll dadurch die gegenseitige Verbundenheit von zwei Vertragsparteien zum Ausdruck gebracht werden. Die Gabe des einen ist ein Stück seiner selbst im Hause des anderen und erinnert jenen an die vertragliche Verbundenheit mit dem Ersteren. Die ausgeglichene Reziprozität stabilisiert die Beziehung zwischen zwei Vertragsparteien. Die Beigaben zum eigentlichen Vertragsgegenstand (Heirat, Freundschaft, Frieden) demonstrieren eine äquivalente gegenseitige Hingabe der Vertragsparteien und sichern das gegenseitige Vertrauen. Ich entäußere mich dem anderen gegenüber, werde Teil seiner selbst und umgekehrt. Diese Beigaben zum eigentlichen Vertragsgegenstand begleiten die Vertragsgeschäfte in einfachen Gesellschaften, weil die Vertragspartner anders kein Vertrauen schöpfen könnten. Die andere Seite muss etwas von sich hergeben, um ihre Verbundenheit zu beweisen und um auf der anderen Seite stets präsent zu sein. Dadurch wird die Beziehung aus anderen möglichen Beziehungen herausgehoben und vor der Auflösung zwecks Verfolgung günstigerer Alternativen geschützt. Es handelt sich hier um eine Form der gegenseitigen Vertrauenserzeugung in einer Gesellschaft, in der die Menschen gewohnt sind, Vertrauen nur in engen, von anderen abgegrenzten Beziehungen zu schöpfen, außerhalb solcher Beziehungen jedoch eher Misstrauen hegen. Der äquivalente Gabentausch bei der Vertragsschließung ist eine Prozedur, die hilft, Misstrauen abzubauen. Er ist ein erster Schritt zu vertrauensvollen Transaktionen außerhalb der engsten gemeinschaftlichen Beziehungen, eine Übergangsstufe zum freien Vertrag zwischen Fremden ohne solche Prozeduren der gegenseitigen Vertrauenserzeugung. Allerdings darf nicht unterschätzt werden, welche Bedeutung solche Prozeduren auch bei der Anbahnung und Abwicklung von Verträgen in der modernen Gesellschaft haben. Wenn sich Geschäftspartner gegenseitig zum Essen einladen, dann folgen sie exakt derselben Prozedur.

In diesem Zusammenhang ist ein Seitenblick auf Erklärungen des Entstehens von Ordnung mit ökonomischen Modellen und mit Hilfe der Spieltheorie zu werfen. Eines der bekanntesten Beispiele ist Robert Axelrods (1988) Untersuchung zur Evolution der Kooperation. Es geht dabei um die Bedingungen, unter denen sich in einer Population von strategisch ihren Nutzen mehrenden Akteuren kooperatives Verhalten durchsetzt und nicht-kooperatives Verhalten verdrängt wird. Der Vorgang wird als ein iteratives, ein sich bei jeder Begegnung zweier Akteure neu ergebendes Gefangenendilemma modelliert. Nach dem Gefangenendilemma ist Egos Erfolg von Alters Kooperation bzw. Nicht-Kooperation (Defektion) abhängig und umgekehrt. Die Auszahlungsmatrix legt für beiderseitige Kooperation eine Prämie von 3 für beide fest (3/3), für die Kooperation von Ego bei Nicht-Kooperation von Alter eine Prämie von 0 für den Kooperierenden und 5 für den Nicht-Kooperierenden (0/5; 5/0), für beiderseitige Nicht-Kooperation eine Prämie von 1 für beide (1/1). Nach Axelrods Ergebnissen ist die TIT-FOR-TAT-Strategie die auszahlungskräftigste und setzt sich deshalb durch. Sie besteht darin, dass bei der ersten Begegnung Kooperation angeboten wird, auf erwiderte Kooperation bei der zweiten Begegnung wieder mit Kooperation reagiert wird, Nicht-Kooperation jedoch mit Nicht-Kooperation vergolten wird. Ist die Wahrscheinlichkeit groß, einem Spieler erneut zu begegnen, dann ist der »Schatten der Zukunft« hinreichend lang, um eine kooperative Strategie nahezulegen und angebotene Kooperation mit eigener Kooperation auszugleichen (3/3). Bei geringer Wahrscheinlichkeit späterer Begegnungen setzt sich dagegen die Strategie durch, Kooperationsofferten einzustecken, aber selbst nicht zu kooperieren (0/5). Wir haben also genau das Ergebnis, dass in geschlossenen Gemeinschaften kooperiert wird, während in offenen Märkten Misstrauen vorherrscht und die Spirale negativer Reziprozität wirksam wird. Das Ergebnis ist insofern überhaupt nicht überraschend. Es bestätigt den Erkenntnisstand der Klassiker (Durkheim, Weber) und der anthropologischen Forschung (Sahlins). Die entscheidende Frage, wie Kooperation jenseits geschlossener Gemeinschaften auf offenen Märkten ohne Grenzen entsteht und sich stabilisiert, findet dann im Rahmen ökonomischer und spieltheoretischer Modelle nur noch eine sehr einfache Antwort: durch Hierarchie bzw. durch die Errichtung eines Gewaltmonopols. Das ist nicht mehr als schon Hobbes (1970) gesagt hat. Auch in dieser Hinsicht bieten diese Modelle keinen Erkenntnisfortschritt. Im Gegenteil, sie können aufgrund ihrer starken Vereinfachung auf elementare Situationen nicht mit der Komplexität der Argumentationen mithalten, die erforderlich ist, um den historischen Vorgang der Evolution von Gemeinschaften und die Struktur moderner Ordnungen von Handlungsräumen adäquat zu erfassen. Die Auskunft, dass die Ordnung von Gemeinschaftsgrenzen überschreitenden Märkten ein (staatliches) Gewaltmonopol benötigt, ist nicht falsch, aber im Informationsgehalt zu bescheiden, um uns weiterzubringen. Da weiß man schon mehr, wenn man über Hobbes hinaus auch die Modelle des Gesellschaftsvertrages von Locke (1967), Rousseau (1971) und Kant (1964) heranzieht.

Standardisierung und methodische Exaktheit werden zu teuer durch eine zu starke Einschränkung des Informationswertes erkauft. Leider müssen wir diese Erfahrung bei der Anwendung formalisierter Modelle zur Beantwortung sozialwissenschaftlicher Fragestellungen immer wieder machen. Es wird im Fahrwasser der Naturwissenschaften eine Erkenntnissicherheit um ihrer selbst willen produziert, die sich mit einem enormen Verlust an Informationswert paart. Während in den Naturwissenschaften aus der Vereinfachung des Untersuchungsfeldes auf wenige Variablen der Nutzen präziser, oft technologisch auch wieder unter genau kontrollierten Bedingungen verwertbarer Erkenntnisse gezogen werden kann, ist der Nutzen dieser Präzision in den Sozialwissenschaften oft sehr gering. Zu häufig wird allgemein Bekanntes in formalisierter Form wiederholt. Eine der Umsetzung naturwissenschaftlicher Erkenntnisse in Technik vergleichbare Umsetzung standardisierter sozialwissenschaftlicher Erkenntnisse in Sozialtechnik scheitert schlicht daran, dass es sich stets um Anwendungen im überkomplexen offenen Feld ohne Möglichkeiten zur Kontrolle von Störvariablen handelt. Wollen wir tiefer in unseren Untersuchungsgegenstand eindringen, dann müssen wir uns insbesondere mit dem Vertrag, seiner inneren Struktur und seiner äußeren Verflechtung, mit dem Vertragsrecht und mit Fragen der Vertragsgerechtigkeit beschäftigen. Es bedarf einer genaueren Analyse der Verbindung von Markttausch und Vertrag.

Markttausch und Vertrag

Für den modernen Vertrag ist die Verknüpfung mit dem Markt konstitutiv. Er ist die rechtliche Seite des ökonomischen Tauschgeschäfts. Vertragliche Beziehungen werden aus freien Stücken unter der Bedingung einer Auswahl zwischen Alternativen eingegangen. Als rechtliche Seite eines ökonomischen Tauschgeschäftes dient er dem Zweck der Nutzensteigerung. Eine Leistung wird nur in der Absicht angeboten, dafür eine Gegenleistung zu bekommen. Es wird nur etwas abgegeben, das für den bisherigen Eigentümer aufgrund seiner individuellen Güterausstattung subjektiv weniger nützlich ist als das dafür eingetauschte Gut. Ohne äußeren Zwang, idealerweise auf einem offenen Markt mit vollständig informierten Marktteilnehmern, kommen nur solche Tauschgeschäfte und entsprechende Verträge zustande, die für beide Seiten von Nutzen sind. Ein nicht nur punktueller Tausch, sondern eine kontinuierliche Beziehung des seriellen Tausches wird nur so lange bestehen, wie sie sich für beide Seiten im Vergleich zu Alternativen als nützlicher erweist. Sobald sich nur eine Seite mit einer Alternative besser stellt, wird sie die Beziehung wechseln, es sei denn die andere Seite bessert nach. Ökonomisch motivierte Transaktionen und entsprechende Verträge werden deshalb schneller begonnen und auch wieder beendet als jede andere Art der sozialen Beziehung. Das liegt in der Natur des Markttausches mit seiner ständigen Präsenz konkurrierender Angebote. Gegen einen solchen Wechsel gibt es auf dem Markt keine Versicherung, sie würde auch dem Sinn und Zweck des Marktes zuwiderlaufen. Soweit das tatsächliche Marktverhalten davon abweicht und zum Beispiel an Beziehungen festgehalten wird, obwohl sie, abzüglich der Transaktionskosten eines Wechsels, weniger Nutzen erbringen als die Hinwendung zu einer Alternative, dann handelt es sich dabei um eine Begrenzung des rationalen Marktverhaltens durch andere Faktoren, zum Beispiel durch die bindende Wirkung von Traditionen.

Was ist dann allerdings Sinn und Zweck des Vertrages, der rechtlichen Seite der ökonomischen Transaktion? Erstens schützt er die Vertragsparteien vor Täuschung, und er eröffnet ihnen einen Weg zur Aufhebung von Täuschungen. Zweitens bietet ein Vertrag für die Vertragsparteien die Möglichkeit, die jeweils andere Seite über den unmittelbar vollzogenen Tausch von Leistung und Gegenleistung hinaus für einen begrenzten oder unbegrenzten Zeitraum zu Leistungen gegen vereinbarte Gegenleistungen bzw. zur Zusammenarbeit zu verpflichten. Man denke zum Beispiel an Zuliefererverträge oder Kooperationsverträge (zum Beispiel joint ventures) zwischen Firmen, an Arbeitsverträge oder Mietverträge. Der Zweck solcher Verträge besteht für die Vertragsparteien darin, sich der Leistungen bzw. der Zusammenarbeit des Vertragspartners dadurch zu versichern, dass die Schwellen des Austritts aus der vertraglichen Beziehung durch Kündigungsfristen oder Entschädigungszahlungen erhöht werden. Für den Vertragspartner wird der Wechsel zu alternativen Partnern verteuert, so dass es bis zu der entsprechend fixierten Schwelle ertragreicher ist, bei der Stange zu bleiben. Eine andere Form des Vertrags sichert gegen in der Zukunft möglicherweise auftretende Risiken ab. Im Versicherungsvertrag werden regelmäßige Prämienzahlungen im Austausch gegen die Zusicherung von Versicherungsleistungen im versicherten Fall geleistet. Im Ehevertrag sagen sich die Ehepartner gegenseitig bestimmte Anspruchsberechtigungen und Leistungsbereitschaften für den Fall der Auflösung der Ehe zu. Alle drei Typen von Verträgen verlangen sehr aufwendige Vorkehrungen, wenn sich die Vertragsparteien auf die Vertragstreue der jeweils anderen Seite verlassen wollen und wenn mögliche Streitfälle gewaltlos beigelegt werden sollen. An allen Ecken und Enden lauert die Gefahr von Streitigkeiten über den erwartungsgemäßen Vollzug eines Vertrages, vom einfachen Barkauf eines Gebrauchtwagens über Arbeits- und Mietverträge bis zu Zulieferer- und Kooperationsverträgen oder Eheverträgen. Missverständnisse und Meinungsverschiedenheiten über die Zusagen bzw. die Erwartungen der anderen Seite, über die Auslegung einer mündlichen oder schriftlichen Willenserklärung über die Qualität einer erbrachten Leistung, über die Reichweite einer Nutzungsüberlassung und dergleichen bieten ständig Anlass zum Streit.

Nehmen wir nur das einfache Beispiel des Barkaufs eines Gebrauchtwagens. Hier besteht das besondere Problem, dass Misstrauen in die Qualität der angebotenen Automobile auch den Preis der besseren Produkte nach unten drückt und deshalb die Letzteren gar nicht mehr auf dem Markt erscheinen (Akerlof 1970). Auf jeden Fall besteht hier für beide Seiten, Käufer und Verkäufer, ein besonderer Bedarf an vertraglicher Absicherung. Der Käufer nimmt den Kaufgegenstand in Augenschein, versichert sich über dessen Qualität und nimmt ihn mit nach Hause. Zuhause entdeckt er einen Mangel, der ihn bei vorherigem Wissen vom Kauf abgehalten hätte. Was mag passieren? Es kommt auf die Abmachung, auf die beiderseitige Willensklärung an. Das Interesse des Käufers besteht darin, sich gegen Mängel zu schützen, das Interesse des Verkäufers geht dahin, keine Beschädigungen unterschoben zu bekommen, die dem Gegenstand (Fahrzeug) erst nach der Übergabe an den Verkäufer zugefügt wurden. Ein Streit ist sehr leicht möglich. Man wird sich deshalb grundsätzlich nur dann auf vertragliche Abmachungen einlassen, wenn der erwartete Nutzen höher ist als die erwarteten Kosten einer möglichen Konfliktaustragung, genau genommen: wenn das Produkt aus dem Vertragsnutzen und der Wahrscheinlichkeit seines Eintretens größer ist als das Produkt aus den Streitschlichtungskosten und der Wahrscheinlichkeit ihres Auftretens. Kennen sich die Vertragspartner sehr gut, besteht zwischen ihnen schon ein eingespieltes Kooperationsverhältnis, fühlen sie sich sogar gegenseitig verbunden, dann ist die Wahrscheinlichkeit eines Streites gering. Auch die Kosten im Ausnahmefall dürften niedrig sein, weil man bereit ist, einander entgegenzukommen. Ist das alles jedoch nicht gegeben, dann wird die Bereitschaft zu vertraglichen Abmachungen gering sein, so dass die gesellschaftliche Aktivität über ein relativ niedriges Niveau nicht hinausgelangt. Die Bereitschaft zur vertraglichen Abmachung wird nur dann ein höheres Niveau erreichen, wenn es auch Risikoabsicherungen jenseits von Vertrautheit gibt, wenn Vertrauen auch ohne ein hohes Maß der Abstützung durch die Vertrautheit mit dem anderen geschenkt wird. Innerhalb einer Gemeinschaft stützt sich Vertrauen auf das Vertrautsein miteinander. Außerhalb der Gemeinschaft herrscht zunächst einmal Unvertrautheit und damit konsequenterweise Unsicherheit und auch recht schnell Misstrauen. Wenn es aber eine entscheidende evolutionäre Errungenschaft der Ausdifferenzierung und Institutionalisierung von Märkten jenseits der Gemeinschaftsgrenzen ist, wirtschaftliche Transaktionen ohne wechselseitiges Vertrautsein zu steigern, dann lautet die vordringlich zu beantwortende Frage: Wie ist Vertrauen in vertragliche Abmachungen ohne wechselseitiges Vertrautsein möglich? Es geht um Vertrauen zwischen Fremden, obwohl für die Beziehung zwischen Fremden zunächst eher Misstrauen charakteristisch ist. Genau dies bewerkstelligt zu haben, ist der Durchbruch, der im Rahmen der westlichen Kultur gelungen ist und zu einer entscheidenden Grundlage der Entwicklung des modernen »rationalen« Kapitalismus wurde. Die wesentlichen Elemente dafür sind im römischen Vertragsrecht und dessen Wiederaufnahme im europäischen Mittelalter, im Universalismus des Christentums, in der Lebensführung des asketischen Protestantismus und in der Rechtsgemeinschaft der mittelalterlichen Stadt in Europa zu finden (Weber 1922/1976: 397–440, 367–381, 741–796). Es geht dabei um die institutionellen und kulturellen Voraussetzungen eines historischen

Durchbruchs, der berechenbare wirtschaftliche Transaktionen jenseits primordialer Bande möglich gemacht hat. Diese Erkenntnis Max Webers ist Mark Granovetter (1985) in seinem in der Neuen Wirtschaftssoziologie außerordentlich einflussreichen Aufsatz über das Problem der Einbettung des ökonomischen Handelns vollkommen entgangen. Das ist kein Wunder, zumal Max Weber in diesem Aufsatz überhaupt nicht zur Sprache kommt. Die Netzwerke, die Granovetter als Vertrauensbasis des ökonomischen Handelns beschreibt, sind primordialer Art. Genau diese Art der sozialen Beziehungen hat Max Weber als Hindernis für das Entstehen des alle Gemeinschaftsgrenzen überschreitenden rationalen Kapitalismus identifiziert.

Die Frage des Vertrauens in sozialen Beziehungen ist ein zentrales Thema der Soziologie. Wesentliche Beiträge dazu finden sich bei Barber (1983), Gambetta (1988), Luhmann (1989), Giddens (1995), Sztompka (1999), Hartmann und Offe (2001) und Beckert (2002). Unsere spezielle Frage lautet jedoch: Wie konnte also die Konnexion zwischen Fremdsein und Misstrauen gesprengt und Vertrauen zwischen Fremden geschaffen werden? Zunächst kommt es auf vertrauensbildende Maßnahmen von beiden Seiten an. Man kann sich gegenseitig bekannt machen, seine Herkunft offen legen, darüber berichten, mit wem man bisher zusammengearbeitet hat, Leumundszeugnisse, Bilanzen, Bankbürgschaften, Kundenurteile und dergleichen vorlegen und damit eine erste Vertrautheit mit der eigenen Person bzw. Firma erzeugen. eBay im Internet bietet dafür reichhaltigen Anschauungsunterricht. Die eigene Erfahrungswelt wird in einem ersten, noch prüfungswürdigen Schritt ein Teil der Erfahrungswelt des anderen. Es besteht die Möglichkeit, die Kontakte zu intensivieren, ein gemeinsames Essen zu arrangieren, sich so immer näher zu kommen und anfängliches Misstrauen abzubauen, miteinander vertrauter zu werden und zaghaft Vertrauen zu schöpfen. Genau so werden auch heute noch Geschäftsbeziehungen angebahnt und gepflegt, in besonders ausgeprägter Weise in Japan, wo der Sprung über die Gemeinschaftsgrenze immer noch größer ist als im Westen (vgl. Nakane 1985; Streeck und Yamamura 2001). Die Vertrauensbildung durch gegenseitiges Kennenlernen folgt einem mehr oder weniger vorgegebenen Schema. Gerade weil in Japan besonderer Wert darauf gelegt wird, ist dort die regelgerechte Abfolge der gegenseitigen Annäherung von entscheidender Bedeutung. Wer dagegen verstößt und mit der Tür ins Haus fällt, hat zuerst einmal die Chance des Vertrauensgewinns verspielt. Es ist daran zu erkennen, dass die Einhaltung von eingespielten Formen der Vertragsanbahnung und -schließung von erheblicher Bedeutung für den Vertrauensaufbau ist. Durch die Einhaltung der Form lässt der potentielle Vertragspartner erkennen, dass er erfahren ist und die Gepflogenheiten kennt. Es kann deshalb auch erwartet werden, dass er weiß, was vertragliche Abmachungen sind, was sie erfordern und welche Verpflichtungen sie mit sich bringen. Die Erfüllung der Erwartungen an die richtige Form lässt darauf schließen, dass auch mit guten Gründen die Bereitschaft zur Erfüllung der inhaltlichen Vereinbarungen erwartet werden kann. Natürlich wird man sich auch durch eine substanzielle Prüfung der Leistungsfähigkeit des Vertragspartners absichern. Die Einhaltung der Form ist aber ein wesentlicher Hinweis darauf, dass man es mit einem zur Vertragskonformität neigenden Partner zu tun hat.

Die Bedeutung der Form auch der modernen Vertragsanbahnung und -schließung macht auf die rituelle Seite des Vertragsschlusses aufmerksam, die bei den ersten historischen Formen des Vertrags sehr stark ausgeprägt war. Wir wissen zum Beispiel, dass das römische Vertragsrecht in der Frühzeit noch außerordentlich auf die rituelle Form des Vertragsschlusses Wert gelegt hat. Nur wenn die richtigen Formeln in der richtigen Reihenfolge gesprochen wurden, hatte ein Vertrag einklagbare Gültigkeit. Dazu wird beigetragen haben, dass die Rechtsberatung in der römischen Frühzeit noch in der Hand der Priesterschaft lag. Wer der Einhaltung der richtigen Formen nicht mächtig war bzw. sich darin nicht unterrichten ließ, konnte keinen Schutz durch die Rechtsprechung erwarten. Die religiöse Verwurzelung des Vertragsrituals bedeutet, dass göttliche Kräfte in Anspruch genommen wurden, um die Einhaltung der vertraglichen Abmachungen sicherzustellen. Göttliche Instanzen, die beiden Seiten vertraut waren, haben zudem eine Brücke des Vertrauens zwischen den sonst eher unsicheren Vertragsparteien geschlagen. Dabei ist zu berücksichtigen, dass vertragsrechtliche Beziehungen in der römischen Frühzeit zunächst nur nach dem ius civile innerhalb des Kreises der römischen Vollbürger eingegangen werden konnten. Die Fremdheit zwischen den Vertragsparteien hielt sich demnach in Grenzen. Zwar gingen die Beziehungen über Familie, Verwandtschaft und auch Gemeinde hinaus, trotzdem teilten die Bürger ihre Mitgliedschaft in einem größeren Gemeinwesen. Wir finden hier deshalb schon eine hochentwickelte Form der Überwindung der Grenzen partikularer Gemeinschaften durch ein politisches Gemeinwesen mit einem einheitlichen Recht vor. Die Rituale der Vertragsschließung und die angerufenen göttlichen Kräfte bildeten insofern eine in einem politischen Gemeinwesen eingebettete gemeinsame Praxis, aus der Vertrauen in die Vertragsschließung zwischen einander an sich schon angenäherten Bürgergenossen entstehen konnte.

Wenn eine der beiden Vertragsparteien weder die Rituale noch die göttlichen Instanzen kennt, dann fehlt die gemeinsame Grundlage des Vertrauens. Weder die Rituale noch die göttlichen Instanzen können dann ihre vertrauensbildende Wirkung entfalten. Sind beide Seiten einander völlig fremd, sind sie Angehörige unterschiedlicher Gemeinschaften, dann verfehlen die Rituale und die göttlichen Instanzen ihre Wirkung. Beide Parteien sind dann wieder auf vertrauensbildende Maßnahmen auf freiem Feld, gewissermaßen in der Zone der Neutralität, angewiesen. Gabenaustausch im Sinne der ausbalancierten Reziprozität kann die Vertrauensbildung unterstützen und helfen, ein System regelmäßiger Vertragsbeziehungen aufzubauen. Dabei wird es sich aber immer nur um in der Zahl und Sache sehr begrenzte Beziehungen handeln, keinesfalls um vielfach auftretenden Markttausch. Die Sanktionierung von Vertragsverletzungen bleibt bei den beiden Parteien, so dass eine ausbalancierte Reziprozität auch wieder in eine Spirale der negativen Reziprozität zurückfallen kann. Sollen die Transaktionen über einzelne Vertragsbeziehungen hinausgehen und sich auch über die Gemeinschaftsgrenzen hinaus vervielfachen, dann müssen andere Lösungen des Problems der Vertrauensbildung gefunden werden.

Solange Misstrauen vorherrscht, werden sich die sozialen Beziehungen in der Spirale von Täuschung und Gewalt abspielen. Zwei gegnerische Parteien werden sich aus dieser Spirale nur auf zwei Wegen herausbewegen können: Entweder gewinnt eine Partei die Oberhand und unterwirft die andere Partei ihrem Diktat, oder der Streit zwischen beiden wird durch einen Dritten beendet. Die Beendigung des Streits durch den Dritten kann durch die faktische Unterwerfung der Streitenden unter das Gewaltmonopol des Dritten oder durch ihre freiwillige Befolgung eines Schiedsspruches des Dritten erfolgen. Im Recht konvergieren beide Wege der Streitschlichtung. Die Streitenden lassen ihren Streit in der Regel freiwillig durch den Schiedsspruch eines Dritten schlichten. Falls im Ausnahmefall dennoch Widerstand gegen den Schiedsspruch auftritt, steht dem Schiedsrichter das Gewaltmonopol zur Verfügung, um das Urteil durchzusetzen. Beide Voraussetzungen für eine funktionierende Streitschlichtung können mehr oder weniger ausgeprägt sein. Ist der Schiedsrichter von beiden Seiten anerkannt, dann werden sie sich seinem Urteil am ehesten freiwillig fügen, so dass der Rückgriff auf das Gewaltmonopol nicht erforderlich ist. Es kann aber nicht ausgeschlossen werden, dass einmal Widerstand gegen ein Urteil geleistet wird. Dann muss auf das Gewaltmonopol zurückgegriffen werden, um das Urteil durchzusetzen. Je mehr von diesem Gewaltmonopol tatsächlich Gebrauch gemacht werden muss, umso weniger bewegen wir uns noch in den Bahnen der friedlichen Streitschlichtung.

Die Streitschlichtung durch Dritte ist ein sehr voraussetzungsvolles Verfahren. Das können wir uns am Beispiel des vorhin erwähnten Streits anlässlich eines Gebrauchtwagenkaufs vor Augen führen. Es ist unmittelbar sichtbar, dass dieser Streit im Unterschied zur ökonomischen Transaktion eine eigene Qualität hat. Es muss geklärt werden, wer recht hat, wenn vermieden werden soll, dass der Streit eskaliert und nach dem Gesetz des Stärkeren gewaltsam ausgetragen wird. Exakt hier liegt der Geburtsort des Vertragsrechts. Seine Funktion besteht hier darin, den in Tauschgeschäften potenziell auftretenden Streit in friedliche Bahnen zu lenken und entscheidbar zu machen, so dass beide Seiten auf den Gebrauch von Gewalt verzichten und einen durch gemeinsam anerkannte Dritte getroffenen Schiedsspruch anerkennen. In unserem Beispiel kommt es darauf an, was die beiden Vertragsparteien tatsächlich vereinbart haben. Hat der Käufer eingewilligt, den Gegenstand, wie von ihm gesehen, anzunehmen, dann gilt seine Einwilligung zum Zeitpunkt des Kaufaktes als verbindlich. Er kann nicht nachträglich Mängel monieren. Enthält der Vertrag jedoch eine Klausel, dass der Verkäufer für versteckte, für den Käufer beim Kaufakt auch beim besten Willen nicht sichtbare Mängel haftet, dann müsste der Verkäufer im Falle eines nachgewiesenen versteckten Mangels entweder das Objekt wieder zurücknehmen oder einen Preisnachlass gewähren. Steht in der Klausel jedoch, dass dem Verkäufer versteckte Mängel nicht bekannt sind, dann ist es viel schwieriger, ihn dafür haftbar zu machen. Handelt es sich zum Beispiel darum, dass die Batterie ausfällt oder die Gelenkwelle bricht, dann kann ihm nicht ohne weiteres die Kenntnis über die baldige Funktionsunfähigkeit dieser Teile nachgewiesen werden. Wie immer die von beiden Seiten akzeptierte, rechtlich verbindliche Beilegung des Streitfalls ausgehen wird, erkennen wir doch unmittelbar, welches Streitpotenzial in jedem noch so kleinen Tauschgeschäft steckt. Deshalb ist jedes Tauschgeschäft faktisch ein Vertrag, über dessen erwartungsgemäße Erfüllung ein Streit ausbrechen kann. Ein solcher Streitfall kann wiederum nur dann friedlich beigelegt werden, wenn die dafür erforderlichen Voraussetzungen gegeben sind, nämlich ein Vertragsrecht und ein entsprechendes Streitschlichtungsverfahren, in dem verbindlich festgestellt werden kann, wer recht hat. Dabei ist zu bedenken, dass das Tauschgeschäft zwischen Fremden stattfindet. Das Recht muss also eine Brücke für die friedliche Streitschlichtung zwischen Fremden bilden. Beide Seiten müssen bereit sein, die Abwicklung ihres Streitfalles einem bzw. mehreren Dritten zu überlassen. Der Streitschlichter muss sich bei seinem Urteil auf Beweisstücke stützen können, auf Zeugen oder auf Schriftstücke, deren Unterzeichnung durch die Parteien nachgewiesen werden kann. Gegebenenfalls sind für die Unterzeichnung Zeugen erforderlich, eventuell muss es sogar ein vereidigter bzw. öffentlich bestellter Zeuge – ein Notar – sein.

Die friedliche Streitschlichtung ist demgemäß ein höchst komplexes Verfahren, bei dem an vielen Stellen Dissens auftreten kann. Eine entscheidende Frage ist deshalb, wie Dissens im Streitschlichtungsverfahren minimiert und bei Auftreten ausgeräumt werden kann. Es stellt sich hier erneut die Frage des Vertrauens. Jetzt geht es um das Vertrauen der Streitparteien in die Rolle bzw. die Person des Dritten und in die Geeignetheit des Verfahrens. Nur wenn sie ausreichend vertrauen, werden sie kooperieren, das Ergebnis akzeptieren und den Rückgriff des Dritten auf sein Gewaltmonopol überflüssig machen. Woher kommt dann das Vertrauen der Fremden in die zwischen ihnen stehende Streitschlichtungsinstanz? Die einfachste Antwort besteht darin, dass eine einzige Instanz der Streitschlichtung für eine Vielzahl von Marktteilnehmern und Verträgen zwischen ihnen zuständig ist. Sie fungiert als gemeinsamer Bezugspunkt. Jeder Marktteilnehmer kann zu dieser einzigen Instanz zumindest eine einseitige Beziehung aufbauen, ihre Arbeitsweise in vielen Fällen beobachten und umso mehr Vertrauen schöpfen, je häufiger beiderseitig akzeptierte Urteile getroffen wurden. Die Arbeitsweise der Streitschlichtungsinstanz ist der Vielzahl von einander fremden Marktteilnehmern zugleich zur Beobachtung zugänglich. Gelingt es der Instanz, Vertrauen auf sich zu ziehen, dann kann sie das an sich bestehende Misstrauen zwischen einander Fremden neutralisieren und zwischen ihnen erfolgreich mit dauerhafter Wirkung Streit schlichten. Es kommt insofern in hohem Maße auf die erfolgreiche Streitschlichtung einer einmal errichteten Instanz an, durch die ein Vertrauenspotenzial geschaffen wird, aus dem wiederum jede weitere Streitschlichtung schöpfen kann und umso eher von den Parteien anerkannt wird.

Wir können an dieser Stelle einen Blick auf die Entwicklung des römischen Vertragsrechts werfen (Dulckeit, Schwarz und Waldstein 1989). Das Vertragsrecht hatte in der Frühzeit einen stark rituellen und religiösen Charakter, und zwar im Rahmen des nur für die römischen Vollbürger geltenden ius civile. Die Entwicklung des Wirtschaftsverkehrs über das Kernland hinaus im Gefolge der Eroberung und Einverleibung neuer Territorien hat den Bedarf an vertraglichen Regelungen und an Streitschlichtung zwischen Bürgern und Nicht-Bürgern und unter Nicht-Bürgern erheblich gesteigert. Die römischen Juristen haben zu diesem Zweck dem ius civile das ius gentium und das ius honorarium zur Seite gestellt, wodurch die Beziehungen zwischen Römern und Nicht-Römern und unter Nicht-Römern, also die Beziehungen zwischen Fremden über Gemeinschaftsgrenzen hinweg geregelt wurden. Bei der Gestaltung dieses Rechts wurde immer mehr auf die alten Formen verzichtet. Es kam nur noch auf die abstrakte Willenserklärung der Parteien an, die allein bindenden Charakter hatte. Das Gerichtsverfahren selbst wurde vom Praetor vorbereitet. Er brachte die Eingaben der Parteien in die richtige Form, in der sie dann im eigentlichen Gerichtsverfahren dem Richter vorgetragen wurden. Für die Inanspruchnahme und Akzeptanz dieses Verfahrens war entscheidend, dass es in hohem Maße versachlicht und darauf zugespitzt wurde, die Willenserklärung der Parteien justiziabel zu machen, um im Streitfall zu einer klaren und für beide Parteien einsichtigen Entscheidung zu gelangen. Der Verfahrensvorgang selbst war ebenso stark versachlicht. Dafür sorgten zunächst die Rechtskonsulenten, die mit ihrer Kasuistik als reine Berater, ohne selbst im Verfahren aufzutreten, die sachlich bestmöglichen Lösungen für Streitfälle ausgearbeitet haben. Dadurch wurde die Arbeit der Richter erheblich versachlicht und damit erleichtert. Hinzu kam die Vorbereitung des konkreten Verfahrens durch den Praetor. Sie legte die Bahnen fest, innerhalb derer sich das Gerichtsverfahren abspielte. Die von beiden Parteien zu akzeptierende Auswahl des Richters aus einer in der Kaiserzeit 3000 bis 4000 Namen umfassenden Liste von Bürgern, die juristische Laien waren, hat das Vertrauen in die Tätigkeit des Richters gefördert. Das waren die Bedingungen, unter denen sich Vertrauen der Vertragsparteien in die Streitschlichtung entwickeln konnte. Die wirksame Geltung des römischen Vertragsrechts stützte sich allerdings nur zum einen Teil auf seine Versachlichung und das daraus wachsende Vertrauen in die Streitschlichtung. Die andere Seite ist das Gewaltmonopol des römischen Staates, das der Durchsetzung von rechtskräftigen Urteilen zur Verfügung stand. Die Einwohner der eroberten Territorien wurden dem römischen Gewaltmonopol unterstellt. Zwischen den Römern und den Nicht-Römern bzw. unter den Nicht-Römern vermittelte insofern keine von beiden Seiten bestimmte Instanz, sondern ein römisches Gericht, das jedoch für alle gleich geltendes Recht anwandte. Für die Nicht-Römer bedeutete dies natürlich die Unterwerfung unter eine von außen oktroyierte Gerichtsbarkeit, die allerdings durch ihren versachlichten Charakter ein hohes Maß des Vertrauens auch unter den Nicht-Römern erzeugen konnte.

Der versachlichte Charakter des römischen Vertragsrechts hatte allerdings eine Kehrseite. Es berücksichtigte nicht die oft ungleichen Bedingungen, unter denen Verträge zustande kamen. Es stellte sich nicht die Frage der Gleichheit der Vertragsbedingungen, die Frage der Gerechtigkeit. Durch Verträge konnten infolgedessen höchst ungleiche Leistungsverpflichtungen zwischen beiden Seiten fixiert werden. Außerdem waren nur Vollbürger rechtsfähig. Der Kreis der Geschäftsfähigen war allerdings größer und schloss zum Beispiel nicht rechtsfähige Sklaven ein, die im Auftrag ihres Herrn handelten. Die geringe Sensibilität für Fragen der Gerechtigkeit lag maßgeblich daran, dass das römische Recht durch die Denkweise von Rechts*beratern* geprägt wurde. Die Rechtskonsulenten waren an Fragen der Rechtstechnik interessiert, nicht an Fragen der Gerechtigkeit. Letztere werden eher von Philosophen gestellt, wie wir es bei den Philosophen der griechischen Antike, allen voran bei Platon und Aristoteles, sehen.

Insofern als das moderne Vertragsrecht ganz wesentlich vom römischen Recht vorbereitet wurde, herrscht hier die Sachlichkeit vor. Die Gerechtigkeit findet nur als faktischer Vollzug der Marktvergesellschaftung freier und selbständiger Bürger ihren Niederschlag im Vertragsrecht. Nehmen wir als Beispiel das deutsche Bürgerliche Gesetzbuch von 1900, dann finden wir die vom römischen Recht ererbte Sachlichkeit unter Ausblendung von Fragen der Gerechtigkeit von Bedingungen, unter denen Verträge geschlossen werden, beispielhaft verwirklicht. Der politisch-philosophische Diskurs über Fragen der Gerechtigkeit hat im Wesentlichen nicht über das BGB Eingang in das deutsche Recht gefunden, sondern durch dessen Ergänzung durch das Arbeitsrecht und das soziale Mietrecht. Eine wesentliche Ergänzung erfuhr das sehr offen gehaltene Vertragsrecht jedoch schon bald nach Inkrafttreten durch das 1920 ergangene Urteil des Reichsgerichts im sogenannten Dampfpreis-Fall. Ein Vermieter hatte mit dem Mieter einer Fabriketage in Berlin 1912 für acht Jahre bis 1920 einen Mietpreis von 780 Mark monatlich für die Etage einschließlich ihrer Versorgung mit Dampf vereinbart. Während der großen Inflation stieg der Preis allein für die zur Dampferzeugung benötigte Kohle weit über den Mietpreis hinaus. Der Vermieter wollte deshalb eine Nachzahlung für die Jahre 1917 bis 1919 haben. Das Landgericht Berlin und das Kammergericht wiesen seine Klage mit dem Verweis auf das natürliche Risiko langfristiger Verträge ab. Das Reichsgericht gab seiner Klage dagegen statt (Wesel 1997: 446–47).

Der moderne Vertrag in seiner durch das Vertragsrecht gestalteten Form unterscheidet sich grundsätzlich vom Modell der ausbalancierten Reziprozität. Es geht dabei allein noch um die Vereinbarung einer Transaktion von Leistung und Gegenleistung durch eine entsprechende Willensäußerung beider Vertragsparteien. Die Äquivalenz von Leistung und Gegenleistung spielt keine Rolle, sie wird nicht gemessen. Es gilt allein die Absprache. Allerdings heißt das nicht, dass es in der modernen Gesellschaft überhaupt keine Vorgaben für die Geltung von Verträgen gibt, deren Einhaltung den Vertragsparteien auferlegt ist, wenn sie dafür Unterstützung durch relevante Dritte haben wollen. Das ist die Funktion des Vertragsrechts. Das im Mittelalter neben dem römischen Recht verbreitete kanonische Recht war anders als das römische und das von ihm beeinflusste moderne Vertragsrecht von der Idee des gerechten Preises geleitet, die zum Beispiel den Zins als Wucher verstand und deshalb als unrechtmäßig definierte (Wesel 1997: 381). Der gerechte Preis sollte gewährleisten, dass jeder die seiner Investition entsprechende Entlohnung für seine Leistung erhielt. Wie eine Investition bewertet wurde, hing in hohem Maße von dem Stand des Investors ab, so dass eine Leistung umso höher bewertet wurde, je höher der Stand des Leistungserbringers war. Was der Kaminfeger, der Bäcker, der Schneider, der Kürschner oder der Tischler für seine Leistung nahm, war demgemäß nicht nur durch den Markt bestimmt, sondern auch durch die Zunftordnung. Dasselbe gilt noch mehr für Leistung und Gegenleistung zwischen Lehnsherr und Vasall, Meister und Geselle.

Vertrag und Gerechtigkeit

Je mehr die Entfaltung des Wirtschaftsverkehrs die Fesseln der Lehnsordnung und der Zunftordnung sprengte, umso mehr setzte sich allein der unter Wettbewerbsbedingungen erzielte Marktpreis durch. Das hieß allerdings nicht, dass dieser Preis lediglich als Faktum hingenommen und von Vorstellungen der Gerechtigkeit freigehalten wurde. Vielmehr hat sich eine Konvergenz von Marktpreis und gerechtem Preis ergeben. Deshalb ist es nicht richtig, im Anschluss an Max Weber den konkreten Markt real vollzogener Tauschgeschäfte als vollkommen versachlichte Sphäre des Handelns zu betrachten, die sich per se jeder Bewertung nach ethischen Maßstäben entzieht. Der Markttausch sperrt sich gegen die Brüderlichkeitsethik geschlossener Gemeinschaften, aber nicht, um sich im ethischen Niemandsland abzuspielen, sondern in einem durch das Vertragsrecht strukturierten Feld, in das die neuen ethischen Maßstäbe des selbständigen und selbstverantwortlich handelnden Besitzbürgers eingelassen sind. Der im Anschluss an Max Weber gern begangene Fehler besteht in der Ineinssetzung des Marktes als ein analytisch konstruiertes Feld der Gesetzmäßigkeiten des Wettbewerbs mit dem Markt als *konkretes* Feld, auf dem Verträge unter Konkurrenzbedingungen *und* zugleich nach rechtlich fixierten Standards geschlossen werden. Talcott Parsons bezeichnete diesen Fehler als »fallacy of misplaced concreteness«. Als gerecht galt jetzt der Preis, der unter Wettbewerbsbedingungen auf dem Markt zustande kam. Der Markt wurde zu einem unbestechlichen Messinstrument für die Knappheit einer Leistung und damit für den Nutzen, den sie für ihren Abnehmer erbringt. Als ungerecht wurde jetzt eine Entlohnung unterhalb oder oberhalb des Marktpreises betrachtet. Unterhalb des Marktpreises handelt es sich um ungerechtfertigte Ausbeutung, weil die Leistung für den Abnehmer im Vergleich zu anderen Abnehmern einen höheren Nutzen hat, als der bezahlte Preis/Lohn zum Ausdruck bringt. Oberhalb des Marktpreises ist die Entlohnung ein unverdientes Privileg, das den Abnehmer zur Bezahlung oberhalb des wirklichen Nutzens im Vergleich zwingt und Mitkonkurrenten einen Teil möglicher Einnahmen vorenthält.

Der neue Maßstab der Gerechtigkeit des Marktpreises entspricht dem einen der beiden schon von Aristoteles unterschiedenen Typen der Gerechtigkeit: der ausgleichenden Gerechtigkeit. Aristoteles (1921) unterscheidet in der Nikomachischen Ethik die ausgleichende von der distributiven Gerechtigkeit. Letztere orientiert sich an einem kollektiv geteilten Verteilungsprinzip, Erstere am Entgelten von erbrachten Leistungen und am Ausgleich von Schädigungen. Über die Geltung der ausgleichenden Gerechtigkeit können am ehesten die freien und selbständigen Bürger einer Marktgesellschaft Einigung erzielen, die alle ständischen Differenzierungen hinter sich gelassen haben oder auf deren Auflösung abzielen. Es wird dabei stillschweigend vorausgesetzt, dass jeder ein freier und selbständiger, zum Markttausch fähiger Bürger ist, dass keine strukturellen Beschränkungen des Zugangs zum Markt existieren und dass es keine Verzerrungen des Wettbewerbs durch die Marktmacht einzelner Marktteilnehmer gibt. Es ist die Gerechtigkeitsidee des aufsteigenden Bürgertums, das seine Position mit dieser Idee gegen die Privilegien der Aristokratie durchsetzen und gegen die nachfolgende Bewegung der Arbeiterklasse sichern will.

Die entscheidende Rolle spielt jetzt die Arbeit. Sie wird zum allein legitimen Grund von Einkommen und Eigentum. John Locke (1967) gibt dem Eigentum seine berühmte Legitimation durch die Bearbeitung, die ihm der Eigentümer angedeihen lässt. Der Grund, den ein einzelner Bürger bearbeitet, und die Früchte, die er daraus erntet, sind sein legitimes Eigentum, solange genügend Grund und Früchte für andere verfügbar bleiben, um davon leben zu können. Adam Smith (1999) und David Ricardo (1817/1977) haben die Arbeitswerttheorie eingeführt, die den Wert einer Ware durch den Umfang der Arbeit bestimmt, die in sie hineingesteckt wurde. Arbeit wird dadurch zur einzig legitimen Quelle des Eigentums. Dagegen verliert das Privileg ererbten Eigentums, ererbter Positionen und politischer Konzessionen die Legitimität, die ihm in der ständischen Gesellschaft ganz natürlich zukam.

Marx (1867/1962) hat die Arbeitswerttheorie von Smith und Ricardo aufgegriffen, um sie als Waffe gegen die bürgerliche Klassengesellschaft zu richten. Die Besitzer der Produktionsmittel bezahlen den Arbeitern den Lohn, den sie für die Reproduktion ihrer Arbeitskraft benötigen, nutzen die Arbeitskraft aber über die Zeit hinaus, die gearbeitet werden müsste, um diesen Lohn zu erzielen. Aus der von den Arbeitern geleisteten Mehrarbeit ziehen sie den Mehrwert als Quelle ihres wachsenden Reichtums, während die Arbeiterklasse an den Lohn gebunden bleibt, der nicht mehr ermöglicht als die bloße Reproduktion ihrer Arbeitskraft. Nach der Gerechtigkeitsidee der besitzindividualistischen Marktgesellschaft handelte es sich hier um einen gerechten Tausch, weil der Produktionsmittelbesitzer die Arbeitskraft auf dem Markt zu ihrem gerechten Preis (zum Reproduktionswert) einkauft. Er lässt den Arbeiter dann aber länger arbeiten, als zur Reproduktion seiner Arbeitskraft erforderlich wäre. Der Gebrauchswert der Arbeitskraft ist für ihn höher als der bezahlte Tauschwert. Der erzielte Mehrwert ist in den Augen von Marx dann das Maß der Ausbeutung des Arbeiters durch den Produktionsmittelbesitzer. Es ist die Arbeit der Arbeiterklasse, aus der allein die Akkumulation des Kapitals in den Händen der Produktionsmittelbesitzer erfolgt. Marx begründet diese These damit, dass nur das »variable Kapital« der Arbeitskraft, aber nicht das »konstante Kapital« der Maschinen über den Selbstkostenpreis hinaus Nutzen, das heißt Mehrwert, abwirft. Grund dafür ist die nach seiner Auffassung nur bei der Arbeitskraft auftretende Differenz zwischen Gebrauchswert und Tauschwert. Der scheinbar gerechte Tausch auf dem Arbeitsmarkt (der Zirkulationssphäre) wird durch die Hintertür der Produktionssphäre am Ende doch ungerecht. Es ist der Widerspruch zwischen gesellschaftlicher Produktion und privater Aneignung, den es durch die Vergesellschaftung der Produktionsmittel aufzuheben gilt.

Zwar ist der Marxsche Traum nicht in Erfüllung gegangen, dennoch hat Marx den Finger auf die Gerechtigkeitslücke der besitzindividualistischen Marktgesellschaft gelegt: die Ausnutzung der schwachen Marktposition der besitzlosen Arbeitermassen durch die Produktionsmittelbesitzer. Ganz anders als durch die Vergesellschaftung der Produktionsmittel hat die Arbeiterbewegung in den Wohlfahrtsstaaten diese Lücke geschlossen: durch die zunehmende rechtliche Regulierung des Arbeitsmarktes und des Arbeitsverhältnisses. Dadurch wurde das Machtungleichgewicht zwischen Arbeitnehmer und Arbeitgeber abgebaut. Durch gewerkschaftliche Vereinigung, Streikrecht und Kollektivarbeitsvertrag zwischen Gewerkschaften und Arbeitgeberschaft wurde auf dem Arbeitsmarkt weitgehende Waffengleichheit hergestellt. Auf diese Weise ist die besitzindividualistische Gerechtigkeit der Marktgesellschaft – die man mit Aristoteles als proportionale Gerechtigkeit bezeichnen könnte – in erheblichem Umfang auch für diejenigen verwirklicht worden, die nur ihre Arbeitskraft auf dem Markt verwerten können. Darüber hinaus wurde in den Wohlfahrtsstaaten auch der zweite von Aristoteles unterschiedene Typus der Gerechtigkeit durch den Ausbau der sozialen Sicherheit und den entsprechenden Ausgleich von Differenzen des Leistungsvermögens immer weitgehender verwirklicht: die distributive Gerechtigkeit. Sie hat im Vergleich zur ausgleichenden Gerechtigkeit ein umso größeres Gewicht, je unabhängiger der Lebensstandard des einzelnen Individuums von dessen Markterfolg ist (Esping-Andersen 1990).

Arbeitsteilung und organische Solidarität als Grundlagen der institutionellen Ordnung des Wirtschaftsraumes der Moderne

Wie kommt es aber zur Herausbildung einer institutionellen Ordnung für den Raum wirtschaftlicher Transaktionen jenseits der Grenzen partikularer Gemeinschaften? Einen Ansatz zur Beantwortung dieser Frage bietet Emile Durkheim mit seiner Studie zur Arbeitsteilung. Nach seiner Analyse führt das Schrumpfen der Distanz zwischen den segmentär differenzierten Gemeinschaften (Familien, Sippen, Dörfer, Städte, Nationen) durch Populationswachstum und/oder technische Verbesserungen von Transport und Kommunikation, das heißt die Zunahme der materiellen Dichte, zu stärkeren Interdependenzen und damit größerer dynamischer Dichte. Es teilen sich jetzt mehr Menschen ein und denselben einheitlichen Raum, so dass sich zwischen ihnen die Konkurrenz verschärft. Auf diese Konkurrenz können sie auf vier unterschiedliche Weisen reagieren: Ausweichen auf andere Räume, Selbstaufgabe, Kriminalität oder Spezialisierung. Je weniger Ausweichmöglichkeiten es gibt und je mehr Menschen sich nicht aufgeben wollen und je mehr Kriminalität unterbunden wird, umso mehr Menschen wählen den Weg der Spezialisierung. Dieser Weg führt zu einer wachsenden Arbeitsteilung über bisher bestehende segmentäre Gemeinschaftsgrenzen hinweg. Sie sprengt die kollektive Solidarität der Segmente und bereitet den Weg für neue Solidaritätsbande jenseits der Grenzen der Segmente (Durkheim 1977: 296–323). Die Pionierrolle in diesem Prozess übernehmen Unternehmer, die neue Absatzmärkte und Kooperationspartner außerhalb des heimischen Marktes suchen. Als Schrittmacher ziehen sie andere nach und flechten so an einem Netzwerk grenzüberschreitender Austauschbeziehungen. Auf diese Weise wird der Einzelne aus der engen Bindung an seine Herkunftsgruppe befreit. Mit Georg Simmel gesprochen, nimmt die Größe und die Zahl der Kreise zu, in denen der Einzelne verkehrt. Er gewinnt an Individualität und ist zugleich gezwungen, im Schnittpunkt der verschiedenen sozialen Kreise deren Verflechtung untereinander zu gewährleisten und die unterschiedlichen Erwartungen an ihn auszubalancieren (Simmel 1908/1992: 456–511, 791–863). Das ist der Kern des von Parsons und White (1964) als Institutionalisierter Individualismus bezeichneten Kulturmusters der Moderne (vgl. auch Durkheim 1973a, 1973b, 1973c). Shmuel Eisenstadts (2000) These von den multiplen Modernen weist zu Recht darauf hin, dass die verschiedenen Weltkulturen unterschiedliche Formen der modernen Gegenwartsgesellschaft entwickelt haben. Dennoch kann nicht bestritten werden, dass der in der westlichen Kultur ausgeprägte Institutionalisierte Individualismus zu einem global dominanten Kulturmuster geworden ist (Meyer 2005), das auch auf Gesellschaften ausstrahlt, die nicht in der westlichen Kultur verwurzelt sind (vgl. Schwinn 2005). Internationale Organisationen und Internationale Nichtregierungsorganisationen sind maßgebliche Repräsentanten, die westliche Prinzipien in der Welt verbreiten und in die nationalen Gesellschaften hineintragen.

Der neue Wirtschaftsraum wird von den Pionieren der grenzüberschreitenden Kooperation mit einer Infrastruktur von sozialen Beziehungen zwischen autonomen Individuen überzogen, aus der sich die neue institutionelle Ordnung entwickeln kann, wenn ihr von einem vorausgehenden, begleitenden oder nachfolgenden politischen und rechtlichen Wachstum der Weg geebnet wird. Die gewachsene materielle Dichte wird dadurch in zunehmende dynamische bzw. moralische Dichte überführt (Durkheim 1961: 195–196). In Europa hat die Herausbildung der Nationalstaaten vom 16. bis zum 19. Jahrhundert die politischen Rahmenbedingungen für expandierende Märkte geschaffen. Dadurch war es möglich, größere Räume einer einheitlichen rechtlichen Ordnung zu unterwerfen und den Partikularismus des regional differenzierten Rechts zu überwinden. Einen wesentlichen Anteil an dieser Entwicklung hatte der Berufsstand der Juristen. In Großbritannien waren es Anwälte und Richter, die nach und nach durch die Rechtsprechung ein einheitliches Wirtschaftsrecht hervorgebracht haben. In Deutschland und Frankreich haben die universitätsgeschulten Rechtsgelehrten mittels Kodifikationen ein einheitliches Recht für das gesamte Staatsgebiet geschaffen, etwa das Allgemeine Preußische Landrecht (1794) oder Napoleons Code civile (1804) oder später das Bürgerliche Gesetzbuch in Deutschland (1900) (Weber 1922/1976: 456–459). Es ist kein Zufall, dass die industrielle Revolution im letzten Drittel des 18. Jahrhunderts in England einsetzte, wo die nationale Einheit mit einem einheitlichen Wirtschaftsraum und einem einheitlichen Recht am weitesten fortgeschritten war. Frankreich war zwar vom Absolutismus territorial geeint worden, der Zentralismus blieb jedoch aufgesetzt. Es fehlte dem Land im Vergleich zu England die Aufhebung der regionalen und ständischen Spaltung der Gesellschaft. Deutschland blieb bis zu Bismarcks politisch durchgesetzter Einigung im deutsch-französischen Krieg von 1870/71 in Kleinstaaten zersplittert. Friedrich Lists deutscher Zollverein (1834) hat immerhin den Boden für einen einheitlichen Wirtschaftsraum bereitet. So war es naheliegend, dass Frankreich und Deutschland erst 50 bis 100 Jahre später als England eine ähnlich umfassende Industrialisierung auf den Weg brachten.

Wie wir soweit gesehen haben, ist die Ausdifferenzierung und Institutionalisierung eines spezifischen Handlungsraumes für wirtschaftliche Transaktionen als Herausbildung einer spezifischen institutionellen Ordnung für einen *erweiterten* Raum zu begreifen, der über bisherige Gemeinschaftsgrenzen hinausgeht, die segmentäre Differenzierung in partikulare Gemeinschaften aufhebt und ein Netzwerk von autonomen Individuen entstehen lässt. Ein entscheidender Durchbruch dieser Art hat in Europa durch die untereinander verknüpften Entwicklungen großer Wirtschaftsräume auf staatlich geeinten Territorien mit einem einheitlichen Recht im Zeitraum vom 16. bis 19. Jahrhundert stattgefunden. An dieser Entwicklung hat der Nationalismus in seiner Rolle der Herstellung großräumiger solidarischer Einheiten bei gleichzeitiger Überwindung der Differenzierung in kleinere Segmente, das heißt des regionalen Partikularismus, einen entscheidenden Anteil gehabt (Gellner 1991; Hobsbawm 1991). Weil er die Einteilung der Welt in Segmente jedoch nur durch die Herausbildung größerer Segmente auf höherer Entwicklungsebene fortsetzte, musste er in dieser Rolle genau dort an seine Grenzen stoßen, wo die Zunahme der dynamischen Dichte durch Bevölkerungswachstum und schnellere Transport- und Kommunikationsmittel in Europa die Konkurrenz um knappe Güter verschärfte und die territorialen Grenzen der Nationalstaaten für die Entfaltung der Wirtschaft zu eng wurden. Der dadurch entstehende Druck wurde durch große Auswanderungswellen, Kolonialismus und das Streben der Nationalstaaten nach territorialer Expansion ausgeglichen. Die insbesondere in Deutschland zur Vorherrschaft gelangte Strategie der territorialen Expansion hat zu zwei Weltkriegen geführt.

1.3 Der Wirtschaftsraum der globalisierten Moderne

Mit dem Zweiten Weltkrieg ist der Nationalismus als Instrument der Bewältigung von Konkurrenz um knappe Güter endgültig gescheitert, so dass die Bahn für eine Lösung geebnet wurde, die den Wirtschaftraum weit mehr als bisher von der segmentären Differenzierung in »Volkswirtschaften« befreit: die Herausbildung transnationaler Wirtschaftsräume bis hin zur liberalisierten Weltwirtschaft (Gilpin 2001). Inzwischen wird allenthalben von der Weltgesellschaft gesprochen (vgl. Stichweh 2000; Heintz, Münch und Tyrell 2005). Schon am Ende des 19. Jahrhunderts hatte die weltwirtschaftliche Verflechtung als Lösung des Problems der Konkurrenz um knappe Güter ein Niveau erreicht, das die Strategie der nationalen Expansion hätte überflüssig machen können. Der Erste Weltkrieg und die ihm folgende Weltwirtschaftskrise nach dem New Yorker Börsenkrach im Oktober 1929 haben diese Entwicklung jedoch vorerst zum Erliegen gebracht. Erst nach dem Zweiten Weltkrieg – mit voller Fahrt seit den 1970er Jahren – hat sich die transnationale Wirtschaftsverflechtung durchgesetzt, und zwar in Gestalt regionaler, über nationalstaatliche Grenzen hinausgehender Wirtschaftsräume (EG, EFTA, NAFTA) und in Gestalt einer zunehmenden Liberalisierung des Welthandels im Rahmen der verschiedenen Runden der GATT-Verhandlungen, die schließlich zur Institutionalisierung der Welthandelsorganisation (WTO) geführt haben (Held, McGrew, Goldblatt und Perraton 1999: 149–188). Diese Entwicklung bedeutete nicht weniger als einen neuen Schub der Ausdifferenzierung eines bisherige Gemeinschaftsgrenzen sprengenden Raumes für wirtschaftliche Transaktionen. Es ist kein Zufall, dass Deutschland in diesem Prozess die Rolle einer treibenden Kraft spielte. Geheilt von den Exzessen des Nationalismus und gesegnet mit einer stark wachsenden Produktivität der industriellen Produktion konnte nur die Sicherung von ausländischen Absatzmärkten das Ansteigen des Lebensstandards in einem Land gewährleisten, in dem sich die Regierungen in besonderem Maße der Steigerung des Bruttoinlandsproduktes verdingen mussten. Der Konkurrenzkampf um knappe Güter im Angesicht eines ständig wachsenden Aspirationsniveaus ist in Deutschland besonders ausgeprägt worden und hat deshalb die deutsche Industrie und die deutsche Politik zu Pionieren der Herausbildung transnationaler Wirtschaftsräume gemacht. Die damit einhergehende Überwindung der segmentären Differenzierung in Nationalstaaten erweist sich gerade in Deutschland aber auch als besonders konfliktreich (Zukunftskommission der Friedrich Ebert Stiftung 1998).

Die Trennung zwischen Binnen- und Außenmoral wird auf einer neuen Entwicklungsstufe erneut aufgehoben. Der Ausbau des Nationalstaates zum Wohlfahrtsstaat hat dafür gesorgt, dass die Steigerung des Wohlstandes durch den Export breiten Bevölkerungsschichten zugute gekommen ist. Die Keynesianische Wirtschaftssteuerung war ein maßgebliches Instrument, mit dem Wachstum und Vollbeschäftigung innerhalb nationaler Grenzen gesichert wurden. Die zunehmende transnationale Verflechtung der Wirtschaft hat die Instrumente des Keynesianismus jedoch stumpf und die solidarische Teilung des Wohlstands im nationalen Verbund zu einem Hindernis des industriellen Strukturwandels werden lassen. Umso schärfer artikuliert sich der Konflikt zwischen den unternehmerischen Pionieren der wirtschaftlichen Transnationalisierung und den gewerkschaftlichen Repräsentanten des alten nationalen Wohlstandsverbundes. Die umstrittene Frage lautet jetzt, ob die Ausdifferenzierung eines transnationalen Wirtschaftsraumes mit der alten segmentären Differenzierung von nationaler Solidarität überhaupt vereinbar ist. Die einen verneinen diese Frage und meinen deshalb, dass die Stabilisierung des transnationalen Wirtschaftsraumes auf eine ähnliche politische, rechtliche und solidarische Basis gestellt werden muss, wie dies innerhalb der europäischen Wohlfahrtsstaaten gelungen ist (Leibfried und Pierson 1995; Habermas 1998; Schwengel 1999). Die anderen halten diese Lösung mangels transnationaler Solidarität nicht für möglich und suchen deshalb nach Möglichkeiten, den nationalen Wohlstandsverbund auch angesichts transnationaler Wirtschaftsverflechtungen zu retten (Scharpf 1999; Streeck 1998). Die Vertreter des Neoliberalismus sehen dagegen die Zeit gekommen, die Behinderungen des wirtschaftlichen Wachstums durch zu starke nationale Regulierung zu beenden, ohne dass auf supranationaler Ebene eine vergleichbar starke Regulierung eingerichtet werden muss, weil sie der Auffassung sind, dass eine wachsende Wirtschaft auch den Schwächeren ein größeres Stück des größer werdenden Kuchens bietet (von Weizsäcker 1999). Alle drei Positionen realisieren allerdings nicht richtig, dass mit der Herausbildung eines globalen Wirtschaftsraumes die funktionale Ausdifferenzierung der Wirtschaft an ihr Ziel gelangt ist und damit der Verteilung des Wohlstands nach Prinzipien der segmentären Differenzierung engere Grenzen als zuvor gesetzt sind. Die Strategie der »sozialen« Globalisierung wünscht sich die Übertragung der Solidarität nationaler Kollektive auf die Weltgemeinschaft, die Strategie der Erhaltung des nationalen Wohlstandsverbundes will zwar die Wachstumsdynamik der globalen Wirtschaft erhalten, muss aber erkennen, dass transnationale Wirtschaftsräume auf die Schwächung der segmentären Differenzierung in nationale Wohlstandsverbünde hinwirken. Die Strategie des Neoliberalismus ignoriert die Instabilität eines transnationalen Wirtschaftsraumes ohne eine mitwachsende Basis von Solidarität, Recht und Politik. Entscheidend ist jedoch, dass der nationale Wohlfahrtsstaat kein Modell für diese Basis des transnationalen Wirtschaftsraumes sein kann, weil er noch auf dem Primat segmentärer Differenzierung aufbaut, das in der Epoche der Weltwirtschaft sein Ende gefunden hat (vgl. Preyer und Bös 2002; Preyer 2006; Hack 2008). Unter dem Primat der funktionalen Ausdifferenzierung der Weltwirtschaft wandelt sich der Wohlfahrtsstaat zum Wettbewerbsstaat, der in erster Linie attraktive Standortbedingungen für Investoren schaffen muss.

Von der mechanischen zur organischen Solidarität

Das Scheitern der wohlfahrtsstaatlichen Strategien der »Zähmung« des »globalen Kapitalismus« muss jedoch nicht heißen, dass wir es hier mit einem nun vollständig ausdifferenzierten Funktionssystem zu tun haben, das sich ohnehin von jeder externen Steuerbarkeit befreit hat und allein nach seinem eigenen Code von Zahlen/Nicht-Zahlen und den auf dem freien Weltmarkt erzielten Preisen als Programm funktioniert. In dieser Lesart wäre die Systemtheorie nichts anderes als eine evolutionstheoretisch verbrämte Legitimation des Neoliberalismus. Weil auch in Luhmanns Sicht die Politik segmentär nach Staaten differenziert bleibt, kann es nur noch darum gehen, die politischen Konsequenzen der freien Weltwirtschaft staatlich-politisch zu bewältigen, das heißt zum Beispiel Konflikte um Arbeitslosigkeit mit Besänftigungsstrategien so zu mildern, dass politische Entscheidungsfähigkeit erhalten bleibt und die Politik nicht in den Strudel von Protest und Gegenprotest gerät (Luhmann 2000: 220–227, 423–431; vgl. Albert 2002). In dieser Sicht wird verkannt, dass es sich auch bei der Ausdifferenzierung transnationaler Wirtschaftsräume um die Herausbildung einer institutionellen Ordnung handelt, die jedoch an die neuen strukturellen Bedingungen angepasst sein muss, wenn sie Stabilität erlangen soll. Es verändern sich erneut die Strukturen der Solidarität. In den Begriffen von Emile Durkheim wird die mechanische Solidarität der voneinander als Segmente der Weltgesellschaft differenzierten Wohlfahrtsstaaten von der grenzüberschreitenden organischen Solidarität der aus der nationalen kollektiven Solidarität entlassenen einzelnen, arbeitsteilig spezialisierten Individuen verdrängt (Durkheim 1977: 152–269). Das ist ein konfliktreicher Prozess, der von nationalistischen und sozialistischen Gegenbewegungen begleitet wird, es ist jedoch ein Prozess der durch die Zunahme der dynamischen Dichte der Weltgesellschaft unaufhaltsam vorangetrieben wird.

Wie wir aus der Auseinandersetzung über Durkheims Studie zur Arbeitsteilung wissen, ist jedoch die Frage, worin organische Solidarität besteht und wodurch sie zustande kommt, ziemlich umstritten (Parsons 1967). Es handelt sich zunächst einmal um Bindungen zwischen autonomen Individuen, die gerade durch ihre Spezialisierung im Prozess der Arbeitsteilung von ihrem Herkunftskollektiv – sei es die Arbeiterschaft, sei es die ganze Nation – unabhängig werden, an Autonomie gewinnen und größere Spielräume für die Entfaltung ihrer Individualität erhalten. Ihre Unabhängigkeit vom Herkunftskollektiv macht sie offen für das Eingehen neuer grenzüberschreitender Bindungen. Da die Reichweite und die Zahl ihrer Beziehungen wachsen, nehmen ihre Alternativen zu, so dass sie über größere Unabhängigkeit verfügen. Ihre Unabhängigkeit setzt aber gerade die Pflege der größeren Zahl von Beziehungen mit größerer Reichweite voraus. Die aktiven, nach Unabhängigkeit strebenden Individuen werden demgemäß als Pioniere der Bildung eines grenzüberschreitenden Netzwerks sozialer Beziehungen tätig sein und auf die weniger aktiven einen Druck ausüben, den gleichen Weg zu gehen, weil die Bindung an die Herkunftsgruppe immer weniger Sicherheit bietet und zudem ihre Loyalitätsansprüche immer weniger gerechtfertigt erscheinen. In einem sich selbst verstärkenden Prozess wird so durch Pioniere ein grenzüberschreitendes Netzwerk von autonomen Individuen geknüpft, während gleichzeitig die alten Kollektivsolidaritäten schwach und brüchig werden.

War der klassische Industriearbeiter in seiner Klasse und ihrer Repräsentation durch Gewerkschaften und Arbeiterparteien aufgehoben, wird der immer besser ausgebildete Arbeitnehmer zu einem »Arbeitskraftunternehmer« (Pongratz und Voss 2003), der sich nicht mehr in eine Kollektivsolidarität der Arbeiterklasse einzwängen lässt, sondern mit seinen ihn von allen anderen unterscheidenden, je spezifischen fachlichen und außerfachlichen Qualifikationen als autonomes Individuum umso bessere Inklusionschancen hat, je offener und differenzierter das Netzwerk der Arbeitsteilung gestaltet ist. Seine Inklusion stellt sich umso besser dar, je weiter das Netzwerk räumlich reicht und über je mehr alternative Stellen des Zugangs er verfügt. Die Exklusion als mangelnder Zugang zu Märkten, Wohlstand und Ansehen trifft nicht mehr eine Klasse, sondern einzelne marginalisierte Individuen, die ihr Schicksal auch nicht mehr durch eine Sammelbewegung der Ausgeschlossenen bewältigen können, sondern nur noch durch ebenso individualisierte Formen der Bewältigung von Frustrationenen durch Maßnahmen der Umschulung, der Weiterbildung, des Anschlusses an Selbsthilfegruppen oder des Abdriftens in die verschiedenen Varianten des Rückzugs aus dem sozialen Leben (Hank 1995).

Was hält nun diese individualisierte transnationale Netzwerkgesellschaft zusammen (vgl. Castells 1996; Albrow 1997; Holzer 2005)? Folgen wir Durkheim, dann ist es zunächst einmal das schwache Band der gegenseitigen Abhängigkeit, das allerdings auch nicht unterschätzt werden sollte. Es kann als Infrastruktur dienen, aus der sich weitere Bindungen entwickeln, als nächstes nämlich arbeitsteilige Kooperation, aus der auch Gefühle der Verbundenheit entstehen. Durkheim war bekanntlich auch damit noch nicht zufrieden, weil ihm diese individualisierte Verbundenheit noch zu nahe am utilitaristischen Mutualismus des freien Marktes war, so wie er ihn von Spencer vertreten sah. Deshalb meinte er, die Arbeitsteilung könnte sich nur im Schoße einer schon vorhandenen Gesellschaft entwickeln, die nämlich über ein ausreichendes Maß eines gemeinsamen Rechts und eines entsprechenden kollektiven Rechtsbewusstseins mit gemeinsam geteilten Maßstäben der Gerechtigkeit verfügt. Es geht dabei um die sogenannten nichtkontraktuellen kollektiven Grundlagen des individuellen Tauschvertrages. Während die Handlungsspielräume der Individuen durch die Vielzahl möglicher Vertragsbeziehungen erweitert werden, sorgen das kollektiv geteilte Vertragsrecht und das korrespondierende kollektive Rechtsbewusstsein als nichtkontraktuelle Grundlagen des Vertrages für genügend kollektive Bindungsmasse, um die arbeitsteilige Gesellschaft zusammenzuhalten. Diese kollektive Bindungsmasse muss allerdings durch dafür verantwortliche Träger am Leben erhalten werden. Diese Aufgabe wollte Durkheim den Berufsgruppen übertragen. Die Familie war ihm zu partikularistisch und zu weit weg von der Gesellschaft als Ganzes, der Staat war ihm zu weit weg vom Individuum, dagegen können die Berufsgruppen nach seiner Meinung als intermediäre Instanzen zwischen den individualisierten Individuen und dem Staat als Zentrum der repräsentativen kollektiven Deliberation vermitteln und so für die Inklusion der Individuen in die Gesellschaft und den Zusammenhalt der Gesellschaft insgesamt sorgen (Durkheim 1977: 42–63, 240–269). Ersetzen wir den Terminus »Berufsgruppe« durch den Terminus »Verbände« dann hat Durkheim genau jenes Modell der Zusammenarbeit von Staat und Verbänden vorgezeichnet, das später als Neokorporatismus als Alternative einer wohlintegrierten Gesellschaft dem Modell des amerikanischen Pluralismus gegenübergestellt wurde. In egalitärer Variante sind die skandinavischen Wohlfahrtsstaaten ein Beispiel dafür, in konservativ-meritokratischer Variante die Wohlfahrtsstaaten Deutschlands, Österreichs und der Niederlande. Diese Modelle sind allerdings stark an die Vitalität des nationalen Wohlfahrtsverbundes gebunden und deshalb nur schlecht auf die Gestaltung transnationaler Räume übertragbar (Esping-Andersen 1990).

Es scheint so, dass Durkheim noch zu sehr in Kategorien segmentärer Solidarität gedacht hat, als er nach dem Bindemittel der organischen Solidarität suchte. Allerdings hat er selbst schon in Umrissen eine europäische Gesellschaft mit entsprechender europäischer Arbeitsteilung und organischer Solidarität im Begriff der Herausbildung gesehen (Durkheim 1977:

321 f., 446). Dementsprechend erkannte er, dass die kollektiven Differenzen zwischen den Nationen abnehmen, während gleichzeitig die Differenzen zwischen den Individuen zunehmen (Durkheim 1977: 177, 341). Hier liegt demgemäß auch ein Schlüssel für die Integration des europäischen Wirtschaftsraums. Sie erfolgt weniger durch die Kooperation der Nationen als Kollektive und mehr durch die Individuen als Knotenpunkte eines in sich stark differenzierten und verzweigten transnationalen Netzwerkes. Die Pioniere der transnationalen Integration werden zu Trägern der neuen transnationalen Moral, die diesseits und jenseits der segmentären Grenzen des Nationalstaates gilt und die alte Trennung zwischen Binnen- und Außenmoral aufhebt. Binnenmoral verlangt absolute Loyalität zur eigenen Gruppe, Teilen des Wohlstands in der Gruppe, Aufopferung für die Gruppe. Außenmoral bedeutet Distanz zum Fremden, Illoyalität zur fremden Gruppe, kein Teilen des Wohlstands mit der fremden Gruppe, keine Aufopferung für den Fremden, sondern vorbehaltslose Vorteilsnahme. Beide Seiten konvergieren in der partikularistischen Bevorzugung des Eigenen gegenüber dem Fremden. Die neue transnationale Moral hält zu beiden Extremen gleichermaßen Abstand. Sie setzt an die Stelle des Gegensatzes zwischen bedingungsloser Hingabe an die eigene Gruppe und vollkommener Abwehr des Fremden das autonome Individuum, das zwischen dem Eigenen und dem Fremden keinen Unterschied mehr macht und zu beiden Seiten gleichermaßen Beziehungen auf der Basis freier Vereinbarungen zum gegenseitigen Nutzen und unter gegenseitiger Respektierung des Anderen unterhält.

Aus einer neofunktionalistischen Perspektive (Haas 1958) ist der Wirtschaftsverkehr die treibende Kraft der rechtlichen Integration Europas. Es sind Produzenten und Konsumenten, die den wirtschaftlichen Prozess tragen, und es sind Kläger, die europäisches Recht in Anspruch nehmen, um ihre europäischen Freizügigkeitsrechte und damit zusammenhängenden weiteren Rechte auch gegen nationales Recht durchzusetzen. Beide Prozesse – die wirtschaftliche und die rechtliche Integration – verstärken sich wechselseitig. Die vertraglich garantierten europäischen Rechte des freien Verkehrs von Waren, Dienstleistungen, Kapital und Personen haben Interessenten genutzt, um gegen ihre Einschränkung durch nationales Recht zu klagen. Der Europäische Gerichtshof (EuGH) hat auf Vorlage durch nationale Gerichte in seinen Vorabentscheidungsverfahren – die den nationalen Gerichten erklären, wie das europäische Recht anzuwenden ist – zunehmend die Bahn für den Wirtschaftsverkehr und für den Abbau jeglicher Art der Diskriminierung im Verhältnis zwischen den EU-Bürgern, einschließlich zwischen den Geschlechtern, freigemacht. Das hat die europäische Rechtssetzung wiederum zum Ausbau der rechtlichen Harmonisierung gezwungen. Damit ist das Volumen des Rechts gewachsen (Richtlinien, Verordnungen und Entscheidungen), das die Europäische Kommission gegen die Mitgliedstaaten der Europäischen Union zur Geltung zu bringen hat. Diese rechtliche Integration hat wiederum die weitere wirtschaftliche Integration befördert. So haben sich wirtschaftliche und rechtliche Integration in einem spiralförmigen Prozess wechselseitig vorangetrieben (Fligstein und Stone Sweet 2002; Münch 2008a, 2008b: 64–144). Das lässt sich anhand von Daten über die Importe und Exporte Deutschlands insgesamt und im Außenhandel mit den EU-Mitgliedsländern sowie über Vorabentscheidungsverfahren des EuGH und Vertragsverletzungsverfahren der Europäischen Kommission im Zeitraum von 1973 bis 2003 belegen, und zwar für jährliche und kumulierte Verfahren (Abb. 1.1 und 1.2).

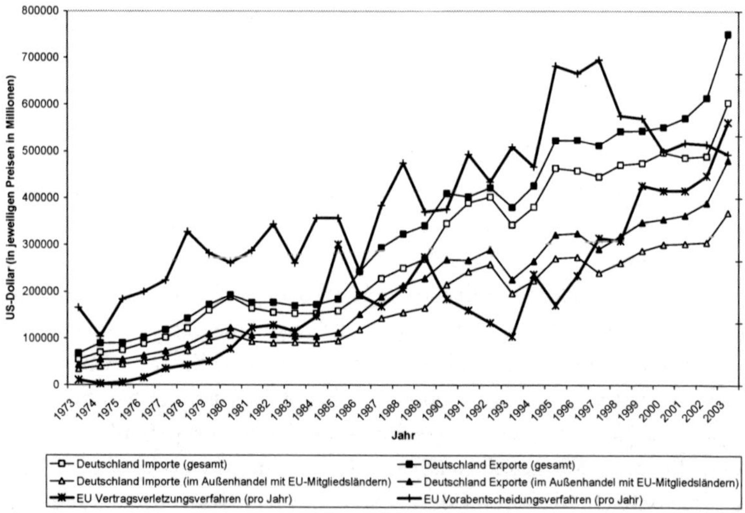

Abb. 1.1: Importe/Exporte und Anzahl der Verfahren pro Jahr

In dem Maße, in dem sich die wirtschaftliche und die rechtliche Integration Europas wechselseitig vorantreiben, entsteht eine europäische Rechtsordnung, die tief in die nationalen Ordnungen hineingreift. Die nationalen Ordnungen werden in ihrer Substanz verändert.

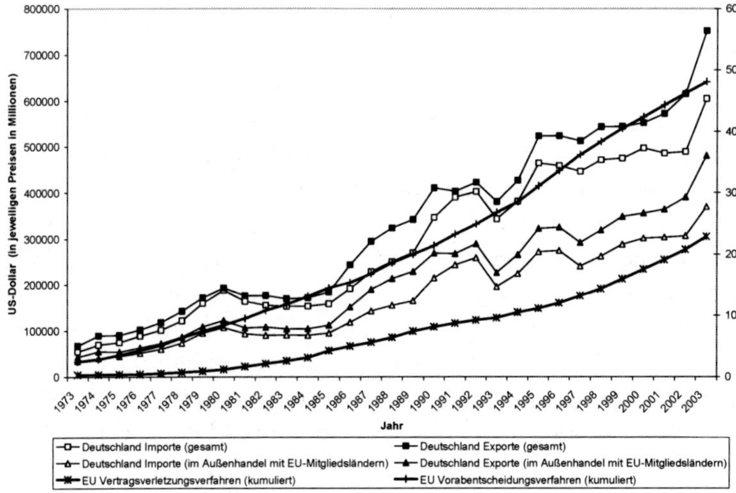

Abb. 1.2: Importe/Exporte und Anzahl der Verfahren (kumuliert)

*Quelle Importe/Exporte: * Deutschland = bis 1990 ohne DDR; United Nations Conference on Trade and Development (UNCTAD), Statistical databases online, UNCTAD Handbook of Statistics 2008 http://stats.unctad.org/Handbook/ReportFolders/reportFolders.aspx*

Quelle Vertragsverletzungsverfahren: Integrated Project on New Modes of Governance (co-ordinated by the European University Institute and its Robert Schumann Centre for Advanced Studies), Legal Task Force Team II – Litigating EU-Law, Alec Stone Sweet and Thomas L. Brunell, The European Court and Enforcement Actions: Data Set on Infringement Proceedings (Art. 226), 1958–2005

Quelle Vorabentscheidungsverfahren: Integrated Project on New Modes of Governance (co-ordinated by the European University Institute and its Robert Schumann Centre for Advanced Studies), Legal Task Force Team II – Litigating EU-Law, Alec Stone Sweet and Thomas L. Brunell, The European Court and National Courts: Data Set on Preliminary References in EC Law (Art. 234), 1961–2006

In substanzieller Hinsicht bedeutet die rechtliche Integration Europas im Kielwasser der Wirtschaftsintegration den Abbau nationaler Rechtstraditionen, die dem grenzüberschreitenden Wirtschaftsverkehr im Wege stehen. Der Europäische Gemeinschaftsvertrag lässt nur unter sehr eingeschränkten Bedingungen des öffentlichen Interesses nach Artikel 30 nationale Begrenzungen dieses Verkehrs zu. Wie wenig Spielraum es dafür gibt, hat der Europäische Gerichtshof (EuGH) im berühmten Cassis de Dijon-Urteil (C-120/78 vom 20.2.1979) zum Alkoholgehalt von französischem Branntwein dargelegt. In der neuesten Rechtsprechung ist der EuGH so weit gegangenen, den wirtschaftlichen Interessen von Unternehmen gegenüber dem nationalen Streikrecht von Arbeitnehmern Vorrang zu geben. Im Fall

Viking (C-438/05 vom 11.12.2007) hat der Gerichtshof finnischen Gewerkschaften untersagt, gegen eine Reederei wegen der Umflaggung einer Fähre nach Estland Streikmaßnahmen zu ergreifen. Die Gewerkschaft wollte dadurch verhindern, dass die teureren finnischen durch billigere estnische Arbeitnehmer ersetzt werden. Nach dem Urteil des EuGH verstößt eine solche Maßnahme gegen die Niederlassungsfreiheit. In ähnlicher Weise hat der Gerichtshof im Fall Lavall (C-341/05 vom 18.12.2007) den Arbeitskampf einer schwedischen Gewerkschaft gegen einen nach lettischem Recht gestalteten Tarifvertrag eines in Schweden tätigen lettischen Bauunternehmens für unvereinbar mit dem freien Dienstleistungsverkehr erklärt. Im Fall Rüffert (C-346/06) musste das Land Niedersachsen hinnehmen, dass polnische Bauarbeiter bei einer öffentlichen Baumaßnahme unterhalb des deutschen Tariflohns beschäftigt wurden. Im Fall Luxemburg (C-319/06 vom 19.6.2008) wurde die luxemburgische Umsetzung der europäischen Entsenderichtlinie als unvereinbar mit dem freien Dienstleistungsverkehr eingestuft. Die Entsenderichtlinie, die ursprünglich Lohndumping bei der Entsendung von Arbeitnehmern über die alen Grenzen hinweg verhindern sollte, wurde so vom EuGH einer restriktiven Auslegung unterzogen.

An diesen neuesten Beispielen ist zu erkennen, dass die rechtliche Integration Europas im Tandem mit der wirtschaftlichen Verflechtung den Rechten des Privatbürgers und damit auch der Privatunternehmen gegenüber den national gebundenen sozialen und politischen Rechten des Staatsbürgers einen Vorrang gibt. Der EuGH ist als juristische Auslegungsinstanz eine tragende Säule dieser liberalen Ordnung Europas. Unter ihrem Vorrang verlieren die nationalstaatlich gebundenen republikanischen Traditionen an Bedeutung und Wirksamkeit (Münch 2008a, 2008b: 122–144). Ob sich auf europäischer Ebene je wieder ein Gleichgewicht zwischen Liberalismus und Republikanismus, Bourgeois und Citoyen, herstellen lässt, ist heftig umstritten. Deshalb richtet sich das Augenmerk mehr auf die Bekräftigung des intergouvernementalen Charakters der Politischen Union und das Recht der Mitgliedstaaten, gegebenenfalls zu weitgehender Rechtsfortbildung durch den EuGH durch die Drohung Einhalt zu gebieten, derartige Urteile nicht umzusetzen, es sei denn, der Europäische Rat würde sie mehrheitlich bestätigen. Die Entscheidung läge dann auf der intergouvernementalen Ebene der Union (Höpner 2008; Scharpf 2009). Auf diese Weise wäre gewährleistet, dass alles europäische Recht nur durch den Filter nationaler, republikanisch verfasster Staaten zur Geltung kommt und so der ökonomische Liberalismus durch den politischen Republikanismus in seine

Schranken verwiesen wird. Das wird allerdings nichts daran ändern, dass im transnationalen Raum in der Tendenz das Recht einen Vorrang vor der Politik und mit ihm der Liberalismus vor dem Republikanismus erhält. An der zentralen Stellung des EuGH im institutionellen Gefüge der EU und an dessen Rechtsprechung ist das auf jeden Fall zu beobachten.

Moralischer Universalismus und ethischer Individualismus

In der sich herausbildenden gesellschaftlichen Ordnung jenseits des Nationalstaates vereinigt sich der moralische Universalismus auf neue Weise mit der Ethik des Individualismus. Diese Entwicklung geht über den ökonomischen Liberalismus hinaus und wirkt auf die globale Verwirklichung der Menschen- und Bürgerrechte hin, die allerdings nicht diejenige Substanz haben, die sie im Gefüge des Nationalstaates, erst recht des nationalen Wohlfahrtsstaates hatten. Die formalen Freiheits- und Gleichheitsrechte erhalten einen Vorrang vor den inhaltlichen politischen und sozialen Rechten. Die transnationale Wirtschaftsintegration und die globale Vergesellschaftung unter der Ägide der Menschenrechte sind zwei Seiten ein und derselben Medaille. Sie lassen sich nicht voneinander trennen. Infolgedessen färben beide Seiten aufeinander ab.

Wir beobachten einen neuen Entwicklungsschub in die Richtung des moralischen Universalismus und des ethischen Individualismus, die den moralischen Partikularismus der Bevorzugung der eigenen Gruppe und die Ethik des Gehorsams gegenüber der Autorität verdrängen. Unter dem moralischen Universalismus ist das Prinzip der Rechtfertigung von grundlegenden Normen der zwischenmenschlichen Beziehungen durch die allseitige Zustimmung in einem offenen und egalitären Diskurs, unter der Ethik des Individualismus ist die grundsätzliche Prämierung einer Lebensführung in Selbstverantwortung und gegenseitiger Respektierung zu verstehen. In Rechtsform ist die Verknüpfung des moralischen Universalismus mit der Ethik des Individualismus in den Menschen- und Bürgerrechten konkretisiert, die seit der Menschenrechtserklärung der Vereinten Nationen von 1948 sukzessive eine immer breitere Durchsetzung in der Welt erfahren haben (Habermas 1992: 15–60; Dunne und Wheeler 1999; Risse, Ropp und Sikkink 1999; O'Brien, Goetz, Scholte und Williams 2000). Eine Elite von moralischen Pionieren setzt die neuen Maßstäbe, die durch transnationale Akteure über die bisherigen nationalen Grenzen hinaus und in die nationalen Gesellschaften hinein verbreitet werden. Dazu zählen transnationale soziale Bewegungen, die sich für die weltweite Anerkennung der Menschenrechte einsetzen, aber auch Wissenschaftler, die den globalen wissenschaftlichen Diskurs vorantreiben, Experten, die bei der Entwicklung internationaler Standards für den Welthandel sowie den Schutz von Umwelt und Gesundheit zusammenarbeiten, und nicht zuletzt die Manager multinationaler Konzerne, die ein weltweites Netzwerk des Handels und der Arbeitsteilung ausbauen. Die moralischen Pioniere werden zu Trägern des moralischen Universalismus, weil sie die dafür erforderlichen Bedingungen der Sozialisation in vorbildhafter Weise erfüllen: die größte Reichweite und die größte Zahl der sozialen Kreise, in denen sie sich bewegen (Simmel 1908/1992: 456–511, 791–863; Mead 1968: 336–377). Dadurch gewinnen sie das größte Maß an Individualität, gleichzeitig lernen sie mehr als andere, ihre Entscheidungen im Lichte ihrer Konsequenzen für die entferntesten und die größte Zahl möglicher Betroffener zu rechtfertigen. Die Reichweite des zumindest imaginären Diskurses zur Rechtfertigung der eigenen Entscheidungen tendiert zur Universalität. Das heißt, dass sie am weitgehendsten an die Situation herangeführt werden, in der sie nur das als Richtschnur ihres Handelns wählen können, was die Zustimmung eines jeden potentiellen Teilnehmers an einem prinzipiell für jeden und jedes Argument gleichermaßen offenstehenden Diskurses finden würde. Unter diesen Bedingungen ist es nicht möglich, dem einen Vorteile einzuräumen, die dem anderen verweigert werden, und zwar ohne jegliche Gruppenbegrenzung. Jeder und jede hat weltweit gesehen das Recht, in derselben Weise einen Anteil am weltweit produzierten Wohlstand zu erlangen (vgl. Münch 2001b; Brunkhorst 2002; Koenig 2005).

Es wird immer schwerer, die kollektive Zuteilung von Wohlstand zu rechtfertigen, weil sie nicht den individuellen Beitrag zum Ganzen zum Bewertungsmaßstab macht, sondern die bloße Mitgliedschaft in einer von Reichtum gesegneten Gruppe. Zu rechtfertigen ist unter solchen Bedingungen zunächst einmal nur die Verteilung des Anteils am Wohlstand proportional zur eingebrachten individuellen Leistung für das weltweite Ganze, wie immer diese Proportionalität auch gemessen werden mag. Untrennbar damit verbunden ist das Prinzip, dass aber auch jedem Einzelnen die Tür zur Bereitstellung seiner Leistungen offen stehen muss, weil es ein Widerspruch in sich wäre, Anteile am Wohlstand nach Leistungen für das Ganze zu verteilen, aber nicht jedem und jeder den gleichen Zugang zur Bereitstellung von Leistungen zu gewähren. Auch die Förderung von denjenigen, die unverschuldet daran gehindert sind, Leistungen zu erbringen, ist geboten, weil es wieder ein Widerspruch in sich selbst wäre, nach Leistung zu entlohnen und die unverschuldet weniger Leistungsfähigen genauso zu behandeln wie die von vornherein Leistungsfähigeren. Es wäre in diesem Fall nicht wirklich ihre individuelle Leistung, die der Bewertung zugrunde läge, sondern ein mehr von äußeren, sie benachteiligenden Umständen bestimmtes Ergebnis.

Was ist aber mit den nach aller Förderung übrigbleibenden Leistungsunterschieden? Wie groß soll die Einkommens- bzw. Lohnspreizung sein, um die Leistungsunterschiede adäquat zum Ausdruck zu bringen? Wie hoch soll der Anteil der Leistungsschwächsten sein? Auf diese Fragen wird man kaum noch allgemein gültige Antworten geben können. Es wird darauf ankommen, wie Leistungsschwäche erklärt wird, welche Konsequenzen aus der Entlohnung nach dem Leistungsprinzip, aus mehr oder weniger Einkommens- bzw. Lohnspreizung sowie aus einem mehr oder weniger hohen Sockel für das Ganze erwartet werden und welches Menschenbild man vor Augen hat. Wird jeder bzw. jede für prinzipiell gleich leistungsfähig gehalten, wenn ihm bzw. ihr die gleichen Chancen wie allen geboten werden, dann ist eine reine Verteilung nach Leistung gerechtfertigt. Der Sockel muss nicht mehr als das Existenzminimum gewährleisten und die Gesellschaft vor der Gefahr des Abgleitens in Rebellion oder Kriminalität bewahren. Gilt der Mensch als nur leistungswillig, wenn genug Anreize gesetzt werden, dann wird man für eine größere Einkommens- bzw. Lohnspreizung eintreten. Wer jedoch von einer grundsätzlich gegebenen Ungleichheit ausgeht, der wird den weniger Leistungsfähigen einen höheren Sockel des kollektiv geteilten Wohlstands zusprechen und dies umso mehr, je mehr sich damit die Einschätzung paart, dass der Mensch umso mehr leisten wird, je mehr er sich von einer weitgehend leistungsunabhängigen Anerkennung durch die Gesellschaft getragen sieht. Es ist unschwer zu erkennen, dass die erste Argumentation zu einer Präferenz für ein »liberales« Gesellschaftsmodell führt, wie es am prägnantesten in den Vereinigten Staaten verwirklicht ist, die zweite Argumentation dagegen zu einer Präferenz für das kontinentaleuropäische »soziale« Gesellschaftsmodell. Das Prinzip des liberalen Modells ist die *individuelle* Teilhabe am Wohlstand unter der Bedingung von Leistungsgerechtigkeit, Chancengleichheit und Fairness auf der Basis eines minimalen Sockels des gemeinsam geteilten Wohlstands. Das Prinzip des sozialen Modells ist die *kollektive* Teilhabe an einem großen Sockel des gemeinsamen Wohlstands, über den hinaus nur noch ein kleinerer Teil des Wohlstands individuell unter den Bedingungen von Leistungsgerechtigkeit, Chancengleichheit und Fairness verteilt wird (Lessenich und Ostner 1998; Goodin, Headey, Muffels und Dirven 1999; Zukunftskommission der Friedrich Ebert Stiftung 1998).

Eine spannende Frage ist nun, ob ein Zusammenhang zwischen der Ausdifferenzierung des europäischen und darüber hinausgehenden globalen Wirtschaftsraumes mit der entsprechenden Umstellung von segmentärer auf funktionale Differenzierung und von mechanischer auf organische Solidarität und der Durchsetzung eines der beiden Gesellschaftsmodelle besteht. Die Frage ist, ob die Ablösung der segmentären Differenzierung in Volkswirtschaften und korrespondierende Nationalstaaten durch die internationale Arbeitsteilung dem liberalen Gesellschaftsmodell in die Hände spielt, weil es die Inklusion und die damit verbundene Teilhabe am Wohlstand mehr individualisiert und deshalb weniger auf das Fortbestehen kollektiver Solidarität angewiesen ist als das soziale Modell. Oder ist die Durchsetzung des einen oder anderen Modells eine Sache der jeweils vorherrschenden kulturellen Tradition, die in den Vereinigten Staaten die entsprechende Legitimation für das liberale Modell, in Kontinentaleuropa die Legitimation für das soziale Modell liefert (vgl. Scharpf und Schmidt 2000; Alber 2006)?

Gewiss wird sich die institutionelle Ordnung des transnationalen Wirtschaftsraums nicht ohne weithin anerkannte Legitimitätsgründe stabilisieren lassen. Solange die Europäer an die Legitimität des sozialen Modells glauben, werden sie auch dessen Konkretisierung in der rechtlichen Regulierung wirtschaftlicher Transaktionen unterstützen. Die Frage ist jedoch, ob dies auf Dauer gelingen kann, wenn dem kulturellen Überbau die korrespondierenden strukturellen Grundlagen der segmentären Differenzierung in Volkswirtschaften und Nationalstaaten wegbrechen. Es entsteht dann zunächst einmal eine Spannung zwischen dem kollektivistischen Denken des Überbaus und der Individualisierung der Sozialstruktur sowie der tatsächlichen Lebensverhältnisse. Hier spielen wieder die transnational agierenden moralischen Pioniere eine entscheidende Rolle. Sie sorgen für eine Öffnung nach außen und verschärfen dadurch die Konkurrenz um knappe Güter nach innen. Menschenrechte, Bürgerrechte und Wohlstand müssen jetzt mit mehr Menschen als zuvor geteilt werden. Damit gewinnt das Problem des *moral hazard* eine neue Schärfe. Weil jeder selbst härterer Konkurrenz ausgesetzt ist, weil die moralischen Pioniere den Fremden dem Vertrauten gleichstellen, wächst die Befürchtung, dass leistungsunabhängige Unterstützung vielfach ausgenutzt wird. Es fehlt die notwendige kollektive Solidarität, die einen großen Sockel des gemeinsam geteilten Wohlstands tragen würde. Die Ausdifferenzierung eines transnationalen Wirtschaftsraums ebnet die Differenz zwischen Binnen- und Außenmoral ein und bringt außen wie innen ein und dieselben ethischen Maßstäbe zur Geltung, die zwangsläufig der individuellen Inklusion durch Leistungsgerechtigkeit, Chancengleichheit und Fairness im Vergleich zur Ethik des Wohlfahrtsstaates einen größeren Spielraum geben und die kollektive Inklusion im Sinne der gleichen Teilhabe am gemeinsam erwirtschafteten Wohlstand im gleichen Umfang zurückdrängen (vgl. Mackert und Müller 2007).

Zwischen der kollektiven und der individuellen Inklusion verschieben sich die Gewichte zugunsten der individuellen. Das muss nicht heißen, dass sich in Europa von heute auf morgen amerikanische Verhältnisse durchsetzen, es bedeutet aber, dass das Spannungsverhältnis zwischen der segmentären Wohlfahrtsethik und der Öffnung nach außen Legitimationskonflikte und nationalistische Gegenbewegungen erzeugt, die den strukturell erzwungenen Weg in die Richtung des liberalen Modells begleiten. Die europäischen Wohlfahrtsstaaten haben aber die Möglichkeit, das liberale Modell so zu interpretieren, dass sie der neuen Realität aus ihrer Tradition heraus neue, in den Vereinigten Staaten nicht vorhandene, jedoch strukturadäquate Bindemittel beimischen. Da es sich um eine von moralischen Pionieren vorangetriebene Entwicklung handelt, kann es nicht ausbleiben, dass viel Zeit vergehen wird, bis durch die Austragung der neuen Legitimationskonflikte neue gangbare Symbiosen zwischen strukturellen Bedingungen, rechtlichen Regulierungen und kulturellen Legitimationsideen gefunden werden und so der ausdifferenzierte globale Wirtschaftsraum weniger von Anomie geprägt wird und über eine neue strukturadäquate institutionelle Ordnung verfügt (Münch 2001c: 120–150). Der globale Wirtschaftsraum favorisiert eine liberale Wettbewerbsordnung, die im Konflikt mit den nationalen Traditionen von Recht, Demokratie und sozialer Sicherheit steht.

1.4 Zusammenfassung

Wir können unsere Argumentation in neun Thesen zusammenfassen:

1) Ausdifferenzierung von Handlungsräumen heißt: Freisetzung des Handelns von der Gemeinschaftsethik im Verkehr zwischen Fremden: Trennung von Binnen- und Außenmoral.
2) Institutionalisierung von Handlungsräumen heißt: Aufhebung der Differenzierung zwischen Binnen- und Außenmoral durch das innen und außen gleich geltende Recht.
3) Der Übergang von der Ausdifferenzierung zur Institutionalisierung wird durch eine Phase der Anomie geprägt.
4) Im Recht durchdringen sich Moral/Ethik und zweckrationales Handeln gegenseitig. Sie bilden hier eine Schnittmenge und stehen gleichwohl in einem Spannungsverhältnis zueinander.
5) Der Motor der Ausdifferenzierung von Handlungsräumen ist die Verringerung von Distanzen zwischen Menschen, Gruppen und Nationen durch Bevölkerungswachstum, Transport- und Kommunikationsmittel.
6) Die Institutionalisierung von Handlungsräumen erfordert strukturadäquate Innovationen des Rechts in die Richtung der Ordnung größerer Freiheitsräume.
7) Die Ausdifferenzierung des grenzüberschreitenden Handels und moralischer/ethischer Diskurse übt Druck auf die Veränderung des Rechts in die Richtung der Ordnung größerer Freiheitsräume aus.
8) Die Erzeugung von Innovationen ist eine Sache moralischer, unternehmerisch handelnder Pioniere, die systematisch Gemeinschaftsgrenzen überschreiten (soziale Bewegungen).
9) Die Institutionalisierung von Innovationen durch die rechtliche Ordnung des grenzüberschreitenden Handels ist eine Sache politischer Unternehmer und juristischer Experten.

Die Untersuchung darf nicht bei der Ausdifferenzierung von Handlungsräumen stehen bleiben, sondern muss sich insbesondere ihrer Institutionalisierung widmen (vgl. Lepsius 1990), die mit erheblichen Unsicherheiten verknüpft ist. Erst durch die Institutionalisierung wird die Differenzierung zwischen Binnen- und Außenmoral überwunden. Von entscheidender Bedeutung ist die Beantwortung der Frage, welche Art des Rechts ausdifferenzierte Handlungsräume strukturadäquat ordnen kann und welche Innovationen erforderlich sind, um neue Ausdifferenzierungsschübe (Europäisierung, Globalisierung) strukturangemessen zu gestalten. Das Augenmerk gilt insofern beispielsweise gerade den nicht-wirtschaftlichen Strukturbedingungen einer geordneten ausdifferenzierten Wirtschaft sowie dem Wandel dieser Strukturbedingungen in Epochen neuer Ausdifferenzierungsschübe.

Diese Besonderheiten der Ausdifferenzierung und Institutionalisierung von Handlungsräumen geraten aus dem Blickfeld, wenn wir sie mit Luhmann als Ausdifferenzierung normfrei operierender autopoietischer Funktionssysteme oder mit Habermas als Entkopplung normfrei operierender Funktionssysteme aus der Lebenswelt oder mit Schluchters Weber-Interpretation als Ausdifferenzierung verselbständigter Wertsphären begreifen (Luhmann 1997: 634–776; Habermas 1981: 229–293; Schluchter 1988: 148–157, 274–314; Schwinn 2001: 154–207). Luhmann und Habermas können das Operieren der Funktionssysteme nur aus dem Blickwinkel ihrer Funktionslogik verstehen. Nehmen wir als Beispiel den wirtschaftlichen Handlungsraum: Das Recht als fundamentaler Bestandteil tatsächlich vollzogener wirtschaftlicher Operationen wird in die Umwelt verbannt, obwohl es in Wirklichkeit ein konstitutiver Bestandteil der institutionellen Ordnung der Wirtschaft ist. Jede wirtschaftliche Operation ist rechtlich strukturiert und nur als zugleich rechtliche Operation vollziehbar. Die Voraussetzungen, Eigenarten und Folgen wirtschaftlicher Operationen können wir nur erschließen, wenn wir sie in ihrer rechtlichen Strukturierung betrachten. Auch Wolfgang Schluchter und ihm folgend Thomas Schwinn greifen zu kurz, wenn sie im Anschluss an Weber die Wirtschaft als Wertsphäre mit eigener Logik begreifen. In dieser Perspektive wird wirtschaftliches Handeln allein in seiner Determiniertheit durch Nutzenmaximierung begriffen. Selbstverständlich ist das die identifizierende Handlungsorientierung des Wirtschaftens, wie aber tatsächlich wirtschaftlich konkret gehandelt wird, ist eine Folge der rechtlichen Strukturierung durch die institutionelle Ordnung der Wirtschaft.

In einer konsequent handlungstheoretischen Perspektive ist die rechtliche Struktur nicht bloß eine äußere Bedingung des wirtschaftlichen Handelns von der Qualität einer Umwelt, sondern ein Bestandteil der institutionalisierten und internalisierten Ordnung des wirtschaftlichen Handelns. Wäre sie nur eine äußere Bedingung, auf die sich wirtschaftliche Akteure kalkulierend einstellen, könnte nicht sicher mit ihrer Geltung gerechnet werden. Als legitim geltende institutionelle Ordnung strukturiert das Recht das wirtschaftliche Handeln durchgehend, so dass es ohne eingehende Berücksichtigung dieser Strukturierung schlichtweg nicht verstanden werden kann. Warum so und nicht anders gewirtschaftet wird, lässt sich nur aus dem Zusammenspiel der Nutzenmaximierung mit der rechtlichen Strukturierung erschließen. Und weil für die soziologische Untersuchung die Kenntnis der Strukturen das Entscheidende ist, während die Motive leicht unterstellt werden können, kommt der Untersuchung der rechtlichen Struktur gegenüber der Untersuchung der ökonomischen Motive die weit größere Bedeutung zu. Das gilt erst recht, wenn wir den Strukturwandel der Wirtschaft untersuchen wollen. Es ist in ganz erheblichem Umfang ein rechtlicher Strukturwandel, etwa der Strukturwandel der Wirtschaft, der sich aus ihrer Europäisierung und Globalisierung ergibt. Wenn die Wertsphäre der Wirtschaft als allein determiniert durch die Eigenlogik wirtschaftlicher Zweckrationalität – zum »Wert« hochstilisiert – verstanden wird, dann fehlt der ganze Komplex der institutionellen (rechtlichen) Ordnung der Wirtschaft, der für einen handlungstheoretischen Ansatz jedoch von fundamentaler Bedeutung ist. Und wir bekommen aus einer solchen Perspektive keinen Zugang zu einer Analyse des Strukturwandels der Wirtschaft.

Die Fokussierung auf die rechtliche Struktur der Wirtschaft soll allerdings nicht den Eindruck erwecken, dass es sich dabei um die einzige Strukturierung der Wirtschaft handelt. Es ist der wesentliche Bestandteil der institutionellen Ordnung, dem jedoch die Strukturierung durch Normen ohne rechtlich bindende Qualität hinzuzufügen ist. Von der institutionellen Ordnung ist weiterhin die nicht-normative faktische Strukturierung, insbesondere durch die Verteilung von Kapital und Macht, zu unterscheiden. Die tatsächliche Strukturierung ergibt sich aus dem Zusammenwirken der institutionellen Ordnung mit der Verteilung von Kapital und Macht und der Dynamik der Nutzenmaximierung.

Wenn das Recht einen so maßgeblichen Anteil an der Strukturierung der Wirtschaft hat, stellt sich die Frage, woher das Recht selbst seine entsprechende Strukturierung erhält. Die Antwort auf diese Frage ist in der Anwendung des Rechts auf sich selbst zu suchen. Es geht dabei um die Strukturierung der Rechtsprechung durch die Gerichtsordnung, das Rechtsverfahren und das auf jeweilige Gegenstände anzuwendende Recht. Das Vertragsrecht strukturiert ökonomische Transaktionen, aber auch die Rechtsprechung zu Vertragsklagen zusammen mit den rechtlichen Vorgaben zum Rechtsverfahren und zur Gerichtsordnung. Insofern ist das Recht nicht nur eine Dienstleistung für die Wirtschaft (so jedoch Schwinn 2001:

201–202), sondern auch ein ausdifferenzierter Handlungsraum mit einer eigenen institutionellen Ordnung. Die rechtliche Rationalität ist in der Justiziabilität von Regelungen zu sehen, das heißt in ihrer Fähigkeit, sichere Unterscheidungen zwischen Recht und Unrecht zu ermöglichen. Das entsprechende Handlungsprinzip ist die Verwirklichung von Rechten, die gesellschaftliche Funktionslogik ist die Integration durch Streitschlichtung (vgl. Brunkhorst 2002).

Die Ausdifferenzierung von Handlungsräumen lässt sich nach unseren so weit vorgetragenen Überlegungen als Überschreitung von Gemeinschaftsgrenzen begreifen. Das gilt für Wirtschaft, Recht und Politik gleichermaßen, wie wir gesehen haben. Und man könnte dasselbe für die Ausdifferenzierung der Wissenschaft und der Kunst nachweisen, worauf wir hier aus Platzgründen verzichten mussten. Die Gemeinschaftsgrenzen überschreitende Ausdifferenzierung von Handlungsräumen führt zur Aufhebung der Differenzierung zwischen Binnenmoral im Verkehr nach innen und Außenmoral im Verkehr nach außen. Stabilisiert wird die Ausdifferenzierung von Handlungsräumen durch die Herausbildung einer neuen institutionellen Ordnung unter der Führung moralischer Pioniere. Die neue Ordnung gilt innen wie außen gleichermaßen. Bevor sie zur vollen Geltung gelangt, muss in der Regel eine Phase der Anomie – der Erosion der alten Ordnung ohne sichere Geltung der neuen Ordnung – durchlaufen werden. Das Überschreiten von Gemeinschaftsgrenzen ist das Kennzeichen der Ausdifferenzierung und Institutionalisierung von Handlungsräumen in der Moderne überhaupt. Dieser Prozess ist durch das System der Nationalstaaten nochmals auf höherer Stufe durch starke segmentäre Differenzierung nach dem alten Muster der Trennung von Binnen- und Außenmoral strukturiert worden. Er findet jetzt eine Fortsetzung in der Ausdifferenzierung transnationaler Handlungsräume mit noch konsequenterer Aufhebung der Differenzierung zwischen Binnen- und Außenmoral (vgl. Mau 2007; Wobbe 2007; Wiener 2007; Faist 2007).

Den ausdifferenzierten und institutionalisierten Handlungsräumen korrespondiert auch die Ausdifferenzierung und Institutionalisierung einer alle Gemeinschaftsgrenzen überschreitenden Moral und Ethik, des moralischen Universalismus und des ethischen Individualismus, die für alle Handlungsräume Geltung beanspruchen und dort in je spezifischer Weise konkretisiert werden (vgl. Tomuschat 2001; Bogdandy und Dellavalle 2008). Die Handlungsräume unterscheiden sich demgemäß nicht durch die Geltung unterschiedlicher, einander gar widersprechender Werte, sondern durch spezifische Funktionslogiken in gesellschaftlicher bzw. durch spezifische Zwecksetzungen in subjektiver Perspektive. Zwischen ihnen tobt kein Kampf der Götter, sie stehen vielmehr in einem unverzichtbaren Ergänzungsverhältnis zueinander. Der Kampf um die Werte bezieht sich stets auf die konkrete Interpretation und Umsetzung ein und derselben, in den Menschen- und Bürgerrechten rechtlich konkretisierten abstrakten Werte (Abb. 1.3 bis 1.5).

Ethik und Wirtschaft innerhalb der Gemeinschaft

Ethisch gebundene Wirtschaft	Binnenmoral Brüderlichkeit Pietät Reziprozität

Ethik und Wirtschaft außerhalb der Gemeinschaft

Wirtschaft ohne Ethik	Außenmoral Rücksichtslose Vorteilsnahme

Abb. 1.3: Binnen- und Außenmoral

Handeln orientiert an Nutzenmaximierung strukturiert durch:

a)	Ökonomische Gesetzmäßigkeiten (Gewinn/Verlust)	
b)	Recht:	Wirtschaftsrecht
c)	Politik:	Wirtschaftspolitik
d)	Ethik:	Wirtschaftsethik
e)	Ästhetik :	Wirtschaftsästhetik
f)	Wissenschaft:	Wirtschaftswissenschaft
g)	Technik:	Wirtschaftstechnik

Abb. 1.4: Raum des wirtschaftlichen Handelns

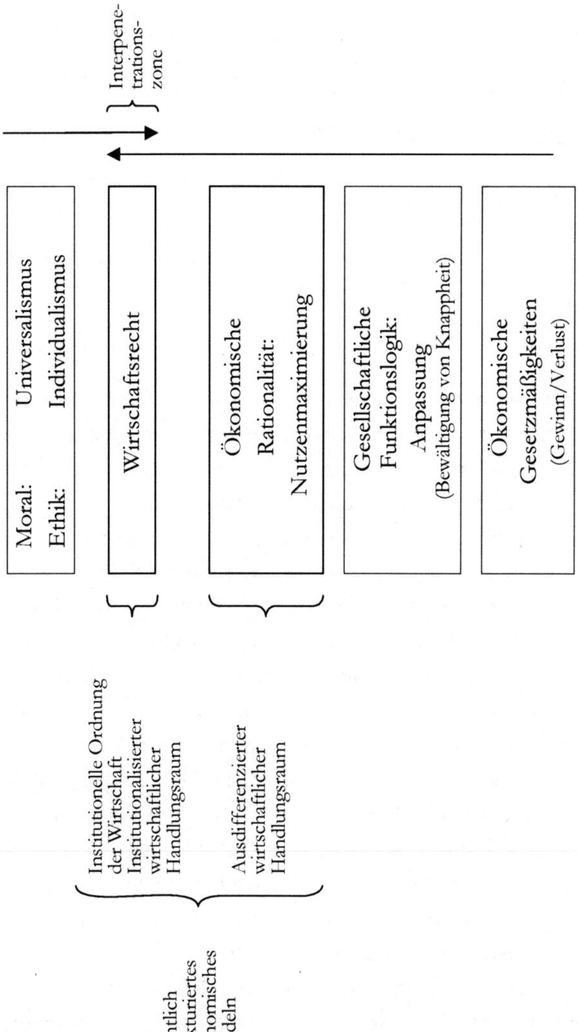

Abb. 1.5: Interpenetration von Moral, Ethik und Ökonomie

2. Von der inkrementalen zur radikalen Innovation: Paradigmenwechsel der Wirtschaftsordnung?

2.1 Einleitung

In der Welt des permanenten internationalen »Benchmarkings« werden Demokratien nicht nur im Hinblick auf ihre genuinen Qualitäten gemessen, sondern in besonderem Maße auch hinsichtlich ihrer wirtschaftlichen Leistungsfähigkeit (Obinger, Wagschal und Kittel 2003; Obinger 2004). Auch die wohlfahrtsstaatlichen Sicherungssysteme müssen sich durch messbare Leistungen beweisen, zu denen auch die wirtschaftliche Performanz gehört (Schmidt 1998; Goodin, Headey, Muffels und Dirven 1999). Lange Zeit hat das Modell Deutschland als ein Vorbild für die Vereinigung von Innovationskraft mit einer hohen Stabilität der wirtschaftlichen und gesellschaftlichen Strukturen und einer hohen sozialen Kohäsion der Gesellschaft gedient. Dagegen galten die Vereinigten Staaten als ein Modell, dessen hohe Innovationskraft mit einem hohen Maß an Instabilität wirtschaftlicher und gesellschaftlicher Strukturen und einer geringen sozialen Kohäsion mit allen Begleiterscheinungen der sozialen Desorganisation gepaart ist. Der deutschen Politik ist es demnach für eine lange Zeit gelungen, die notwendigen Rahmenbedingungen für ein hohes Maß an internationaler Wettbewerbsfähigkeit und innerer sozialer Integration und Stabilität zu schaffen, die allen Mitgliedern der Gesellschaft eine weitgehende Teilhabe am wachsenden Wohlstand und berechenbare Lebensläufe gesichert haben. Die amerikanische Politik hat dagegen die erforderlichen Rahmenbedingungen für die Sicherung internationaler Wettbewerbsfähigkeit auf Kosten von geringerer sozialer Integration und Stabilität, größerer Ungleichheit der Teilhabe am wachsenden Wohlstand und unberechenbaren Karriereverläufen geboten. Spätestens mit der Bürde der Wiedervereinigung von Ost- und Westdeutschland ist indessen die deutsche Politik bis zur Agenda 2010 der rot-grünen Koalition zum Sinnbild für Immobilität und Gestaltungsschwäche geworden. Nach der herrschenden Meinung ist sie auf Besitzstandswahrung ausgerichtet und untergräbt die Innovationskraft von Wirtschaft, Wissenschaft und Technik, so dass die internationale Wettbewerbsfähigkeit des Landes gelitten hat und langfristig der Wohlstand gefährdet ist. Im Vordergrund der Debatte steht die Innovationsfähigkeit von Wirtschaft und Gesellschaft.

2.2 Innovation, Strukturerhaltung und Strukturwandel

In der Standort-Rangliste der Bertelsmann-Stiftung vom Oktober 2004 nahm Deutschland im Vergleich von 21 Ländern den letzten Platz ein (Süddeutsche Zeitung 2004b). Dagegen ist die amerikanische Politik zum Inbegriff von Gestaltungsfähigkeit geworden, der es zu verdanken ist, dass die USA dem alten Kontinent an Innovationskraft, wissenschaftlichem Erkenntnisfortschritt, Entwicklung von Spitzentechnologie, wirtschaftlichem Wachstum, Schaffung neuer Arbeitsplätze, Beschäftigungswachstum, Gleichstellung der Geschlechter und Geburtenrate seit den 1980er Jahren deutlich vorausgeeilt sind. Aus einer kritischen Perspektive wird allerdings die Nachhaltigkeit des amerikanischen Erfolgs bezweifelt. Die dauerhaft hohe Auslandsverschuldung sowie die hohe private Verschuldung großer Bevölkerungsteile lassen den wirtschaftlichen Erfolg wenig stabil erscheinen. Faule Immobilienkredite für einkommensschwache Schichten der Bevölkerung haben 2008 in der Tat eine schwere Finanzkrise mit weltweiten Folgen erzeugt, sodass die USA und das von ihnen verkörperte liberale Gesellschaftsmodell schon im Absturz gesehen werden. Wie weit das in der Tat eintreten wird, lässt sich allerdings nicht mit robusten Befunden prognostizieren. Das Platzen der Immobilienblase hat allerdings die Grenzen eines ganz auf wirtschaftliches Wachstum und nicht auf Umverteilung setzenden liberalen Inklusionsprogramms aufgezeigt. Bis in die Gegenwart gelten jedoch die USA als Verkörperung von Innovation, Dynamik und Wachstum. Dementsprechend wurden die USA in der Standort-Rangliste der Bertelsmann-Stiftung vom Oktober 2004 nach Irland auf Rang 2 geführt. Mit Australien und Neuseeland rangieren zwei weitere liberale Marktwirtschaften in der Spitzengruppe (Süddeutsche Zeitung 2004b). Selbst in Bezug auf soziale Integration scheinen die Vorteile des alten Kontinents zu schwinden, wenn die Stabilität von Wirtschaft und Gesellschaft und hohe soziale Sicherheit auf Kosten der dauerhaften Ausgrenzung von für lange

Zeit 4,5 Millionen Arbeitslosen in Deutschland gehen. Erst im Laufe des Jahres 2007 hat sich eine deutliche Absenkung der Zahl der Arbeitslosen auf 3,5 Millionen ergeben. Die Arbeitslosenrate der Geringqualifizierten ohne Berufschulabschluss ist stark gestiegen, und zwar von 5 auf 19,8 Prozent zwischen 1980 und 2002 in Westdeutschland, von 30 auf 49,1 Prozent in Ostdeutschland zwischen 1991 und 2002 (IAB 2003). Die Delinquenzraten haben in Europa deutlich zugenommen, während sie in den Vereinigten Staaten seit Anfang der 1990er Jahre zurückgegangen sind (Entorf und Spengler 2002). Allerdings ist dieser Rückgang in den USA vor allem dem härteren Vorgehen gegen Straffällige, einer gesteigerten Deliktaufklärung und einer höheren Inhaftierungsrate geschuldet. Dennoch kann sich der alte Kontinent in Bezug auf soziale Integration angesichts der dauerhaften Ausgrenzung eines erheblichen Teils der Bevölkerung aus dem Arbeitsleben und damit insgesamt aus der Teilhabe an der aktiven Gestaltung der Gesellschaft im Vergleich zu den USA nicht mehr auf alten Lorbeeren ausruhen, zumal das Niveau der sozialen Unterstützung von Langzeitarbeitslosen angesichts der wachsenden Finanzierungslücken deutlich abgesenkt werden musste, zuletzt in Deutschland mit der Hartz IV-Arbeitsmarktreform. Der Blick richtet sich dementsprechend auf die Erfolge der amerikanischen Politik in der Förderung von Innovation und sozialem Wandel und auf die korrespondierenden Misserfolge der deutschen Politik. Es scheint klar zu sein, dass die jetzt geforderte Innovationsfähigkeit mehr als in der Vergangenheit wie in den USA auch ein größeres Maß der Instabilität, des sozialen Wandels, der Unberechenbarkeit von Lebensläufen, der Ungleichheit und der Desorganisation mit sich bringt. Dabei befindet sich die deutsche Politik in der schwierigen Lage, die Gesellschaft in eine Richtung zu lenken, die deutlich vom Weg der Vergangenheit abweicht und erworbene Besitzstände in Frage stellt, während die amerikanische Politik nichts anderes zu tun hat, als ihrem Pfad der Förderung von Innovation und sozialem Wandel zu folgen, der viel der gesellschaftlichen Selbstorganisation überlässt und dem politischen Eingreifen in die Gesellschaft enge Grenzen setzt. Die in Deutschland lange Zeit beklagte Reformblockade war in erheblichem Maße den Erfolgen der politischen Gesellschaftsgestaltung der Vergangenheit zu verdanken. Sie haben Besitzstände geschaffen, die mit allen zur Verfügung stehenden Mittel verteidigt werden. Dafür bietet das politische System der Bundesrepublik genügend Chancen der Ausübung von Vetomacht: Der Bundesrat kann von der Opposition genutzt werden, um Reformen zum Scheitern zu bringen. Die institutionalisierte Einbindung der Sozialpartner in die Gesetzgebung macht jede Reformbemühung zu einer Schlacht um die Wahrung von Besitzständen. In der Regierung behindern Ressortpartikularismen und Koalitionszwänge Reformen. Die Rechtsprechung ist naturgemäß vergangenheitsorientiert und dem Schutz erworbener Rechte, das heißt immer auch Besitzständen, verpflichtet und wirkt deshalb als Bremse gegen Veränderungen in der Alltagspraxis. Es ist deshalb sehr naheliegend, dass Strukturprobleme oft nicht gelöst, sondern nur partiell so angegangen werden, dass Widerstand umgangen wird. Das gravierendste Beispiel dafür war die Politik der Frühverrentung, die kurzfristig für Kosmetik am Arbeitsmarkt gesorgt, aber dafür auf lange Sicht die Rentenkassen belastet und eine Mentalität der Resignation anstelle der zukunftsgerichteten Annahme neuer Herausforderungen erzeugt hat. Ein anderes Beispiel war die Nutzung der Bund- und Länderverantwortlichkeit in der sozialstaatlichen Finanzverfassung als Verschiebebahnhof, die mit dazu beigetragen hat, die Höhe des Gesamtsozialbeitragssatzes zwischen 1990 und 1998 von 35,5 auf 42 Prozent des bezogenen Lohnes zu schrauben und dementsprechend erheblich dem Beschäftigungswachstum insbesondere bei arbeitsintensiven privaten Dienstleistungen entgegenzuwirken (Trampusch 2003).

Die Reformblockade auf Grund erworbener Besitzstände und Nutzung von Vetomacht im politischen System ist durch die zusätzliche Schwächung der Regierung unterfüttert worden. Diese Schwächung resultiert aus ihrer abnehmenden Stützung durch integrationsfähige Parteien, stabile Wählerschaften, kooperationswillige und integrativ wirkende Verbände, Autorität von Experten und Leitlinien setzende repräsentative und stabile Meinungsbildung durch den Elitendiskurs in den Qualitätsmedien. In dieser Hinsicht nähern sich die strukturellen Bedingungen, unter denen Politik zu betreiben ist, dem amerikanischen Modell der Checks and Balances, des Pluralismus von Interessen, des unüberschaubaren Lobbyismus und des umfassenden Wettbewerbs um politischen Einfluss an. Während diese strukturellen Bedingungen der Politik in den USA allerdings zum Leitbild des geringeren Eingreifens der Politik in die Gesellschaft zu Gunsten der gesellschaftlichen Selbstorganisation passen, behindern sie die deutsche Politik zusätzlich in dem Bestreben, Reformblockaden zu überwinden und an neuer Gestaltungskraft zu gewinnen. Ein grundsätzliches Hemmnis auf dem Weg zu neuer Innovationskraft ist indessen über die Reformblockade von Besitzstände verteidigenden Interessengruppen hinaus der Paradigmenwechsel, der das lange Zeit erfolgreiche deutsche Innovationsregime an das bislang wegen seiner destabilisierenden und desintegrierenden Nebeneffekte als unvereinbar mit dem europäischen Gesellschaftsmodell betrachtete amerikanische Innovationsregime annähern würde. Dem entsprechenden Paradigmenwechsel fehlt nach wie vor die erforderliche Legitimationsbasis, da er im Widerspruch zum Wertekonsens steht, der das Modell Deutschland bislang getragen hat. Das zeigt unmittelbar die Gegenüberstellung dieser beiden Innovationsregime. Es ist aber auch zu erkennen, dass Beschäftigung in allen hoch entwickelten Industrie- und Dienstleistungsgesellschaften in zunehmendem Maße auf die Nutzung der dem amerikanischen Innovationsregime innewohnenden Innovationsdynamik angewiesen ist, und zwar einerseits um dem wachsenden internationalen Wettbewerb standzuhalten und zugleich den aufstrebenden Entwicklungs-, Schwellen- und Transformationsländern Platz zu schaffen, und andererseits, um die weitgehend in die dauerhafte Arbeitslosigkeit verdrängten Teile der Bevölkerung wieder in die Gesellschaft zu integrieren.

Durch die Öffnung von Märkten geraten die Standorte mit höheren Sozialkosten unter Wettbewerbsdruck. Sie können sich bei gleicher Produktpalette nur dann am Markt behaupten, wenn sie ihre höheren Sozialkosten kompensieren können. Dazu eignet sich insbesondere eine höhere Produktivität oder eine von den Konsumenten honorierte höhere Qualität ihrer Produkte. Auch die Verfügung über eine Stammkundschaft auf dem heimischen Markt kann behilflich sein, um sich mit höheren Preisen gegen billigere Konkurrenz durchsetzen zu können. Für die von den Industrieländern auf dem Markt angebotenen Produkte trifft das in hohem Maße zu. Gegenüber der Konkurrenz von Billiganbietern können sie sich in noch recht großem Umfang auf höhere Produktivität, höhere Produktqualität und eine markenbewusste Stammkundschaft verlassen, die nicht so schnell auf ein preisgünstigeres, aber weniger bekanntes Produkt umsteigt. Das galt in der Vergangenheit in besonders hohem Maße für das »diversifizierte Qualitätsprodukt« am Standort Deutschland (Streeck 1992). Der weitaus wirksamste Grund für die zumindest bislang geringe Gefahr eines *race to the bottom* für die Industrieländer besteht darin, dass Industrieländer ganz überwiegend nur mit anderen Industrieländern mit gleichartigen Produkten auf demselben Markt konkurrieren, aber nicht mit Entwicklungsländern. Das heißt aber, dass ohnehin vorwiegend Standorte miteinander konkurrieren, die annähernd gleiche Sozialstandards haben. Ein *race to the bottom* findet deshalb nur innerhalb eines begrenzten Spielraums und nicht über die ganze Stufenleiter von Sozialniveaus vom ärmsten Entwicklungsland bis zum reichsten Wohlfahrtsstaat statt.

Es geht hier demgemäß in erster Linie um die Konkurrenz zwischen Standorten innerhalb der OECD-Welt. Im Vordergrund steht der Wettbewerb zwischen den eher liberalen Wohlfahrtsstaaten (USA, Neuseeland, Australien, Großbritannien) und den sozialdemokratischen skandinavischen sowie den konservativen kontinentaleuropäischen Wohlfahrtsstaaten (Deutschland, mit deutlichen Abstrichen Frankreich und die Niederlande). Bei dieser Konkurrenz zwischen eng beieinanderliegenden Wohlfahrtsstaaten kommt es nicht so sehr auf die Strenge der Sozialstandards und die Höhe der Sozialausgaben an, sondern darauf, ob die Sozialstandards und die Sozialausgaben eher produktiv in Arbeit und Zukunftschancen oder unproduktiv in Nichtarbeit und die künstliche Aufrechterhaltung der Vergangenheit in Gegenwart und Zukunft investiert werden. Die Frage ist beispielsweise, ob alte Industrien, Arbeitslosigkeit und Frühverrentung, also die Welt der Vergangenheit und der Älteren, oder der wirtschaftliche Strukturwandel, Beschäftigungswachstum und die Entwicklung von Bildungskapital, also die Welt der Zukunft und der Jüngeren, durch das Sozialsystem gefördert werden.

Es ist nicht zu übersehen, dass offene Märkte eher zukunftsorientierte, den wirtschaftlichen Strukturwandel erleichternde und weniger vergangenheitsorientierte, den wirtschaftlichen Strukturwandel erschwerende Sozialsysteme prämieren. Ob die Sozialstandards in den stärker strukturerhaltenden Sozialsystemen »höher« sind als in den stärker strukturverändernden Sozialsystemen, lässt sich jedoch gar nicht mit einem eindeutigen Ja oder Nein beantworten. Strukturerhaltung sichert die Position der älteren Generationen in den Industrieländern auf Kosten der jüngeren Generationen dieser Ländergruppe und der gesamten Bevölkerung der durch die Protektion der alten Industrien vom Markt ferngehaltenen Entwicklungsländer ab. Es ist eine Brüderlichkeit der Binnenmoral einer privilegierten Gruppe, die durch hohe strukturerhaltende Sozialstandards bei gleichzeitiger Unbrüderlichkeit der Außenmoral gegenüber den Jüngeren und den von außen kommenden Konkurrenten gepflegt wird. Die hohen Sozialstandards einer partikularen Gruppe schließen zugleich andere vom Erreichen eines ähnlichen Wohlstandsniveaus aus. Weil zur Sicherung des Bestehenden der wirtschaftliche Strukturwandel stark gebremst werden muss, werden die Zukunftschancen der jüngeren Generation beschnitten; andererseits müssen nachwachsende Konkurrenten durch Protektionsmaßnahmen (Zölle, Subventionen) vom Markt und damit von Entwicklungschancen ferngehalten werden.

Auf Dauer beeinträchtigt eine solche Politik der Strukturerhaltung die Chancen sowohl der eigenen jüngeren Generationen als auch der nachrückenden Nationen. Eine Politik der Marktöffnung bietet dagegen die Chance, nach dem Gesetz der komparativen Kostenvorteile durch Spezialisierung und Arbeitsteilung aus dem Nullsummenspiel des Gewinns des einen nur bei gleichzeitigem Verlust des anderen auszubrechen und eine materielle Wohlstandssteigerung für alle – Ältere und Jüngere, Eigengruppe und Fremdgruppe – zu ermöglichen. Das geschieht allerdings auf Kosten von geringerer sozialer Sicherheit. Die Beschränkung des internationalen Freihandels im Interesse der Strukturerhaltung wirkt hemmend auf die Entwicklungschancen der jüngeren Generationen und der nachrückenden Nationen. Es ist eine Politik, die global und über die Generationen hinweg gesehen angesichts der aktuellen Probleme anscheinend keine dauerhafte soziale Integration und keine wirklich universale Gerechtigkeit garantiert. Sie kann sogar in eine Verschärfung internationaler und nationaler Verteilungskonflikte münden. Soll einer solchen explosiven wirtschaftlichen Abwärtsspirale entgegengewirkt werden, dann führt anscheinend kein Weg an dem weiteren Ausbau des internationalen Freihandels vorbei. Es wird dadurch dasjenige Wachstum der Weltwirtschaft zustande gebracht, das die Verteilungsspielräume national und international erweitert und gerade erlaubt, Sozialleistungen gegenüber dem status quo zu erhöhen. Zwischen dem globalem Freihandel und dem Spielraum für Sozialleistungen besteht abstrakt gesehen kein negativer, sondern grundsätzlich ein positiver Zusammenhang (von Weizsäcker 1999). Ohne dieses Instrument könnten die Industrieländer das Niveau ihrer Sozialleistungen nicht halten, die Entwicklungsländer könnten nicht nachziehen. Im Interesse der nationalen und internationalen Sozialintegration ist deshalb der weitere Ausbau des globalen Freihandels anscheinend geboten. Das heißt aber keineswegs, dass die Industrieländer ihre Sozialpolitik in der einmal institutionalisierten Form fortsetzen können und die Entwicklungsländer dieselbe Sozialpolitik nur nachzuvollziehen hätten. Das scheint nicht möglich zu sein. Was sich offensichtlich durchsetzt, ist vielmehr die Umstrukturierung des Wohlfahrtsstaates, in der Erwartung, mit der Wachstumsdynamik die neuen nationalen und internationalen Integrationsprobleme lösen zu können. Die Sozialsysteme müssen offenbar umstrukturiert werden, damit mehr finanzielle Ressourcen in Formen der produktiven Investition in die Zukunft statt der unproduktiven Abwicklung der Vergangenheit fließen.

2.3 Die Innovationsregime koordinierter und liberaler Marktwirtschaften

In diesem Zusammenhang ist es erforderlich, genauer auf die Innovationsfähigkeit unterschiedlicher Wohlfahrtsstaatsregime einzugehen. Nach einer Analyse von Hall und Soskice (2001) unterscheiden sich »liberale« von »koordinierten« bzw. »sozialen« Marktwirtschaften nicht durch eine grundsätzlich größere Innovationsfähigkeit, sondern nur durch einen anderen Typus der Innovation (vgl. auch Albert 1992; O'Sullivan 2000: 11–40).

Während liberale Marktwirtschaften eher *radikale* Innovationen mit tiefgreifendem Wandel fördern, zeigt sich die besondere Qualität koordinierter Marktwirtschaften in *inkrementalen* Innovationen der ständigen Verfeinerung von Produkten und Prozessen ohne tiefgreifenden Wandel. Abzulesen ist dieser Gegensatz daran, dass die Gründungs- und Schließungsrate von Unternehmen in der forschungsintensiven Industrie in koordinierten Marktwirtschaften wie Deutschland, Japan, Schweiz, Schweden und Finnland deutlich niedriger liegt als in liberalen Marktwirtschaften wie Großbritannien und USA. Ähnliches gilt für die wissensintensiven Dienstleistungen, bei denen allerdings Dänemark, die Niederlande und Frankreich als koordinierte Marktwirtschaften dennoch hohe Gründungs- und Schließungsraten aufweisen (EFI 2008: 58). Jeder dieser beiden Typen der Marktwirtschaft hat im Hinblick auf Innovationsfähigkeit spezifische Qualitäten, so dass sich nach Auffassung von Hall und Soskice beide Typen nur mit je spezifischen, die eigenen Qualitäten stärkenden Strategien angesichts der von der Globalisierung verschärften Konkurrenz behaupten können. Nach dieser Sicht hat auch der Typus der koordinierten Marktwirtschaft gute Chancen, die Herausforderungen der Globalisierung zu bewältigen. Mit dieser These wollen wir uns im Folgenden auseinandersetzen.

Die beiden konträren Innovationsmodelle unterscheiden sich zunächst durch ihre *technologische Spezialisierung*: Deutschland ist auf inkrementale Innovation spezialisiert. Sie erfolgt durch die Perfektionierung von hochwertiger etablierter Technik in Automobilbau, Maschinenbau, Elektrotechnik und Chemie, basierend auf Erfahrungswissen. Sie ist auf Patentierung von Erfindungen zur Sicherung von technologischem Vorsprung bei gegebenen Produkten ausgerichtet. Die USA sind auf radikale Innovation durch Erzeugung von Spitzentechnologie in Mikroelektronik und Biotechnologie spezialisiert. Das geschieht auf der Basis von wissenschaftlichem Wissen und ist auf die Patentierung von Erfindungen zur Schaffung neuer Märkte bezogen.

Die *Organisation von Innovationen* beinhaltet in Deutschland die enge Verknüpfung von Innovationen mit der Produktion innerhalb etablierter Unternehmen. Innovationen werden von der Produktion gesteuert. Es überwiegt die angewandte Forschung ohne Verbindung zur Grundlagenforschung. Stabile, längerfristig bestehende, regional konzentrierte eng miteinander verknüpfte, oft von Verbänden organisierte Produktions- und Innovationsnetzwerke beherrschen das Feld. Innovationen sind eine Sache traditionsreicher kleiner, mittlerer und großer Unternehmen mit großem Reservoir an akkumuliertem technischem Wissen. In den von den USA entwickelten Spitzentechnologien finden Innovationen außerhalb der Produktion statt, und zwar durch eigenständige Bereiche der Forschung und Entwicklung und neugegründete Unternehmen als Anstoß für neue Produkte und eine innovationsgesteuerte Produktion. Die angewandte Forschung ist eng mit der Grundlagenforschung an universitären Forschungszentren verbunden. Die Innovationsnetzwerke sind freie, kurzfristige, nicht von Verbänden organisierte, ergebnisorientierte Kooperationen bis hin zu internationalen Allianzen. Neugegründete Start-up-Unternehmen spielen die Rolle von Pionieren, die nach Erfolg von den großen Unternehmen aufgekauft werden.

Das deutsche Modell einer koordinierten Marktwirtschaft

Als Modellfall der koordinierten Marktwirtschaft dient Deutschland. Zur Familie dieser Marktwirtschaften zählen aber auch Belgien, Dänemark, Finnland, Frankreich, Japan, die Niederlande, Norwegen, Österreich, Schweden und die Schweiz, die sich untereinander wieder durch die Art der Koordination der Marktwirtschaft unterscheiden. Koordinierte Marktwirtschaften setzen auf die neokorporatistische Zusammenarbeit von Staat, Arbeitgeberverbänden und Gewerkschaften und auf einen starken Wohlfahrtsstaat, in eher konservativ oder eher sozialdemokratisch geprägter Variante oder in einer Mischung davon. Der Modellfall für die liberale Marktwirtschaft sind die Vereinigten Staaten. Zur Familie dieser Marktwirtschaften werden auch Australien, Kanada, Großbritannien und Neuseeland gerechnet. Bei der Charakterisierung dieser beiden Typen der Marktwirtschaft werden vier Komponenten ihrer institutionellen Struktur unterschieden: (1) das System der Unternehmenskontrolle, (2) das System der industriellen Beziehungen, (3) das System der allgemeinen und beruflichen Bildung und (4) das System der interorganisatorischen Beziehungen zwischen Unternehmen.

Das System der Unternehmenskontrolle

Das in Deutschland verwirklichte Modell der koordinierten Marktwirtschaft ist zunächst durch ein spezifisches System der Unternehmenskontrolle gekennzeichnet, das man als internes, marktabgewandtes System bezeichnen kann (vgl. Windolf 2002). Bei der Unternehmenskontrolle geht es um die Frage, wer die Kontrolle über ein Unternehmen ausübt, wie, das heißt in welcher Form, dies geschieht, und welche Kriterien dabei im Vordergrund stehen. Charakteristisch für das deutsche Modell der Unternehmenskontrolle ist die relativ große Unabhängigkeit der Unternehmen vom Aktienmarkt. Die Struktur des Aktienmarktes stellte sich Mitte der 1990er Jahre in Deutschland so dar, dass Aktien nur 10 Prozent des gesamten Wertpapierumlaufs ausmachten, nur 20 Prozent der Aktien wirklich gehandelt wurden, eine hohe Umlaufgeschwindigkeit bestand und nur eine niedrige Börsenkapitalisierung der Unternehmen vorhanden war. Der inländische Aktienbesitz war durch folgende Merkmale gekennzeichnet: großer Anteil von Unternehmen und Banken (1992: 42,9 Prozent bzw. 10,2 Prozent) und geringer Anteil von Investmentfonds (1992: 5,4 Prozent), hohe Eigentumskonzentration (1992: 65 Prozent der Kapitalanteile zwischen 25 Prozent und 100 Prozent, 85 Prozent der Unternehmen mit Eigentümern über 25 Prozent der Anteile), starke Kapitalverflechtung zwischen Banken und Unternehmen sowie Unternehmen untereinander, Überlappung von Kapital- und Personalnetzwerken. Die Unternehmensfinanzierung zeichnete sich aus durch einen großen Anteil der einbehaltenen Gewinne – nur 10 Prozent bis 17 Prozent Dividendenausschüttung aus den Gewinnen –, also durch eine umfangreiche Innenfinanzierung, bei gleichzeitig wenig Aktienemissionen und Anleihen (1993: 5,9 Prozent), aber viel Finanzierung durch langfristige Bankkredite (1993: 50,5 Prozent der Finanzmittel) und umfangreichere Rückzahlung als Neuaufnahme von Bankkrediten (1993: 41,1 Prozent) (Daten aus Heinze 2001: 650, Tabelle 2; vgl. auch Heinze 2002).

Charakteristisch für das deutsche Modell ist die weit überwiegende Beschaffung von Finanzmitteln durch mittel- und in großem Umfang langfristige Bankkredite im Vergleich zur Finanzierung über den Finanzmarkt, das heißt durch die Ausgabe von börsennotierten Aktien. Dem großen Anteil der Finanzierung durch Banken korrespondiert die umfangreiche Beteiligung der kreditgebenden Banken am Unternehmenskapital sowie ihre Vertretung im Aufsichtsrat des Unternehmens. Umgekehrt haben die von einer Bank finanzierten Unternehmen nicht selten auch eine Beteiligung an der Bank und sind in deren Aufsichtsrat vertreten. Dazu kommen überkreuzende Beteiligungen zwischen Unternehmen, so dass ein nahezu unentwirrbares Geflecht gegenseitiger Beteiligungen und Aufsichtsratsvertretungen entstanden ist. In der Literatur hat sich dafür der Begriff Deutschland AG eingebürgert (Windolf und Beyer 1995; Windolf und Nollert 2001). Es besteht dabei ein hohes Maß der Eigentumskonzentration, das heißt eine kleine Zahl von Banken und Unternehmen vereinigt einen sehr großen Teil der Aktien eines Unternehmens auf sich. Nur ein sehr kleiner Teil der Gewinne wird als Dividende ausgeschüttet. Daraus ergibt sich, dass die Unternehmen ihre Finanzierung nicht auf dem offenen Markt, sondern in engen interpersonellen Beziehungen zwischen Unternehmen und Banken sichern. Dementsprechend gering ist die Transparenz der Unternehmen für potenzielle, auf dem Markt aktive Anleger. Den Investoren stehen für ihre Entscheidungen nur wenig aussagekräftige Informationen über die Unternehmensbilanzen zur Verfügung. Deswegen spielt auch die Durchleuchtung von Unternehmen durch unabhängige Ratingagenturen wie etwa Standard & Poor's keine Rolle. An die Stelle des Faktenwissens tritt deshalb das Vertrauen in die Personen des Unternehmensmanagements, das sich in den engen persönlichen Beziehungen der miteinander über Beteiligungen und Aufsichtsratspositionen verflochtenen Unternehmen bildet. Neben der Verflechtung der Unternehmen trägt auch die enge Zusammenarbeit in Forschung und Entwicklung sowie in der gemeinsamen Gestaltung von Technologie-Transfer, technischer Standardsetzung und beruflicher Ausbildung in den großen Industrie- und Arbeitgeberverbänden zur Verdichtung des Netzwerks interpersoneller Beziehungen bei. Über diese Netzwerke fließen Informationen über die Bonität von Unternehmen und die Vertrauenswürdigkeit ihres Managements. Auf diese Informationen stützen sich Investoren bei ihren Entscheidungen.

Für die Unternehmen ist die in interpersonellen Netzwerken erworbene Reputation des Managements und nicht der an der Börse erzielte Aktienwert – nicht der Shareholder Value – das entscheidende Kriterium bei der Sicherung von Finanzmitteln. Wegen des geringen Anteils von emittierten Aktien und Anleihen von 1993 gerade einmal durchschnittlich 5,9 Prozent an der Unternehmensfinanzierung spielt der Aktienwert und demnach die Performanz an der Börse nur eine geringe Rolle bei der Versorgung eines Unternehmens mit Kapital. Durch die enge Verflechtung mit den kreditgebenden Banken ist die Finanzierung eines Unternehmens relativ unabhängig von konjunkturellen Schwankungen langfristig gesichert. Die enge Verflechtung zwischen Banken und Unternehmen und der geringe Anteil von Aktien an der Unternehmensfinanzierung erschweren in erheblichem Maße feindliche Übernahmen, die demgemäß bislang in Deutschland viel weniger häufig vorgekommen sind als in Großbritannien und in den Vereinigten Staaten. Der externen Kontrolle durch interpersonelle Verflechtungen nach außen korrespondiert die interne Kontrolle der Unternehmensleitung durch den Aufsichtsrat, in dem bei den großen Unternehmen, die dem Mitbestimmungsgesetz unterworfen sind, auch die Belegschaften vertreten sind. Die Mitbestimmung wird noch durch das Betriebsverfassungsgesetz ergänzt, in dem die Mitwirkung von Betriebsräten als Arbeitnehmervertreter an personalpolitisch relevanten Entscheidungen geregelt ist. Die Unternehmensleitung ist nach oben zum Aufsichtsrat und nach unten zur Belegschaft in ein System der Konsentierung eingespannt und kann keine maßgeblichen Entscheidungen ohne Absprachen mit anderen relevanten Akteuren treffen. Es gibt demnach keinen den Verhältnissen in Großbritannien und den Vereinigten Staaten nahekommenden Markt der Unternehmenskontrolle, auf dem Investoren auf der Grundlage ihres frei erhältlichen Faktenwissens durch Käufe oder Verkäufe von Aktien den Wert eines Unternehmens bestimmen und damit eine Kontrolle über seine Performanz ausüben. Das Management muss auch keine Absetzung durch feindliche Übernahmen befürchten. Solche Übernahmen drohen nur bei einem hohen Aktienanteil an den Finanzmitteln, weil dann Großinvestoren von vielen Kleinanlegern Anteile bis zur Erlangung einer Anteilsmehrheit erwerben können, um dann auch gegebenenfalls das Management zu ersetzen. Ein niedriger Aktienwert erhöht die Chance einer feindlichen Übernahme, da in diesem Fall leicht Kleinanleger mit einer guten Offerte zum Verkauf motiviert werden können. Die Investoren setzen darauf, mit einem neuen Management den Aktienkurs steigern zu können. Am Shareholder Value gemessen, führt diese Unternehmenskontrolle durch den Markt auf dem Wege einer natürlichen Selektion zum Überleben von besserem Management und zum Ausscheiden von schlechterem Management.

Nach Hall und Soskice (2001: 22–24) hat die Marktunabhängigkeit der Unternehmensfinanzierung den Vorteil, dass sie die Investition in Produktentwicklungen, Qualitätsverbesserungen und inkrementale Innovationen erlaubt, die sich nicht kurzfristig in hohen Gewinnmargen, sondern langfristig in einer stabilen Position am Markt und einer entsprechend stabilen Ertragslage auszahlen. Das Unternehmen muss nicht kurzfristig auf Konjunktureinbrüche mit Entlassungen reagieren, sondern kann solche Einbrüche deshalb überbrücken, weil seine Finanzierung gesichert bleibt. Dadurch kann langfristig in das Personal mit entsprechenden Aufwendungen für die Grundausbildung und weitere Qualifizierung investiert werden. So steht auf Dauer ein für die Tätigkeitsanforderungen spezifisch qualifiziertes Personal zur Verfügung. Für die Arbeitnehmer bedeutet das eine hohe Arbeitsplatzsicherheit, die nach Hall und Soskice (2001: 40) das Commitment zum Unternehmen erhöht und die Bereitschaft der Arbeitnehmer fördert, an Innovationen, die ihre Tätigkeit verändern, mitzuwirken. Wer von Innovationen keine Entlassung zu befürchten hat, braucht sich nicht zu scheuen, sie zu erarbeiten und zu implementieren.

Das System der industriellen Beziehungen

Komplementär zum System der auf langfristige, von Marktschwankungen unabhängige Finanzierung von Unternehmen angelegten Unternehmenskontrolle sorgt auch das System der industriellen Beziehungen zwischen Arbeitgebern und Arbeitnehmern für ein hohes Maß langfristig erwartbarer Stabilität. Ihre Organisation durch einheitliche Branchenverbände der Arbeitgeber und Einheitsgewerkschaften für die jeweiligen Branchen beinhaltet ein hohes Maß der Konzentration und Verdichtung von interpersonellen Beziehungen zwischen den Repräsentanten der Arbeitgeber und der Gewerkschaften. Diese Beziehungen sind in der Regel von längerer Dauer und fördern deshalb wechselseitig Vertrauen, Commitment und Kooperationsbereitschaft. Es ist naheliegend, dass dadurch die Suche nach Konsens dominiert und die Austragung von Konflikten innerhalb eines engen Korridors der grundsätzlichen Kooperationswilligkeit erfolgt. Tarifabschlüsse werden einheitlich für eine ganze Branche ausgehandelt und von den Mitgliedern des Branchenarbeitgeberverbandes einheitlich für alle Mitarbeiter übernommen, auch für diejenigen, die nicht Mitglied in der Gewerkschaft sind. Zwei wesentliche Kennzeichen dieses Systems sind die Einheitlichkeit der Löhne über die unterschiedliche Größe und Leistungsfähigkeit der Unternehmen einer Branche hinweg und eine im Vergleich zu liberalen Marktwirtschaften geringe Einkommensspreizung von 1 zu 3,3 im Verhältnis des untersten Zehntels zum obersten Zehntel. In den Vereinigten Staaten liegt das Verhältnis bei 1 zu 5,5 (Luxembourg Income Study 2000). Die Einheitlichkeit der Löhne in der Branche ist durch den hohen Organisationsgrad der Unternehmen und die damit verbundene breite Übernahme von Tarifabschlüssen auch für die nicht gewerkschaftlich organisierten Arbeitnehmer zu erklären, wodurch der nur mittlere Organisationsgrad der Arbeitnehmer bei 31 Prozent kompensiert wird (OECD 2004). Die relativ geringe Lohnspreizung erklärt sich durch die einheitliche Organisation der Arbeitnehmer einer Branche in einer Gewerkschaft. Innerhalb einer einzigen Gewerkschaft dominiert die Solidaritätspflicht, während bei einer Vertretung unterschiedlicher Arbeitnehmergruppen durch unterschiedliche Gewerkschaften oder erst recht bei fehlender gewerkschaftlicher Organisation die Marktmacht der jeweiligen Arbeitnehmergruppe im Vordergrund steht und eine stärkere Lohndifferenzierung nach der Qualifikation und damit verbundenen Machtposition bedingt.

Das auf Konsensbildung, branchenweit einheitliche Entlohnung und Arbeitnehmersolidarität mit nur mäßiger Lohnspreizung ausgerichtete System industrieller Beziehungen auf der sektoralen Ebene von Branchen wird auf der betrieblichen Ebene durch die enge Zusammenarbeit zwischen Betriebsleitung und Betriebsrat ergänzt, die ebenfalls auf die Bewältigung möglicher Konflikte durch Konsensbildung eingestellt ist. Umstrukturierungen mit Konsequenzen für das Personal – veränderte Arbeitsanforderungen, technische Umstellungen, Personalabbau – müssen mit dem Betriebsrat abgestimmt werden und geschehen in der Regel im Konsens. Das ergibt für die Arbeitnehmer eine hohe Sicherheit der dauerhaften Verfügung über den Arbeitsplatz. Personalabbau erfolgt immer nach dem Kriterium der Sozialverträglichkeit und macht überwiegend von den sozialpolitischen Instrumenten der Altersteilzeit oder Frühverrentung Gebrauch. Die auf diese Weise nicht vermeidbaren Fälle der Entlassung vor Rentenbezug wurden bis zur Hartz IV-Reform durch relativ hohe Arbeitslosenunterstützung für relativ lange Dauer (zuerst Arbeitslosengeld, dann Arbeitslosenhilfe, erst zuletzt Sozialhilfe) aufgefangen. Die Verfügung über den Arbeitsplatz und das Leben ohne Arbeit wurden gleichermaßen gegen Unsicherheit geschützt. Mit der Hartz IV-Reform wurde das am letzten Lohn/Gehalt orientierte Arbeitslosengeld I auf ein Jahr beschränkt, dem dann einheitlich das auf den akuten Bedarf beschränkte Arbeitslosengeld II folgt.

Über der betrieblichen und der sektoralen Ebene wird das Konsensmodell der industriellen Beziehungen durch die neokorporatistische Zusammenarbeit von Staat, Arbeitgeberschaft und Gewerkschaften – überwiegend vertreten durch ihre Dachverbände BDA und BDI sowie DGB – eingerahmt. Auf dieser Ebene werden die gesetzlichen Rahmenbedingungen des Beschäftigungsverhältnisses, der Tarifverhandlungen, der Mitbestimmung, der Betriebsverfassung und der sozialen Sicherheit (Krankheit, Invalidität, Arbeitslosigkeit, Renten, Alterspflege) ausgehandelt. Auch hier besteht ein dichtes Netzwerk interpersoneller Beziehungen mit wechselseitigem Vertrauen, Commitment und Kooperationswillen, das die Konsensbildung erleichtert und Konflikte im engen Korridor der Bewältigbarkeit durch Kompromissbildung hält.

Das in diesem System zur Wirklichkeit gewordene hohe Maß der Sicherheit des Arbeitsplatzes und der Sicherheit ohne Arbeitsplatz ist dem spezifischen strukturellen Arrangement zuzuschreiben, in dem Arbeitnehmerinteressen durch Einheitsgewerkschaften und DGB stark gebündelt und mit sehr großem Gewicht in einem relativ geschlossenen Verhandlungssystem vertreten werden. In diesem System können sie verhältnismäßig stark zur Geltung gebracht werden, weil die Seite der Arbeitgeberschaft weniger der Kontrolle durch den Markt unterworfen ist als im angelsächsischen Modell und durch wenige maßgebliche Repräsentanten beteiligt ist, die aufgrund eines in langer wechselseitiger Vertrautheit aufgebauten Commitments zum aufrichtigen Konsens mit der anderen Seite im internationalen Vergleich zu relativ großen Zugeständnissen bereit sind. Arbeitgeberschaft und Arbeitnehmerschaft verstehen sich als eine Familie, auf deren Zusammenhalt es ankommt und die jedem Mitglied einen angemessen Platz einräumt. Deswegen wird die Globalisierung auch von Arbeitgeberseite – wie von Arbeitnehmerseite – als eine Herausforderung empfunden, angesichts derer es die sicherheitsverbürgenden Qualitäten des Konsensmodells der industriellen Beziehungen in erneuerter Form zu retten, aber nicht zu beseitigen gilt. Der Staat kann sich in diesem strukturellen Arrangement auf die Rolle eines Moderators zurückziehen, der dem Konsens zwischen den Partnern durch Gesetze eine sanktionierbare Qualität gibt. Der Staat benutzt gegenüber den Tarifpartnern keine Sanktionsmacht, um sie auf eine bestimmte Linie zu bringen, sondern vollzieht – soweit nötig – den Konsens der Tarifpartner und macht ihn dadurch gesetzlich verbindlich. Das bedeutet allerdings auch, dass das geschlossene Verhandlungssystem von Arbeitgeberschaft, Gewerkschaften und Staat aufgrund seines Gewichts sehr einseitig die innerhalb dieses Systems konsentierten Interessen zur Geltung bringt, andere Interessen jedoch auf der Strecke bleiben.

Nach Hall und Soskice (2001: 24–25) erzeugt dieses strukturelle Arrangement des Konsensmodells der industriellen Beziehungen ein hohes Maß der wechselseitigen Kooperationsbereitschaft, die eine unschätzbare Ressource der gemeinsamen Problemlösungsfähigkeit, gerade auch unter den Bedingungen der Globalisierung darstellt. Die Arbeitgeber können auf Arbeitnehmer zählen, die mit der gewährten Sicherheit im Rücken ein starkes Commitment zu ihrem Unternehmen eingehen und demgemäß auch ohne Vorbehalte an der gemeinsamen Bewältigung neuer Herausforderungen mitwirken. Die lange Betriebszugehörigkeit impliziert eine starke Identifikation mit dem Betrieb, für den man deshalb bereit ist, erhebliche Energien in die Perfektionierung von Prozessen und Produkten zu stecken. Das Unternehmen kann in die Qualifizierung seiner Mitarbeiter investieren, ohne fürchten zu müssen, dass sie von anderen Firmen abgeworben werden, weil die brancheneinheitlichen Tariflöhne keine ökonomischen Anreize für einen Betriebswechsel zulassen. Wegen der starken Identifikation mit dem Betrieb und der geringen Anreize zum Wechsel kann das Unternehmen die Leistungsfähigkeit seiner Mitarbeiter sehr weitgehend ausschöpfen. All diese Qualitäten sind insbesondere für inkrementale Innovationen förderlich.

Das System der Ausbildung

Die dritte Säule des Modells der auf lange Dauer angelegten Zusammenarbeit von Betriebsleitung und Belegschaft ist das System der Berufsbildung. In Deutschland hat die berufsspezifische Ausbildung ein größeres Gewicht als in anderen Industriegesellschaften, insbesondere ein größeres Gewicht als in liberalen Marktwirtschaften, wo die Allgemeinbildung dominiert. Das gilt für alle Bildungsstufen, vor allem aber für die duale theoretische und praktische Ausbildung in den Lehrberufen, die sich an die allgemeinbildende Schule anschließt, in der Regel an die Hauptschule oder die Realschule. Dagegen führt das Gymnasium ganz überwiegend zum Universitätsstudium. Bei den Lehrberufen findet der theoretische Teil der Ausbildung in der Berufsschule statt, der praktische Teil im Betrieb. Es handelt sich dabei um eine branchenweit einheitliche Ausbildung, die in der Zusammenarbeit von Arbeitgeberschaft, Gewerkschaften und Staat standardisiert wird. Dabei investieren die Betriebe in Relation zu ihrer Größe in erheblichem Maße in die Qualifikation des ganzen Branchennachwuchses, der nach der Ausbildung entweder im Ausbildungsbetrieb oder bei einem anderen Betrieb eine Anstellung findet. Dadurch wird eine sehr enge Verzahnung zwischen dem Bildungssystem und dem Beschäftigungssystem erreicht, die sicherlich maßgeblich dafür verantwortlich ist, dass die Jugendarbeitslosigkeit im internationalen Vergleich in Deutschland lange Zeit verhältnismäßig niedrig ausgefallen ist. Das duale schulisch-betriebliche Ausbildungssystem vereinfacht für beide Seiten – Betrieb und Arbeitnehmer – den Suchprozess bei Neueinstellungen und nach Ausbildungsabschluss. Kurzfristig auftretender Lehrstellenmangel kann im Rahmen der Kooperation zwischen Arbeitgeberschaft und Gewerkschaften durch gezielte Maßnahmen zur Erhöhung des Lehrstellenangebots beseitigt werden.

Die in den Lehrberufen erworbenen Qualifikationen sind auf bestimmte Tätigkeiten in einer Branche zugeschnitten und lassen sich weniger tätigkeits- bzw. branchenübergreifend verwerten. Sie legen deshalb die Pflege und Weiterführung in langfristigen Beschäftigungsverhältnissen in ein und demselben Beruf und am besten auch in ein und demselben Betrieb nahe. Nach dem ersten Abschluss als Handwerksgeselle, Facharbeiter oder etwa Kaufmannsgehilfe besteht die Möglichkeit der weiteren Qualifizierung zum Handwerksmeister, Industriemeister oder zum praktischen Betriebswirt.

Neben der dualen theoretisch-praktischen Berufsbildung steht die praxisorientierte theoretische Ausbildung in Fachschulen und Fachhochschulen, die neben der theoretischen Ausbildung an den Universitäten eine stark gewachsene Säule des Bildungssystems darstellt. Auch diese Säule zeichnet sich durch die Ausbildung für spezifische Berufe aus, bei denen eine genaue Passung zwischen Ausbildung und Beschäftigung gegeben ist. Im Unterschied zu den Lehrberufen kann es dabei allerdings eher zu Friktionen zwischen Ausbildung und Beschäftigung kommen, weil die Quote der Abschlüsse bestimmter Ausbildungsgänge den Bedarf auf der Seite des Beschäftigungssystems unter- oder überschreiten kann. Für »überzählige« Absolventen eines Ausbildungsgangs ist es deshalb schwierig, in andere

Beschäftigungen zu gelangen, für die sie nicht eigens qualifiziert sind. Umgekehrt kommt es periodisch zu einem Mangel an Fachkräften, der nur schwer durch Umschulungsmaßnahmen auszugleichen ist.

Nach Hall und Soskice (2001: 25) sichert vor allem das duale Ausbildungssystem eine hochqualifizierte Arbeitnehmerschaft in der Breite. In keinem anderen Land stehen den Unternehmen ähnlich qualifizierte Facharbeiter zur Verfügung, die dementsprechend in hohem Maße prozess- und produktspezifisches Wissen mit der Betriebsleitung teilen bzw. in der Sache selbst im Detail mehr wissen als ihre Vorgesetzten. Das macht die Unternehmen abhängig von ihrer Belegschaft und legt nahe, Beschäftigungsverhältnisse auf lange Dauer einzurichten, Innovationsanforderungen mit der gegebenen Belegschaft durch Weiterbildungs- und Qualifizierungsmaßnahmen anzugehen und auf deren Know-how bei der Perfektionierung bekannter Prozesse und Produkte zu setzen. Deswegen ist die Bereitschaft der Investition in solche Maßnahmen gegeben, zumal wegen der geringen Wahrscheinlichkeit eines Betriebswechsels dabei auch kaum Fehlinvestitionen möglich sind. Die Zusammenarbeit im Arbeitgeberverband und in den Industrie- und Handelskammern gewährleistet, dass alle Unternehmen Ausbildungsplätze bereithalten und Trittbrettfahren durch Unternehmen, die andere ausbilden lassen, unterbunden wird. Der hohe Grad der Standardisierung der Ausbildung bildet einen für alle Unternehmen brauchbaren Nachwuchs heran und erleichtert den Ausgebildeten den Zugang zu Arbeitsplätzen außerhalb ihres Ausbildungsbetriebs. Dabei sind die Ausgebildeten reputierter Großunternehmen besonders begehrt. Die Ausgebildeten selbst sind deshalb stolz darauf, zum Beispiel bei »Daimler«, »Bosch« oder »Siemens« »gelernt« zu haben.

Das System der Forschung und Entwicklung

Die vierte Säule des deutschen Konsensmodells ist die enge Zusammenarbeit von Forschungsministerium, Projektträgern wie der Verein deutscher Ingenieure (VDI), Forschungsinstituten der Technischen Universitäten, der Fraunhofer-Gesellschaft und anderen Forschungszentren sowie Unternehmen in Entwicklung, Transfer und Standardisierung von Technologie. Getragen wird diese Zusammenarbeit von den unternehmensübergreifenden professionellen Gemeinschaften der Ingenieure, unter denen ein starker Korpsgeist mit gemeinsamer Weltsicht und Berufsethik herrscht. Die professionellen Gemeinschaften sorgen für einen kontinuierlichen Transfer zwischen der Entwicklung von Wissenschaft und Technik und ihrer praktischen Umsetzung in Modellentwicklung und Serienproduktion. Ihr starker Zusammenhalt über ihr jeweiliges Anstellungsverhältnis hinaus dient als eine stabile Brücke für den Transfer von Wissenschaft und Technik in die betriebliche Praxis hinein; die sichere Geltung gemeinsamer Standards dient gleichzeitig als Filter für Innovationen, die sich den geltenden disziplinären Standards fügen müssen. Die Ingenieure sind in erster Linie ihrer Profession verpflichtet und nur in zweiter Linie ihrem Arbeitgeber. Das erleichtert ihre Kooperation über Organisationsgrenzen hinweg.

Gestützt wird diese enge interorganisatorische Kooperation durch langfristige Kooperationsverträge zwischen Unternehmen zwecks gemeinsamer Forschung und Entwicklung von Technologien. Die Wirksamkeit solcher Kooperationsverträge setzt ein hohes Maß des wechselseitigen Vertrauens voraus, weil der Verlauf der Kooperation, die jeweils zu erbringende Leistung und das Ergebnis vertraglich nicht genau spezifiziert werden können. Das deutsche Vertragsrecht lässt im Unterschied zum britischen und amerikanischen solche Unbestimmtheiten zu. Allein das Prinzip von Treu und Glauben überlässt sehr viel dem mutmaßlichen stillschweigenden Einverständnis der Vertragspartner. Solche Unbestimmtheiten führen nur dann nicht zu einer Überforderung der Gerichte, wenn die Vertragspartner in der Tat wissen, was sie voneinander erwarten dürfen und können, und wenn eine gewisse Bereitschaft vorhanden ist, den konkreten Ablauf der Zusammenarbeit einer offenen Zukunft zu überlassen. Für diese Art der vertraglichen Kooperation in der Forschung und in der Entwicklung von Technologien bieten einerseits die Selbstorganisation des industriellen Sektors durch die Industrie- und Handelskammern und andererseits die unternehmensübergreifenden professionellen Gemeinschaften die notwendigen Voraussetzungen. Weil die Ingenieure ihrer gemeinsamen Berufsethik folgen, kann darauf vertraut werden, dass sie sich ganz der gemeinsamen Sache widmen und der Versuchung widerstehen, ihre Kooperationspartner im Interesse des eigenen Unternehmens auszunutzen. Den Ingenieuren geht es um intersubjektiv gültige technische Problemlösungen und nicht um Unternehmensinteressen.

Dieses strukturelle Arrangement der interorganisatorischen Zusammenarbeit ist in besonderer Weise der kontinuierlichen Entwicklung von Wissenschaft und Technik und ihrem Transfer in die Praxis mit entsprechenden Prozess- und Produktinnovationen dienlich. Dies geschieht in fest institutionalisierten Netzwerken der interorganisatorischen Zusammenarbeit und in den disziplinären Bahnen historisch gewachsener Professionen. Das Ausbildungssystem betont die tiefgreifende fachliche Kompetenz mehr als die fachübergreifende Kompetenz zur interdisziplinären Zusammenarbeit. Die hierarchische Struktur der Universitäten und außeruniversitären Forschungsinstitutionen mit ihrer Konzentration auf Lehrstühle und Abteilungen mit relativ breiter Fachkompetenz erschwert die Entwicklung neuer Forschungsrichtungen am Rande und zwischen den großen Disziplinen zu eigenständigen Fächern. Ebenso schwer ist es, neben den etablierten Feldern der Ingenieursdisziplinen neue Disziplinen aufzubauen. Genau in solchen Randzonen und Überschneidungszonen zwischen den klassischen Disziplinen ergeben sich jedoch größere Chancen für Innovationssprünge, weil es sich um noch weitgehend unbestellte Felder handelt. Dagegen können in den lange etablierten Disziplinen, in denen schon ein hohes Entwicklungsniveau erreicht ist, durch Innovationen nur noch sehr kleine Fortschritte erzielt werden. In der Tat haben es in Deutschland neue Disziplinen wie die Biophysik oder Biochemie und neue Technologien wie die Mikroelektronik und die Softwareentwicklung schwerer als in den Vereinigten Staaten gehabt, mit großem Schwung aus den Startlöchern zu kommen. Die Organisation der wissenschaftlichen und technischen Disziplinen, die Geschlossenheit und hierarchische Struktur der entsprechenden professionellen Gemeinschaften und die Zusammenarbeit von Forschungsinstituten und Industrie fördern in besonderer Weise die inkrementale Innovation der fortlaufenden Verfeinerung vorhandener Techniken, Prozesse und Produkte, behindern aber zugleich radikale Innovationen durch neue Forschungsrichtungen und Disziplinen.

Die Vereinigten Staaten (und Großbritannien) als Modell(e) einer liberalen Marktwirtschaft

Der Typus der liberalen Marktwirtschaft unterscheidet sich in allen vier untersuchten Komponenten vom Typus der koordinierten Marktwirtschaft.

Das System der Unternehmenskontrolle

Nehmen wir das Modell der Vereinigten Staaten, dann sehen wir wie auch in Großbritannien ein völlig anderes Unternehmenskontrollsystem. Es setzt an die Stelle der interpersonellen Verflechtung und sich überkreuzenden

Beteiligung den Wettbewerb um Finanzmittel auf dem offenen Finanzmarkt. An die Stelle der Bindung des Managements an Aufsichtsrat und Belegschaft tritt dessen Entscheidungsfreiheit bei gleichzeitiger Sanktionierung durch den an der Börse erzielten Wert des Unternehmens und durch die Möglichkeit einer feindlichen Übernahme mit Austausch des Managements bei schlechter, den möglichen Wert nicht realisierender Betriebsführung (O'Sullivan 2000: 160–184). Ein Vergleich zur Unternehmenskontrolle in Deutschland und Großbritannien zeigt, dass sich beide Systeme spiegelbildlich verhalten (Heinze 2001). Ähnliches gilt für den Vergleich zwischen Deutschland und den Vereinigten Staaten. Greifen wir zu Veranschaulichungszwecken und wegen der Verfügbarkeit der Daten auf den Vergleich zwischen Deutschland und Großbritannien zurück, dann sehen wir in Großbritannien stark ausgeprägt, was wir oben in Deutschland als schwach ausgebildet erkannt haben, und umgekehrt: Der Aktienmarkt ist durch folgende Merkmale gekennzeichnet: 50 Prozent des gesamten Wertpapierumlaufs sind Aktien, 80 Prozent der Aktien werden auch wirksam am Markt gehandelt, die Umlaufgeschwindigkeit ist nur halb so schnell wie in Deutschland und es wird eine hohe Börsenkapitalisierung erreicht. Der Aktienbesitz ist wie folgt strukturiert: sehr geringer Anteil von Unternehmen und Banken (1992: nur 1,8 Prozent bzw. 0,5 Prozent), dagegen großer Anteil von Investmentfonds und Versicherungen (1992: 41,1 Prozent bzw. 19,5 Prozent). Die Konzentration der Kapitalanteile ist gering ausgeprägt (80 Prozent zwischen 0 Prozent und 10 Prozent). Es besteht wenig Kapital- und Personenverflechtung. Die Unternehmensfinanzierung ist zunächst dadurch geprägt, dass eine recht hohe Ausschüttung von 27 Prozent bis 40 Prozent der Gewinne als Dividende erfolgt und Aktienemissionen sowie Anleihen den größten Teil der Finanzierung stellen (1993: 52,3 Prozent), dagegen liegen Bankkredite nur bei der Hälfte der Anteile von Aktien und Anleihen, wobei im Vergleich zu Deutschland kurzfristige Kredite eine größere Rolle, langfristige Kredite eine geringere Rolle spielen (Heinze 2001: 650, Tabelle 2).

In einem solchen strukturellen Arrangement ist die Sicherung von Finanzmitteln in großem Umfang von der Performanz eines Unternehmens auf dem Markt abhängig. Über den Zufluss von Finanzmitteln entscheidet nicht die in interpersonellen Netzwerken erworbene Reputation der Top-Manager, sondern der Finanzmarkt. Und auf diesem Markt sind es viele Kleinanleger, die ihre Investitionen auf Faktenwissen stützen und nicht auf persönliches Vertrauen. Die Unternehmen stehen deshalb in einem Wettbewerb um die verlässliche Bewertbarkeit ihrer Marktperformanz. Dazu müssen sie vierteljährlich ihre Bilanzen der Öffentlichkeit zugänglich machen. Das wird ihnen – anders als in Deutschland bis in die jüngste Vergangenheit – schon vom Gesetz abverlangt. Da der Markt für die Anleger jedoch zu unübersichtlich wäre, wenn alle direkten Einblick in das Unternehmensgeschehen nehmen müssten, üben Ratingagenturen eine wichtige Funktion der Reduzierung von Unsicherheit aus. Der Wert der emittierten Aktien eines Unternehmens bringt die von den Informationen über das Unternehmen beeinflussten Entscheidungen vieler individueller Anleger auf den Nenner und ist deshalb als Shareholder Value der wesentliche Gradmesser für gutes Management. Befindet sich dieser Wert deutlich genug unter den von Experten eingeschätzten Möglichkeiten eines Unternehmens, dann wächst die Gefahr einer feindlichen Übernahme, indem potente Investoren – ein anderes Unternehmen oder eine Investorengruppe – den Kleinanlegern eine Offerte über dem Börsenwert ihrer Aktienanteile machen, um dann mit einem entsprechend großen Anteil an dem Unternehmen das Management auswechseln zu können. Drohende Auswechslung und tatsächlich vollzogene Auswechslung wirken darauf hin, dass schlechtes Management vom Markt ausgeschieden wird. Dieser marktbestimmten Kontrolle des Managements korrespondiert auch die erfolgsabhängige Entlohnung der Manager in Gestalt von Prämien, Aktienanteilen und Gewinnausschüttungen, die im Vergleich zur Entlohnung deutscher Manager sehr viel höher sein kann, aber mit einem weitaus größeren Risiko des Scheiterns verbunden ist.

Bei diesem System der Unternehmenskontrolle ist das Management in viel größerem Maße als beim deutschen Verflechtungsmodell gezwungen, auch kurzfristig auf die Gesetze des Marktes zu achten und gute Bilanzen vorweisen zu können. Das verlangt zum Beispiel schnelles Abstoßen von unrentablen Geschäftszweigen, Outsourcing von intern zu teuren Dienstleistungen, Einkauf lukrativer Betriebe, Schließen von Abteilungen oder ganzen Produktionsstätten, Eröffnen neuer Abteilungen oder Produktionsstätten, Entlassung bisheriger, nicht mehr gebrauchter Mitarbeiter und Neueinstellung neuer Mitarbeiter. Dazu gehört auch das Aufgeben von Produktionsstandorten mit gewerkschaftlicher Vertretung im Betrieb und das Aufmachen neuer, jetzt gewerkschaftsfreier Produktionsstandorte. In den Vereinigten Staaten und in Großbritannien ist seit den 1980er Jahren eine richtige Welle dieser Art entstanden. Sie hat zusammen mit der Verlagerung der Beschäftigung vom Produktionssektor in den Dienstleistungssektor, der zunehmenden Erwerbstätigkeit der im Vergleich zu den Männern weniger organisationswilligen Frauen und der Anhebung des Bildungsniveaus zu einer deutlichen Senkung des gewerkschaftlichen Organisationsgrades der Arbeitnehmer beigetragen. Im Vergleich zum deutschen Verflechtungsmodell muss die Unternehmensleitung ihre Entscheidungen nicht durch Konsentierung mit einem Aufsichtsrat oder einer Belegschaftsvertretung absichern. Es gibt keine Trennung der Unternehmensleitung in Aufsichtsrat und Vorstand wie in Deutschland, sondern nur ein Leitungsorgan, den Board, der durch externe kontrollierende und interne agierende Mitglieder gebildet wird. Für den Board ist der Shareholder Value entscheidend, die Belegschaft hat kein formelles Mitbestimmungs- und/oder Vertretungsrecht. Wo sie ein Wort mitredet, geschieht dies auf Grund von vertraglichen Absprachen zwischen der Betriebsleitung und einzelnen Gewerkschaften, die jedoch seit den 1980er Jahren erheblich zurückgegangen sind.

Dieses strukturelle Arrangement der marktförmigen Unternehmenskontrolle ist im Gegensatz zum deutschen Verflechtungsmodell für radikale Innovationen förderlich. Innovationen sind auf die relativ schnelle Verlagerung von Investitionen aus älteren, weniger ertragreichen Produktionszweigen in neue, stark wachsende und deswegen sehr ertragreiche Produktionszweige angewiesen. Das geschieht schon dadurch, dass der große Anteil von emittierten Aktien und Anleihen an der Unternehmensfinanzierung für eine große Volatilität des Finanzmarktes sorgt. Die Anleger können sehr schnell alte Engagements aufgeben und in neue, lukrative Wachstumsindustrien investieren. Schon deshalb haben es auch neue Unternehmen in solchen Wachstumsmärkten leichter als im deutschen Verflechtungsmodell, in kurzer Zeit Finanzmittel anzuziehen und schnell zu wachsen, während Unternehmen älterer Branchen bei sinkender Ertragslage schneller Produktionsstätten schließen müssen. Sie schrumpfen auf einen verbleibenden Rest, verschwinden ganz von der Bildfläche oder schaffen den Einstieg in die neuen Wachstumsmärkte. So wie sich die Investitionen aufgrund des beweglicheren Finanzmarktes schneller in die Wachstumsmärkte verlagern, so finden auch schneller entsprechende Umstrukturierungen von Unternehmen statt: mehr Insolvenzen, mehr Neugründungen, häufigere Schließungen und Eröffnungen von Abteilungen, häufigere Entlassungen und Neueinstellungen von Personal in den Vereinigten Staaten und Großbritannien als in Deutschland. Der geringere Zwang zur Konsentierung mit der Belegschaft im Rahmen von Mitbestimmung und Personalvertretung bietet die dazu erforderliche Entscheidungsfreiheit der Unternehmensleitung. Die Erwirtschaftung von Erträgen hat Vorrang vor der Erhaltung eines Standorts.

Die große Beweglichkeit des Kapitals auf den Finanzmärkten bedingt eine schnellere Verlagerung von Investitionen von alten Branchen der Güterproduktion sowohl in die Wachstumsmärkte der Spitzentechnologie als auch in den expandierenden Dienstleistungssektor, in dem sowohl neue Jobs der hochwertigen und gut bezahlten Dienstleistung (Finanzen, Immobilien, Gesundheit, Recht) als auch neue Jobs der einfachen und schlecht bezahlten Dienstleistung entstehen (meist erwähnt McDonald's, deshalb auch McJobs genannt). Eine Auswertung entsprechender Daten zeigt, dass im internationalen Vergleich eine Parallelität zwischen dem Anteil eines Landes an Patenten im Hochtechnologiebereich (auf die ganze Welt bezogen) und dem prozentualen Anteil niedrig bezahlter Dienstleistungsjobs an allen Beschäftigungsverhältnissen besteht: Je größer die Zahl der Hochtechnologie-Patente, umso größer auch die Zahl einfacher Dienstleistungsjobs. Dabei wurde der Anteil an Hochtechnologie-Patenten anhand der bei Anmeldung eines Patents zitierten wissenschaftlichen Aufsätze ermittelt. Es ist naheliegend, dass Hochtechnologie-Patente von der Wissenschaft gespeist werden, während Patente, die bewährte Technologien verbessern, aus der Praxis kommen (Estevez-Abe, Iversen und Soskice 2001: 175). Die Vereinigten Staaten erreichen in beiden Kategorien die Spitzenwerte von 1,310 bei den wissenschaftlichen Zitationen pro Patent und 23 Prozent einfache Dienstleistungsjobs und befinden sich in der Nachbarschaft der anderen liberalen Marktwirtschaften von Irland, Neuseeland, Kanada und Großbritannien. Für Deutschland wurden die Werte 0,592 und 14 Prozent errechnet, was die Nachbarschaft der anderen koordinierten Marktwirtschaften wie unter anderem Frankreich, Belgien, Japan und Österreich mit sich bringt (Estevez-Abe, Iversen und Soskice 2001: 175, Tabelle 4,4).

Folgen wir Hall und Soskice (2001: 40), dann ist dieses Modell allerdings weniger für inkrementale Innovationen durch die Perfektionierung von Prozessen und Produkten über sehr lange Zeiträume hinweg geeignet. Weil die Finanzmittel relativ schnell in neue Wachstumsmärkte wandern und das Personal entsprechend schnell ausgetauscht wird, fehlt sowohl der lange Atem als auch die Identifikation der Mitarbeiter mit ihrem Unternehmen und ihrem Produkt, um an ständigen Innovationen zu arbeiten, die sie selbst überflüssig machen könnten oder von Ihnen zumindest die Erweiterung ihrer Qualifikationen verlangen. Die hohe Beweglichkeit von Kapital und Mitarbeitern ist nicht die adäquate Grundlage für die kontinuierliche Perfektionierung von Prozessen und Produkten.

Das System der industriellen Beziehungen

Die zweite Säule des Typus der liberalen Marktwirtschaft ist ein System der industriellen Beziehungen, das durch Pluralismus und Voluntarismus gekennzeichnet ist. Weder die Unternehmen noch die Arbeitnehmer einer Branche sind wie in Deutschland einheitlich in einem jeweils umfassenden Verband bzw. einer umfassenden Gewerkschaft organisiert. Statt dessen finden wir eine größere Zahl von Verbänden und Gewerkschaften und daneben aber auch eine große Zahl von Unternehmen und Arbeitnehmern, die überhaupt keinem Verband bzw. überhaupt keiner Gewerkschaft angehören. Welche Gewerkschaften in welcher Form die Interessen der Belegschaft vertreten, hängt ganz allein von Abkommen zwischen Unternehmensleitung und Gewerkschaften ab. Dabei gibt es in einer immer größeren Zahl von Betrieben überhaupt keine gewerkschaftliche Vertretung der Arbeitnehmerschaft. Gesetzlich vorgeschriebene Mitbestimmungs- und/ oder Vertretungsorgane der Belegschaften existieren nicht. Tarifverträge werden nicht für eine ganze Branche und nicht im Paket für alle Arbeitnehmer einer Branche, sondern für den einzelnen Betrieb und gegebenenfalls auch mit unterschiedlichen Gewerkschaften für unterschiedliche Arbeitnehmergruppen oder zunehmend rein individuell mit den einzelnen Arbeitnehmern abgeschlossen.

Die Folge dieses Systems der Tarifvereinbarungen ist eine viel größere Abhängigkeit des Lohns von der Ertragslage des Unternehmens und der Marktmacht der Arbeitnehmergruppen bzw. der einzelnen Arbeitnehmer als im deutschen Konsensmodell. Es werden weder die Arbeitgeber noch die Arbeitnehmer zu einer solidarischen Einheit zusammengeschweißt. Das erklärt die weitaus größere Spreizung der Löhne von 1 zu 5,5 des untersten Zehntels im Verhältnis zum obersten Zehntel in den Vereinigten Staaten statt nur 1 zu 3,3 in Deutschland. Für die Innovationsfähigkeit der Wirtschaft bedeutet dieses Arrangement der industriellen Beziehungen, dass in den Wachstumsmärkten und für dynamische Spitzenkräfte weit höhere Gehälter bzw. Löhne bezahlt werden als in den stagnierenden und schrumpfenden Märkten und für Mitarbeiter mit mittlerer oder geringer Qualifikation. Das impliziert ein sehr hohes Maß der Mobilität von Spitzenkräften, die zu Trägern der Innovation und des Strukturwandels werden. Neue Unternehmen in den Wachstumsmärkten locken die dynamischsten Mitarbeiter an, entziehen dadurch aber auch den älteren Produktionszweigen die Inspiration und Energie, die für die Perfektionierung längst eingeführter Prozesse und Produkte erforderlich ist. Während die Innovationen in den neuen Wachstumsmärkten explodieren, gehen sie in den länger etablierten Märkten zurück. Innovationen sind außerdem eine Sache der hochbezahlten Spitzenkräfte, aber keine Sache der wesentlich schlechter entlohnten, ohne Sicherheit des Arbeitsplatzes und des Lebensunterhalts ohne Arbeit tätigen Arbeitnehmer der mittleren und niedrigeren Ränge. Die Perfektionierung von Prozessen und Produkten älterer Produktionszweige ist gerade auf die vielen kleinen Verbesserungen der Mitarbeiter im Produktionsprozess selbst angewiesen, wozu Mitarbeiter eher bei guter berufsspezifischer Ausbildung und langer Betriebszugehörigkeit befähigt und motiviert sind.

Das System der Ausbildung

Die dritte Säule des liberal-marktwirtschaftlichen Systems ist ein Bildungssystem, das die Allgemeinbildung betont und dafür die berufsspezifische Ausbildung insbesondere der niedrigeren und mittleren Ebene vernachlässigt. Das ganze Bildungssystem beruht im Wesentlichen auf Schul- bzw. Hochschulbildung und kennt keine duale schulische und betriebspraktische Ausbildung. Es gibt keine Zusammenarbeit von Staat, Arbeitgeberschaft und Gewerkschaften zur Gestaltung einer insbesondere auf die untere und mittlere Ebene zielenden Berufsausbildung. Auch die berufsspezifische Ausbildung geschieht an staatlich und privat finanzierten Colleges. Die Qualität der Ausbildung wird nicht durch die Standardisierung von Curricula in den Expertenkommissionen von Staat, Arbeitgeberschaft und Gewerkschaften gesichert, sondern durch unabhängige Zertifikationsagenturen und durch die Konkurrenz auf dem Markt für Bildungsangebote. Die Absolventen der Schulen und Hochschulen kommen demgemäß mit allgemeinen Qualifikationen auf den Arbeitsmarkt und erhalten dann im Betrieb ein Training »on the job« für die spezielle Tätigkeit, die sie ausüben. Eine systematisch organisierte Berufsausbildung durch die Betriebe existiert jedoch nicht, ebenso wenig eine spezialisierte berufliche Weiterbildung. Soweit es Weiterbildungsmaßnahmen gibt, werden sie von darauf spezialisierten Einrichtungen zu einem Pauschalpreis eingekauft und den Mitarbeitern angeboten. Sie dienen der allgemeinen Qualifikation und nicht der Vertiefung beruflicher Kenntnisse. Im Vordergrund steht das Persönlichkeitstraining.

Der Vorrang der Allgemeinbildung vor der beruflichen Spezialbildung impliziert ganz anders als in Deutschland einen nur sehr lose gekoppelten Zusammenhang zwischen Ausbildung und Beschäftigung. Da die Unternehmen nicht in die berufsqualifizierende Ausbildung ihrer Mitarbeiter investieren, fehlt im Vergleich zum deutschen Modell der dualen Ausbildung ein Element der dauerhaften Verbindung zwischen dem Arbeitnehmer und seinem Lehrbetrieb. Berufliche Karrieren beinhalten deshalb einen häufigeren Betriebs- und Tätigkeitswechsel, wofür die Investition in allgemeine Qualifikationen statt in beruflich spezialisiertes Wissen auch geeigneter ist. Das heißt, dass auf der Seite des Personals genau jene generalisierte und flexibel einsetzbare Qualifikation vorhanden ist, die eine Ökonomie mit rascher sich vollziehenden Investitionsverlagerungen auch benötigt. Zwischen den Spezialisten in Forschung und Entwicklung und den Produktionsarbeitern besteht eine größere Wissenskluft als im deutschen Modell. Dementsprechend gibt es zwischen beiden Seiten keine Kommunikation zwecks Verbesserung von Prozessen und Produkten. Während die hochqualifizierten Facharbeiter im deutschen Produktionsregime mit der Produktionsleitung und den Spezialisten der Produktentwicklung ein gewisses Maß an gemeinsamem Wissen teilen und dadurch bei Fragen der Innovation mitreden können, ist dies im stärker tayloristisch strukturierten amerikanischen Produktionsmodell nicht möglich. Innovationen entwickeln sich dort deshalb nicht aus dem Produktionsprozess heraus. Weil die Produktionsarbeiter nicht beruflich geschult und weiter qualifiziert werden, ist es überhaupt weniger als im deutschen Produktionsregime möglich, Prozesse und Produkte einer ständigen Perfektionierung zu unterwerfen.

Aufgrund der schwachen technischen Innovationsimpulse bekommt das Marketing der Produkte ein umso größeres Gewicht und bestimmt deshalb in erster Linie Innovationen in der Produktgestaltung und -diversifizierung. Produktinnovationen folgen weniger der technischen Perfektionierung und mehr den ermittelten Kundenwünschen. Dagegen ist das Innovationspotenzial dort besonders groß, wo es darauf ankommt, neue Forschungsfelder der Wissenschaft sehr eng mit ihrer technischen Nutzbarmachung und Umsetzung in völlig neue Produkte zu verknüpfen. Das Modellbeispiel dafür ist das Silicon Valley in Kalifornien, wo sich in unmittelbarer Nachbarschaft zur Stanford University die amerikanische Computerindustrie entwickelt hat. Ein anderes Beispiel ist Boston/Cambridge in Massachusetts, wo sich im unmittelbaren Umkreis des Massachussetts Institute of Technology (MIT) das Entwicklungszentrum der Biotechnologie befindet. Dort investieren Unternehmen in großem Stil in neue revolutionäre Technologien und nutzen das MIT als Potenzial für den schnellen Transfer von wissenschaftlichem Fortschritt in technologische Innovationen, als Ausbildungsinstitution für Spitzenkräfte und als Quelle für die ständige Erneuerung ihres Personals in Forschung und Entwicklung. Die große Beweglichkeit des dafür erforderlichen Kapitals auf dem Finanzmarkt erlaubt es, die notwendigen Investitionen in kürzester Zeit zu tätigen. Die engere Kopplung der Löhne und Gehälter (beide zusammengefasst als salaries) an die Erträge und an die Marktmacht der Arbeitnehmergruppen ermöglicht es den Unternehmen, die besten Spezialisten mit Spitzengehältern zu gewinnen, während die Mitarbeiter der mittleren und unteren Ebene mit viel bescheideneren Einkommen zufrieden sein müssen.

Das System der Forschung und Entwicklung

Forschung, Entwicklung, Transfer und Standardisierung von Technologie sind im amerikanischen Modell der liberalen Marktwirtschaft anders organisiert als im deutschen Modell der koordinierten Marktwirtschaft. Das zeigt sich auch in der vierten Säule dieses Modells, in der Struktur interorganisatorischer Beziehungen. Schon das Anti-Trust-Gesetz unterbindet die Zusammenarbeit von Unternehmen, um Kartellbildungen zwecks Marktkontrolle und Preisabsprachen zu verhindern. Erst der *National Cooperative Research Act von 1985* hat die Zusammenarbeit in der Forschung von den Anti-Trust-Regelungen ausgenommen. Das hat zwar zu einer Zunahme der Forschungskooperation geführt, deren Finanzanteil an der industriellen Forschung und Entwicklung aber immer noch auf nur 1 bis 7 Prozent geschätzt wird (Hall und Soskice 2001: 31). Ein weiteres Hindernis ist das Vertragsrecht, das einklagbare Vereinbarungen an die sehr genaue Bestimmung der von den Vertragsparteien erwartbaren Leistungen bindet und deshalb langfristigen Kooperationsverträgen mit unbestimmten Vereinbarungen anders als das deutsche Vertragsrecht keinen gerichtlichen Schutz gewährt. Für die intensive interorganisatorische Kooperation fehlen auch die Einbindung der Unternehmen einer Branche in einen einheitlichen Verband und maßgebliche gemeinsam getragene Institutionen der Selbstorganisation. Statt dessen konkurrieren unterschiedliche Verbände miteinander, ohne aber zusammen alle Unternehmen repräsentieren zu können, weil nicht wenige ganz auf eine Mitgliedschaft verzichten.

Das Verhältnis zwischen Unternehmen ist durch die Konkurrenz um die Vergabe von Forschungsfördermitteln, um die Rekrutierung von Wissenschaftlern und Ingenieuren, um die Umsetzung von wissenschaftlichen Entdeckungen in Technologie und um die für sie vorteilhafte Standardisierung der Technologie geprägt und lässt wenig Spielraum für Entwicklung, Transfer und Standardisierung von Technologie durch interorganisatorische Zusammenarbeit. Unternehmen versuchen durch die gezielte Investition in eigene Forschungszentren einen Vorsprung zu gewinnen, den sie selbst schnell auf dem Markt verwerten wollen. Das heißt, sie suchen einen eigenen direkten Anschluss an die vorderste Forschungsfront und einen internen Transfer aus der Forschung in Produktentwicklungen. Auch die Standardsetzung erfolgt nicht in kooperativen Verfahren einer gemeinsam getragenen Normsetzungsinstitution, sondern in einem Wettbewerb verschiedener Normungsinstitute, insbesondere aber im direkten Wettbewerb der Unternehmen selbst, die ihre eigenen Verfahren patentieren lassen und auf dem Markt durchsetzen, um an den Lizenzen für andere Firmen verdienen zu können. Es findet ein regelrechter Wettlauf um die Durchsetzung der eigenen Standards auf dem Markt statt, mit denen man Konkurrenten zu Lizenznehmern machen kann. Der Erfolg von Bill Gates mit Microsoft ist zu einem großen Teil der konsequenten Verfolgung dieser Strategie zuzuschreiben.

Es ist gut nachvollziehbar, dass dieses strukturelle Arrangement eines Wettlaufs um Fortschritte in der Forschung, um ihren Transfer in verwertbare Produkte und um die Durchsetzung der eigenen Standards auf dem Markt zusammen mit der Beweglichkeit von Finanzmitteln, der Rekrutierung von Spitzenwissenschaftlern und -ingenieuren mittels höchster Gehälter radikale technologische Innovationen besser fördert als das deutsche System der interorganisatorischen Kooperation in Entwicklung, Transfer und Standardisierung von Technologien. Wer den Wettlauf bei einer speziellen Technologie gewinnt, kann daraus riesige Erträge erzielen und durch die Durchsetzung der eigenen Standards mit dem damit verbundenen Patent auch noch am Erfolg anderer Unternehmen mitverdienen. Da Kapital und Energien in diesen Wettlauf gesteckt werden, dominieren die radikalen Innovationen und die von ihnen ausgelösten Umbrüche der Wirtschaft, während für die inkrementalen Innovationen weder das Kapital geduldig genug ist noch die notwendigen Energien dafür vorhanden sind.

Wir zeichnen allerdings ein verzerrtes Bild der Netzwerke von Forschung und Industrie, wenn wir mit Hall und Soskice hochintegrierte Netzwerke in Deutschland fehlenden Netzwerken in den Vereinigten Staaten gegenüberstellen. In Deutschland handelt es sich dabei eher um schon seit langem etablierte, kartellartig strukturierte Netzwerke, die Forschungsinvestitionen in alte Technologien monopolisieren und die Verlagerung von Forschungsinvestitionen in neue Netzwerke neuer Technologien behindern. Gegen dieses Monopol haben es neue Netzwerke schwer, überhaupt Fuß zu fassen. Dagegen gilt für die Vereinigten Staaten, dass sich dort früher und mit durchschlagendem Erfolg Kooperationen von Wissenschaft und Industrieunternehmen in den neuen Technologiefeldern – Mikroelektronik, Informationstechnologie, Biotechnologie – entwickeln konnten. Das zeigt sich zum Beispiel in Forschungs- und Entwicklungszentren im Umfeld der Stanford University, des Massachusetts Institutes of Technology (MIT) oder der University of North Carolina at Chapel Hill. Die Unternehmenskooperationen in Forschung und Entwicklung sind zusammen mit der Expansion der neuen Technologien enorm gewachsen. Während in den 1970er Jahren nur 750 derartige Kooperationen gezählt wurden, waren es im Zeitraum zwischen 1987 und 1992 etwa 2000 (Giddens 2001: 90).

Die konträren Innovationsmuster koordinierter und liberaler Marktwirtschaften

Zusammenfassend können wir festhalten, dass sich das deutsche Modell der koordinierten Marktwirtschaft und das amerikanische Modell der liberalen Marktwirtschaft durch konträre Innovationsmuster unterscheiden: inkrementale versus radikale Innovationen. Die eine Seite ist genau dort stark, wo die andere Seite schwach ist. Das zeigt eine Auswertung neuer Patente für die Jahre 1983/84 und 1993/94 im Vergleich zwischen Deutschland und den Vereinigten Staaten im Detail. Beide Seiten verhalten sich spiegelbildlich zueinander, und zwar mit einer deutlichen Vergrößerung der Unterschiede innerhalb des untersuchten Zeitraums von zehn Jahren. Zu demselben Ergebnis gelangt eine Untersuchung zur Patentspezialisierung Deutschlands und der USA für den Zeitraum von 1996 bis 2000 (Legler 2004: 80) (Abb. 2.1). Bis in die Gegenwart hat sich an der Patentspezialisierung Deutschlands nichts Grundsätzliches geändert, wie ein Vergleich der Zeiträume von 1998 bis 2000 und von 2003 bis 2005 zeigt (EFI 2008: 54). Die Patentspezialisierungen der beiden Länder verhalten sich nach wie vor konträr zueinander.

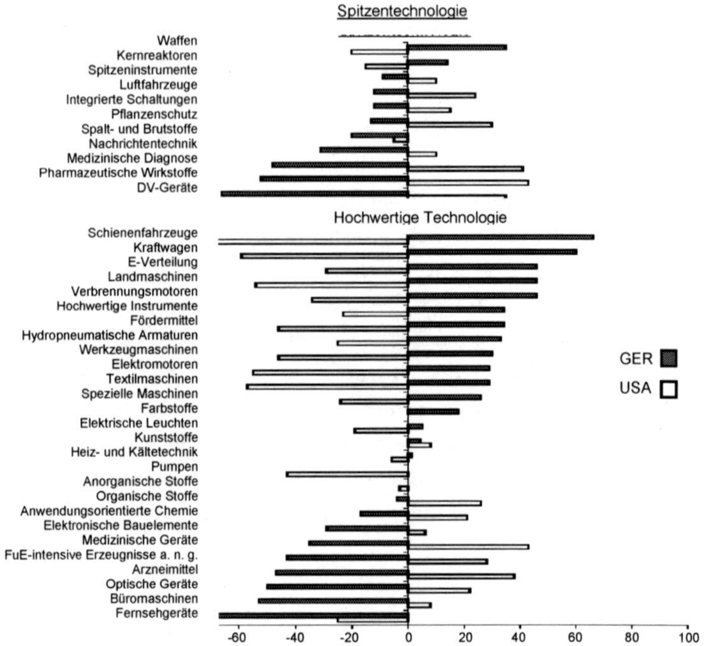

RPA (Relative Patentaktivitäten): Positives Zeichen bedeutet, dass der Anteil an den Patenten auf diesem Gebiet höher ist als bei den Patenten insgesamt

Abb. 2.1: Patentspezialisierung (RPA) Deutschlands und der USA 1996–2000 im Vergleich

Quelle: Legler 2004: 80

Deutschland ist in allen bewährten Technologien der alten Industrien von Hoch- und Tiefbau, Konsumgütern, Waffen, Kernenergie, Transport, Landmaschinen, mechanischen Elementen, Maschinen, Werkzeugmaschinen, Umwelttechnologie, Wärmetechnik, Materialprozessen, Belägen, Fertigungstechnik, chemischen Grundstoffen und elektrischer Energie stärker geworden. Dagegen zeigt sich eine Schwäche in Landwirtschaft und Nahrungsmitteln, neuen Materialien, Biotechnologie, Polymer, organischer Chemie, Medizintechnik, Optik, Halbleiter, Informationstechnologie, Telekommunikation und audiovisuellen Techniken. Pharmazeutische Produkte sind auf mittlerem Niveau gleich geblieben. Bei Kontrollsystemen ist eine minimale Verbesserung zu beobachten. In den Vereinigten Staaten zeigt sich genau das umgekehrte Bild (Hall und Soskice 2001: 42–43, Abbildungen 1.5 und 1.6; vgl. auch O'Sullivan 2000:135–144). Diesen unterschiedlichen Innovationsmustern korrespondieren die jeweils vorherrschenden Strategien, um sich gegen die Konkurrenz am Markt zu behaupten. In Deutschland herrscht die Strategie der diversifizierten Qualitätsproduktion (Streeck 1992) vor, in den Vereinigten Staaten in den Wachstumsmärkten die Innovation und in den stagnierenden Märkten der Preiskampf. In Deutschland versucht die etablierte Industrie im Automobilbau, im Werkzeugmaschinenbau und in der Chemie ihre Stellung auf dem Weltmarkt durch die Diversifizierung und Perfektionierung bewährter Produkte zu behaupten. In diesen Branchen nimmt die deutsche Industrie nach wie vor eine international führende Stellung ein. In den Vereinigten Staaten hat sich in kürzester Zeit eine neue Industrie in den Bereichen Mikroelektronik, Biotechnologie, Medizintechnik und Informationstechnologie entwickelt, während die alte Industrie den Weg des Preiswettbewerbs insbesondere mit den japanischen Produkten eingeschlagen hat (Casper 2001).

Ein Vergleich zwischen Deutschland und Großbritannien zeigt ähnliche Unterschiede im Verhältnis des Anteils von Exporten bestimmter Produktkategorien an allen Exporten des jeweiligen Landes zum Anteil der gesamten Exporte dieser Produktkategorien in allen Industriestaaten der OECD-Länder. In Deutschland rangieren die Exporte im Bereich von Chemie, Automobilbau und Maschinenbau deutlich vor ressourcenintensiven, arbeitsintensiven und auch wissenschaftsbasierten Exporten, während in Großbritannien ressourcenintensive und arbeitsintensive, vor allem aber wissenschaftsbasierte Exporte größere Anteile als in Deutschland erreichen, dagegen die skalenintensiven Bereiche von Chemie und Automobilbau und der Bereich des spezialisierten Maschinenbaus etwa gleich hoch wie die Bereiche ressourceintensiver und arbeitsintensiver Produkte und deutlich hinter dem in Deutschland erreichten Volumen liegen. Dieses Muster ist im Zeitraum zwischen 1970 und 1990 relativ stabil geblieben. Die größte Veränderung ist bei den wissenschaftsbasierten Produkten eingetreten, deren Exportanteil in Großbritannien von einem höheren Niveau ausgehend noch erheblich gewachsen, in Deutschland aber leicht gesunken ist. Außerdem fällt auf, dass in Großbritannien ressourcenintensive Exporte nur minimal, in Deutschland aber erheblich zugenommen haben und in Großbritannien arbeitsintensive Exporte von einem höheren Niveau auf das Niveau von Deutschland zurückgegangen sind, wo sie ganz minimal erhöht wurden. Maschinenbauexporte sind in beiden Ländern sichtbar geringer geworden (Fioretos 2001: 222, Abb. 6.1).

Mit den unterschiedlichen Innovations- und Exportmustern von koordinierten und liberalen Marktwirtschaften korrelieren Unterschiede in der Gewichtung von allgemeiner und berufsspezifischer Bildung, im Schutz der Beschäftigten gegen Entlassung und im Schutz der Arbeitslosen gegen Einkommensminderung. In den koordinierten Marktwirtschaften hat die berufsspezifische Ausbildung, der Schutz der Beschäftigten gegen Entlassung und der Schutz der Arbeitslosen gegen Einkommensminderung ein größeres Gewicht als in den liberalen Marktwirtschaften. Starke Gegensätze stellen dabei Deutschland, Österreich, Belgien und Schweden auf der Seite der koordinierten Marktwirtschaften und die Vereinigten Staaten, Großbritannien, Australien, Neuseeland, Kanada und Irland auf der Seite der liberalen Marktwirtschaften dar. Spezielle Fälle auf der Seite der koordinierten Marktwirtschaften sind Dänemark, die Niederlande und die Schweiz mit nur mittlerem Schutz der Beschäftigung, aber hoher Einkommensgarantie bei Arbeitslosigkeit sowie Italien und Japan mit dem genau entgegengesetzten Muster. Dazwischen liegen die koordinierten Marktwirtschaften Norwegens, Frankreichs und Finnlands mit etwas mehr als mittlerem Schutz von Beschäftigung und Arbeitslosigkeit (Estevez-Abe, Iversen und Soskice 2001: 173, Abb. 4.2).

Ein weiterer deutlicher Zusammenhang besteht zwischen dem Gewicht der berufsspezifischen Ausbildung in einem Land und der Lohndifferenzierung, gemessen am Abstand zwischen dem obersten und dem untersten Zehntel. In Deutschland, Finnland, Dänemark, Italien, Norwegen, Schweden, den Niederlanden und Belgien ist ein stärkeres Gewicht der beruflichen Bildung mit geringeren Lohndifferenzen verknüpft, in den Vereinigten Staaten, Kanada, Irland und etwas weniger in Großbritannien ein geringeres Gewicht der beruflichen Bildung mit größeren Lohndifferenzen (Estevez-Abe, Iversen und Soskice 2001: 178, Abb. 4.3). Es zeigt sich, dass die berufliche Ausbildung der unteren und mittleren Qualifikationsstufe höhere Einkommen garantiert. Ein internationaler Vergleich zeigt auch, dass frühe Schulabgänger in Bildungssystemen mit einem starken Gewicht der beruflichen Bildung bei einem internationalen Test bessere Leistungen erreichen als frühe Schulabgänger mit einem geringen Gewicht der beruflichen Bildung (Estevez-Abe, Iversen und Soskice 2001: 180, Abb. 4.5).

Die Herstellung von qualitativ hochwertigen Produkten in den Bereichen von Chemie, Automobilbau und Maschinenbau mit einer großen Masse hochqualifizierter Facharbeiter ist offensichtlich ein Produktionsregime, das die Steigerung des Wohlstands zu einer kollektiv getragenen Angelegenheit macht, zu der auch die Mitarbeiter der mittleren und unteren Ebene ihr nicht leicht zu ersetzendes Know-how beisteuern, so dass sie einen größeren Anteil am Wohlstand erlangen als die Mitarbeiter in Regimen der einfachen Massenproduktion mit einer größeren Diskrepanz zwischen dem Wissen der Produktionsleitung und dem Wissen der Produktionsarbeiter. Allerdings handelt es sich dabei auch um Bildungssysteme und Produktionsregime, die auf Männerberufe in der Produktionsarbeit konzentriert sind, so dass sie in auffälliger Weise insbesondere im Vergleich zu den Vereinigten Staaten Frauen sowohl von der Produktionsarbeit als auch von den höheren Ebenen des Managements, der Verwaltung, der technischen Berufe und der Professionen fernhalten. Ein Vergleich von Daten aus der zweiten Hälfte der 1980er Jahre lässt zum Beispiel erkennen, dass Frauen in den Vereinigten Staaten mit 22 Prozent an Professionen und technischen Berufen beteiligt sind, in Deutschland dagegen nur mit 15 Prozent. Für Posten in Verwaltung und Management ist das Verhältnis 26 Prozent zu 11 Prozent, für Bürodienstleistungen 70 Prozent zu 59 Prozent, für Produktionsarbeit 30 Prozent zu 21 Prozent, für Verkaufsjobs dagegen 33 Prozent zu 52 Prozent und für einfache Dienstleistungen 30 Prozent zu 67 Prozent (Estevez-Abe, Iversen und Soskice 2001: 181, Abb. 4.6).

Die Forschung zu den Varieties of Capitalism hat die ermittelten Zusammenhänge zwischen spezifischen Bildungsregimen, Wohlfahrtssystemen und Einkommensungleichheit bestätigt (Iversen 2005). In einer typologischen Zuspitzung lassen sich analog zu Esping-Andersens (1990) drei Typen von Wohlfahrtsregimen drei Typen der Humankapital-Bildung unterscheiden (Iversen und Stephens 2008). Das auf den Markt setzende liberale Regime präferiert hohe private Investitionen in allgemeine Kompetenzen, mittlere öffentliche Ausgaben für die Bildung und geringe Umverteilung. Das auf die Familie gestützte konservative Regime fokussiert mäßige Umverteilung, ein hohes Niveau der Sozialversicherung, ausgeprägte firmen- und berufsspezifische Kompetenzen und mittlere öffentliche Ausgaben für Bildung. Das dem Staat vertrauende sozialdemokratische Regime steht für umfangreiche Umverteilung, hohe soziale Sicherheit und hohe öffentliche Ausgaben für allgemeine sowie fimen- und berufsspezifische Bildung.

Liberale und koordinierte (soziale) Marktwirtschaften im Vergleich

Wie wir so weit sehen, unterscheiden sich liberale und koordinierte bzw. soziale Marktwirtschaften in der technologischen Spezialisierung, der Organisation von Innovation, der Unternehmensführung, der Ausbildung und Berufsstruktur und den Arbeitsbeziehungen. Abbildung 2.2 fasst die wesentlichen Unterschiede systematisch zusammen.

		Soziale Marktwirtschaft	*Liberale Marktwirtschaft*
Technologische Spezialisierung	*Innovationsmuster*	• inkrementale Innovation • durch Perfektionierung von hochwertiger etablierter Technik • Automobil, Maschinenbau, Chemie	• radikale Innovation • durch Erzeugung von Spitzentechnologie • Mikroelektronik, Biotechnologie
	Wissensbasis	• Erfahrungswissen	• wissenschaftliches Wissen
	Patentierungsstrategie	• Patentierung zur Sicherung von technologischem Vorsprung bei gegebenen Produkten	• Patentierung zur Sicherung von Marktvorsprung bei neuen Produkten

		Soziale Marktwirtschaft	*Liberale Marktwirtschaft*
Organisation von Innovation	*Beziehung zw. Innovation und Produktion*	• Innovation in enger Verknüpfung mit Produktion und • innerhalb etablierter Unternehmungen • produktionsgesteuerte Innovation	• Innovation außerhalb der Produktion • durch eigenständige F&E-Bereiche und neu gegründete Unternehmen • als Anstoß für neue Produktion • innovationsgesteuerte Produktion
	Verbindung angewandter Forschung und Grundlagenforschung	• angewandte Forschung ohne Verbindung zur Grundlagenforschung	• angewandte Forschung in Verbindung mit Grundlagenforschung
	Typus der Innovationsnetzwerke	• stabile, • längerfristige, • regional konzentrierte • Produktions- und Innovationsnetzwerke	• freie, • kurzfristige, • nicht von Verbänden organisierte • ergebnisorientierte Kooperationen bis hin zu internationalen Allianzen
	Unternehmenstypus	• traditionsreiche kleinere, mittlere und große Unternehmen mit großem Reservoir an akkumuliertem technischem Wissen	• neu gegründete, kleinere Unternehmen

		Soziale Marktwirtschaft	*Liberale Marktwirtschaft*
Ausbildungssystem und Berufsstruktur	*Ausbildung*	• spezialisierte Berufsbildung • duale, schulische und betriebliche Ausbildung	• allgemeine Ausbildung
	Berufliche Organisation	• Ingenieure, Techniker und Facharbeiter • mit gemeinsamem fachlichen Verständnis	• Naturwissenschaftler und Ingenieure als konkurrierende Fachspezialisten • Produktionsarbeiter ohne spezialisiertes Fachwissen
	Träger von Innovation und Produktion	• Integration abgestufter Fachqualifikationen in einem organischen Ganzen	• Kluft zwischen Routineausbildung und Spitzenqualifikation
	Betriebs- und Tätigkeitswechsel	• wenige Betriebs- und Tätigkeitswechsel	• häufige Betriebs- und Tätigkeitswechsel
	Erlerntes Wissen	• langfristig akkumuliertes Erfahrungswissen • von Ingenieuren, Technikern und Facharbeitern • als Quelle der kontinuierlichen Innovation	• theoretisches Grundlagenwissen von Naturwissenschaftlern • als Quelle der radikalen Innovation

		Soziale Marktwirtschaft	*Liberale Marktwirtschaft*
Unternehmensführung	*Unternehmens-kontrolle*	• durch Aufsichtssystem und Mitbestimmung	• durch Markt
	Beziehung zw. Banken und Industrieunternehmen	• Verflechtung von Banken und Unternehmen (Deutschland AG)	• geringe Verflechtung von Banken und Unternehmen
	Management-philosophie	• Herrschaft des Fachwissens • langfristige Stabilität des Unternehmens	• Herrschaft der Finanzökonomie • kurzfristige Rendite des Unternehmens
	Chancen zu feindlichen Übernahmen	• starke Kontrolle gegen feindliche Übernahmen	• geringe Abwehrchancen gegen feindliche Übernahmen
	Börsenkapitalisierung	• geringe Börsenkapitalisierung	• hohe Börsenkapitalisierung
	Börsenfinanzierung	• umfangreiche, langfristige Bankenfinanzierung (geduldiges Kapital)	• geringe, nur kurz- und mittelfristige Bankenfinanzierung
	Wagniskapital	• wenig verfügbares Wagniskapital • Unternehmensfinanzierung abhängig von Verflechtung mit Banken • geduldiges Kapital	• Unternehmensfinanzierung abhängig von Markterfolg • Transparenz der Marktlage für Anleger (Information) • Shareholder Value
	Verlagerung von Finanzmitteln	• langsame Verlagerung, von renditeschwachen zu renditestarken Unternehmen	• radikale Verlagerung von renditeschwachen zu renditestarken Unternehmen
	Geburten- und Sterberate von Unternehmen	• niedrige Geburten- und Sterberate von Unternehmen	• hohe Geburten- und Sterberate von Unternehmen

		Soziale Marktwirtschaft	*Liberale Marktwirtschaft*
Arbeitsbeziehungen	*Verbandsstruktur*	• Einheitsgewerkschaften und einheitliche Industrieverbände	• Pluralismus von Gewerkschaften und Unternehmerverbänden
	Organisationsgrad der Verbände	• mittlerer bis hoher Organisationsgrad	• geringer Organisationsgrad der Verbände
	Verrechtlichung	• rechtliche Strukturierung der Arbeitsbeziehungen	• Voluntarismus
	Arbeitnehmervertretung	• Korporatismus im Rahmen der Tarifautonomie • institutionalisierte betriebliche Arbeitnehmervertretung	• Dualismus von abnehmender gewerkschaftlicher Interessenvertretung und Human Resource Management
	Ebene der Tarifabschlüsse	• sektorale Tarifabschlüsse	• dezentralisiert, auf Betriebsebene
	Arbeitsplatzsicherheit	• hohe Arbeitsplatzsicherheit für Insider • Ausgrenzung von Outsidern	• geringe Arbeitsplatzsicherheit
	Bindung der Mitarbeiter an Unternehmen	• langfristige Bindung des Personals an den Betrieb • geringe zwischenbetriebliche Mobilität	• kurzfristige Bindung des Personals an den Betrieb • hohe zwischenbetriebliche Mobilität
	Rekrutierung und Entlassung	• langsame Rekrutierung • und langsame Entlassung nach Ertragslage	• schnelle Rekrutierung • und schnelle Entlassung nach Ertragslage
	Entgeltregelung	• kollektive, statusbezogene Entgeltregelung	• individuelle, leistungsbezogene Entlohnung

	Entlohnungs-differenzen zw. Betrieben	• geringe Entlohnungsdifferenzen zwischen Betrieben nach Ertragslage	• größere Entlohnungsdifferenzen zwischen Betrieben nach Ertragslage
	Rekrutierung von Spitzenkräften	• verlangsamte Lenkung von Spitzenkräften in neue Wachstumsmärkte der Spitzentechnologie	• schnelle Lenkung von Spitzenkräften in neue Wachstumsmärkte der Spitzentechnologie
	Beteiligung des Personals an Innovation	• Beteiligung an technischer Perfektionierung auf der Basis von Statussicherheit und langfristig akkumuliertem Wissen	• Innovation als Ergebnis von hoher Leistungsorientierung von Spitzenkräften

Abb. 2.2: Innovationsregime *der sozialen und der liberalen Marktwirtschaft im Vergleich*

2.4 Die Verarbeitung der Marktöffnung in liberalen und koordinierten Marktwirtschaften

Wenden wir uns jetzt der Frage zu, ob die spezifischen Institutionen mit ihren typischen Innovations-, Export- und Ungleichheitsmustern durch Prozesse der Marktöffnung und die dadurch intensivierte Konkurrenz einem Veränderungsdruck unterworfen werden (Münch und Guenther 2005; Guenther 2007). Eine viel diskutierte Frage ist insbesondere, ob das Regime der liberalen Marktwirtschaft im offenen Weltmarkt gegenüber dem Regime der koordinierten Marktwirtschaft Wettbewerbsvorteile hat und letztere dadurch gezwungen werden, sich durch Deregulierungsmaßnahmen dem liberalen Regime anzupassen. Ein häufig vorgetragenes Argument verweist auf die höheren Sozialkosten, die zu Standortnachteilen von Unternehmen in koordinierten Marktwirtschaften werden können. Um diese Kosten zu verringern – so wird argumentiert – verlagern Unternehmen ihre Produktionsstätten an Standorte mit niedrigeren Sozialkosten, so dass die koordinierten Marktwirtschaften gezwungen werden, die Sozialkosten durch Deregulierungsmaßnahmen zu senken, um Produktionsstätten im Lande zu halten. Gegen dieses Argument wenden Hall und Soskice (2001: 54–62) ein, dass die internationale Arbeitsteilung den koordinierten Marktwirtschaften die Chance bietet, sich auf die diversifizierte Qualitätsproduktion – etwa in den klassischen Bereichen von Chemie, Automobilbau und Maschinenbau – zu spezialisieren, die auf ein anderes institutionelles Arrangement angewiesen ist als die Entwicklung und Produktion von wissenschaftsbasierten Spitzentechnologien und standardisierten Massenprodukten. Die diversifizierte Qualitätsproduktion benötigt die berufliche Bildung, die auch den Facharbeitern einen größeren Teil am Wissen und damit eine stärkere Machtposition garantiert, so dass sie auch in der Lage sind, höhere Löhne, sicherere Arbeitsplätze und höhere Arbeitslosenunterstützung durchzusetzen. Ihre in qualifizierter Berufsausbildung verankerte Machtposition und ihr im internationalen Vergleich größerer Anteil an den Beschäftigten ist auch die Grundlage für die größere Stabilität der Gewerkschaften. Während in den liberalen Marktwirtschaften der gewerkschaftliche Organisationsgrad mit der größeren Verschiebung der Beschäftigung vom Produktions- in den Dienstleistungssektor gesunken ist, hat er sich in den koordinierten Marktwirtschaften – in Deutschland auch gerade aufgrund der geringeren Verschiebung der Beschäftigung – auf höherem Niveau gehalten. Die Machtposition der qualifizierten Produktionsarbeiter wird dementsprechend von noch relativ starken Gewerkschaften gestützt, die in der Zusammenarbeit mit der Arbeitgeberschaft und dem Staat nach wie vor maßgeblich an der Gestaltung des Produktionsregimes mitwirken.

Dagegen ist der gewerkschaftliche Organisationsgrad der Arbeitnehmerschaft in den liberalen Marktwirtschaften stark gesunken, ebenso ihr Einfluss auf die Gestaltung des Produktionsregimes. Sowohl in den Vereinigten Staaten als auch in Großbritannien hat sich die betriebliche Vereinbarung von Tarifen gegenüber branchenweiten Tarifabkommen durchgesetzt, wobei in den Vereinigten Staaten immer mehr Betriebe ihre Tarife mit der Belegschaft direkt vereinbaren, ohne jede Mitwirkung einer Gewerkschaft. In Großbritannien wird inzwischen in der Mehrzahl die Vereinbarung mit einer einzigen Gewerkschaft statt mit mehreren Gewerkschaften, auf der betrieblichen statt auf der branchenweiten Ebene, aber zum Teil auch ganz ohne Gewerkschaften getroffen. Der closed shop – die Zwangsmitgliedschaft der Arbeitnehmergruppen in einer Gewerkschaft – ist verschwunden. Der shop steward ist häufiger nicht mehr der gewerkschaftlich instruierte Repräsentant der Belegschaft, sondern das Bindeglied des Managements zu den Arbeitnehmern. Die liberalen Regime sind demnach noch weiter in die Richtung der marktförmigen Bestimmung des Beschäftigungsverhältnisses gegangen. Sie haben mit diesen Veränderungen auf den gewachsenen Konkurrenzdruck auf dem Weltmarkt reagiert. Die Liberalisierungs- und Deregulierungsstrategien haben die Stärken der liberalen Marktwirtschaften gestützt: schnellere Verlagerung von Investitionen in die wissenschaftsbasierten Spitzentechnologien, niedrigere Lohn- und Lohnnebenkosten bei der standardisierten Massenproduktion und Beschäftigungswachstum durch die leichtere Verlagerung von Kapital und Personal vom Produktionssektor in qualifizierte und einfache Dienstleistungen (Swank 2002: 218–242). Der Weg der diversifizierten Qualitätsproduktion mit geringer Qualifikations- und Lohnspreizung – wie in den koordinierten Marktwirtschaften gegeben – wäre ihnen gar nicht offen gestanden, weil ihnen dafür schon die Stabilität der Unternehmensfinanzierung (geduldiges Kapital) sowie das Commitment und die Qualifikation der Facharbeiter gefehlt hätten.

Genau die Verfügbarkeit dieses strukturellen Arrangements eröffnet jedoch den koordinierten Marktwirtschaften nach der Argumentation von Hall und Soskice einen anderen Weg, um die Herausforderungen der Globalisierung zu bewältigen. Für sie heißt es demnach, auf die eigenen Stärken zu setzen: stabile Finanzmärkte mit geduldigem Kapital, Kooperation von Arbeitgeberschaft, Gewerkschaften und Staat, ein großes Gewicht der beruflichen mit hochqualifizierten Facharbeitern und die enge Zusammenarbeit von Forschungsinstituten und Unternehmen bei Entwicklung, Transfer und Standardisierung von Technologien. Mit der diversifizierten Qualitätsproduktion und inkrementalen Innovation in den Schlüsselindustrien von Chemie, Automobilbau, Elektrotechnik und Maschinenbau steht ihnen eine Strategie zur Verfügung, mit der sie sich weiterhin im internationalen Wettbewerb behaupten können, ohne auf umfassende Liberalisierung und Deregulierung setzen zu müssen. Im Gegenteil, je mehr sie sich darauf einlassen, umso mehr zerstören sie – so Hall und Soskice – genau jene Institutionen, die der Garant ihrer ganz spezifischen inkrementalen Innovationsfähigkeit sind.

Hall und Soskice verweisen zum Beleg ihrer These darauf, dass die strukturellen Arrangements, Innovations- und Exportmuster in den liberalen und koordinierten Marktwirtschaften bis heute nicht konvergiert sind. Während die liberalen Marktwirtschaften noch liberaler wurden, hat in den koordinierten Marktwirtschaften kein wirklich fundamentaler Abbau ihrer sie auszeichnenden Institutionen stattgefunden. Im internationalen Vergleich zeigt sich, dass sie im Durchschnitt mit 2,3 Prozent zu 3,2 Prozent im Zeitraum von 1985 bis 1998 ein um 0,9 Prozent geringeres Wachstum als die liberalen Marktwirtschaften erreicht haben, nach 2,4 Prozent zu 2,5 Prozent im Zeitraum 1974 bis 1984 und 5,1 Prozent zu 4,3 Prozent im Zeitraum von 1961 bis 1973. Allerdings weist die Arbeitslosenstatistik für alle diese Zeiträume im Durchschnitt niedrigere Werte für die koordinierten Marktwirtschaften als für die liberalen Marktwirtschaften aus, nämlich 1,3 zu 3,2 Prozent für 1960 bis 1973, 3,6 zu 6,7 Prozent für 1974 bis 1984 und 6,1 zu 8,9 Prozent für 1985 bis 1998 (Hall und Soskice 2001: 20, Tabelle 1.1.). Diese Durchschnittswerte sind allerdings nur begrenzt aussagefähig, da zum Beispiel Irland mit 14,1 Prozent Arbeitslosen im Zeitraum von 1985 bis 1998 unter den liberalen Marktwirtschaften einen absoluten Ausreißer darstellt, wie auch Japan mit 2,8 Prozent unter den koordinierten Marktwirtschaften. Außerdem hat sich gerade Ende der 1990er Jahre die Situation in den koordinierten Marktwirtschaften Schwedens und Deutschlands nochmals verschlechtert, die kürzer (Schweden) bzw. länger (Deutschland) bei etwa 10 Prozent standen, in der Tabelle aber mit 4,8 und 8,5 Prozent verbucht sind. Vergleicht man nur die Vereinigten Staaten mit Deutschland, dann liegt das Verhältnis 2002 bei rund 5,6 Prozent zu 10 Prozent. Außerdem ist die Arbeitslosenquote als Indikator der sozialen Integration allein nicht aussagekräftig. Es muss insbesondere auch die durchschnittliche Dauer der Arbeitslosigkeit berücksichtigt werden. In Deutschland erreichte die Quote der langfristig mehr als ein Jahr Arbeitslosen unter allen Arbeitslosen 2001 den Wert von 51,5 Prozent, in Schweden 22,3 Prozent, in den USA 6,1 Prozent (OECD 2003a). Ebenso wichtig ist das gesamte Beschäftigungsvolumen, das in den Vereinigten Staaten deutlich höher liegt als in Deutschland, nämlich bei 73,1 Prozent im Vergleich zu 65,2 Prozent im Jahr 2001 (OECD 2003a). Auch dieser Unterschied ist in etwa bei den meisten anderen koordinierten bzw. liberalen Marktwirtschaften festzustellen. Das gilt allerdings weniger für die skandinavischen Länder, wie die Erwerbstätigenquote von 75,3 Prozent in Schweden zum Beispiel beweist (OECD 2003a). Setzt man das Beschäftigungsvolumen ins Verhältnis zur Einkommensungleichheit nach dem GINI-Index, dann zeigt sich – mit Ausnahme des Ausreißers Japan –, dass in den liberalen Marktwirtschaften der Vereinigten Staaten, Australiens, Kanadas und Großbritanniens ein höheres Beschäftigungsvolumen deutlich sichtbar mit einer größeren Ungleichheit einhergeht, dagegen sehen wir den umgekehrten Zusammenhang bei den koordinierten Marktwirtschaften in Deutschland, Norwegen, Schweden und Finnland (Hall und Soskice 2001: 22, Abb. 1.2).

Angesichts der inzwischen unverkennbaren Liberalisierungstendenzen koordinierter Marktwirtschaften identifizieren Vertreter des Varieties of Capitalism-Ansatzes insbesondere die abnehmende Fähigkeit zur partnerschaftlichen Bewältigung des intensivierten globalen Wettbewerbs als Ursache des Wandels (Hall und Thelen 2009). Mangelnde Koordination hat demnach zu einem Dualismus zwischen dem nach wie vor geschützten industriellen Kern und der gewachsenen ungeschützten Peripherie außerhalb der regulären Tarifverträge geführt (Thelen und Kume 2006). Gegen die These der je eigenen Wettbewerbsvorteile der liberalen und koordinierten Marktwirtschaften von Hall und Soskice könnte man zunächst einwenden, dass die auch in den koordinierten Marktwirtschaften wachsende Börsenkapitalisierung der Unternehmen, die nach dem internationalen Bankabkommen Basel II restriktiver werdende, weil je nach Risikoeinschätzung mehr Eigenkapitalanteile verlangende Kreditvergabe, die zunehmende Internationalisierung der Unternehmen und die Entflechtung von Banken und Unternehmen sowie weitere öffnend wirkende Finanzmarktreformen auch die Finanzierung und Kontrolle von Unternehmen in koordinierten Marktwirtschaften vom Markt abhängiger gemacht haben (O'Sullivan 2000: 278–288). Das heißt, dass auch ihnen eine stärkere Orientierung am Shareholder Value abverlangt wird und damit der schnelleren Verlagerung von Investitionen die Tür geöffnet ist. Als ein Zeichen dieser Entwicklung wird die Häufung feindlicher Übernahmen in der deutschen Wirtschaft gewertet. Der spektakulärste Fall war die Übernahme von Mannesmann durch Vodafone im Jahre 2001 (Höpner und Jackson 2003). In der Tat haben Finanzmarktreformen die enge Verflechtung von Personal und Beteiligungen unter Unternehmen in Deutschland in den 1990er Jahren gelockert. Unter den 100 größten deutschen Unternehmen ist ihre Zahl allein zwischen 1996 und 1998 von 186 auf 152 zurückgegangen (Heinze 2001: 663–664). Gleichzeitig hat der Anteil der Aktienemissionen an der Unternehmensfinanzierung zugenommen, wie auch der Anteil der Investmentfonds und Versicherungen am Aktienbesitz, während der Anteil von Unternehmen zurückgegangen ist (Heinze 2001: 661–662). Die Zahl von Übernahmeangeboten ist allein zwischen 1996 und 2000 von 13 auf 50 pro

Jahr gestiegen. Allerdings ist dabei einzuschränken, dass es sich überwiegend um die konsequente Vervollständigung von längst bestehenden Beteiligungen handelte (Heinze 2001: 665–666).

Wie eine Untersuchung des Mannesmann-Falles nachweist, liegt dabei eher eine Ausnahme vor als der Anfang einer vollständigen Umstellung der Unternehmenskontrolle vom Verflechtungsmodell auf das Marktmodell und zwar deshalb, weil es sich bei Mannesmann um ein stark internationalisiertes und börsenkapitalisiertes, an 11 ausländischen Börsen notiertes und zu 99 Prozent im Streubesitz befindliches Unternehmen der New Economy (Telekommunikation) handelte (Heinze 2001: 655). Das Unternehmen war in relativ kurzer Zeit von einem klassischen Industrieunternehmen zu einem Telekommunikationsanbieter umgewandelt worden. Nur etwa 10 Prozent der 100 größten deutschen Unternehmen erfüllen ähnliche Bedingungen. Auch bei der Auswertung der 558 größten deutschen Unternehmen kommt man zu diesem Befund (Heinze 2001: 667). Es kann deshalb vermutet werden, dass sich das System der Unternehmensfinanzierung und Unternehmenskontrolle auch angesichts der erfolgten Finanzmarktreformen nur in eingeschränktem Umfang, aber doch erkennbar in die Richtung des Marktmodells bewegen wird und das Verflechtungsmodell eine starke Beharrungskraft zeigen wird (vgl. Bornschier 2005; Beyer 2006). Kurz- und mittelfristig ist mit einem Nebeneinander des Marktmodells für den Bereich der New Economy und eines liberalisierten Verflechtungsmodells für die klassischen Industrieunternehmen zu rechnen. Das heißt, dass der Druck des Marktes die klassischen Industrieunternehmen der diversifizierten Qualitätsproduktion nur gedämpft treffen wird. Deswegen kann auch vermutet werden, dass die Institutionen, die dieses Produktionsregime tragen, nur einem begrenzten Veränderungsdruck unterworfen werden. Das wird immerhin durch die bislang geringen institutionellen Veränderungen bestätigt. Trotz dieser Beharrungskraft sind die Veränderungen aber unübersehbar: Die »Deutschland AG« als in sich verflochtenes, nach außen abgeschirmtes Bollwerk befindet sich in einem Prozess der Abwicklung (Höpner 2003; Höpner und Jackson 2003; Streeck und Höpner 2003; Höpner und Krempel 2003; Streeck 2009).

Insbesondere die für 20 Jahre gegebene Arbeitslosenrate von rund 10 Prozent hat am Legitimitätsbonus des Modells genagt. Hall und Soskice (2001: 64) sehen die wesentliche Ursache für diese Krise darin, dass die gewachsene Internationalisierung der Produktionsketten, die nach dem Just-in-Time-Prinzip funktionieren, Produktionsausfälle mit hohen Verlusten belastet, so dass sich die großen internationalisierten Unternehmen keine längeren Ausstände durch Streiks und Aussperrungen als Gegenmaßnahme mehr leisten können. Außerdem bietet ihnen die Internationalisierung der Produktion die Chance, zu teuer gewordene Arbeitsplätze ins billigere Ausland zu verlagern. Nach der Einschätzung von Hall und Soskice haben die großen Unternehmen deshalb in der jüngeren Vergangenheit nicht mehr die notwendige Standfestigkeit gezeigt, um zu hohe Tarifabschlüsse zu verhindern. Die Folge war, dass sich mittlere und kleinere Betriebe veranlasst sahen, aus der Tarifgemeinschaft auszuscheren, was wiederum die Wirksamkeit von branchenweiten Tarifverträgen einschränkt. Um diesem Trend entgegenzuwirken, werden Tarifverträge inzwischen mit Öffnungsklauseln versehen. Darüber hinaus wurden gesetzliche Regelungen und Vereinbarungen zwischen den Tarifpartnern getroffen, die mehr Flexibilität in das Beschäftigungsverhältnis bringen (Teilzeit, geringfügige Beschäftigung, Arbeitszeit).

Inzwischen verstärken sich die Zweifel, ob das Innovationsregime der sozialen Marktwirtschaft unter der Bedingung weitgehender Marktöffnung, ohne wesentliche Änderungen wettbewerbsfähig bleiben wird. Deutschland nimmt im Export von FuE-intensiven Waren im internationalen Vergleich nach den mit 19,4 Prozent Anteil am entsprechenden Welthandel führenden USA mit 14,9 Prozent Anteil nach wie vor einen herausragenden zweiten Platz vor Japan mit 12,4 Prozent, Großbritannien mit 7,5 Prozent und Frankreich mit 7,2 Prozent ein (Legler, Gehrke und Krawczyk 2005: 15).

Der größte Teil des deutschen FuE-Exports beinhaltet jedoch die klassischen hochwertigen Produkte von Automobilbau, Maschinenbau und Chemie und nur zu einem geringen Anteil Produkte der Spitzentechnologie in den Bereichen von Elektronik, Informationstechnologie und Biotechnologie. Auch wissensbasierte Dienstleistungen sind nur schwach vertreten. Spitzentechnologien und wissensbasierte Dienstleistungen sind jedoch die spezifischen Quellen einer größeren Wachstumsdynamik und diejenigen Bereiche, in denen die hoch entwickelten Wirtschaftsstandorte neue Beschäftigung schaffen können, während sie in den Bereichen der schon lange etablierten Technik Arbeitsplätze an Standorte in Entwicklungs-, Schwellen- und Transformationsländern mit Lohnkosten von ein bis zwanzig Prozent des Lohnniveaus in Deutschland abgeben. Wenn den Entwicklungs-, Schwellen- und Transformationsländern Chancen der nachholenden Entwicklung eingeräumt werden sollen, dann heißt das für

Deutschland ganz offenssichtlich, dass die Investition in radikale Innovationen der Spitzentechnologie an Bedeutung gewinnt (Legler, Gehrke und Krawczyk 2005: 22).

Wie wir aus dem Vergleich zwischen den beiden Innovationsregimen der sozialen und liberalen Marktwirtschaft lernen können, impliziert das nicht nur die finanzielle Förderung entsprechender Investitionen, sondern einen weitergehenden institutionellen Wandel, durch den Elemente des liberalen Innovationsregimes in das Regime der sozialen Marktwirtschaft inkorporiert werden. Zunehmende Börsenkapitalisierung, feindliche Übernahmen und die Entflechtung von Banken und Industrieunternehmen weisen auf eine Annäherung an das liberale Regime der Unternehmenskontrolle hin (Streeck und Höpner 2003). Der Ausstieg von Unternehmen aus dem Flächentarifvertrag, Mitgliederrückgang bei Gewerkschaften und Arbeitgeberverbänden, die Expansion der Allgemeinbildung und die verstärkte Investition in die Verknüpfung von Grundlagenforschung und angewandter Forschung, auch durch Verlagerung der Forschung und Entwicklung an die besten Standorte in den USA zeigen an, dass tragende Säulen des Regimes der sozialen Marktwirtschaft, an Vitalität verlieren. Die anhaltend hohe Arbeitslosigkeit hat angesichts der Beschäftigungserfolge anderer Länder in einer vergleichbaren Situation die Legitimität des Regimes untergraben. Dementsprechend erwarten zwei Drittel der Bürger grundlegende Reformen, gleichwohl strafen sie die Regierung bei jeder konkreten Reform mit dem Entzug der Unterstützung ab, weil niemand auf angestammte Privilegien verzichten will (Süddeutsche Zeitung 2004a, Politbarometer März 2004). Das alte Regime hat erheblich an Legitimität verloren, ein neues, als legitim anerkanntes Regime hat sich noch nicht herausbilden können. Seine Konturen sind allerdings erkennbar. Sie verweisen darauf, dass die Verknüpfung von Innovation und Strukturerhaltung an Bedeutung verliert und statt dessen die Verknüpfung von Innovation und Strukturwandel an Bedeutung gewinnt (vgl. Armingeon 2005; Dörre und Brinkmann 2005; Manow 2005; Traxler 2005).

Trotz dieser Veränderungen ist die Krise längst nicht überstanden. Es ist nicht zu übersehen, dass das historisch gewachsene institutionelle Arrangement auf ein bestimmtes Segment der Wirtschaft zugeschnitten ist, auf das Segment der Produktionsarbeit in den klassischen deutschen Vorzeigeindustrien von Chemie, Automobilbau, Maschinenbau und Elektrotechnik, sich aber für andere Zweige der Wirtschaft weniger eignet. Sowohl in arbeitsintensiven Produktionszweigen, als auch in den Sektoren von qualifizierten und einfachen Dienstleistungen und bei Spitzentechnologien ist dieses institutionelle Arrangement weniger lebensfähig (Streeck 1999). Die ihm eigene Stabilität hat dazu geführt, dass Kapital zu lange an die auf Dauer in der offenen Weltwirtschaft nicht mehr konkurrenzfähige Schwerindustrie gebunden wurde und nicht für Investitionen in Wachstumsmärkte zur Verfügung stand, was den unausweichlichen Strukturwandel lange Zeit verhindert hat. Als allgemein verbindliches Modell hat dieses strukturelle Arrangement auch bewirkt, dass viel finanzielle Ressourcen in die Unterstützung des unproduktiven Lebens statt des produktiven Lebens in einem sehr breiten Sinn des Wortes gesteckt wurden. Das hat Innovationen verhindert.

Da im Kontext der Weltwirtschaft mit einer weiteren Verlagerung der arbeitsintensiven Produktion in die Entwicklungsländer zu rechnen ist und die hochproduktive deutsche Vorzeigeindustrie von Chemie, Automobilbau, Maschinenbau und Elektrotechnik eher mit weniger Arbeitskräften auskommt, als dass sie mehr Arbeitskräfte bräuchte, kann langfristig nur dadurch eine breitere Inklusion der Erwerbsfähigen in die Erwerbsarbeit erreicht werden, dass neben der weiteren Pflege der diversifizierten Qualitätsproduktion neue Beschäftigungsfelder im Bereich der wissenschaftsbasierten Spitzentechnologien und im Bereich der qualifizierten und einfachen Dienstleistung erschlossen werden (Legler, Gehrke und Krawczyk 2005: 61)). Dafür sind offensichtlich Reformen erforderlich, die eine Verlagerung von Investitionen aus dem unproduktiven in das produktive Leben zum Ziel haben. Sie müssen die Grundstrukturen der diversifizierten Qualitätsproduktion nicht beseitigen. Es kommt vielmehr darauf an, ihnen ein Stück ihrer Rigidität zu nehmen und sie um neue Elemente zu ergänzen (Scharpf 2000). Wie Martin Heidenreich (2004) nachgewiesen hat, ist in den skandinavische Ländern ein »Dritter Weg« zu erkennen, der sowohl hohe Investitionen in Forschung, Entwicklung und Allgemeinbildung, als auch die Förderung von beruflicher Bildung und hohe soziale Sicherheit beinhaltet. Dabei ist zu beobachten, dass die Sozialpolitik zunehmend auf Aktivierung statt Desaktivierung der erwerbsfähigen Bevölkerung eingestellt wird, mit dem Erfolg von deutlich sinkenden Arbeitslosenraten (Schmid 2002). Den europäischen Gesellschaften steht offensichtlich ein Weg offen, der Innovationsdynamik mit Strukturwandel und sozialer Sicherheit verbindet. Soziale Sicherheit wird sich jedoch mehr als in der Vergangenheit aus der Aktivierung, dem Empowerment und der Beschäftigbarkeit des einzelnen Individuums speisen (Tab. 2.1).

	Deutschland	Schweden	USA
Bildung und Forschung			
Bevölkerung 25 – 64 Jahre 2001 mit Hochschulbildung	23	32	37
Sekundarbildung II	55	49	50
Sekundarbildung I	16	10	8
Bildungsausgaben 1999 in % des BIP	5,6	6,7	6,5
Schulleistungen von 15-jährigen Schülern nach PISA 2000			
Lesekompetenz	484	516	504
Mathematik	490	510	493
Naturwissenschaften	487	512	499
FuE-Ausgaben 2000 in % des BIP	2,46	3,80	2,76
Staatstätigkeit			
Staatsausgaben 2002 in % des BIP	46,3	52,6	30,9
Steuern und Sozialabgaben 2000 in % des BIP	37,8	53,3	23,9
Wirtschaftliche Leistung			
Jährlicher Anstieg des realen BIP in % 1991 – 2001	0,6	1,2	2,9
Inklusion in die Arbeitsgesellschaft			
Erwerbstätigenquote 2001 in % der Bevölkerung 15 – 64 Jahre	65,9	75,3	73,1
Erwerbstätige 2001 in % der Bevölkerung 55 – 64 Jahre	36,8	67,0	58,4
Arbeitslosenquote 2001 in % der Bevölkerung 15 – 64 Jahre	7,9	5,1	4,8
Langzeitarbeitslose 2001 länger als ein Jahr in % aller Arbeitslosen	51,5	22,3	6,1

Tabelle 2.1: Indikatoren für Bildung und Forschung, Staatstätigkeit, wirtschaftliche Leistung und Inklusion in die Arbeitsgesellschaft

Quelle: OECD 2003a, 2003c, 2003d

Die von Hall und Soskice (2001) konstruierten Idealtypen einer auf radikale Innovationen zugespitzten liberalen Marktwirtschaft und einer auf inkrementale Innovationen ausgerichteten koordinierten Marktwirtschaft treffen die realen Verhältnisse allerdings nur im Einzelvergleich Deutschlands mit den USA oder mit Großbritannien, jedoch überhaupt nicht im Gruppenvergleich zwischen liberalen und eher konservativ oder eher sozialdemokratisch koordinierten Marktwirtschaften. Tabelle 2.2 zeigt den Anteil von Spitzentechnologien, mittelhohen, mittelniedrigen und niedrigen Technologien an den industriellen Exporten in den OECD-Ländern für das Jahr

2003 (Tab. 2.2). Wir sehen, dass sich unter den neun Ländern oberhalb des OECD-Durchschnitts mit den USA, Großbritannien, Irland und nach postsozialistischer Radikalkur auch Ungarn vier als liberal einzustufende Marktwirtschaften befinden, mit der Schweiz, Korea, den Niederlanden und Japan aber auch vier Länder, auf die diese Kategorisierung nicht zutrifft, sondern eher die Einstufung als konservativ bzw. im Fall der Niederlande als konservativ/sozialdemokratisch koordiniert. Mit Finnland, Schweden und Dänemark liegen drei sozialdemokratisch koordinierte, mit Frankreich und Belgien zwei konservativ koordinierte Marktwirtschaften knapp vor Deutschland und Österreich nahe am OECD-Durchschnitt. Deutlicher unterhalb des OECD-Durchschnitts rangieren aber mit der Tschechischen Republik, Kanada, Australien, Polen, der Slowakischen Republik, Neuseeland und Island auch neuerdings oder schon länger als liberal zu charakterisierende Marktwirtschaften. Es ist daran zu erkennen, dass der von Hall und Soskice konstruierte Zusammenhang zwischen radikaler Innovation und liberalen Marktwirtschaften sowie inkrementalen Innovationen und koordinierten Marktwirtschaften in der Realität in so verallgemeinerter Form nicht existiert.

Offensichtlich gibt es sowohl liberale als auch koordinierte Marktwirtschaften mit einem hohen Anteil der Spitzentechnologien am Export industrieller Erzeugnisse, wie auch das Umgekehrte gilt. Ebenso sind mehr oder weniger große Anteile der mittelhohen Technologien am Export industrieller Erzeugnisse ohne engeren Zusammenhang auf die beiden Typen der Marktwirtschaft verteilt. Lediglich mit Japan bei 54,2 Prozent und Deutschland bei 52,5 Prozent ragen zwei konservativ koordinierte Marktwirtschaften aus diesem Feld heraus. Die Werte der liberalen Marktwirtschaften der USA, Großbritanniens und Kanadas zwischen 36,6 und 43,8 Prozent liegen aber immerhin in der Nähe des OECD-Durchschnitts von 41,8 Prozent. Mit den Niederlanden, Finnland, Dänemark und Norwegen sind auch drei stark bzw. mit den Niederlanden überwiegend sozialdemokratisch koordinierte Marktwirtschaften in dieser Rubrik mit weit unterdurchschnittlichen Werten zwischen 24,5 und 29,5 Prozent vertreten. Das bedeutet, dass radikale Innovationen auch in einem koordinierten Milieu gedeihen können, wie auch umgekehrt inkrementale Innovationen in einem liberalen. Die These von Hall und Soskice, dass beide Innovationstypen ein je eigenes institutionelles Milieu benötigen, ist deshalb nicht haltbar. Dementsprechend kann auch die These nicht aufrecht erhalten wer-

	Spitzen-technologie	Mittelhohe Technologie	Mittelniedrige Technologie	Einfache Technologie
Irland	53,6	30,3	2,6	13,5
Schweiz	39,0	36,9	11,1	13,0
Korea	36,1	32,2	20,3	11,4
Vereinigte Staaten	35,8	38,9	10,9	14,4
Großbritannien	34,7	36,6	12,8	15,2
Ungarn	32,1	40,5	11,0	16,4
Niederlande	31,1	29,5	16,1	23,4
Japan	28,9	54,2	11,8	5,1
Mexiko	28,4	46,9	9,4	15,3
OECD (1)	**24,8**	**41,8**	**15,2**	**18,2**
Finnland	24,0	24,5	21,1	30,4
Frankreich	22,5	42,1	15,3	20,2
EU15 (1)	**22,1**	**41,8**	**15,5**	**20,5**
Schweden	22,0	38,4	17,3	22,4
EU19 (1)	**21,7**	**41,8**	**15,9**	**20,6**
Dänemark	21,5	29,1	13,1	36,3
Belgien	19,4	42,1	16,9	21,6
Deutschland	19,1	52,5	14,6	13,8
Österreich	14,9	40,7	18,3	26,2
Tschechische Rep.	14,7	44,7	22,8	17,7
Griechenland	12,5	16,5	29,2	41,8
Kanada	12,1	43,8	18,3	25,7
Australien	11,8	18,9	36,9	32,4
Portugal	11,8	30,9	15,6	41,8
Norwegen	11,2	27,5	41,1	20,2
Italien	11,0	39,8	19,0	30,2
Spanien	10,8	47,0	19,0	23,2
Polen	6,6	35,7	26,6	31,1
Türkei	6,5	25,5	22,9	45,0
Slowakei	5,7	49,2	25,6	19,6
Neuseeland	5,4	13,4	11,7	69,6
Island	5,1	3,5	25,4	66,0
1) Außer Luxemburg				

Tab. 2.2: Anteile der Technologieindustrie am produzierenden Export, 2003

Quelle: OECD. Technology, Science and Industry: Scoreboard 2005

den, dass koordinierte Marktwirtschaften an ihrem institutionellen Arrangement festhalten müssen, um im internationalen Wettbewerb weiterhin ihre Stärken ausspielen zu können. Es entfällt damit ein Argument gegen den globalen Liberalisierungsdruck.

Bei diesen Überlegungen muss allerdings berücksichtigt werden, dass die auf mittelniedrige bis mittelhohe Technologie ausgerichtete Industrieproduktion den klassischen Kern des korporatistisch organisierten Kapitalismus gebildet hat. Das gesicherte privatwirtschaftliche Normalarbeitsverhältnis hat hier seinen Ursprung. Soweit dieser Wirtschaftssektor schrumpft und nicht durch den Ausbau öffentlicher, ebenso gesicherter Normalarbeitsverhältnisse kompensiert wird, sondern durch hoch bezahlte, aber weniger gesicherte Arbeitsplätze im Bereich der Spitzentechnologie und durch sehr niedrig bezahlte, ungesicherte in der privaten Dienstleistung ersetzt wird, bröckelt das Regime der koordinierten Marktwirtschaft. Die entsprechende Liberalisierung der Beschäftigungsordnung strahlt dann zusätzlich auf den alten Kern der Industriearbeitsplätze im Bereich der mittleren Technologien aus, zumal diese in besonderem Maße dem Wettbewerb mit weniger regulierten Schwellen- und Transformationsländern ausgesetzt sind. Korea und Mexiko, Ungarn, die Tschechische Republik, Polen und die Slowakische Republik liegen mit Deutschland im Bereich der mittelniedrigen bis mittelhohen Technologien gleichauf, erreichen in der Summe zum Teil sogar höhere Werte, wobei Korea, Mexiko und Ungarn in den Spitzentechnologien sogar deutlich vor Deutschland rangieren. Das spiegelt die Sonderstellung Deutschlands in der OECD-Welt in der ausgeprägten Konzentration auf mittelhohe Technologien. Sie zeigt sich deutlich erkennbar in dem nur von Japan übertroffenen Wert von 52,5 Prozent Anteil der mittelhohen Technologie am Export industrieller Erzeugnisse, während sowohl die Spitzentechnologien mit 19,1 Prozent als auch die mittelniedrigen mit 14,6 Prozent und die niedrigen mit 13,8 Prozent im Vergleich mit anderen Ländern schwach vertreten sind (vgl. EFI 2008).
Tabelle 2.3 gibt einen Überblick für den Zeitraum von 1991 bis 2003. Wir sehen, dass Deutschland im gesamten Zeitraum in den Forschungs- und Entwicklungs(FuE)-Aufwendungen im Bereich der Spitzentechnologie um etwa 9 Prozent unterhalb des OECD-Durchschnitts liegt, im Bereich der gehobenen Gebrauchstechnologie jedoch zwischen 23 und 27,9 Prozent oberhalb. Dabei hat sich in beiden Technologiebereichen der Abstand im

	OECD1							Deutschland													
	Vertikalstruktur[2] in %														Horizontalstruktur[3] in %						
Sektor	1991	1995	1997	1999	2001	2002	2003	1991	1995	1997	1999	2001	2002	2003	1991	1995	1997	1999	2001	2002	2003
Spitzentechnologie	*42,3*	*42,7*	*44,7*	*40,1*	*39,2*	*39,2*	*39,2*	*34,9*	*32,9*	*33,9*	*30,5*	*29,3*	*30,3*	*30,2*	*8,8*	*7,0*	*6,5*	*6,8*	*6,5*	*6,9*	*6,8*
Pharmazeutika	6,8	8,1	8,1	7,9	7,4	8,9	9,0	5,6	4,7	6,5	6,2	6,3	6,7	8,0	8,8	5,2	6,9	7,0	7,4	6,8	7,9
Büromaschinen/EDV	7,9	5,8	8,2	5,3	5,3	4,9	4,8	4,9	3,9	2,3	1,9	1,7	1,5	1,4	6,6	6,1	2,4	3,2	2,8	2,7	2,5
Nachrichtentechnik	11,6	13,6	14,4	13,1	15,7	13,8	12,8	14,5	10,1	11,3	10,8	10,4	9,5	8,7	13,4	6,7	6,7	7,3	5,8	6,2	6,0
MSR-Technik	5,6	6,6	6,4	7,4	6,8	7,1	7,0	1,7	6,0	5,2	5,0	6,7	6,9	7,1	3,2	8,3	6,9	6,0	8,5	8,7	8,9
Luft- und Raumfahrzeuge	10,3	8,7	7,5	6,4	4,0	4,5	5,7	8,1	8,2	8,5	6,6	4,2	5,6	5,1	8,5	8,5	9,8	9,3	9,1	11,0	7,9
Gehobene Gebrauchtechnologie	*30,5*	*30,9*	*29,1*	*27,8*	*26,5*	*25,6*	*26,2*	*53*	*54,4*	*51,8*	*52,8*	*53,7*	*53,5*	*53,6*	*18,6*	*15,9*	*15,2*	*16,9*	*17,6*	*18,6*	*18,1*
Industriechemikalien	8,4	7,4	6,5	6,0	5,4	5,1	5,1	14,2	13,4	12,2	10,7	10,0	9,3	8,7	18,2	16,5	16,2	16,0	16,2	16,4	15,1
Maschinenbau	5,5	6,0	5,9	5,5	5,4	5,5	5,4	10,5	11,4	11	10,1	10,4	10,3	9,9	20,6	17,1	16,0	16,3	16,5	16,8	16,3
Elektrotechnik	5,5	4,8	4,4	3,8	3,8	3,0	3,0	10,3	7,2	3,0	3,0	3,2	3,0	2,8	19,9	13,5	5,9	7,2	7,2	8,9	8,3
Automobilbau	10,8	12,3	11,9	11,9	11,2	11,5	12,2	17,5	21,3	24,2	28	29,3	29,8	31,8	17,4	15,7	17,4	20,9	22,8	23,1	23,2
übrige Fahrzeuge	0,3	0,4	0,4	0,6	0,7	0,6	0,5	0,4	1,0	1,3	0,9	0,8	1,0	0,4	12,4	20,7	25,8	12,3	9,7	15,5	6,9
Übrige Industriezweige	*11,1*	*10,3*	*10,0*	*8,7*	*8,6*	*8,4*	*8,6*	*8,2*	*8,0*	*7,7*	*7,6*	*7,4*	*7,1*	*7,1*	*8,0*	*7,0*	*6,6*	*7,7*	*7,5*	*7,5*	*7,3*
Dienstleistungen	*14,3*	*13,8*	*14,0*	*20,8*	*23,9*	*24,9*	*24,1*	*2,4*	*3,6*	*5,4*	*8,2*	*9,0*	*8,6*	*8,5*	*1,8*	*2,3*	*3,3*	*3,5*	*3,3*	*3,1*	*3,1*
übrige Wirtschaft	*1,9*	*2,2*	*2,3*	*2,6*	*1,8*	*1,8*	*1,8*	*1,6*	*1,2*	*1,1*	*1,0*	*0,6*	*0,6*	*0,5*	*9,1*	*4,8*	*4,3*	*3,4*	*3,1*	*3,0*	*2,7*
Insgesamt	*100*	*100*	*100*	*100*	*100*	*100*	*100*	*100*	*100*	*100*	*100*	*100*	*100*	*100*	*10,7*	*9,0*	*8,6*	*8,9*	*8,7*	*8,9*	*8,9*

1) 1991: 15 große Länder, ab
1995: 19 große Länder
2) Anteil der sektoralen internen FuE-Aufwendungen an den Aufwendungen insgesamt
in der Wirtschaft in %
3) Anteil Deutschlands an den 15 bzw. 19 großen OECD-
Ländern in %

Tab. 2.3: Deutschlands industrielle FuE-Sektoren im internationalen Vergleich 1991 bis 2003

Quelle: Legler und Krawczyk 2007, S.76, basierend auf OECD, ANVERD Database (DSTI/EAS Division). Berechnungen und Schätzungen des Niedersächsischen Instituts für Wirtschaftsforschung

betrachteten Zeitraum sogar vergrößert. Das heißt, die deutsche Industrieproduktion hat sich noch weiter auf die gehobene Gebrauchstechnologie spezialisiert. Dazu passt der weite Abstand zum OECD-Durchschnitt im Bereich der Dienstleistungen. Er hat sich von 11,9 auf 15,6 Prozent vergrößert. Wie prekär sich diese Sonderstellung Deutschlands in der OECD-Welt darstellt, ist daran zu erkennen, dass die Erhaltung der Spitzenstellung im Bereich der mittelhohen Technologien ausschließlich dem außergewöhnlichen Wachstum der FuE-Aufwendungen im Automobilbau zu verdanken ist, während sie beim Maschinenbau leicht und bei den Industriechemikalien sowie bei der Elektrotechnik stark geschrumpft sind.

In diesem Zusammenhang ist zu beachten, dass der OECD-Handel (Importe und Exporte) im Bereich der Spitzentechnologien weit stärker gewachsen ist als im Bereich der mittelhohen, mittelniedrigen und erst recht der niedrigen Technologien, wie aus Tabelle 2.4 für den Zeitraum von 1994 bis 2003 zu entnehmen ist. Dementsprechend lässt sich auch für eine Gruppe von zwölf führenden OECD-Ländern zeigen, dass das Wirtschaftswachstum im Zeitraum vom 1994 bis 2004 dort höher war, wo auch höhere FuE-Investitionen getätigt wurden (Legler und Krawczyk 2007: 11). Das forciert durchgeführte Benchmarking durch die OECD-Statistik übt zusätzlichen normativen Druck auf Deutschland aus, sich dem OECD-Durchschnittsmodell anzunähern. Dieses Modell beinhaltet eine geschrumpfte Mitte im Bereich der mittelniedrigen bis mittelhohen Technologien, eine wachsende Spitze im Bereich von Spitzentechnologien und wissensbasierten Dienstleistungen und eine ebenso wachsende Niederung im Bereich einfacher, überwiegend privatisierter Dienstleistungen wie zum Beispiel die Briefzustellung oder der Telefonservice in Call-Centern. Bei etlichen der wissensbasierten Dienstleistungen handelt es sich allerdings um die gefährlichen Finanzprodukte, die inzwischen als mitschuldig an der globalen Finanzkrise identifiziert wurden. Höhere Wachstumsraten bedeuten immer auch höhere Risiken. Dessen ungeachtet übt das OECD-Benchmarking Druck auf Länder mit niedrigen Wachstumsraten und Beschäftigungsquoten aus, den erfolgreicheren Ländern nachzueifern. Daraus folgt erst recht ein verstärkter Innovationszwang, sowohl in der Produktion von Investitions- und Konsumgütern als auch im Angebot von Dienstleistungen. Dabei stellen sich Finanzdienstleistungen als besonders wachstumsstark und renditeträchtig dar. Die hohe Innovationsrate bei riskanten Finanzinstrumenten liegt deshalb auf der Hand.

Industrie	Durchschnittliche Wachstumsrate pro Jahr (in %)	Technologieintensität
Pharmazie	13,5	Spitzentechnologie
Erdölraffination	8,0	Mittelhohe Technologie
Wissenschaftliche Geräte	7,3	Mittelniedrige Technologie
Flugzeug und Raumfahrt	7,2	Einfache Technologie
Radio, TV & Kommunikation	7,0	Spitzentechnologie
Motorfahrzeuge	7,0	Mittelhohe Technologie
Gummi & Plastik	6,6	Mittelniedrige Technologie
Schiffsbau	6,5	Mittelniedrige Technologie
Elektro-Maschinen	6,3	Mittelniedrige Technologie
Andere Fabrikationen	5,9	Einfache Technologie
Chemikalien	5,9	Einfache Technologie
Metallwaren	5,8	Mittelhohe Technologie
Bürotechnologie & Computer	5,5	Spitzentechnologie
Schienenverkehr & Transport	5,1	Mittelhohe Technologie
Maschinen und Zubehör	5,0	Mittelhohe Technologie
Nicht-metallische Mineralien	4,4	Mittelniedrige Technologie
Papier und Druckwaren	4,2	Einfache Technologie
Textilien und Bekleidung	3,9	Einfache Technologie
Lebensmittel, Getränke, Tabak	3,6	Einfache Technologie
Basis Metalle	3,6	Mittelniedrige Technologie
Holz	3,1	Einfache Technologie

1) Außer Luxemburg und Slowakei
2) Durchschnittliche Werte der OECD-Exporte und Importe von Waren

Tab. 2.4: Wachstum des OECD-Handels[1] im produzierenden Gewerbe[2] nach Industrie- und Technologieintensität

Quelle: OECD. Science, Technology and Industry: Scoreboard 2005

Das von der Mitte repräsentierte Normalarbeitsverhältnis wird in diesem OECD-Modell sowohl von der Spitze als auch vom unteren Ende her in seinem Umfang verringert und in seiner Leitbildfunktion delegitimiert. Damit verliert aber die koordinierte Marktwirtschaft eine ihrer wesentlichen Stützen. Das gilt unabhängig davon, ob radikale Innovationen in einer liberalen Marktwirtschaft besser gedeihen oder nicht. Das Schrumpfen der Mitte entzieht den Regularien der koordinierten Marktwirtschaft so oder so ein Stück ihres Nährbodens. Die Tatsache, dass wir unter den Marktwirtschaften mit einem über dem OECD-Durchschnitt liegenden Anteil der Spitzentechnologien an den exportierten industriellen Erzeugnissen vier des koordinierten Typs gefunden haben, sagt ja noch nicht, dass sie im Jahr 2003 noch genau so koordiniert waren wie zehn oder zwanzig Jahre zuvor. Die weltweite Deregulierungs-, Liberalisierungs- und Privatisierungswelle hat die koordinierten Marktwirtschaften nicht verschont. Deshalb kann aus dem entsprechenden Befund keineswegs abgeleitet werden, dass Koordinierung alten Stils ohne weiteres mit dem Abbau von mittlerer Technologie und dem Ausbau von Spitzentechnologie einhergehen kann.

Das Normalarbeitsverhältnis der mittleren Technologien und des öffentlichen Dienstes als Herzstück der koordinierten Marktwirtschaft verliert schon dadurch an Bedeutung, dass dessen Nährboden mit dem Ausbau von Spitzentechnologien und wissensbasierten Dienstleistungen auf der einen Seite sowie dem Ausbau und der Privatisierung einfacher Dienstleistungen auf der anderen Seite schrumpft. Korrespondierend dazu verändert sich die Klassenstruktur der Gesellschaft dahingehend, dass sich oben eine globale Elite aus nationalen Bindungen herauszieht und unten eine neue Unterschicht abgehängt wird, während sich die Mittelschicht von oben und unten auf kleineren Umfang und bescheidenere, weniger auf Aufstieg ausgerichtete Lebensverhältnisse zusammengedrückt sieht. Der Gesellschaft fehlt es deshalb an einer breiten Mitte als Basis für einen umfassend vorsorgenden, Risiken absorbierenden und Misserfolge ausgleichenden Wohlfahrtsstaat. Damit verliert der Unterbau der koordinierten Marktwirtschaft einiges von seiner gewohnten Tragfähigkeit. Dem Paradigmenwechsel der Wirtschaftsordnung korrespondiert demgemäß ein Paradigmenwechsel der Sozialordnung, dem wir uns im folgenden Kapitel zuwenden.

Das Ergebnis dieses Kapitels können wir in die These fassen, dass sich die OECD-Länder im globalen Wettbewerb untereinander sowie mit den Schwellen-, Transformations- und Entwicklungsländern gezwungen sehen, Beschäftigungsverluste in der Industrieproduktion im Bereich der einfachen bis mittelhohen Technologien durch Beschäftigungsaufbau im Bereich von Spitzentechnologien, noch mehr aber im Bereich der Dienstleistungen auszugleichen. Das impliziert ein Stück weit das Abgehen von der alten Einheit von Innovation und Strukturerhaltung der koordinierten Marktwirtschaft und die Hinwendung zur Einheit von Innovation und Strukturwandel der liberalen Marktwirtschaft. Zunächst weisen Streudia-

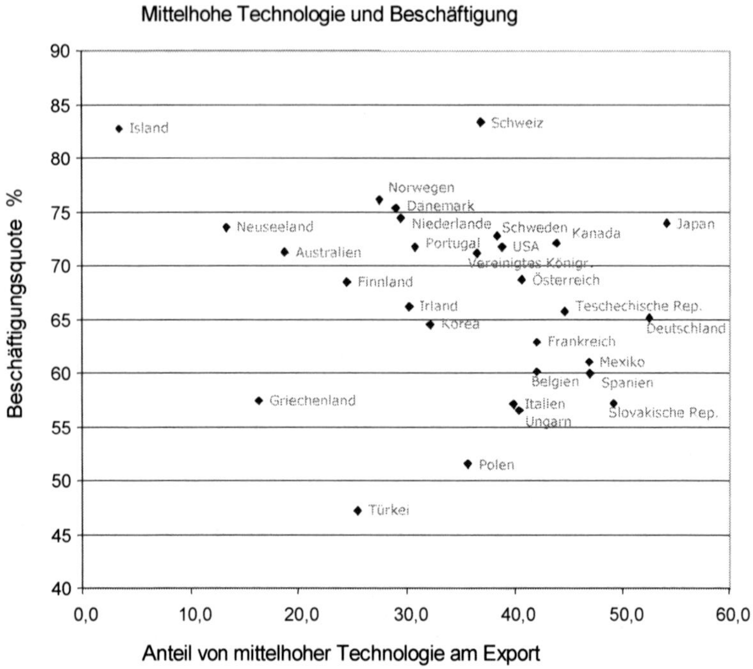

Abb. 2.3: Anteil mittelhoher Technologie am Export und Beschäftigungsquote

Eigene Berechnungen: Beschäftigungsquote berechnet aus OECD-Statistiken 2003; Daten zu Technologie-Exporten entnommen aus OECD-Statistiken 2005

gramme darauf hin, dass die Beschäftigungsquote im Dienstleistungsbereich viel deutlicher als der Exportanteil mittelhoher Technologien mit der Beschäftigungsquote insgesamt zusammenhängt. Sieht man von den Ausreißern Schweiz, Griechenland, Türkei und Polen ab, dann ist beim Exportanteil der mittelhohen Technologien ein negativer Zusammenhang zu erkennen. Bei der Beschäftigungsquote im Dienstleistungsbereich ist der Zusammenhang positiv. Ein hoher Anteil der mittelhohen Technologien am Export ist mit relativ niedrigen Beschäftigungsquoten korreliert. Dagegen hilft ein höherer Anteil des Dienstleistungsektors, die Beschäftigungsquote zu erhöhen (Abb. 2.3, 2.4).

Bivariate Korrelationsanalysen und multiple Regressionsanalysen zum Zusammenhang zwischen der Beschäftigungsquote im Dienstleistungsbe-

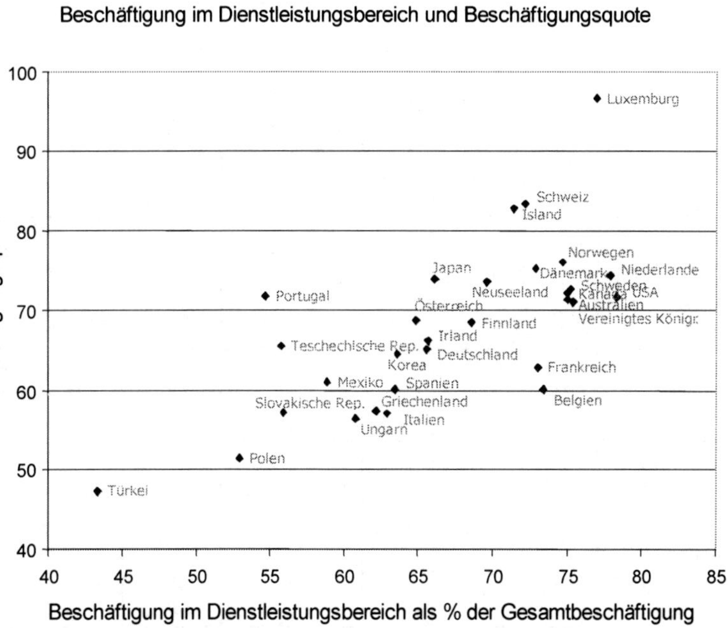

Abb. 2.4: Beschäftigung im Dienstleistungsbereich und Beschäftigungsquote

Eigene Berechnungen: Beschäftigungsquote berechnet aus OECD-Statistiken 2003;
Daten zu Technologie-Exporten entnommen aus OECD-Statistiken 2005

reich, dem Anteil unterschiedlicher Technologieniveaus am Export, der Quote tertiärer Bildung und den öffentlichen Sozialausgaben auf der einen Seite und der Beschäftigungsquote auf der anderen Seite bestätigen diese These für 30 Mitgliedsländer der OECD. Die Daten entstammen der OECD-Statistik. Wie sich anhand der Korrelationstabelle (Pearsons's r) ermitteln lässt, besteht ein starker Zusammenhang zwischen der Beschäftigungsquote in den Dienstleistungen und der Beschäftigungsquote insgesamt sowie ein erkennbarer positiver Zusammenhang der Beschäftigungsquote insgesamt mit dem Exportanteil der Spitzentechnologie und ein ebenso erkenn barer negativer Zusammenhang mit dem Exportanteil der mittelhohen Technologien. Beschäftigung im Dienstleistungssektor ist mit mittelhoher Technologie negativ, mit Spitzentechnologie positiv korreliert (Tab. 2.5).

	Beschäftigungsquote 2003	Spitzentechnologie 2005	Mittelhohe Technologie 2005	Mittelniedrige Technologie 2005	Einfache Technologie 2005	% Beschäftigung im Dienstleistungsbereich 2003	Tertiäre Bildungsquote 2003	Öffentliche Sozialausgaben 2003
Beschäftigungs quote 2003	1	,228	-,273	-,092	,080	,701	-,075	,076
Spitzentechnologie 2005	,228	1	,224	-,646	-,642	,326	,069	-,266
Mittelhohe Technologie 2005	-,273	,224	1	-,351	-,782	-,133	-,274	,067
Mittelniedrige Technologie 2005	-,092	-,646	-,351	1	,261	-,076	,041	,100
Einfache Technologie 2005	,080	-,642	-,782	,261	1	-,119	,135	,109
% Beschäftigung im Dienstleistungsbereich 2003	,701	,326	-,133	-,076	-,119	1	,088	,218
Tertiäre Bildungsquote 2003	-,075	,069	-,274	,041	,135	,088	1	-,117
Öffentliche Sozialausgaben 2003	,076	-,266	,067	,100	,109	,218	-,117	1

Tab. 2.5: Korrelationstabelle (Pearsons's r)

Eine multiple Regression mit den unabhängigen Variablen von Beschäftigungssquoten in den Dienstleistungen, Spitzentechnologie, mittelhoher Technologie, tertiärer Bildungsquote und öffentlichen Sozialausgaben erklärt nach dem R^2 57,1 Prozent und nach dem korrigierten R^2 47,3 Prozent der Varianz in der Beschäftigungsquote (Tab. 2.6).

Modell	R	R^2	Koorigiertes R^2	Standardfehler der Schätzung
1	,756(a)	,571	,473	7,38738

a) Prädiktoren (Konstante), Öffentliche Sozialausgaben 2003, Mittelhohe Technologie 2005, Prozent Beschäftigung im Dienstleistungsbereich 2003, Tertiäre Bildungsquote 2003, Spitzentechnologie 2005

Tab.2.6: Modellzusammenfassung

Weitere Auklärung erbringt eine schrittweise Schätzung, bei der zunächst von einer Variable ausgegangen wird, um dann nacheinander weitere Variablen aufzunehmen. Führt man zunächst die Beschäftigungsquote in den Dienstleistungen ein und fügt man Schritt für Schritt die weiteren unabhängigen Variablen hinzu, dann zeigt sich, dass nahezu die gesamte Erklärungskraft bei der Beschäftigungsquote im Dienstleistungsbereich liegt, nämlich bei 49,2 Prozent nach dem R^2 und 47,2 Prozent nach dem korrigierten R^2. Beim R^2 erhöht sich die erklärte Varianz nur bis 57,1 Prozent, beim koorigierten R^2 überhaupt nicht, wenn die weiteren Variablen neben der Beschäftigungsquote im Dienstleistungsbereich hinzutreten (Tab. 2.7).

Modell	R	R^2	Koorigiertes R^2	Standardfehler der Schätzung
1	,701(a)	,492	,472	7,39369
2	,701(b)	,492	,451	7,54011
3	,726(c)	,527	,468	7,42254
4	,753(d)	,567	,492	7,25393
5	,756(e)	,571	,473	7,38738

a) Prädiktor (Konstante), Prozent Beschäftigung im Dienstleistungsbereich 2003
b) Prädiktor (Konstante), Prozent Beschäftigung im Dienstleistungsbereich 2003, Spitzentechnologie 2005
c) Prädiktor (Konstante), Prozent Beschäftigung im Dienstleistungsbereich 2003, Spitzentechnologie 2005, Mittelhohe Technologie 2005
d) Prädiktor (Konstante), Prozent Beschäftigung im Dienstleistungsbereich 2003, Spitzentechnologie 2005, Mittelhohe Technologie 2005, Tertiäre Bildungsquote 2003
e) Prädiktor (Konstante), Prozent Beschäftigung im Dienstleistungsbereich 2003, Spitzentechnologie 2005, Mittelhohe Technologie 2005, Tertiäre Bildungsquote 2003, Öffentliche Sozialausgaben2003

Tab. 2.7: Modellzusammenfassung der schrittweisen Regression

Der entscheidende Faktor ist demnach die Beschäftigungsquote im Dienstleistungsbereich. Das bestätigt auch die Berechnung der minimalen und maximalen Varianzaufklärungspotenziale. Das knapp höhere minimale Varianzaufklärungspotenzial als das maximale bei der Beschäftigungsquote im Dienstleistungsbereich könnte durch das sehr geringe Potenzial der anderen Variablen beeinflusst sein (Tab. 2.8).

	Maximales VAP	Minimales VAP
% Beschäftigung im Dienstleistungsbereich	,472	,473
Spitzentechnologie 2005	,015	-
Mittelhohe Technologie 2005	,039	,035
Tertiäre Bildungsquote 2003	-	,025
Öffentliche Sozialausgaben2003	-	-

Tab.2.8: Minimale und maximale Varianzaufklärungspotenziale (VAP)

Modell	R	R^2	Koorigiertes R^2	Standardfehler der Schätzung
1	,482(a)	,232	,057	9,88268

a) Prädiktor: (Konstante), Öffentliche Sozialausgaben 2003, Mittelhohe Technologie 2005, Tertiary Education Rate 2003, Mittelniedrige Technologie 2005, Spitzentechnologie 2005

Tab. 2.9: Regressionsmodell ohne Beschäftigung im Dienstleistungsbereich

Schließlich bekräftigt auch eine Regressionsanalyse ohne die Beschäftigungsquote im Dienstleistungsbereich unter gleichzeitiger Einbeziehung der mittelniedrigen Technologie den Befund. Ohne den Faktor der Beschäftigungsquote im Dienstleistungsbereich ist die erklärte Varianz sehr niedrig, sie befindet sich bei 23,2 Prozent nach dem R^2 und nur bei 5,7 Prozent nach dem korrigierten R^2 (Tab. 2.9).

Es kommt klar und deutlich heraus, dass der Weg zu höheren Beschäftigungsquoten jenseits der traditionellen Industriearbeit nur sehr begrenzt über die Spitzentechnologie und ganz überwiegend über die Expansion der Dienstleistungen führt. Da die traditionelle Industriearbeit das Herz des Regimes der inkrementalen Innovation bei gleichzeitiger Strukturerhaltung war, verliert dieses Regime an Unterstützung. Der Ausbau von Spitzentechnologie und Dienstleistung drängt auf den Weg des Regimes der radikalen Innovation der liberalen Marktwirtschaft. Die skandinavischen Länder zeigen jedoch, dass es auch innerhalb der koordinierten Marktwirtschaften einen Weg zu höheren Beschäftigungsquoten über Spitzentechnologien und noch mehr über Dienstleistungen gibt. Sie haben diesen Weg jedoch auch durch eine erhebliche Flexibilisierung der Beschäftigungsverhältnisse beschritten, indem sie weniger Wert auf die Beschäftigungssicherheit und mehr Wert auf die Befähigung der Arbeitnehmer zur Beschäftigung gelegt haben. Das gilt insbesondere für Dänemark. Dementsprechend haben zum Beispiel produktive Investitionen in lebenslanges Lernen in Dänemark die Beschäftigungsfähigkeit der breiten Masse der Arbeitnehmer erhöht. Dagegen hat in Deutschland eine konsumtive Sozialpolitik für den schrumpfenden Teil der Insider das Normalarbeitsverhältnis geschützt, während ein wachsender Teil der Outsider in prekäre Beschäftigungsverhältnisse geschickt wurde. Eine wesentliche Erklärung dafür ergibt sich daraus, dass die skandinavischen Gewerkschaften bei einem Organisationsgrad bis zu 90 Prozent für nahezu die gesamte Arbeitnehmerschaft stehen und sie in Solidarität halten, während die nur noch bei einem Organisationsgrad von unter 30 Prozent liegenden deutschen Gewerkschaften die Insider auf Kosten der Outsider vertreten, wie Tobias Schulze-Cleven (2009) in einer vergleichenden Studie zu Deutschland und Dänemark zeigt.

2.5 Schlussbemerkungen

Das Innovationsregime der sozialen Marktwirtschaft hat in der Vergangenheit einen besonderen Typus der Innovation, nämlich *inkrementale* Innovationen als Verfeinerung von schon etablierten Technologien gefördert und war mit einem hohen Maß der Strukturerhaltung gepaart. Der verschärfte internationale Wettbewerb in der offenen Weltwirtschaft erzwingt die Verlagerung von Produktionsarbeitsplätzen in den dem Muster inkrementaler Innovation folgenden Industriezweigen an kostengünstigere Standorte. Den hoch entwickelten Wirtschaftsstandorten bleibt nur die Flucht nach vorne, nämlich in die Investition in Spitzentechnologien und die Ersetzung entfallender Produktionsarbeitsplätze durch Dienstleistungsarbeit. Das beinhaltet indessen einen Paradigmenwechsel der Wirtschaftsordnung, eine Annäherung an das Innovationsregime liberaler Marktwirtschaften, das auf radikale Innovationen mit raschem und tiefgreifendem sozialem Wandel ausgerichtet ist. Die Desintegrationstendenzen des nicht mehr angepassten alten Regimes, nämlich die Teilung der nationalen und transnationalen Gesellschaft in Insider und Outsider, und die Desintegrationserscheinungen des neuen Regimes, nämlich die Marginalisierung der Geringqualifizierten, verlangen spezifische Reintegrationsmaßnahmen: die Umstellung von der desaktivierenden auf eine neue aktivierende Sozialpolitik. Auf diesem Weg wird auch die Diskrepanz von hoher nationaler Gleichheit und hoher internationaler Ungleichheit abgebaut und ein Schritt in die Richtung der Konvergenz der inneren und äußeren Sozialordnung nach der Idee von Leistungsgerechtigkeit, Chancengleichheit und Fairness getan.

Bei aller Leistungsfähigkeit des Modells der diversifizierten Qualitätsproduktion, hat dieses Modell wohl auch wegen seines Erfolgs den Blick auf die neuen sozialen Probleme der Gegenwart verstellt. Es hat das Problem der sozialen Integration in einer Weise gelöst, die sich nicht bruchlos auf die Lösung der neuen sozialen Probleme übertragen lässt. Diesen Fragen wollen wir uns im nächsten Kapitel zuwenden. Dabei ist auch die Integration der Entwicklungsländer in die Weltwirtschaft sowie die Wirkung der Konkurrenz zwischen den Industrie- und den Entwicklungsländern auf die Industrieländer zu beachten.

3. Von der konsumtiven zur produktiven Sozialpolitik: Paradigmenwechsel der Sozialordnung?

3.1 Einleitung

Die Industrieländer werden inzwischen permanent über ihre Position im internationalen Wettbewerb informiert. Dem Benchmarking und Monitoring durch die OECD-Berichterstattung und die Offene Methode der Koordinierung (OMK) der EU können sie sich nicht mehr entziehen. Unter diesem transnationalen Regime sind sie schon aus Gründen der Anerkennung als legitimer Akteur in der Welt der OECD und der EU zu Maßnahmen gezwungen, die ihre Performanzwerte zu verbessern versprechen. Die Kennzahlen üben normativen Druck aus. Gleichzeitig sagen sogenannte *best practices*, wie es besser gemacht werden kann. Dieser normative Druck ist unabhängig davon wirksam, ob die Kennziffern überhaupt die richtigen Maßeinheiten sind und ob die *best practices* auch wirklich überall zu Verbesserungen führen und nicht durch unintendierte negative Folgen bezahlt werden müssen. Benchmarking und Monitoring kann sich zu einer Herrschaft der Zahlen verselbständigen, bei der die Erfüllung von Kennziffern zum Selbstzweck wird und gar nicht mehr danach gefragt wird, für welche Lebensqualität die Kennziffern überhaupt stehen und ob sie tatsächlich die richtigen Indikatoren sind. Dementsprechend sind Anpassungsmaßnahmen zur besseren Erfüllung von Kennziffern in erheblichem Maße institutionalistisch durch Legitimationszwänge und nur bedingt funktionalistisch durch tatsächliche Leistungsverbesserungen zu erklären, zumal unter dem normativen Druck erhebliche Anstrengungen in die Manipulation von Zahlen und das Verstecken von Mängeln gesteckt werden. Manche dieser Manipulationen helfen, den formalen Kriterien zu genügen, während die tatsächliche Praxis die Vorgaben unterläuft (Meyer und Rowan 1977). Trotzdem ist nicht von der Hand zu weisen, dass insbesondere die europäischen Wohlfahrtsstaaten nicht nur in legitimatorischer Hinsicht, sondern auch in funktionaler Hinsicht einem erheblichen Veränderungsdruck unterworfen sind. Dabei kommen im Wettbewerb mit den Entwicklungsländern funktionaler und legitimatorischer Veränderungsdruck zusammen. In funktionaler Hinsicht müssen sie mehr auf Spitzentechnologien und radikale Innovationen setzen, um dem Wettbewerb der Entwicklungs- und Schwellenländer im Bereich der standardisierten Massenproduktion auszuweichen. In legitimatorischer Hinsicht müssen sie den Entwicklungsländern dieses Feld überlassen, um deren Aufholprozess zu unterstützen. Tabelle 3.1 bietet einen Überblick über die Erfüllung ausgewählter Kennziffern durch 30 Länder, die nach Regimetypen geordnet sind: sozialdemokratisch, konservativ, liberal, familistisch, post-sozialistisch, spät industrialisiert.

	Öffentl. Soziaausgaben [a]	Beschäftigungsquote [b]	Beschäftigungsquote von Frauen [c]	Beschäftigungsanteil des Dienstleistungssektors [d]	Arbeitslosenquote [e]	Jugendarbeitslosenquote [f]	BIP Wachstum (1980–2002) [g]	Beschäftigungswachstum (1980–2002) [h]
»sozialdemokratisch«								
Dänemark	29,8	76,4	72,6	72,2	4,5	7,1	143,5	8,6
Finnland	26,5	67,7	66,1	67,5	9,1	20,7	130,1	1,4
Norwegen	27,0	77,1	73,9	73,7	3,9	11,5	169,5	19,8
Schweden	31,0	74,9	73,4	74,7	4,9	12,8	73,4	0,3
»konservativ«								
Österreich	26,8	68,2	61,1	64,4	4,3	7,2	136,5	23,7
Belgien	24,5	59,7	51,1	71,7	7,3	15,7	98,3	4,1
Frankreich	28,8	61,1	54,3	..	8,7	20,7	84,8	12,4
Deutschland	26,0	65,3	59,0	65,0	8,2	9,7	80,3	34,0
Luxemburg	22,1	63,6	51,5	76,3	2,4	7,0	208,1	80,7
Niederlande	24,5	73,2	64,7	76,0	2,8	5,9	106,9	58,1
Schweiz	28,1	78,9	71,6	70,8	2,5	5,7	118,9	31,8
»liberal«								
Australien	17,8	69,4	62,2	74,8	6,3	12,4	89,7	47,3
Kanada	18,0	71,5	66,8	74,4	7,7	13,7	113,6	40,1
Irland	15,8	65,0	55,2	65,1	4,4	7,7	391,8	51,4

Neuseeland	21,0	72,4	65,4	68,5	5,2	11,4	110,1	48,0
Großbritannien	20,8	72,7	66,3	74,4	5,1	11,0	178,1	12,2
USA	14,6	71,9	66,1	75,9	5,8	12,0	194,8	36,1
»familistisch«								
Griechenland	22,7	56,9	42,7	61,7	9,9	25,7	141,0	17,7
Italien	25,1	55,6	42,0	62,9	9,0	26,3	154,0	5,0
Portugal	18,2	68,1	60,8	53,5	5,1	11,5	297,4	27,1
Spanien	19,7	59,5	44,9	62,7	11,4	22,2	175,3	33,0
»post-sozialistisch«								
Tschechien	19,4	65,7	57,1	55,2	7,3	16,0	..	..
Ungarn	..	56,2	49,8	59,2	5,6	12,6	188,7	..
Polen	22,8	51,7	46,4	52,0	19,9	43,9	210,7	-20,0
Slowakei	13,6	56,9	51,4	55,4	18,6	37,4	..	..
»spät industrialisiert«								
Türkei	11,6	45,8	25,6	35,8	10,9	19,5	71,2	24,3
Mexiko	8,2	60,1	39,9	57,5	2,5	4,9	117,7	83,5
Japan	14,7	68,2	56,5	65,7	5,4	10,0	240,6	14,3
Korea, Rep.	5,9	63,3	52,0	63,3	3,3	8,1	507,8	62,0
Island	18,4	82,8	79,8	69,6	3,6	7,2	98,0	48,0
.. Keine Daten verfügbar								

a) Öffentl. Sozialausgaben als Prozent am BIP 1998. Quelle: OECD: Society at a glance (2002)

b) Beschäftigungsquote (Verhältnis Beschäftigung/Bevölkerung 15–64 im Jahr 2002). Quelle: OECD: Employment Outlook (2003)

c) Beschäftigungsquote Frauen (Verhältnis Beschäftigung Frauen/Frauen in der Bevölkerung 15–64 im Jahr 2002). Quelle: OECD: Employment Outlook (2003)

d) Beschäftigung im Dienstleistungsbereich in Prozent der Gesamtbeschäftigung 2002. Quelle: OECD: Labour Market Statistics – Indicators Database

e) OECD standardisierte Arbeitslosenquoten für 2002. Für die Schweiz beziehen sich die Daten auf 2001. Für Mexiko und Island liegen die unstandardisierten Daten vor. Quelle: OECD: Employment Outlook (2003)

f) Jugendarbeitslosenquote für Personen von 15 bis 24 Jahren. Quelle: OECD: Employment Outlook (2003)

g) BIP-Wachstum 1980–2002 in Prozent (BIP 2000, aktuelle Preise in Mrd. US-Dollar/BIP 1980, aktuelle Preise in Mrd. US-Dollars). Für Deutschland beziehen sich die Daten für 1980 allein auf Westdeutschland, während 2002 die Zahlen für Gesamtdeutschland herangezogen wurden. Quelle: IWF: World Economic Outlook Database September 2003

h) Anstieg bei Arbeitsplätzen 1980–2002 in Prozent (Beschäftigung 2002, Personen in Tausend/Beschäftigung 1980, Personen in Tausend). Für Deutschland beziehen sich die Daten für 1980 allein auf Westdeutschland, während 2002 die Zahlen für Gesamtdeutschland herangezogen wurden. Quelle: OECD: Labour Market Statistics – Database.

Tab. 3.1: Wachstum von BIP, öffentliche Sozialausgaben und Arbeitsmarktleistungen in verschiedenen Ländern

Die Industrieländer sind unter den Bedingungen der globalen Standortkonkurrenz zur eigenen Zukunftssicherung zu einer gezielten Förderung des Strukturwandels durch Sozialpolitik gezwungen. Mit einer solchen Politik räumen sie gleichzeitig den nachrückenden Nationen einen bislang vorenthaltenen Platz in der Weltgesellschaft ein. Bei der Einstellung des Sozialsystems auf die Förderung des Strukturwandels kommt es nicht auf die Verteidigung »hoher« gegen »niedrige« Sozialstandards, sondern auf die intelligente Gestaltung des Sozialsystems an, so dass es die Inklusion der ganzen Bevölkerung in eine aktive, auf die Zukunftsgestaltung ausgerichtete Gesellschaft ermöglicht. In dieser Sicht zeichnen sich »hohe« Sozialstandards dadurch aus, dass sie nach außen, insbesondere für nachrückende Nationen nicht exklusiv wirken und nach innen den nachfolgenden Generationen nicht ihre Zukunftschancen verbauen, nicht bestehende Strukturen konservieren, sondern den Strukturwandel fördern. Das ist die Aufgabenstellung, die insbesondere von den kontinentaleuropäischen Wohlfahrtsstaaten (idealtypisch repräsentiert in sozialdemokratischer Variante von Schweden und in konservativer Variante von Deutschland) in der Konkurrenz mit dem liberalen Wohlfahrtsmodell der Vereinigten Staaten zu bewältigen ist (Esping-Andersen 1999; Lessenich und Ostner 1998; Lessenich 2003; Alber 2002, 2006).

3.2 Nationale Sozialpolitik im globalen Kontext

Wenden wir uns jetzt dem Verhältnis zwischen den Industrieländern und den Entwicklungsländern zu. Eine Konkurrenzsituation zwischen diesen beiden Ländergruppen ergibt sich zunächst daraus, dass die großen industriellen Produzenten der Industrieländer längst dazu übergegangen sind, Produktionsstätten auf der ganzen Welt und in zunehmendem Maße auch in Entwicklungsländern zu unterhalten, insbesondere um die dortigen Märkte unmittelbar vor Ort bedienen zu können. Nachdem die direkte Konkurrenz zwischen Produktionsstandorten mit sehr hohen und sehr niedrigen Sozialkosten kaum stattfindet, haben wir es hier mit einer solchen Konkurrenz zu tun. Allerdings wird auch diese Konkurrenz wieder dadurch gedämpft, dass es sich dabei überwiegend um zusätzliche Standorte handelt, die ihren eigenen Markt vor Ort mit zum Teil auch anderen Produkten versorgen. Sie stehen insofern nur in beschränktem Umfang in direkter Konkurrenz zu den Produktionsstandorten ihrer Muttergesellschaft. Es gibt allerdings solche Überschneidungen, innerhalb derer eine Verlagerung der Herstellung ein- und desselben Produktes von einem Land mit hohen Sozialstandards in ein Land mit niedrigeren Sozialstandards möglich ist. In der Regel sind es genau diejenigen Fälle, bei denen der Abbau von Arbeitsplätzen im Inland bei gleichzeitigem Ausbau im Ausland für öffentliche Aufmerksamkeit sorgt. Es handelt sich dabei jedoch immer noch um eine sehr begrenzte Zahl von Fällen der direkten Konkurrenz zwischen zwei Standorten ein- und desselben Unternehmens um den Zuschlag für die Herstellung bestimmter Produkte bzw. Produktmengen. Zumindest dürfte der davon ausgehende Druck auf die heimischen Sozialstandard noch relativ gering sein. Für größere Aufmerksamkeit hat in jüngster Zeit die Schließung einer Produktionsstätte durch den Handy-Hersteller Nokia in Bochum bei gleichzeitiger Eröffnung eines Werkes in Rumänien gesorgt.

Eine sehr weit gehende Interpretation des *race to the bottom* könnte natürlich jede ausgelagerte Produktion an einem Standort mit niedrigen Sozialstandards als eine entgangene Produktionschance am teureren Heimatstandort bewerten. Damit würde man allerdings gleichzeitig den Arbeitern an den ausgelagerten Standorten Arbeitsplätze vorenthalten müssen, was unter dem Gesichtspunkt einer universalistischen Sozialethik im transnationalen diskursiven Feld nicht mehr zu rechtfertigen ist. Auf den Märkten der billigeren Standorte könnten außerdem die teuren Produkte der hoch entwickelten Standorte gar nicht verkauft werden, weil die dafür notwendigen Einkommen der Verbraucher fehlen. Es ist insofern nicht nur wirtschaftlich, sondern nach der Logik des transnationalen Diskurses auch ethisch geboten, Importe durch Produktionsstätten in Entwicklungsländern zu substituieren, so dass deren Markt mit preisgünstigeren Produkten versorgt werden kann. Das Management multinationaler Unternehmen behauptet außerdem häufig, dass Arbeitsplätze im Ausland für die Erhaltung von Arbeitsplätzen im Inland sorgen. Das gilt vor allem in dem Falle, in dem noch ein erheblicher Teil der nicht unmittelbar produzierenden Tätigkeiten im Inland angesiedelt sind oder zumindest Inländern die Chance bieten, selbst im Ausland – etwa in der Produktionsleitung – tätig zu sein. Langfristig weniger tragfähig ist dagegen der Ausgleich von Inlandsverlusten durch Auslandsgewinne. Auf Dauer können Verlust bringende Arbeitsplätze im Inland nicht durch Gewinn bringende Arbeitsplätze im Ausland subventioniert werden. Hier besteht insofern ein Konkurrenzdruck der billigeren Auslandsarbeitsplätze, als letztere auf Dauer zwar kaum auf einen niedrigeren Sozialstandard herabgedrückt werden, aber eben wegen der eingefahrenen Verluste aufgegeben werden müssen. Dieser Fall würde aber noch schneller eintreten, wenn ein Unternehmen gar nicht die Möglichkeit hätte, Verluste im Inland durch Gewinne im Ausland auszugleichen.

Alles in allem gibt es offensichtlich eine ganze Reihe von Bedingungen, die darauf hinwirken, dass die hohen Sozialstandards der Industrieländer durch billige Produktionsstandorte in den Entwicklungsländern nicht einem *race to the bottom* unterworfen werden. Die Gesetzmäßigkeit gilt nur abstrakt, das heißt unter der Bedingung, dass sie voll zum Tragen kommt. Das ist aber im Verhältnis zwischen Industrieländern und Entwicklungsländern nur in beschränktem Umfang der Fall. Wo die Gesetzmäßigkeit tatsächlich greift – bei Agrarprodukten, Textilien, Stahl –, haben die Industrieländer bis in die Gegenwart ihre Wirtschaft durch Subventionen gegen die Konkurrenz aus den Entwicklungsländern geschützt, ohne allerdings dadurch den Strukturwandel und den entsprechenden Abbau von Arbeitsplätzen in diesen Sektoren völlig verhindern zu können. Er hat sich lediglich langsamer vollzogen und konnte dadurch leichter durch flankierende Sozialleistungen abgefedert werden. Allerdings wurde dabei überwiegend der Ausweg in die Frühverrentung an Stelle der offensiven Umschulung des Personals für neue Arbeitsplätze gewählt (Ebbinghaus 2000). Dadurch führte der Strukturwandel in die Sackgasse sinkender Beschäftigung bei gleichzeitigem Mangel an Arbeitskräften für die neuen Wachstumsmärkte der Mikroelektronik, Softwareentwicklung und Biotechnologie. Weil die Abwicklung der alten Arbeitsplätze so teuer wurde, standen auch zu wenig Finanzmittel für die Ausbildung der nachwachsenden Generationen für die neuen Wachstumsmärkte zur Verfügung. Das gilt insbesondere für die kontinentaleuropäischen Wohlfahrtsstaaten im Unterschied zu den Vereinigten Staaten und ihnen nachfolgend Neuseeland und Großbritannien.

Der langsame Strukturwandel brachte den älteren Arbeitnehmern die zeitweilige Sicherung ihrer Arbeitsplätze, die Befreiung von Umschulung und die Frühverrentung. Die nachwachsende Generation muss dafür mit schlechteren Ausbildungsbedingungen, weniger Arbeitsplatzangeboten in neuen Wachstumsmärkten und dauerhaft hohen Sozialabgaben zur Finanzierung der Renten von immer früher in den Ruhestand getretenen und immer länger lebenden Älteren bezahlen. Es ist daran zu erkennen, dass soziale Gerechtigkeit in einer sich wandelnden Gesellschaft immer komplexer wird und immer wieder neu bestimmt werden muss. Was zunächst als gerecht im Angesicht eines langen Arbeitslebens erscheint – Arbeitsplatzsubventionierung und Frühverrentung –, erweist sich als ungerecht, wenn die dafür von der nachwachsenden Generation zu tragenden Lasten ins Kalkül gezogen werden. Das gilt auch für die Beurteilung von Sozialstandards. Was sich auf den ersten Blick als hoher Sozialstandard darstellt – die soziale Abfederung des ökonomischen Strukturwandels –, erweist sich auf den zweiten Blick als eine einseitige Privilegierung von älteren Arbeitsplatzinhabern auf hohem Niveau zu Lasten der Arbeitssuchenden und der jüngeren Generation.

Wir lernen an diesem Beispiel, dass die direkte Konkurrenz zwischen Industrieländern und Entwicklungsländern auf ein- und demselben Markt mit ein- und demselben Produkt in der Tat die Haltbarkeit von hohen Sozialstandards in den Industrieländern unter Druck setzt. Die Industrieländer haben sich gegen diesen Druck mit Protektionsmaßnahmen – Quoten für Textilimporte nach dem Multifaserabkommen (bis 2004), Subventionen für die Landwirtschaft, für Bergbau, Eisen- und Stahlindustrie – abgeriegelt und dadurch einen sich sehr langsam, über Jahrzehnte vollziehenden Strukturwandel auf sehr hohem Niveau sozial abgefedert. Die dabei geübte Solidarität war eine einseitige. Sie bevorzugte die einheimischen älteren Arbeitnehmer gegenüber der jüngeren einheimischen Generation und gegenüber der Bevölkerung der Entwicklungsländer. Durch diese Protektionsmaßnahmen wurden die Entwicklungsländer für lange Zeit vom Markt fern gehalten und um Wachstumschancen gebracht, die einen größeren Spielraum für Investitionen in Ausbildung und Sozialstandards geschaffen hätten. Die schnellere Öffnung der Märkte für die Entwicklungsländer hätte infolgedessen in den Industrieländern einen schnelleren Strukturwandel mit besseren Chancen für die jüngere Generation erzwungen und die Sozialstandards der Entwicklungsländer auf ein höheres Niveau gehoben, allerdings mit der Begleiterscheinung verringerter sozialer Sicherheit und in gewissem Umfang anomischer Verhältnisse mit Desorganisationserscheinungen.

Die von der Marktöffnung bedrohten Arbeitnehmer haben ihre Regierungen zu umfangreicher Absicherung durch protektionistische Handelspolitik und/oder umfassende Sozialpolitik gezwungen (Rodrik 1997; Iversen und Cusack 2000; Rieger und Leibfried 2001: 93–166). Der Schutz der Industrieländer gegen das *race to the bottom* bedeutete auf dem Weltmarkt eine hohe Chancenungleichheit zu Ungunsten der Entwicklungsländer. Die Konkurrenz zwischen Ländern mit hohen Sozialstandards und Ländern mit niedrigen Sozialstandards führte demgemäß in der Wirklichkeit nicht zu einem *race to the bottom*, sondern zu einer lange anhaltenden Beschränkung des Marktzutritts für die Länder mit niedrigen Sozialstandards und hat diese Länder für eine lange Zeit auf ihrem niedrigen Niveau gehalten. Erst die Erleichterung des Marktzutritts bietet ihnen die Chance, ein höheres Niveau der Sozialleistungen zu erreichen. Ohne diesen Marktzutritt bliebe es den Entwicklungsländern auf Dauer verwehrt, ein ähnliches Niveau der Sozialleistungen zu erzielen wie die Industrieländer, so dass in dieser Hinsicht gleiche Bedingungen gegeben wären. Die entscheidende Frage ist dann, ob die Herstellung von Chancengleichheit für die Entwicklungsländer zwangsläufig zu einer Senkung der Sozialstandards in den Industrieländern führen muss. Die Beantwortung dieser Frage hängt – wie unser Beispiel zeigt – davon ab, was wir unter hohen Sozialstandards verstehen. Die in den kontinentaleuropäischen Wohlfahrtsstaaten über Jahrzehnte gewachsenen Sozialstandards geraten auf jeden Fall unter Rechtfertigungszwang im öffentlichen Diskurs (vgl. Rhodes 1996; Alesina und Perotti 1997; Gilbert 2002; Korpi 2003; Castles 2004). Die Kosten werden erst in Zeiten des Strukturwandels sichtbar, in denen sozialpolitische Absicherungen nicht nur auf dem Papier stehen, sondern eben auch wirksam werden, bezahlt werden müssen, die Sozialversicherungskassen, die öffentlichen Kassen und letzten Endes diejenigen – in unserem Beispiel die jüngere Generation – belasten, die dafür mit ihren Beiträgen in die Sozialkassen und mit ihren Steuerabgaben gerade stehen müssen. Gemessen an den sozialpolitischen Absicherungen, die bis dahin gegolten haben, und an den hohen Kosten, die sie bis dahin verursacht haben, sind Einbußen dann unvermeidlich, wenn sie nicht auf andere Weise aufgefangen werden können. Und diese andere Weise scheint nichts anderes als der gelungene Strukturwandel zu sein, der neue Wachstumsmärkte erschließt, in denen sich insbesondere für die junge Generation neue Chancen bieten. Nur auf diese Weise können die Sozialkosten in den Grenzen gehalten werden, innerhalb derer sie durch das wirtschaftliche Wachstum einen Ausgleich finden und zu keinen Einkommenseinbußen – sei es der älteren, sei es der jüngeren Generation – führen.

Durch den gelungenen Strukturwandel wird der Konkurrenzdruck zwischen den Entwicklungsländern und den Industrieländern entschärft. Die Industrieländer überlassen den Entwicklungsländern einen bisher von ihnen durch Protektion beherrschten Markt, um sich neuen Märkten zuzuwenden, die ein höheres Qualifikationsniveau verlangen und höhere Wachstumsraten erbringen. Ihre Investitionen müssen sie zu diesem Zweck in den Strukturwandel und weniger in dessen Verhinderung oder Aufschiebung durch Subventionen für auf dem Weltmarkt nicht konkurrenzfähige Industrien stecken. Die Förderung von Innovationen, Bildung, Ausbildung, Weiterbildung, Umschulung, Umdenken, Mobilität und Flexibilität hat dann einen Vorrang vor einer Sozialpolitik, die auf die Erhaltung von Privilegien im internationalen und intergenerationellen Vergleich hinausläuft. Die Investitionen müssen offensichtlich in die Zukunft der jungen Generation gelenkt werden, wenn ein Sozialsystem finanziert werden soll, das unter anderem auch eine hohe Altersabsicherung beinhaltet.

Ob die offenere Konkurrenz mit den Entwicklungsländern zu Gunsten der Verbesserung von internationaler Chancengleichheit für die Industrieländer tatsächlich ein *race to the bottom* eröffnet, hängt nach unseren Darlegungen in erster Linie von ihrer Innovationsfähigkeit und dem dadurch erleichterten Strukturwandel ab. Wenn die Art der sozialen Abfederung des Strukturwandels durch Protektionsmaßnahmen, Arbeitsplatzsicherung und Frühverrentung die Investition in Innovationen, Bildung und Zukunftsmärkte behindert, dann steigen zwangsläufig die Sozialkosten. Für das gegebene Niveau der sozialen Absicherung muss mehr bezahlt werden, was de facto eine Einkommensminderung darstellt und einer schleichenden Senkung der Sozialstandards gleich kommt. Entweder werden Sozialleistungen teurer, oder sie müssen im Niveau sinken. Das ist jedoch keine unausweichliche Konsequenz der Marktöffnung, die den Entwicklungsländern bessere Wachstumschancen eröffnet. Die Förderung des Strukturwandels durch Bildung und Innovationen bietet einen Ausweg aus dem sonst geltenden Dilemma, dass internationale Solidarität auf Kosten von nationaler Solidarität geht. Es ist genau derjenige Ausweg, den schon Emile Durkheim (1977) in seiner Studie zur Arbeitsteilung aufgezeigt hat. Bei schrumpfender Distanz zwischen den Menschen – bedingt durch Bevölkerungswachstum sowie durch die Erleichterung von Transport, Kommunikation und Marktzutritt – wächst die Konkurrenz, die zur Spezialisierung zwingt, um überhaupt überleben bzw. einen gegebenen Lebensstandard halten oder gar erhöhen zu können. Spezialisierung im internationalen Wettbewerb heißt für die Industrieländer ökonomischer Strukturwandel in die Richtung von immer komplexeren Technologien sowie hochwertigeren Produkten und Dienstleistungen, die ein sehr hohes Qualifikationsniveau der Erwerbstätigen verlangen. Es wird deshalb immer schwieriger, Arbeitsplätze in der Industrieproduktion für Minderqualifizierte zu erhalten bzw. so hoch zu bezahlen wie bisher. Neue Arbeitsplätze auf niedrigerem Qualifikationsniveau können nur im Bereich von Dienstleistungen geschaffen werden, deren Produktivität allerdings engere Grenzen gesetzt sind als den technologisch hoch gerüsteten Industriearbeitsplätzen, so dass der Spielraum für ihre Entlohnung kleiner gestaltet ist. Das heißt, dass relativ hoch bezahlte Arbeitsplätze der Industrie zum Teil durch schlechter bezahlte Arbeitsplätze im Bereich der Dienstleistungen ersetzt werden müssen. Es wächst deshalb die Ungleichheit der Entlohnung, wie man gut an der Entwicklung in den Vereinigten Staaten, aber auch in Großbritannien nachvollziehen kann, die diesen Weg früher als insbesondere Deutschland eingeschlagen haben. Ein Sonderfall ist Schweden mit einem sehr breit ausgebauten öffentlichen Dienstleistungssektor. Dementsprechend ist die Einkommensdifferenzierung geringer als in den Vereinigten Staaten und in Großbritannien. Ist der privatwirtschaftliche Anteil an den einfacheren Dienstleistungen größer – wie insbesondere in den Vereinigten Staaten, aber auch in Großbritannien –, dann konzentrieren sich in diesem Segment die niedrigsten Einkommen. Zusammen mit den sehr hohen Gehältern in den Führungsetagen der Wirtschaft ergibt sich daraus eine deutlich stärkere Spreizung der Arbeitnehmereinkommen als in den kontinentaleuropäischen Wohlfahrtsstaaten. Eine entscheidende Frage für diese Ländergruppe ist deshalb, ob die Verlagerung von Arbeitsplätzen aus dem industriellen Produktionssektor in den Dienstleistungssektor zwangsläufig zu einer größeren Spreizung der Arbeitnehmereinkommen führen muss und wie es überhaupt gelingen kann, in diesem Sektor Arbeitsplätze zu schaffen, wenn die damit verbundene Entlohnung kaum über dem Niveau der Sozialhilfe liegt. Die Angleichung der Managergehälter an das Niveau der USA hat indessen in Deutschland für große öffentliche Erregung gesorgt, ein Zeichen, dass es dafür im nationalen Kontext noch an kultureller Legitimation fehlt. Die Globalisierung der Denkhorizonte entzieht allerdings nationalen Legitimationsmaßstäben auf lange Sicht den Boden. Man erkennt daran, dass sich tendenziell eine von nationalen Besonderheiten »befreite« globale Klassenstruktur herausbildet. Nationale Solidaritätsstrukturen verändern sich im globalen Kontext und können die globalen Prozesse der Stratifikation nur noch in begrenztem Maße kontrollieren und ihnen nur noch bedingt einen eigenen Stempel aufdrücken. Trotzdem sind die neuen Realitäten noch weit davon entfernt, uneingeschränkt als legitim zu gelten.

3.3 Standortkonkurrenz zwischen Industrie- und Entwicklungsländern

Es werden in den Industrieländern verschiedene Wege diskutiert, um mit der Standortkonkurrenz mit den Entwicklungsländern umzugehen. Dazu gehören insbesondere folgende Wege:

1) Einschränkung des globalen Freihandels durch Erhöhung der Zollschranken: verstärkter Protektionismus.
2) Verzicht auf die Substitution von Produktionsarbeitsplätzen durch Dienstleistungsarbeitsplätze mit der Bereitschaft, den nicht qualifizierten Teil der Bevölkerung durch Sozialhilfe – oder Bürgergeld – zu unterstützen.
3) Steuerliche Subventionierung von niedrig bezahlten Dienstleistungstätigkeiten, zum Beispiel durch eine negative Einkommenssteuer, um das Einkommen über dem Sozialhilfeniveau zu halten.
4) Entlastung der Sozialkassen durch die Aktivierung der Bevölkerung.

Ad 1): Einschränkung des globalen Freihandels

Der erste Weg würde die internationale Konkurrenz verringern, die jeweiligen nationalen Ökonomien weniger unter Spezialisierungsdruck setzen und weniger Strukturwandel mit seinen ganzen Begleiterscheinungen sozialer Desorganisation verlangen. Allerdings entfallen dann auch die Wachstumschancen der internationalen Arbeitsteilung und des internationalen Handels. Das Ricardianische Gesetz der komparativen Kostenvorteile käme nur innerhalb nationaler Ökonomien zum Tagen, so dass für bestimmte Produkte mehr bezahlt werden muss, obwohl es auf dem Weltmarkt preisgünstigere Alternativen gäbe (Ricardo 1817/1977). Solche Alternativen würden zum großen Teil gar nicht entstehen, weil sie keinen ausreichend großen Absatzmarkt fänden. In vielen Ländern wäre die Versorgung mit Gütern sehr schwierig, weil sie im Land gar nicht oder nur begrenzt hergestellt werden können, wegen mangelnder Exportchancen aber keine Zahlungsfähigkeit für den erforderlichen Import vorhanden ist. Das ist die Situation vieler Entwicklungsländer, die wegen der geschützten bzw. subventionierten Märkte für Agrarprodukte, Eisen- und Stahlerzeugnisse nicht genug Zahlungsfähigkeit erreichen, um Industriegüter – insbesondere

Technologie – aus den Industrieländern importieren zu können. Das Bruttoinlandsprodukt vieler Industrieländer hängt in einem solchen Umfang vom Export ab, dass jede Beschränkung des Welthandels empfindliche Wirtschaftskrisen und Einkommenseinbußen zur Folge hätte. Die Beschränkung des internationalen Freihandels hätte demgemäß für alle Länder eine Verringerung ihres Lebensstandards zur Folge und würde erst recht große soziale Spannungen und politische Krisen auslösen. Was höchstens machbar wäre, ist die längere Beibehaltung der immer noch bestehenden Handelsbeschränkungen bzw. Subventionen im Bereich von Agrarprodukten, Eisen- und Stahlerzeugnissen. Diese Strategie verlangsamt den wirtschaftlichen Strukturwandel in den Industrieländern allerdings mit negativen Folgen für die Entwicklungsländer und die Industrieländer. Im transnationalen diskursiven Feld ist dafür immer weniger Unterstützung zu gewinnen. Die Entwicklungsländer werden gegebener Entwicklungschancen beraubt, in den Industrieländern wird die Umstrukturierung der Wirtschaft zu Lasten der Zukunftschancen der jungen Generation verzögert (vgl. Bhagwati 1988; Bhagwati und Hudec 1996; Marrewijk 2002).

Der globale Freihandel bietet die Chance, die durch das weltweite Bevölkerungswachstum und die Distanzverringerung durch Transport und Kommunikation verschärften Verteilungskonflikte durch Spezialisierung und Arbeitsteilung zu bewältigen. Das vom Freihandel ermöglichte Wirtschaftswachstum verengt deshalb nicht den Spielraum von Sozialleistungen, sondern erweitert ihn. Der Freihandel erlaubt überhaupt erst, dass die Entwicklungsländer an Spielraum für Sozialleistungen gewinnen, ohne dass die Industrieländer etwas davon verlieren müssen. Der globale Freihandel ist demnach kein Nullsummenspiel, sondern ein Spiel mit einer wachsenden Summe. Dass sowohl die Entwicklungsländer als auch die Industrieländer darauf angewiesen sind, sich auf dieses Spiel einzulassen, beweist schon ein Blick auf die gegenwärtig akuten Konflikte innerhalb der Entwicklungsländer und zwischen den Industrie- und den Entwicklungsländern. Allerdings ist dabei immer mit zu bedenken, dass der globale Freihandel die Entwicklungs- und die Schwellenländer zum schmerzhaften Strukturwandel zwingt, der mit hohen Kosten verbunden ist (vgl. World Bank 2002; Firebaugh 2003; Firebaugh und Goesling 2004).

Verpasste Entwicklungschancen der Entwicklungsländer können in den Industrieländern immer weniger ignoriert werden, weil sie soziale Probleme verschärfen, die auch auf die Industrieländer in Gestalt von Schuldenkrisen, Migration, religiösem Fundamentalismus, antiwestlichem Radikalismus, Terrorismus und international organisierter Kriminalität zurückschlagen. Der 11. September 2001 hat allen Industrieländern in einer bis dahin nicht denkbaren Brutalität vor Augen geführt, dass sie von den Entwicklungsproblemen der Entwicklungsländer unmittelbar betroffen sind und es nur in ihrem Interesse liegen kann, alles zu tun, was die Entwicklung der Entwicklungsländer fördert und sie mit einem fairen Anteil am Weltwohlstand in die Weltgesellschaft inkludiert.

Ad 2): Bürgergeld und Tätigkeitsgesellschaft

Der zweite Weg wird als Weg in die Tätigkeitsgesellschaft beschrieben, in der die mit Bürgergeld ausgestatteten Menschen anderen das Privileg eines Arbeitsplatzes lassen und sich statt dessen mit ehrenamtlicher Tätigkeit für die Gesellschaft engagieren und sich dabei selbst verwirklichen (Gorz 1989; Beck 1999). Ein anderes Modell setzt auf ein Auszeitkonto von zum Beispiel 10 Jahren, das jeder im Verlaufe seines Lebens mit einem zeitlich begrenzten Bürgergeld aufbrauchen darf, um sich zum Beispiel bei einer Weltreise weiter zu bilden (Offe 1997). Die Realität solcher Modelle kann in den kontinentaleuropäischen Wohlfahrtsstaaten seit zwanzig Jahren beobachtet werden: hohe Quoten realer Arbeitslosigkeit, wenn man alle möglichen Formen der versteckten Arbeitslosigkeit wie zum Beispiel Arbeitsbeschaffungsmaßnahmen, den dauerhaften Verzicht auf weitere Arbeitssuche und Frühverrentung mit berücksichtigt. Dabei konzentriert sich die Arbeitslosigkeit immer mehr auf ein Segment: junge Männer ohne berufliche Qualifikation. Das ist nicht das Milieu, das die Gesellschaft mit ehrenamtlicher Tätigkeit bereichert. Es ist viel mehr das Milieu, das für erhebliche soziale Probleme sorgt: Depression, Alkoholismus, Drogensucht, Kriminalität und Rechtsextremismus. Das ist die Realität einer Gesellschaft, die nichts unternimmt, um Geringqualifizierten eine Arbeit zu geben. Die Tätigkeitsgesellschaft der Bürger, die ihren Arbeitsplatz ganz oder vorübergehend für andere frei machen, um sich dem Ehrenamt oder der Muße zu widmen, ist eine schöne Utopie, die schon daran scheitert, dass sich der Mangel an Arbeitsplätzen nicht über alle Hierarchieebenen und Berufsfelder streut, sondern auf ein ganz spezifisches Segment konzentriert: auf Arbeit für Geringqualifizierte. Klaus Eder (2000) bezeichnet deshalb den Begriff der Tätigkeitsgesellschaft als eine euphemistische Beschreibung der normalisierten Diskontinuität von Lebensläufen (vgl. Opielka und Vobruba 1986; Opielka 2004c; Vobruba 2000, 2007; Gebauer und Vobruba 2003). Trotzdem sind die Argumente für die Entkopplung von Arbeit und Einkommen durch ein garantiertes Grundeinkommen nicht ganz von der Hand zu weisen. Sie betonen auf jeden Fall zu Recht die Verantwortung der Gesellschaft, auch denjenigen Bürgern ein würdevolles Leben zu ermöglichen, die schlichtweg keine ausreichenden Einkünfte durch Arbeit erzielen können. Ein garantiertes Grundeinkommen könnte dazu beitragen, den ohnehin verschärften Wettbewerbsdruck auf die Bürger zu mäßigen, den sozialen Frieden zu sichern und politischen Extremismus in kontrollierbaren Grenzen zu halten. Dasselbe gilt für die gesetzliche Festlegung eines Mindestlohns.

Ad 3): Subventionierte Dienstleistungen

Der kontinentaleuropäische Wohlfahrtsstaat ist aus historisch gut nachvollziehbaren Gründen auf die Sicherung eines vom Markterfolg unabhängigen hohen Lebensstandards ausgerichtet worden (Esping-Andersen 1990). In seiner sozialdemokratischen skandinavischen, vor allem in Schweden verwirklichten Variante geschah dies nach den Prinzipien der Universalität, Egalität und Individualität. Das heißt, alle Staatsbürger genießen als Individuen gleiche soziale Rechte. Der Staat sorgt in großem Umfang für Infrastruktur, von der Kinderkrippe bis zum Universitätsstudium, und für hohe Ausfallleistungen bei Krankheit, Invalidität und Alter. Es gibt keine steuerliche Privilegierung des Haupternährers der Familie wie beispielsweise im deutschen Modell. Dementsprechend ist die Beschäftigungsquote der Frauen sehr hoch, allerdings konzentrieren sich Frauen auf die relativ gering bezahlten Dienstleistungstätigkeiten. Wegen der hohen Steuerlast zwecks Finanzierung des Sozialsystems sind in der Regel auch beide Ehepartner zur Erwerbsarbeit gezwungen, wenn die Familie über ein durchschnittliches Mittelklasseeinkommen verfügen will. Die staatlich geregelte Betreuung von Kindern und Jugendlichen macht dies auch möglich. Obwohl Schweden über einen ausgebauten, vorwiegend öffentlichen Dienstleistungssektor verfügt – die andere Seite der Rundumversorgung der Bevölkerung –, ist auch in Schweden die Arbeitslosigkeit in den 1990er Jahren vorübergehend auf rund 10 Prozent gestiegen und damit die Finanzierung des Sozialsystems ein Problem geworden. Auch in Schweden resultierte die gewachsene Arbeitslosigkeit in erheblichem Umfang aus dem Abbau von Produktionsarbeitsplätzen und dem dadurch gestiegenen Bedarf an neuen Arbeitsplätzen im Dienstleistungsbereich. Das trifft wie überall vor allem gering qualifizierte Erwerbssuchende. Das schwedische Modell ist darauf eingestellt, einer in der Regel in Beschäftigung befindlichen Bevölkerung einen hohen Lebensstandard zu bieten und gegen gelegentlich auftretende Risiken abzusichern, aber nicht auf die dauerhafte Unterstützung eines vom wirtschaftlichen Strukturwandel an den Rand gedrückten Segments der Bevölkerung (Benner 1997; Benner und Vad 2000; Whyman 2003). Auch Schweden wurde zu einer stärker aktivierenden Sozialpolitik gezwungen. Das Land hat dadurch die Krise überwinden können.

Noch größere Probleme hat die konservative Variante des Wohlfahrtsstaats, die wir beispielhaft in Deutschland vorfinden. Sie unterstützt insbesondere den Haupternährer der Familie durch steuerliche Entlastung und bietet deshalb weniger Anreize für die Erwerbstätigkeit beider Ehepartner, woraus sich zumindest ein Teil der niedrigen Frauenerwerbsquote in Deutschland im Vergleich zu Schweden erklärt. Eine Umstellung des auf die Entlastung des Haupternährers der Familie ausgerichteten konservativen Sozialsystems müsste zunächst von der veränderten Tatsache ausgehen, dass die Erwerbstätigkeit beider Ehepartner bzw. jeder einzelnen erwerbsfähigen Person beiderlei Geschlechts zu einem sozial verbindlichen Wert geworden ist, und zwar aus folgenden Gründen:

1) Frauen sind inzwischen im Ausbildungsniveau mit den Männern gleichgezogen und werden diese sehr wahrscheinlich sogar noch übertreffen. Der Schulerfolg beider Geschlechter deutet schon darauf hin. Inzwischen weisen die Mädchen durch alle Bildungsstufen hindurch mehrheitlich bessere Leistungen als die Jungen auf und sind tendenziell in den weiterführenden Schulen zu einer Mehrheit geworden.
2) Die einmal getätigte Investition in die eigene Bildung der jungen Frauen verlangt nach Umsetzung in eine berufliche Karriere. Ein Verzicht darauf wird als Dissonanz empfunden, als eine Enttäuschung von Erwartungen des unmittelbaren und weiteren sozialen Umfelds und von eigenen Erwartungen an sich selbst.
3) Da gegenwärtig jede dritte Ehe wieder geschieden wird und auch nichteheliche Partnerschaften nicht grundsätzlich auf unbeschränkte Dauer angelegt sind, besteht für beide Geschlechter die Notwendigkeit, sich durch eigene Berufstätigkeit vor dem Risiko des Scheiterns der Partnerschaft zu schützen.

Aus diesen drei Grundbedingungen ist abzuleiten, dass das auf den männlichen Hauptemährer zugeschnittene Sozialstaatsmodell in Zukunft nicht mehr funktionieren kann, weil ihm die erforderliche Legitimität fehlt. Das ist heute schon zu beobachten. Allerdings ist noch völlig umstritten, wie das konservative Modell »modernisiert« werden soll (vgl. Ostner 1998). Für Doppelverdienerfamilien und Alleinerziehende, die sich eine privat bezahlte Kinderbetreuung nicht leisten können, mangelt es an Einrichtungen zur Betreuung der Kinder und Jugendlichen (Kindertagesstätten, Ganztagsschulen, Hausaufgabenbetreuung). Das Ergebnis dieses Mangels zeigt die PISA-Studie: die im internationalen Vergleich größte Diskrepanz zwischen den besten und den schlechtesten Schülerinnen und Schülern und der engste Zusammenhang zwischen sozialer Herkunft und Schulleistung (Baumert et al. 2001). Das Hauptemährer-Modell produziert offensichtlich größere und über Generationen hinweg stabiler fixierte Ungleichheiten als das egalitär-individualistische skandinavische Modell und mit Einschränkungen auch als das liberal-individualistische angelsächsische Modell (Müller und Haun 1994). Haushalte mit niedrigem Einkommen haben offensichtlich keine Chancen, den Kindern diejenige Vorbereitung mitzugeben, die sie für eine qualifizierte Berufsausbildung bräuchten. Wenn daran zur Förderung der Chancengleichheit etwas geändert werden soll, dann müssten sozialstaatliche Ausgaben in größerem Umfang als bisher in Kindertagesstätten, Ganztagsschulen, Hausaufgabenbetreuung, Begleitprogramme für die Bewältigung schulischer Integrationsprobleme, Förderunterricht, bessere Betreuungsverhältnisse zwischen Lehrern und Schülern (kleinere Schulklassen), Jugendeinrichtungen, Musik- und Sportförderung von Kindern und Jugendlichen gesteckt werden. Über die steuerliche Grundfinanzierung hinaus hätten Gebühren einen zusätzlichen Beitrag dazu zu leisten, der wiederum unterhalb einer festzusetzenden Einkommensgrenze der Eltern entfallen würde. Im Feld der Bildungs- und Sozialpolitik findet diese Veränderung des konservativen Wohlfahrtsregimes wachsende Unterstützung.

Eine weitere wesentliche Umstellung wäre die Förderung des Ausbaus von Dienstleistungstätigkeiten (Scharpf 1995, 1997). Auch diese Position gewinnt zunehmend an Unterstützung. Mit den erwähnten Einrichtungen zur Betreuung von Kindern und Jugendlichen würde der Dienstleistungssektor schon deutlich expandieren. Ein weiteres stark wachsendes Feld ist die Altenpflege. Hier besteht die paradoxe Situation, dass es zu wenig Arbeitsplätze gibt, um für eine angemessene und für die Pflegerinnen – es sind ganz überwiegend Frauen – auch für ein längeres Arbeitsleben tragbare Dienstleistung zu sorgen. Die zu knappe Zahl von Arbeitsplätzen bedingt wiederum eine Überforderung des Personals, weshalb die Altenpflegerinnen im Durchschnitt nur für eine sehr kurze Zeit bei ihrer Tätigkeit bleiben. Infolgedessen ist es sogar schwierig, die ohnehin zu wenigen Arbeitsplätze in der Altenpflege zu besetzen. Ursache dafür ist eine Fehlallokation der für das Alter bereitgestellten Mittel. Der größte Teil wird für relativ zur Lebenserwartung sehr früh einsetzende Rentenzahlungen verbraucht. Wenn die Rentner bzw. Rentnerinnen dann etwa nach zwanzig Jahren Pflege benötigen, ist zu wenig Geld vorhanden, um sie zu bezahlen. Der Fehler des Systems liegt in einem angesichts der enorm gestiegenen Lebenserwartung und der damit verbundenen Pflegebedürftigkeit im hohen Alter sehr niedrigen Renteneintrittsalter. Diese Entwicklung trifft noch mit dem Geburtenrückgang zusammen und führt zu einem Konflikt zwischen den Generationen, dessen Schärfe noch zunehmen wird. Die zaghaften Reformen in dieser Richtung können nur erste Ansätze sein und werden nicht ausreichen. Es kann nicht funktionieren, wenn eine kleiner werdende Zahl von Erwerbstätigen im Alter von 30 bis 60 eine immer größere Zahl von Rentnern im Alter von 60 bis 90 unterhalten soll. Ohne grundlegende Reform wird das deutsche Generationenvertragsmodell scheitern, weil die junge Generation die ihr aufgebürdeten Lasten nicht mehr bezahlen kann und größere Ungleichheit des Lebensstandards im Alter herrscht (Schwarze 1999).

Nach OECD-Daten werden in den nächsten Jahrzehnten immer mehr Rentner auf die jeweils erwerbstätigen Personen kommen. In Abhängigkeit vom System der Rentenversicherung wird der Anteil der Aufwendungen für Renten am Bruttoinlandsprodukt wachsen. Je weniger das der Fall ist – wie zum Beispiel in Großbritannien – umso größer wird die Altersarmut sein. Die Folge davon wird sein, dass die Sicherung des im Arbeitsleben erreichten Lebensstandards in hohem Maße dem einzelnen Arbeitnehmer überlassen wird (OECD 2007).

Der Ausweg aus diesem Dilemma kann nur in einer deutlichen Erhöhung des Renteneintrittsalters liegen, um einerseits der inzwischen stark erhöhten Lebenserwartung und den hohen Pflegekosten im hohen Alter und andererseits der Leistungsfähigkeit einer auch noch bei geregelter Zuwanderung schrumpfenden jungen Generation Rechnung zu tragen. Das Alter als eine inzwischen um die dreißig Jahre dauernde Lebensphase wird in ökonomischer und in sozialer Hinsicht zu einer ganz neuen Gestaltungsaufgabe (vgl. Baltes und Mayer 1999). Dass dieses Problem an solcher

Schärfe gewonnen hat, ist gerade auch der Blockierung des wirtschaftlichen Strukturwandels zu verdanken, die einerseits das Entstehen neuer Beschäftigungsfelder für die jüngere Generation gebremst hat und andererseits die Frühverrentung vor dem sechzigsten Lebensjahr schon fast zum Normalfall hat werden lassen. In den Köpfen hat sich das Denken festgesetzt, dass Beschäftigung bei knapper werdenden Industriearbeitsplätzen nur dadurch gesichert werden kann, dass die Alten den Jüngeren immer früher Platz machen (Ebbinghaus 2000). Dass bei dieser Praxis in absehbarer Zeit der Punkt kommen muss, an dem die Renten und die Altenpflege nicht mehr finanzierbar sind, ist lange Zeit mit nachhaltigem Erfolg verdrängt worden. Es wurde dabei nicht berücksichtigt, dass die Verfügbarkeit von Arbeitsplätzen keine Sache des status quo und einer fixen Größe ist, sondern im Wesentlichen von der Kraft der Innovationsdynamik abhängt. Wird die Innovationsdynamik an einem Standort gebremst, dann bleibt die Zahl von Arbeitsplätzen noch nicht einmal gleich, vielmehr nimmt sie ab, weil an anderen Orten ungebremste Innovationsdynamik Nachfrage nach Produkten auf sich zieht und dem weniger dynamischen Standort wegnimmt, so dass sich auch die Arbeitsplätze zu den dynamischen Standorten verlagern, dort gegebenenfalls noch mehr Arbeitsplätze entstehen als an den stagnierenden Standorten verloren gehen. Genau diese Entwicklung hat in den letzten 20 Jahren des 20. Jahrhunderts im Verhältnis der kontinentaleuropäischen Wohlfahrtsstaaten sowohl zu den Vereinigten Staaten als auch zu einer ganzen Reihe von Schwellenländern stattgefunden. Die Innovationsdynamik hat sich von Europa zu den Vereinigten Staaten und von dort zu den südostasiatischen Schwellenländern verlagert. Insbesondere Europa steht deshalb unter wachsendem Anpassungsdruck.

Die Nachfrage nach Produkten und Dienstleistungen ist keine fixe Größe, sondern in erster Linie von Innovationen in Produkte und Dienstleistungen abhängig, wird also durch Kaufanreize erzeugt. Infolgedessen ist es auch falsch, auf irgendeinem Niveau der Bedürfnisbefriedigung eine Grenze anzusetzen, jenseits derer es keine weiteren Bedürfnisse mehr gibt. Was den Menschen bekanntlich vom Tier unterscheidet, ist die Tatsache, dass er ohne jede Grenze neue Bedürfnisse entwickeln kann, eine Sättigung nicht eintritt. Die Politik der Verteilung vorhandener Arbeitsplätze an Stelle einer Politik der Schaffung von Arbeitsplätzen durch Innovationsdynamik ist an diesem Faktum mit dem Argument einer inzwischen angeblich eingetretenen Sättigung der Bedürfnisse vorbeigegangen. Wenn inzwischen jeder Haushalt über einen Kühlschrank, eine Waschmaschine und zwei Automobile verfügt, heißt das keineswegs, dass es keinen Platz für weiteren Konsum gibt.

In diesem Zusammenhang ist zu berücksichtigen, dass ein wachsender Teil der menschlichen Bedürfnisse durch Dienstleistungen der verschiedensten Art zu befriedigen ist. Dabei handelt es sich um einen Wirtschaftssektor, der im Unterschied zum klassischen Produktionssektor dem internationalen Wettbewerb kaum ausgesetzt ist. Dementsprechend liegt in diesem Bereich ein großes Potenzial der Beschäftigung für die hoch entwickelten Industrieländer. Mit dem Ausbau dieses Sektors schaffen sie überdies Platz für die Inklusion der Entwicklungs- und Schwellenländer in die Weltwirtschaft.

Im internationalen Vergleich können wir feststellen, dass die Beschäftigung in den Produktionssektoren, die dem internationalen Wettbewerb ausgesetzt sind, in fast allen hoch entwickelten Industrieländern seit 1970 gesunken ist. Das gilt nicht für die Vereinigten Staaten, dort lag allerdings die Beschäftigung in diesem Sektor schon 1970 bei nur 32,0 Prozent, das heißt nahezu auf demselben Niveau wie 1997 bei 32,2 Prozent. In den Vereinigten Staaten ist allerdings die Beschäftigung im nicht dem internationalen Wettbewerb ausgesetzten Sektor (Groß- und Einzelhandel, Gaststätten, Hotels, öffentliche, soziale und persönliche Dienstleistungen) in diesem Zeitraum von 29,9 auf 41,7 Prozent gewachsen. Für Deutschland ist zwischen 1980 und 1997 eine Verringerung der Beschäftigung im international wettbewerbsintensiven Sektor von 39,9 auf 35,3 Prozent festzustellen und nur ein Anstieg von 25,5 auf 28,4 Prozent im geschützten Sektor. In Schweden hat die Beschäftigung im wettbewerbsintensiven Sektor zwischen 1970 und 1997 von 42,8 auf 32,9 Prozent abgenommen, im geschützten Sektor aber auch von 30,4 auf 37,1 Prozent zugenommen (Scharpf 2000: 197–198, basierend auf OECD Labour Force Statistics 1999). Sowohl im Vergleich zu den Vereinigten Staaten als auch im Vergleich zu Schweden zeigt sich in Deutschland ein geringerer Rückgang der Beschäftigung im wettbewerbsintensiven Sektor, aber auch ein weit zurückbleibender Anstieg im geschützten Sektor. Während in den Vereinigten Staaten das Beschäftigungswachstum im geschützten Sektor im Wesentlichen private Dienstleistungen beinhaltet, sind es in Schweden öffentliche Dienstleistungen. In Deutschland sind in diesem Bereich offensichtlich in erheblichem Maße Beschäftigung hemmende Faktoren wirksam. Dabei beweisen die relative Stabilität der Beschäftigung im international wettbewerbsintensiven Sektor und das geringere Wachstum im geschützten Sektor zusammen, dass die Beschäftigungslücke in Deutschland in hohem Maße internen Faktorkonstellationen und weniger dem gewachsenen Wettbewerbsdruck der internationalisierten Wirtschaft geschuldet ist (vgl. Scharpf 2000).

Einen wesentlichen Schub bekäme der Dienstleistungssektor durch die steuerliche Absetzbarkeit von Dienstleistungen in privaten Haushalten, sei es in Gestalt von Anstellungsverhältnissen in Privathaushalten, sei es in Gestalt der Inanspruchnahme von organisierten Dienstleistungen zur Haushaltsführung, Kinder- und Hausaufgabenbetreuung und Altenpflege. Dieses steuerliche Instrument zur Förderung des Dienstleistungssektors ist aus gewerkschaftlicher Sicht lange Zeit mit dem Argument abgelehnt worden, dass dadurch eine Dienstbotenklasse entstünde, die einen Rückfall in eine Zeit vormoderner, feudalistisch geprägter Abhängigkeitsverhältnisse mit sich bringt. Diesem Argument werden mit wachsendem Erfolg im öffentlichen Diskurs drei Gegenargumente entgegengehalten:

1) Dienstleistungsarbeit für private Haushalte hat positivere Effekte als Arbeitslosigkeit. Sie gewährleistet mehr Einkommen, sozialen Anschluss und Wertschätzung sowie Selbstwertgefühl als Arbeitslosigkeit.
2) Dienstleistung im privaten Haushalt ist heute kein Privileg der Reichen, sondern eine Notwendigkeit von Doppelverdienern und Alleinstehenden mit Kindern und gegebenenfalls betreuungsbedürftigen Alten im Haushalt, und zwar in einem sehr breiten Spektrum der Bevölkerung. Ohne solche Hilfen ist Überlastung und/oder mangelnde Betreuung von Kindern und Alten an der Tagesordnung. Selbst in solchen Fällen, in denen die Kosten der Dienstleistungen das zweite Einkommen im Haushalt übersteigen, gibt es gute Gründe für dieses Arrangement, weil dadurch die Selbstständigkeit und Selbstverwirklichung beider Partner in einer Zeit gesichert wird, in der Partnerschaften nicht immer auf Dauer bestehen und Identitätsbildung in hohem Maße auf Berufstätigkeit angewiesen ist.
3) Moderne Vertragsverhältnisse und soziale Absicherung geben Dienstleistern in privaten Haushalten genau jene Unabhängigkeit, die sie von einer Dienstbotenklasse im feudalen Sinn unterscheidet. Die hohe Abhängigkeit der Haushalte von solchen Dienstleistungen, die Entwicklung eines entsprechenden Marktes und die teilweise Organisation durch Dienstleistungsunternehmen wirken zusätzlich der Tendenz zur »Refeudalisierung« von Arbeitsverhältnissen entgegen. Durch die Dienstleistungsunternehmen werden Dienstleistungen außerdem spezi-

alisiert, so dass keine diffusen persönlichen Abhängigkeitsbeziehungen entstehen. Für Reinigung, Gartenarbeit, Kinderbetreuung und Altenpflege werden Dienste unterschiedlicher Personen bzw. Unternehmen in Anspruch genommen.

Korrespondierend zur Fixierung auf die Erhaltung von Produktionsarbeitsplätzen gegen die Konkurrenz aus den Entwicklungsländern wurde auch der unvermeidliche Strukturwandel des Ausbildungssystems in Deutschland besonders nachhaltig blockiert. Während in vergleichbaren Industrieländern wie den Niederlanden, Dänemark, Norwegen, aber auch Österreich und der Schweiz für mehr Durchlässigkeit zwischen den allgemein bildenden und beruflichen Zweigen des Ausbildungssystems und für eine Anreicherung durch die Ausbildung für neue Dienstleistungsberufe gesorgt wurde, ist in Deutschland dieser Strukturwandel weniger vorangekommen. Das duale System der Berufsausbildung für die Fachkräfte der unteren Mitte (Lehrberufe in Industrie, Handwerk und Dienstleistung) lässt im internationalen Vergleich weniger Durchlässigkeit zwischen der beruflichen und allgemeinen Bildung zu; es dominiert die Ausbildung für Produktionsarbeit auf Kosten der Anreicherung durch neue Ausbildungsgänge für Dienstleistung. Das System ist in relativ stark voneinander abgeschottete allgemeine und berufliche Bildungsgänge differenziert, es ist wenig modularisiert und erlaubt deshalb weniger als andere Bildungssysteme, einmal erworbene Zertifikate aus einem Bildungsgang in andere Bildungsgänge mitzunehmen (Geißler 2002).

Als ein weiteres Instrument zur Förderung von Dienstleistungstätigkeit wird die Subventionierung von niedrigen Einkommen durch negative Steuern diskutiert. Unterhalb einer festzusetzenden Schwelle des Einkommens – etwa knapp über dem Niveau der Sozialhilfe bzw. des Arbeitslosengeldes II – sollen die Finanzämter eine Negativsteuer an die Berechtigten auszahlen. Dabei soll das Ergebnis jeweils über dem Sozialhilfesatz liegen, um Anreize zur Erwerbstätigkeit zu bieten. Schon die Befreiung von Sozialabgaben nach dem sogenannten Mainzer Modell macht niedrig entlohnte Erwerbstätigkeit attraktiver. Das spricht für eine Erhöhung der Sonderregelung für Geringverdiener über die sonst zulässige Grenze hinaus. Mit der allgemeinen Aktivierung des Arbeitsmarktes durch die Förderung der Innovationsdynamik und durch steuerliche Anreize für das Angebot von Beschäftigung und die Aufnahme von Erwerbstätigkeit soll es für viele Menschen mehr Alternativen der Beschäftigung geben, so dass auch die Gewährung von Arbeitslosengeld restriktiver gehandhabt und auf genau diejenigen Fälle beschränkt werden könnte, in denen die erweiterte Palette von Beschäftigungsmöglichkeiten nicht greift. An die Stelle der Unterstützung eines inaktiven Lebens ohne Perspektive soll die Investition in die Aktivierung und Befähigung der Menschen treten, ihr Leben selbst in die Hand zu nehmen, Zukunftspläne zu entwickeln und sich selbst zu entfalten. Nicht Negativität und Frustration sollen finanziert werden, sondern Positivität und Lebensfreude. Auch im konservativen Wohlfahrtsstaat gewinnt die neue Rhetorik des Empowerment an Boden und leitet dort einen Paradigmenwechsel der Gerechtigkeit ein, der zweifellos den Wettbewerbsdruck erhöht und deshalb ein Auffangnetz für die weniger wettbewerbsfähigen Bürger nicht erübrigt. Der Paradigmenwechsel der Gerechtigkeit schafft neue soziale Probleme.

Ad 4): Entlastung der Sozialkassen durch die Aktivierung der Bevölkerung

Um Finanzmittel so weit wie möglich in die Aktivierung, Qualifizierung und Fähigkeitsentfaltung der Bürger stecken zu können (Empowerment) kommt es nach dem neuen Paradigma darauf an, die öffentlichen Kassen und die Sozialversicherungskassen vor Missbrauch zu schützen. Es ist kein Tabu mehr, darüber zu sprechen, dass es einen Missbrauch von Sozialleistungen gibt. Wo keine soziale Kontrolle durch Sanktionen relevanter Bezugsgruppen möglich ist, können Kollektivgüter in der Tat durch *moral hazard* leicht auch ohne konkreten Bedarf missbraucht werden, weil der dadurch entstehende Schaden nur sehr abstrakt, im Einzelfall nicht spürbar und eben nur durch die Summierung vieler Einzelfälle auftritt. Wer dreimal im Jahr einen Tag krankfeiert, belastet die Lohnfortzahlung im Krankheitsfall nur minimal, zusammen mit vielen Einzelfällen, entstehen jedoch erhebliche Schäden. Deshalb finden Karenztage zunehmend Unterstützung. Nach diesem Modell sind schon bei nur einem Karenztag starke Anreize gegeben, mit dem Kollektivgut schonend umzugehen. Nach dem neuen Paradigma könnte auch ein Eigenbeitrag in Höhe des halben Lohnes für die ersten drei Tage festgelegt werden. Zum Ausgleich der Verdienstausfälle könnte die Möglichkeit der Kompensation durch Überstunden vereinbart werden. Außerdem könnten die Arbeitgeber als Anreiz für die Vereinbarung eines Karenztages eine Lohnerhöhung über den sonst festgelegten Prozentsatz hinaus anbieten. Auf diese Weise würde der Missbrauch des

Kollektivgutes verhindert, ohne dass dadurch empfindliche Lohneinbußen entstünden.

In ähnlicher Weise wird bei der Krankenversicherung mehr als in der Vergangenheit das Problem des *moral hazard* diskutiert. Schon durch einen minimalen Selbstbehalt sind nach dem neuen Paradigma des Empowerment Motive gegeben, die Inanspruchnahme ärztlicher Beratung und medikamentöser Behandlung auf das notwendige Maß zu bringen. Dementsprechend können die Krankenkassenbeiträge gesenkt werden, so dass erforderliche Zuzahlungen durch Selbstbehalt im Erfolgsfall des Modells überkompensiert werden. In diesem Zusammenhang ist zu berücksichtigen, dass Länder mit sehr hohen Aufwendungen für die Gesundheit – wie Deutschland – keine höhere durchschnittliche Lebenserwartung als Länder mit viel niedrigeren Aufwendungen – wie zum Beispiel Griechenland – erreichen. Die hohen Ausgaben für die Erhaltung der Gesundheit sind deshalb weniger durch den Bedarf und mehr durch das Angebot der Wachstumsbranchen pharmazeutischer Produkte und gesundheitlicher Dienstleistungen zu erklären (Bechmann 2007).

Ein weiteres Feld, in dem nach dem neuen Paradigma Anreize für die schonende Nutzung eines Kollektivgutes geschaffen werden sollen, ist das Studium an Fachhochschulen und Universitäten. Mit Studiengebühren von 500,-- Euro pro Semester und 1000,-- Euro für jedes Semester über der Regelstudienzeit entstehen in der Linie des neuen Denkens Motive, das Studium zügig zu absolvieren und dadurch für die nachfolgenden Generationen Studienplätze freizumachen. Die auf diese Weise gesparten Mittel können für die Betreuung der Studierenden eingesetzt werden. Im internationalen Vergleich sind die deutschen Universitäten im Wesentlichen dadurch in Schwierigkeiten geraten, dass sich zwischen 1980 und 2000 die Zahl der Studierenden verdoppelt hat, die personelle und sachliche Ausstattung jedoch auf dem Niveau von 1980 stehen geblieben ist. Die Relation zwischen der Zahl der Lehrenden und der Zahl der Studierenden ist schlechter als in vergleichbaren Ländern. Bei den Bildungsausgaben rangiert Deutschland hinter wichtigen Konkurrenten. Das gilt indessen für die Grund- und die Hauptschule mehr als für das Gymnasium und die Universitäten. Es macht sich hier besonders deutlich bemerkbar, dass viele Mittel in die Verwaltung der Inaktivität (frühe Verrentung, Arbeitslosigkeit, Sozialhilfe, lange Studienzeiten) gesteckt wurden, die für die Investition in die Zukunft der jungen Generation fehlen. Wenn die Studierenden eine mit den amerikanischen Universitäten vergleichbare Betreuung erfahren sollen, dann müsste das Lehrpersonal an den Universitäten verdreifacht bis vervierfacht werden. Eine viel bessere Betreuungsrelation als die deutschen Universitäten weisen nicht nur die besten 50 Universitäten in den Vereinigten Staaten auf, sondern auch solche, die man gern als nachrangig einstuft. Wenn die deutschen Universitäten nach dem neuen Denken international konkurrenzfähig sein sollen, dann müssten alle eine wesentlich bessere Betreuungsrelation erreichen, als dies in der Gegenwart der Fall ist. Alle Lehrevaluation hilft nichts, wenn wegen der schieren Zahl der Studierenden auch bei noch so viel Bemühung grundsätzlich keine individuelle Betreuung möglich ist. Der amerikanische Professor lehrt in der Regel als einer unter 30 bis 50 seines Faches ein winzig kleines Spezialgebiet, eng gekoppelt an seine Forschung, und führt pro Semester ein Undergraduate-Seminar mit ca. 15 bis 20 Studierenden und ein Graduate-Seminar mit fünf bis sieben Studierenden durch, wobei sich die Betreuung auf die fünf bis dieben Studierenden im Graduate-Programm konzentriert. Sein deutscher Kollege ist im Durchschnitt eine von 10 bis 20 Lehrpersonen einschließlich Mittelbau, lehrt ein wesentlich breiteres Gebiet, auch jenseits seiner eigentlichen Forschungsarbeit, hält pro Semester zum Beispiel eine Vorlesung mit 150–300 Studierenden, eine Vorlesung mit 60 Studierenden, ein Seminar mit 50 Studierenden und ein weiteres Seminar mit nochmals 30 Studierenden. Dass unter solchen Bedingungen keine mit den amerikanischen Verhältnissen vergleichbare individuelle Betreuung zustande kommt, versteht sich von selbst. Im Gegenteil, wer im internationalen Wettbewerb um Reputation in der Forschung nicht ins Hintertreffen geraten will, ist gut beraten, den Lehrbetrieb einschließlich Betreuung stark zu standardisieren. Das heißt aber auch zwangsläufig, dass diese Lehre für keine der beiden Seiten intellektuell besonders anregend sein kann. Das ist inzwischen die Realität an den deutschen Universitäten, deren tiefere Ursachen in der Fehlallokation von Finanzmitteln liegen. Es wird viel in totes Kapital investiert, aus dem keine Gegenleistung hervorgeht, und nach dem neuen Denken im internationalen Vergleich zu wenig in lebendiges, zur Gegenleistung fähiges Kapital.

Nach dem neuen Paradigma des Empowerment hat Denken in Kategorien der Vergangenheit in den kontinental-europäischen Wohlfahrtsstaaten – besonders ausgeprägt in Deutschland – maßgeblich dazu beigetragen, dass die Arbeitsplätze schaffende Innovationsdynamik durch die Subvention alter Industrien und dadurch verlangsamten Strukturwandel gebremst wurde, mit der Konsequenz einer sehr hohen Arbeitslosigkeit mit einem sehr hohen Anteil von langfristig Arbeitslosen für inzwischen schon 20 Jahre. Anthony Giddens, mit seinem Modell des Dritten Weges ein Verfechter des von ihm als »positive Wohlfahrt« bezeichneten Paradigmas, macht auf folgenden Unterschied zwischen der amerikanischen und der europäischen Wirtschaft aufmerksam: die 25 Mitte der 1990er Jahre größten europäischen Unternehmen hatten auch schon vor 1960 eine führende Marktposition inne. Für den gleichen Zeitraum gilt dies nur für sechs von den 25 größten US-amerikanischen Unternehmen. Der weitaus größte Teil von ihnen ist also erst in den vergangenen 40 Jahren entstanden oder zu einem Großunternehmen herangewachsen. Neue innovative Unternehmen haben es in Europa offensichtlich viel schwerer als in den Vereinigten Staaten, überhaupt gegründet zu werden, Fuß zu fassen und zu wachsen. Das liegt sicherlich zu einem erheblichen Teil an der Dominanz von Strukturerhaltung gegenüber Strukturveränderung in den europäischen Wohlfahrtsstaaten (Giddens 2001: 87). Allerdings hat sich die Dynamik von Unternehmensübernahmen und Unternehmensverkäufen inzwischen auch in Europa stark beschleunigt. Eine Politik der immer wieder neuen Schaffung neuer Arbeitsplätze durch Innovationsdynamik auf der Linie des neuen Paradigmas braucht keine Frühverrentung, um »vorhandene« Arbeitsplätze für nachrückende junge Leute »freizumachen«. Diese Strategie ist nach dem neuen Denken sogar kontraproduktiv, weil sie für Innovationen benötigtes Kapital in hohe Rentenbeitragszahlungen steckt, zu viele Menschen, die noch Ideen entfalten und umsetzen könnten ins Nichtstun entlässt und eine Mentalität der Verteilung des Mangels statt einer Mentalität der Erkundung neuer Chancen der Selbstentfaltung in den Köpfen verbreitet. Im Interesse einer Umstellung des Denkens auf Innovationsdynamik ist infolgedessen eine Verschiebung des Renteneintrittsalters auf 70 Jahre kein Hindernis für den Eintritt junger Leute in den Arbeitsmarkt, sondern dafür sogar förderlich. Dazu kommt noch, dass mit der Schrumpfung der jüngeren Generationen ohnehin tendenziell zu wenig Arbeitskräfte zur Verfügung stehen. Das neue Denken will sich bei der Umstellung auf ein höheres Renteneintrittsalter von alten Denkmustern verabschieden, die den frühen Renteneintritt mit dem Bild des alten Bergmanns verbinden, dessen Kräfte nach einem vierzigjährigen Arbeitsleben erlahmt sind und dem noch einigermaßen angenehme zehn Jahre Ruhestand gegönnt werden sollen. Mit zunehmender Dominanz von Kopfarbeit selbst des Facharbeiters in der vollautomatisierten Produktion (Kern und Schumann 1984) und gestiegener Lebenserwartung bedeutet eine Frühverrentung mit 60 Jahren vielfach noch 15 Jahre in völliger geistiger Frische, in denen eher sinnvolle Arbeit vermisst wird, als dass man mangels Leistungsfähigkeit zum Rückzug aus dem Arbeitsleben gezwungen wäre. Konsequenterweise ist in den Vereinigten Staaten die Versetzung in den Ruhestand gegen den Willen des Arbeitnehmers wegen Altersdiskriminierung nicht erlaubt.

Ein höheres Renteneintrittsalter soll zusammen mit einer Förderung der Arbeitsplätze schaffenden Innovationsdynamik eine Entlastung bei den Sozialversicherungsbeiträgen schaffen, die Mittel für die viel dringender benötigte Erhöhung der Pflegeversicherung freimachen würde. Es soll dann der tatsächlich gegebene hohe Bedarf an Alterspflege viel besser befriedigt werden. Es soll dadurch ermöglicht werden, die dafür benötigten Arbeitsplätze zu schaffen und für eine bessere Betreuungsrelation zwischen Pflegekräften und Pflegebedürftigen zu sorgen. Der Dienst soll für die Pflegekräfte besser zu bewältigen sein, so dass sie ihren Beruf nicht schon nach kurzer Zeit wieder aufgeben müssten. Es wird dabei mit einkalkuliert, dass auch viele Pflegekräfte vorzeitig in Rente gehen, weil sie ihre Tätigkeit zu viel Kraft kostet. Ist ihr Dienst besser zu verkraften, dann belasten sie auch weniger häufig die Arbeitslosen- und Rentenversicherung.

Ähnliche Argumente werden auch für die Betreuung von Kindern und Jugendlichen geltend gemacht. Die Lehrerschaft ist eine Berufskategorie mit extrem hoher Frühpensionierungsquote. Ganz offensichtlich besteht hier ein Problem, dem die Politik bislang wenig Aufmerksamkeit geschenkt hat. Anstrengungen, um dagegen etwas zu unternehmen, sind bislang nicht erkennbar. Wenn sich ein Berufsstand derart massenhaft vorzeitig in den Ruhestand verabschiedet, obwohl er auf eine geistige Arbeit spezialisiert ist, die sich ohne weiteres bis ins hohe Alter ausüben lässt, dann kann dies nicht auf individuelles Versagen zurückgeführt werden. In der Linie des neuen Denkens liegt hier eine Verschwendung intellektueller Ressourcen in einem für eine aktive Gesellschaft (Etzioni 1968) nicht tragbaren Ausmaß vor. Zumindest ein erheblicher Anteil der Frühpensionierung ist offensichtlich auf Überforderung zurückzuführen. Die Frage ist dann, woher die Überforderung kommt. Wie viel davon man auch auf Wertewandel und Probleme der Schuldisziplin einer von autoritären Zwängen befreiten Generation zurückführen mag, so ist es doch offensichtlich eine soziale Tatsache, dass ein für die Lehrer und die Schüler befriedigendes Lernen mehr pädagogische, didaktische und fachliche Betreuung erfordert als es bei den gegebenen Betreuungsrelationen möglich ist. Der Schluss kann nur heißen, dass die Lehrer zu viel und zu große Klassen in rein fachlichem Stoff unterrichten müssen und für eine pädagogisch und didaktisch angemessene Unterrichtsgestaltung zu wenig Kapazität vorhanden ist. Es fehlen offensichtlich Lehrkräfte und pädagogische sowie psychologische Beratungskräfte. Kein Industrieland auf vergleichbarem Entwicklungsniveau wie Deutschland gibt weniger für die Bildung aus. Die Frage der Finanzierung dieses Bedarfs führt auf der Linie des neuen Denkens wieder zu der Feststellung, dass das Land im zunehmend bedeutsamer werdenden internationalen Vergleich (»Benchmarking«) seine Sozialausgaben ineffektiv tätigt, nämlich in die Finanzierung von Arbeitslosigkeit, Sozialhilfe und Frühverrentung steckt, statt mit einer die Zukunftschancen der jungen Generationen verbessernden Bildungspolitik dafür zu sorgen, dass genau diese Ausgaben für Arbeitslosigkeit, Sozialhilfe und Frühverrentung auf das tatsächlich notwendige Minimum reduziert werden können. Eine Verringerung der privaten und öffentlichen Ausgaben zur Finanzierung von Arbeitslosigkeit, Sozialhilfe und Renten soll langfristig genau jene Einsparungen in der Sozialpolitik bringen, die man zur Finanzierung eines Zukunftschancen eröffnenden Bildungssystems benötigt.

Die überwiegende Ausrichtung an der Verwaltung des Mangels und der Unterstützung von Nichtarbeit anstelle der Förderung von Innovationsdynamik und Bildungskapital mit breit gefächerten Betreuungsangeboten für Kinder und Jugendliche zur Entlastung der Eltern, die beide auf eine berufliche Karriere nicht verzichten können, ist vermutlich auch maßgeblich für die im internationalen Vergleich – auch mit anderen Industrieländern – extrem niedrige Geburtenrate in Deutschland verantwortlich. Wenn die berufliche Karriere – wie dargelegt für Mann und Frau eine unausweichliche soziale Obligation geworden ist, dann kann es gar nicht anders sein, als dass die Geburtenrate umso niedriger ist, je weniger Angebote der außerfamilialen Betreuung von Kindern und Jugendlichen vorhanden sind. Wo die Frauen zur Aufgabe ihrer Berufsziele gezwungen sind, wenn sie ihren Kindern eine adäquate Betreuung garantieren wollen, dann kann dies nur bedeuten, dass die Geburtenrate auf ein extrem niedriges Niveau sinkt. Da dies in Deutschland wie auch in Italien mehr der Fall ist als zum Beispiel in Frankreich und in den skandinavischen Ländern, ist die Geburtenrate in diesen beiden Ländern auch niedriger als in den anderen zum Vergleich herangezogenen Ländern. Die besonders »familienfreundliche« deutsche Sozialpolitik erweist sich angesichts dieser Tatsachen paradoxerweise als Todesstoß für die Familie, weil sie als ausgeglichener intergenerationaler Verband gerade wegen dieser Politik nicht überlebt. Die Älteren haben den

Jüngeren in dreifacher Weise hohe Belastungen hinterlassen: (1) Durch frühe Verrentung haben sie ihnen eine hohe Last in Gestalt von Beitragszahlungen in das Rentensystem nach dem Umlageverfahren auferlegt. (2) Durch eine niedrige Geburtenrate haben sie dafür gesorgt, dass die Last einer immer größeren und immer länger lebenden Zahl von Rentnern von immer weniger Schultern getragen werden muss. (3) Durch die Bindung von finanziellen Ressourcen zur Finanzierung von Nichtarbeit haben sie die notwendigen Investitionen in Innovationsdynamik und Bildungskapital der jungen Generation verhindert. Es handelt sich dabei um eine Belastung des Generationenvertrags, die das Umlageverfahren im Rentensystem in Frage stellt. Es ist offensichtlich geworden, dass es von den Älteren zu Lasten der Jüngeren missbraucht werden kann. Wir haben es hier mit einem *moral hazard* derjenigen zu tun, die das System für sich in Anspruch nehmen, ohne Rücksicht darauf, dass das System langfristig aus den Angeln gehoben wird.

Weil die für die entsprechende Gesetzgebung verantwortliche Regierung sich nach den Wahlstimmen der älteren Mehrheit richtet, haben die Jüngeren – erst recht die noch nicht Wahlberechtigten oder sogar noch nicht Geborenen – keine gleichen Chancen, Gehör zu finden. Deshalb spricht das Risiko des *moral hazard* – der Nutzung eines Kollektivgutes zu Lasten der Anderen – nach dem neuen Paradigma der Wohlfahrt für eine schrittweise Umstellung des Systems auf ein Kapitaldeckungsverfahren, wobei der Anteil der privaten Vorsorge von den ersten Schritten der »Riester-Rente« und der »Rürup-Rente« in einem größeren Zeitraum nach und nach erhöht werden könnte. Staatliche Zuschüsse können auch bei einem Kapitaldeckungsverfahren die unterschiedliche Ansparfähigkeit der Einkommensklassen ein Stück weit ausgleichen. Mit der Umstellung auf das Kapitaldeckungsverfahren kann auch das Renteneintrittsalter flexibilisiert werden. Wer früher aufhört, muss mit einer deutlich niedrigeren Rente auskommen, wer später aufhört, kann seine Rentenansprüche Jahr für Jahr erhöhen und so einerseits die Rentenkasse entlasten und andererseits für die Zeit der wirklichen Arbeitsunfähigkeit und Pflegebedürftigkeit das Kapital ansparen, das für eine angemessene Betreuung und Pflege im Alter gebraucht wird. Es könnte auch von vornherein der Beitrag in die Pflegeversicherung zu Lasten des Beitrags zur reinen Rentenversicherung deutlich erhöht werden. Der Eintritt in das Rentenalter könnte weit mehr als bisher gestuft erfolgen und gegebenenfalls auch noch einen Tätigkeitswechsel beinhalten. Von 40 Stunden in der Woche könnte zum Beispiel in zehn Jahren die Arbeitszeit Jahr für Jahr um zwei bis drei Stunden pro Woche gesenkt werden. Das längere, nur ganz langsam ausklingende Arbeitsleben würde nicht nur die Rentenkassen entlasten, sondern den Älteren genau jenen Anschluss an die Gesellschaft und damit genau jenen Lebenssinn wieder geben, der vielen von ihnen mit dem Eintritt in den Ruhestand abhanden kommt, wofür allein schon die sehr hohen Alkoholismus- und Selbstmordraten im Alter ein deutliches Zeichen sind.

3.4 Der ineinandergreifende Wandel von Wirtschaft, Solidarität und Gerechtigkeit

Unsere Frage war, ob der globale Freihandel in Bezug auf das Niveau von Sozialstandards zu einem *race to the bottom* führt. Hinsichtlich des davon in erster Linie betroffenen Handels zwischen Industrieländern haben wir schon festgestellt, dass sich der Wettbewerb ohnehin in einem engen Rahmen der Konkurrenz zwischen liberalen, konservativen und sozialdemokratischen Wohlfahrtsstaaten abspielt. Da der globale Freihandel eine Voraussetzung des Weiteren wirtschaftlichen Wachstums ist, hilft er Verteilungskämpfe zu vermeiden und den Spielraum für Sozialleistungen zu erweitern. Auf dieser allgemeinen Ebene erzeugt der globale Freihandel deshalb kein *race to the bottom*. Das gilt auch für das Verhältnis zwischen den Industrieländern und den Entwicklungsländern. Um die Wachstumschancen des globalen Freihandels auch nutzen zu können, ist allerdings ein Strukturwandel der Sozialintegration und ein Paradigmenwechsel der Gerechtigkeit erforderlich, der die nationale und die internationale Integration aneinander angleicht und eine Umschichtung finanzieller Ressourcen von unproduktiven Formen der Abwicklung der Vergangenheit in produktive Formen der Gestaltung der Zukunft verlangt.

Für das Verhältnis zwischen den Industrieländern und den Entwicklungsländern gilt zunächst, dass beide Ländergruppen nur in einem sehr eingeschränkten Marktsegment miteinander konkurrieren: bei der Herstellung und dem Handel von einfachen Massengütern (Agrarprodukte, Textilien, Spielwaren, Eisen- und Stahlerzeugnisse). Alle diese Marktsegmente wurden bis in die Gegenwart von den Industrieländern durch Zollschranken oder Subventionen vor der Konkurrenz der Entwicklungsländer geschützt. Dadurch wurden den Entwicklungsländern Chancen der Entwicklung verbaut und den Industrieländern Möglichkeiten eingeräumt, den ökonomischen Strukturwandel zu verzögern. Den Entwicklungsländern wurden infolgedessen auch Chancen zur Verbesserung ihrer Sozialstandards, zur Erhöhung ihres Soziabudgets und zur Investition in Bildungskapital genommen. Dagegen war es den Industrieländern möglich, eine Sozialpolitik der Verwaltung von Arbeitslosigkeit der verschiedensten Art zu betreiben: künstliche Erhaltung von Preis treibend teuren Arbeitsplätzen zu Lasten der Konsumenten, Arbeitslosigkeit und Sozialhilfe als Dauerzustand statt Umschulung, Frühverrentung statt sinnvoller Beschäftigung im Alter, Arbeitslosigkeit junger Leute mangels Bildungskapital und mangels neuer Arbeitsplätze in Wachstumsmärkten, schlechte Schul- und Universitätsausbildung wegen schlechter Betreuungsverhältnisse mit der Folge eines erhöhten Risikos der Arbeitslosigkeit und langer Studienzeiten. Es konnten hohe Sozialstandards in der Verwaltung von Arbeitslosigkeit gehalten werden. Die Folge war aber eine Fehlallokation finanzieller Ressourcen. Die Finanzierung des ausgedehnten Systems der Nichtarbeit hat genau jene Ressourcen verschlungen, die für die Investition in die Bildung und in die Innovationsdynamik benötigt worden wären. Die Älteren haben die Zukunftschancen der jüngeren Generation beeinträchtigt und ihr zusätzlich eine hohe Bürde der Finanzierung eines extrem langen Rentnerlebens auferlegt.

Mit dieser ungleichen Lastenverteilung ist das deutsche Umlagesystem des »Generationenvertrags« unter Druck geraten. Es ergibt sich dementsprechend das Bestreben seiner schrittweisen Umstellung auf ein Kapitaldeckungsverfahren bei gleichzeitiger Verschiebung des Renteneintrittsalters in das höhere Alter mit zusätzlicher Abstufung des Übergangs. Ein erheblicher Teil der finanziellen Ressourcen soll von der Verwaltung der Nichtarbeit in die Entwicklung von Bildungskapital und die Förderung von Innovationsdynamik gesteckt werden, um neue Beschäftigungsmöglichkeiten zu schaffen, die der jungen Generation Zukunftschancen bieten.

Der Verteilungskonflikt zwischen den Industrieländern und den Entwicklungsländern lässt den Industrieländern gar keine andere Chance, als diesen Weg des Strukturwandels zu gehen. Er erlaubt ihnen, ihre Märkte für die Entwicklungsländer zu öffnen und ihnen jene Entwicklungschancen einzuräumen, die sie befähigen, ihre inneren sozialen Spannungen und damit auch die Gefahr von religiösem Fundamentalismus, Bürgerkrieg und Terrorismus zu bewältigen. Mit der Marktöffnung können die Industrieländer nach dem aktuellen Forschungsstand einen effektiveren und langfristig tragfähigeren Beitrag zur Entwicklung der Entwicklungsländer und zum internationalen sozialen Ausgleich leisten als mit dem bisher überwiegenden System der Entwicklungshilfe und der Kreditvergabe durch den Internationalen Währungsfonds und die Weltbank. Diese Hilfen sind bisher auch deshalb wenig effektiv, weil sie an Länder vergeben werden, die dieses Geld in Entwicklungsprojekte stecken, deren Erfolg maßgeblich durch den Protektionismus genau jener Länder vereitelt wird, die als Geld- und Kreditgeber dienen. Die Folge sind regelmäßig auftretende Überschuldungen der Entwicklungsländer, die auf Jahre hinaus keine Investitionen in die Zukunft zulassen. Das Zusammenspiel von Marktöffnung und wirtschaftlichem Strukturwandel in den Industrie- und Entwicklungsländern ist dagegen eine Strategie, die kein *race to the bottom* in Gang setzt, sondern beiden Seiten einen besseren wirtschaftlichen *und* sozialen Ausgleich bringt und beiden Seiten bessere Zukunftschancen mit einer erhöhten Kapazität zu Sozialleistungen bietet. Es zeigt sich dabei, dass es nicht einfach um »höhere« oder »niedrigere« Sozialstandards geht, sondern um die jeweils intelligenteste Allokation finanzieller Ressourcen, aus der sich eine insgesamt höhere Kapazität zum sozialen Ausgleich im umfassenden Sinn ergibt.

Das bislang vorherrschende System der Marktschließung privilegiert die Gruppe der Älteren in den Industrieländern zu Ungunsten der Jüngeren in denselben Ländern und der gesamten Bevölkerung der Entwicklungsländer. Hohe Sozialstandards in den Industrieländern implizieren bislang eine einseitig interpretierte brüderliche Binnenmoral der Älteren, gepaart mit einer unbrüderlichen Außenmoral gegenüber den Jüngeren und den Entwicklungsländern. Die Strategie der Marktöffnung mit gleichzeitigem wirtschaftlichen Strukturwandel bedeutet eine Angleichung von Binnen- und Außenmoral bei gleichzeitiger Umstellung auf eine stärkere Betonung der Leistungsgerechtigkeit und der Fairness nach allen Seiten an Stelle der brüderlichen Solidarität mit den Nächsten auf Kosten der Fernerstehenden. Ressourcen werden mehr als bisher dorthin gegeben, wo sie nicht einfach verbraucht, sondern zwecks Vermehrung der Ressourcen zu Leistungen verarbeitet werden, die für alle mehr Zukunftschancen als zuvor eröffnen. Das Sozialsystem investiert mehr in die produktive Verwendung von Ressourcen und weniger in ihre unproduktive Verwendung zum bloßen Konsum. Die sozialpolitischen Anstrengungen konzentrieren sich auf die Sicherung von äußerer und innerer Chancengleichheit. Weil die Politik der Chancengleichheit zwangsläufig auf eine Individualisierung der sozialen Inklusion hinwirkt, ergibt sich als spezifisches soziales Problem der hoch entwickelten Industrieländer die soziale Integration des vom Wettbewerb um Bildungsqualifikationen und darauf aufbauende Berufspositionen an den Rand gedrängten Bevölkerungssegments durch gezielte Maßnahmen der durchlässigen Gestaltung des Bildungssystems, der speziellen schulischen und außerschulischen Betreuung, der Förderung von Beschäftigungswachstum im Dienstleistungssektor und auch der Subventionierung von niedrigen Einkommen durch negative Einkommenssteuern.

Die Ersetzung von Brüderlichkeit durch Fairness heißt, dass die Grenze zwischen Eigengruppe und Fremdgruppe im Weltmaßstab aufgehoben wird, dass jedem Einzelnen als Individuum unabhängig von vorgängiger Verbundenheit die gleichen Chancen der Teilhabe an den gesellschaftlichen Aktivitäten (ökonomisch: am Wohlstand) geboten werden, dass ungleiche Startbedingungen immer wieder korrigiert werden, dass die vom Wettbewerb Marginalisierten in dem Maße aufgefangen werden, das ihre Motivierung zur normkonformen Teilnahme am gesellschaftlichen Leben verlangt, und dass die Leistungsfähigen so weit zur Unterhaltung kollektiver Güter verpflichtet werden, wie dies ihre Leistungsbereitschaft nicht untergräbt. Die Umstellung von sozialstaatlicher Brüderlichkeit auf globale Fairness muss nicht die Senkung von Sozialstandards in den hoch entwickelten Wohlfahrtsstaaten bedeuten. Die intelligente Umstellung auf die neuen sozialen Probleme würde vielmehr ihre Integrationskraft erhöhen und in diesem Sinne alte, inzwischen desintegrativ wirkende Sozialleistungen durch neue, integrativ wirkende ersetzen. Es geht nicht um »höhere« oder »niedrigere« Sozialstandards, sondern um Sozialstandards, die in höherem Maße als bisher innere und äußere Integration miteinander vereinbaren und Integration als eine Struktur verändernde dynamische Produktionsleistung und nicht als eine unproduktive Strukturerhaltung um jeden Preis begreifen. Das ist nicht weniger als ein Paradigmenwechsel der Sozialordnung. Die dadurch stattfindende Veränderung der Sozialintegration nähert die europäischen Wohlfahrtsstaaten insofern an die Vereinigten Staaten an, als sie mit denselben Integrationsproblemen konfrontiert werden: mit der Integration marginalisierter Gruppen. Daraus folgt allerdings nicht, dass sie dem liberalen Gesellschaftsmodell in allen Einzelheiten folgen müssen. Die neuen Integrationsprobleme werden sie jedoch nicht mit dem alten europäischen Sozialstaatsmodell besser lösen können als die Vereinigten Staaten, sondern nur durch gezielte und tiefgreifende Anstrengungen der Investition in neue Integrationsprogramme (vg. Kaufmann 1997; Nullmeier 2000; Mau 2003).

Der dargelegte Wandel der Sozialordnung nähert sowohl die überwiegend konservativ als auch die überwiegend sozialdemokratisch geprägten Wohlfahrtsstaaten ein Stück weit dem liberalen Regime an. Sie treffen sich in der Individualisierung der Inklusion in die Gesellschaft, indem der individuelle Bildungserfolg und der daran geknüpfte Markterfolg mehr über die Teilhabe am Wohlstand entscheiden, als dies unter deutlicher konservativen oder sozialdemokratischen Regimen der Fall war. Es wird mehr auf Bildung als Humankapital, Empowerment und das unternehmerische Selbst zwecks Behauptung im Wettbewerb um Teilhabe am Wohlstand als auf Schutz vor dem Wettbewerb gesetzt, mehr auf Chancengleichheit vor dem Marktgeschehen als auf Ergebnisgleichheit nach dem Marktgeschehen. Die maßgeblich auslösende Ursache dieses Wandels ist die Transnationalisierung und damit einhergehende nationale Differenzierung der Solidarität. Nach Esping-Andersen (1990) war nach der Koalition der Arbeiterklasse mit der Bauernschaft in den Anfangsjahren in den Reifejahren die Koalition der mit der Mittelklasse die entscheidende soziale Grundlage des umfassend ausgleichenden und vorsorgenden Wohlfahrtsstaates. Im Parteiensystem hat sich das in der Herausbildung der großen Volksparteien geäußert, die eine breite, nach rechts wie nach links reichende Mitte gebildet haben. Dabei haben die konservativen Volksparteien ein umfangreiches, auf Statuserhalt und Familienunterstützung ausgerichtetes System der sozialen Sicherung, die sozialdemokratischen Volksparteien ein ebenso umfangreiches System der sozialen Staatsbürgerschaft aufgebaut. Je nach Dauer von eher konservativen oder sozialdemokratischen Regierungen ist die Grundprägung mehr konservativ oder mehr egalitär, in beiden Fällen jedoch auf umfassende soziale Sicherheit eingestellt worden. Die Koalition zwischen der Arbeiterklasse und der Mittelklasse verliert jedoch im Kontext der Globalisierung von Ökonomie und Solidarität an Kraft. Zunächst ist die Mittelklasse so weit gewachsen, dass sie bis in die Spitze und bis ans untere Ende der Klassenstruktur hineinreichte. Große Teile der Arbeiterklasse sind in Ausbildung, Lebensstandard, Lebensstil und Bewusstsein zu einem Teil der Mittelklasse geworden. Zurückgeblieben am unteren Ende der Klassenstruktur ist eine Unterschicht der Geringqualifizierten, die nicht mehr mit der uneingeschränkten Solidarität der qualifizierten Arbeitskräfte rechnen können. An der Spitze der Klassenstruktur setzt sich immer mehr eine globale Elite bzw. Oberklasse ab, für die nationale Solidarität zu eng geworden ist. Die Klassenstruktur erhält auf diese Weise eine neue, schärfere Akzentuierung. Sie wird nicht mehr von einer weit in die Spitze und ans untere Ende reichenden Mittelklasse als Klammer der gesamten Gesellschaft bestimmt. Die Mittelklasse ist merklich geschrumpft und dient nun als Reibungsfläche für den Grundkonflikt zwischen der auf Transnationalismus ausgerichteten globalen Elite und der in ihrem deutschen Teil in einen reaktionären Nationalismus flüchtenden, allein gelassenen neuen Unterklasse (vgl. Bude 2008). Die ethnisch heterogene Zusammensetzung der Unterklasse verhindert allerdings deren einheitliche politische Organisation. Nach einer Studie des Deutschen Instituts für Wirtschaftsforschung umfasste die Mittelschicht in den 1980er Jahren noch etwa 64 Prozent der Bevölkerung, gegenwärtig jedoch nur noch 54 Prozent. Oben ist die Oberklasse der Spitzeneinkommen gewachsen, unten die Unterklasse der Geringverdiener und Sozialhilfeempfänger. Erreichten 1986 insgesamt 16,5 Prozent der Haushalte ein Nettoeinkommen von mehr als 150 Prozent des Medians, waren es 2006 insgesamt 20,5 Prozent. Die unterste Einkommensgruppe mit weniger als 50 Prozent des Medians lag 1986 bei 6,3 Prozent, 2006 bei 11,4 Prozent (DIW 2008). Das sind deutliche Veränderungen.

Im Parteiensystem ist diese Entwicklung am Schrumpfen der Volksparteien und am Wachsen von Parteien zu beobachten, die gezielt die Interessen und die Stimmungslagen der aus der breiten Mittelklasse entlassenen Schichten bedienen. In Deutschland haben die beiden Volksparteien CDU/CSU und SPD erheblich an Mitgliedern, Sympathisanten und Wählern verloren. Sie vertreten nur noch den geschrumpften Bestand der Mittelklasse. Die FDP ist zu einer stabilen Repräsentantin der globalen Oberklasse geworden, während die Linke die von der Sozialdemokratie nicht mehr erreichte Unterklasse als Klientel gewonnen hat. Dabei teilt sich die Linke diese Klientel mit abwechselnd erfolgreichen rechtsextremistischen Parteien wie der NPD und der DVU.

Das zersplitterte Parteiensystem ist der politische Ausdruck der schärfer akzentuierten Klassenstruktur mit einer geschrumpften, nicht mehr für das gesellschaftliche Ganze stehenden Mittelklasse, einer aus der nationalen Solidargemeinschaft ausbrechenden globalen Oberklasse und einer nicht länger im nationalen Verband wohl aufgehobenen und deshalb zu politischem Extremismus und Fremdenfeindlichkeit neigenden Unterklasse. Die Grünen stehen in dieser zersplitterten Parteienlandschaft für eine alternative Intelligenzschicht, die das ökologische Gewissen der globalen Oberklasse darstellt und die in ihrem globalen Denken so wenig Verständnis für die traditionellen Formen der Sozialpartnerschaft und des entsprechenden nationalen Solidarpaktes hat wie die globale Oberklasse von Managern, Wissenschaftlern und Ingenieuren.

In einer durch die besonderen Umstände überzeichneten Form bringt die Landtagswahl in Hessen vom 18. Januar 2009 die neuen politischen Kräfteverhältnisse zum Ausdruck. Nach einer anfänglichen Konsolidierungsphase in der unmittelbaren Nachkriegszeit von1946 bis 1954 mit Stimmenanteilen der FDP bis zu 31,8 Prozent (1950) war Hessen fest in der Hand der beiden Volksparteien CDU und SPD, mit abwechselnden Regierungen. Sie haben den Landtag in Wiesbaden mit 80 bis nahezu 90 Prozent der Wählerstimmen besetzt. Noch 1999 lag ihr Anteil zusammen bei 82,8 Prozent. Seitdem erleben sie jedoch einen Schrumpfungsprozess, der bei der Wahl am 18. Januar 2009 bei 60,9 Prozent, das heißt bei einem Minus von 22,8 Prozent gegenüber 1999 angelangt ist. Spiegelbildlich haben die FDP ab 1958 und die Grünen ab 1982 nur Stimmen zwischen 5 und 10 Prozent – einmal die Grünen 11,2 Prozent – erreicht. Bei der Wahl 2009 kam noch die Linke hinzu. Alle drei Parteien vereinigten 2009 zusammen nicht weniger als 35,3 Prozent der Wählerstimmen auf sich. Die CDU erzielte noch einigermaßen respektable 37,2 Prozent, die SPD jedoch historisch einmalige 23,7 Prozent, die FDP schoss gegenüber 2008 von 9,4 auf 16,7 Prozent hoch, die Grünen schafften es von 7,5 auf 13,7 Prozent, und die Linke zog mit 5,4 Prozent zum ersten Mal in den Hessischen Landtag ein (Wikipedia 2009). Nur ein Teil dieser Machtverschiebungen ist aus der momentanen Wählerstimmung und dem ungeschickten Taktieren der SPD-Führung in Bezug auf eine zunächst abgelehnte, dann gescheiterte Koalition mit der Linken zu erklären. Eine repräsentative Befragung hat im Januar 2009 für die Wahl des deutschen Bundestags ein für die beiden Volksparteien zusammen noch schlechteres Ergebnis erbracht: CDU 34 Prozent, SPD 23, FDP 18, Linke 11, Grüne 10 (Blechschmidt 2009). Eine weitere Umfrage sah die FDP allerdings bei nur 13 Prozent, die CDU dagegen bei 38 (SüddeutscheZeitung 2009). Ein wesentlicher Teil dieses Wandels resultiert aus den Veränderungen der Klassenstruktur, die in der neuen Parteienlandschaft reflektiert werden. Abbildungen 3.1 und 3.2 stellen die Veränderungen der Klassenstruktur und der politischen Machtverhältnisse dar, die sich zwischen den 1980er Jahren und der Gegenwart vollzogen haben. Die Prozentzahlen unter den Parteinamen geben die Resultate der Hessischen Landtagswahlen von 1983 und 2009 wieder. Es versteht sich von selbst, dass kein Verhältnis von 1:1 zwischen Wählerstimmen der Parteien und den umrissenen Schichten in der Klassenstruktur besteht. Allerdings finden die Parteien ihre Wähler zum überwiegenden Teil in diesen Schichten (Abb. 3.1 und 3.2).

Die Übersetzung der neuen Klassenstruktur in das Parteiensystem wird unmittelbar am Zusammenhang zwischen Bildungsniveau und Wahlverhalten bei der hessischen Landtagswahl 2009 erkennbar. Es zeigt sich deutlich die Herausbildung einer zweigeteilten, global denkenden Elite von Hochschulabsolventen, die sich vom Rest der Bevölkerung absetzt. Die eine Seite neigt zur FDP, die andere zu den Grünen. Von den Hochschulabsolventen haben mehr Wähler der FDP und den Grünen als der CDU und der SPD jeweils zusammen ihre Stimme gegeben. Sie haben zu 23 Prozent die FDP, zu 25 Prozent die Grünen, zu 29 Prozent die CDU, nur zu 16 Prozent die SPD und zu 6 Prozent die Linke gewählt. Wähler mit Abitur haben sich noch zu 35 bzw. 21 Prozent für die CDU bzw. SPD entschieden, zu 16 bzw. 18 Prozent für die FDP und die Grünen und zu 6 Prozent für die Linke. Das weitaus größte Wählerpotenzial der beiden Volksparteien bilden die Stimmberechtigten mit Hauptschulabschluss: 43 bzw.

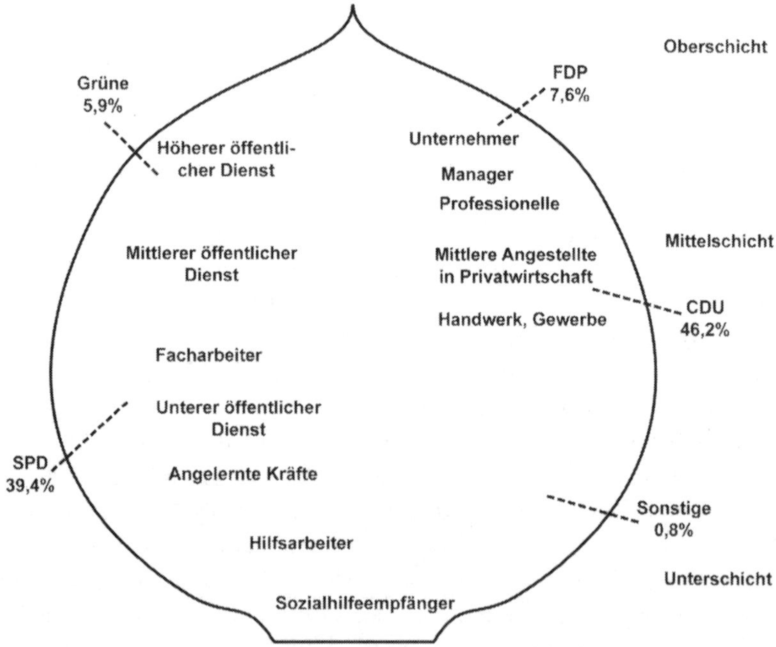

Abb. 3.1: Klassenstruktur und Ergebnisse der Hessischen Landtagswahl vom 25.09.1983

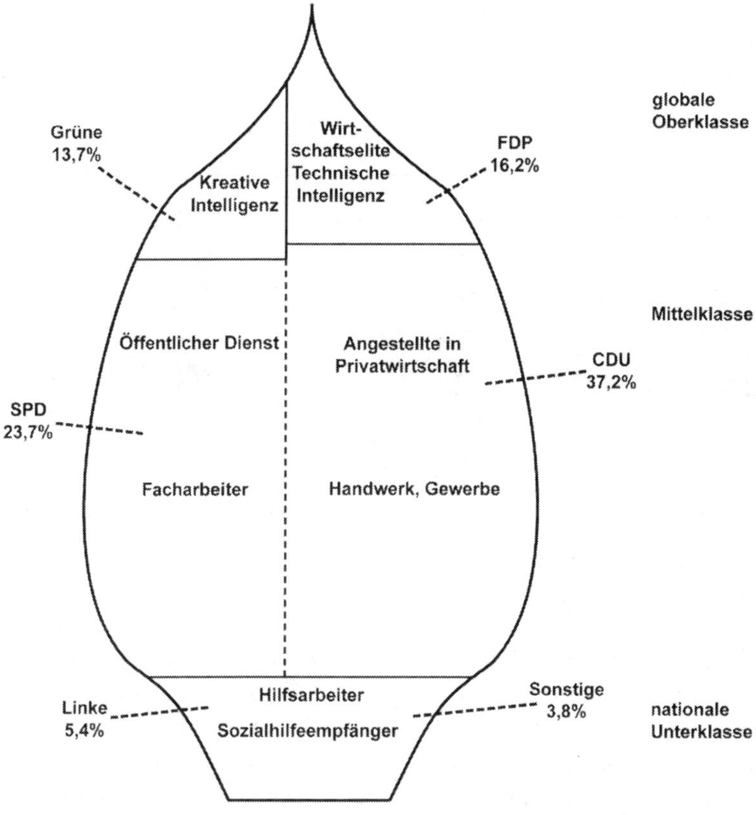

Abb. 3.2 Klassenstruktur und Ergebnisse der Hessischen Landtagswahl vom 18.01.2009

30 Prozent haben ihre Stimme der CDU bzw. SPD gegeben, 15 Prozent der FDP, 6 Prozent den Grünen und 4 Prozent der Linken (Süddeutsche Zeitung 2009b). Man sieht daran deutlich, dass FDP und Grüne ihr größtes Wählerpotenzial in der globalen Oberklasse finden, jeweils bei der Wirtschaftselite und der technischen Intelligenz auf der einen Seite und bei der kreativen Intelligenz auf der anderen Seite. Dass nur 4 Prozent der Hauptschulabsolventen die Linke gewählt haben, jedoch jeweils 6 Prozent der Abiturienten und der Hochschulabsolventen, widerlegt nicht die These, dass die Linke hauptsächlich in der neuen Unterklasse verankert ist. Man muss diese These so verstehen, dass die Herausbildung der neuen Unterklasse sowohl Wählerpotenzial als auch Legitimationsgründe für radikal linke wie auch radikal rechte Parteien bereitstellt. Ein Teil der Wähler aus

höheren Bildungs- und Einkommensklassen kann dann gewissermaßen treuhänderisch Parteien unterstützen, die ihre Stimme für die im internationalen Wettbewerb marginalisierte Unterklasse erheben (Abb. 3.3).

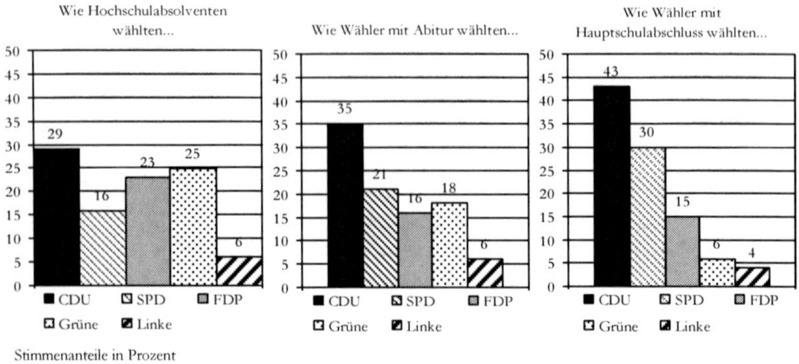

Abb. 3.3: Bildung und Wahlverhalten bei den Landtagswahlen in Hessen am 18.01.2009

Quelle: Süddeutsche Zeitung 2009a, Forschungsgruppe Wahlen

Die neue Klassenstruktur spiegelt sich nicht nur in der Parteienlandschaft, sondern auch in der Ablösung der alten Sozialpartnerschaft zwischen Gewerkschaften und Unternehmen durch Corporate Social Responsibility (CSR) (Hiß 2006; Blum, 2008; Curbach 2008). Die multinationalen Unternehmen, die aus der nationalen Sozialpartnerschaft ausbrechen, können sich mit dem strategischen Einsatz von Corporate Social Responsbility (CSR) und werbewirksamen Vereinbarungen wie dem *Global Compact* als moralische Pioniere der Weltgesellschaft präsentieren. Für sie stehen das globale ökologische Gleichgewicht und die elementaren Arbeitnehmerrechte in den Entwicklungsländern auf der Agenda. Letztere haben für sie Vorrang vor den sozialen Pflichten des nationalen Solidarverbandes. Geschicktes Public Relations hilft den Unternehmen, sich vor der Weltöffentlichkeit als moralische Pioniere darzustellen und die nationale Öffentlichkeit auf das historische Abstellgleis zu schieben. Nationaler Empörung bei großen Entlassungsaktionen und Werksschließungen wird im transnationalen Kontext der Stachel einer ernstzunehmenden politischen Kraft gezogen. So konnte zum Beispiel der Handy-Hersteller Nokia die Proteste gegen die Werksschließung in Bochum leicht mit dem Hinweis des Nutzens für die Arbeitnehmer im dafür neu aufgebauten Werk in Rumänien kontern. Die globalen ökologischen und humanitären Bewegungen sind die neuen Dialogpartner der multinationalen Unternehmen. Sie sitzen mit ihnen im gleichen Boot und sind deshalb zu einem Teil – wenn auch dem nichtherrschenden Teil – der globalen Oberklasse geworden.

Insofern als die Grünen diese Bewegung in der Parteienlandschaft repräsentieren, bilden sie das Pendant zur FDP. Beide Parteien stehen für die globale Oberklasse, die FDP für die Wirtschaftselite und den technokratischen Teil der Wissenselite, die Grünen für den Teil der Wissenselite mit ausgeprägtem ökologischem Bewusstsein. Die multinationalen Unternehmen bilden zusammen mit den humanitär und ökologisch gesinnten Internationalen Nichtregierungsorganisationen (INGOs) eine globale soziale Bewegung, die auf die Transnationalisierung der Solidarität hinarbeitet, deren Aufbau zugleich den Abbau nationaler Solidarität zur Folge hat (Curbach 2008). Diese mit der transnationalen Integration einhergehende nationale Desintegration äußert sich sozialstrukturell in der Akzentuierung einer neuen Klassenstruktur und politisch in der Zersplitterung des Parteiensystems.

Das zersplitterte Parteiensystem findet nicht mehr so leicht zu einem Konsens über ein umfassendes, die ganze Bevölkerung einbeziehendes System der sozialen Sicherheit. Die Agenda wird von der globalen Wirtschafts- und Wissenselite gesetzt. Diese baut auf Empowerment durch Humankapitalbildung im lebenslangen Lernprozess, das heißt auf das unternehmerische Selbst in jedem Mitglied der Gesellschaft. In der Perspektive dieses Paradigmas sind die alten wohlfahrtsstaatlichen Sicherungssysteme Hindernisse für die selbstverantwortliche Behauptung des Individuums im Wettbewerb und für dessen Selbstverwirklichung. Sie sollen deshalb im Interesse des Individuums selbst so weit wie möglich abgebaut werden. Umso größerer Bedarf besteht aber an guten Schulen und Hochschulen und an der entsprechenden Humankapitalbildung bis hin zur Mobilisierung der letzten Begabungsreserven. Aller nachmarktliche soziale Ausgleich kann sich dann auf das Auffangen derjenigen Mitbürger beschränken, die mehr oder weniger lang nicht am Erwerbsleben teilnehmen können.

In der Verwirklichung des neuen Paradigmas können sich die traditionellen Wohlfahrtsregime immer noch voneinander unterscheiden. Ein strikt liberales Regime wird versuchen, möglichst viele begabte junge Menschen mit Hilfe von Stipendien möglichst weit hinauf in der stratifizierten tertiären Bildung zu führen. Den aus dem Wettbewerb herausgefallenen Mitbürgern wird es nur bedarfsgeprüfte minimale Unterstützung gewähren.

Ein liberalisiertes konservatives Regime wird nach eigenem Credo darauf abzielen, unterschiedliche Begabungen im Bildungsprozess an den für sie jeweils angemessenen Platz zu führen, und es wird weiter die Familie als Stabilisierungsfaktor und Auffangstation nutzen. Dennoch wird es sich unter dem globalen Regime des Liberalismus den Konturen einer liberalen Ordnung annähern. Dazu tragen weitere Elemente des globalen Prozesses der Liberalisierung bei. Der von der EU forcierte Abbau von berufsständischen Schutzmechanismen erhöht den Wettbewerbsdruck und damit den Bedarf an individuellem Empowerment. Die Angleichung des Bildungsniveaus zwischen den Geschlechtern legt den Frauen nahe, sich durch eigenes Erwerbseinkommen unabhängig vom Ehemann zu machen, so dass das Modell der umfassenden und dauerhaften sozialen Absicherung des männlichen Haupternährers obsolet wird. Der Abschied vom langfristigen Statuserhalt des arbeitslosen Haupternährers durch die Einführung des Arbeitslosengeldes II nach Hartz IV war in Deutschland heftig umkämpft, er konnte aber den mobilisierten Widerstand deshalb überwinden, weil dem alten konservativen Modell des Statuserhalts des Haupternährers der Familie durch die Gleichstellung der Geschlechter in der Bildung der Boden entzogen worden war. So konnte Hartz IV zu einem Meilenstein in der Abkehr vom konservativen Wohlfahrtsregime und in der Hinwendung zu einem liberalen Regime werden.

Von entscheidender Bedeutung bei der Durchsetzung der Hartz IV-Reformen war die Aushebelung der Verbandsinteressen in der Hartz-Kommission der Bundesregierung. Nachdem das Bündnis für Arbeit nach dem alten Modell des Korporatismus in der Zusammenarbeit der Spitzen von Regierung, Arbeitgeberverbänden und Gewerkschaften gescheitert war, hat die Regierung Schröder die Hartz-Kommission überwiegend mit Experten besetzt, wobei auch aus den Verbänden die Experten aus der zweiten Reihe und nicht die Spitzenfunktionäre vertreten waren. Dadurch konnte die global dominante ökonomische Doktrin notwendige Reformen in Richtung von Deregulierung, Liberalisierung und residualer statt umfassender Wohlfahrt auf der nationalen Ebene erst richtig wirksam werden lassen und den jahrelang anhaltenden Widerstand gegen Reformen überwinden. Zu erklären ist dieser Durchbruch durch eine Machtverschiebung weg von den nationalen Partei- und Verbandsfunktionären und hin zu den globalen Experten in der Folge der Transnationalisierung der Governance von Wirtschaft und Gesellschaft. Während auf der nationalen Ebene lange Zeit die Partei- und Verbandsfunktionäre das Sagen hatten und die Experten eine untergeordnete, dienende Rolle spielten, haben im transnationalen Kontext des Benchmarkings und Monitorings durch die OECD-Berichterstattung und die Offene Methode der Koordinierung (OMK) der EU die Experten die Oberhand gewonnen. Unter dem Regime der Experten können sich globale Doktrinen wie das Liberalisierungsprogramm der OECD-Agenda von Beschäftigung und Wachstum in der wissensbasierten Ökonomie und die Lissabon-Strategie der Schaffung des weltweit wettbewerbsfähigsten, wissensbasierten Wirtschaftsraums durch die EU leichter gegen nationale Denktraditionen, institutionelle Bollwerke und Interessen durchsetzen.

Beispielhaft kann man den Einfluss von Experten im direkten Zusammenspiel mit Wirtschaftsinteressen und gegen alte Partei- und Verbandskoalitionen am Wandel des amerikanischen und deutschen Aktienrechts beobachten. Philipp Klages (2009) hat dazu eine aufschlussreiche Studie verfasst. In den USA herrschte im Verständnis der Aktiengesellschaft bis zur großen Depression in den 1930er Jahren die Auffassung vor, dass die Unternehmensleitungen in erster Linie ihren Aktionären (Eigentümern) verpflichtet seien. Dagegen wurde in den 1930er Jahren der Gedanke entwickelt, dass das Unternehmen eine Einheit sui generis sei, deren langfristiger Bestand von den Managern zu sichern sei, gegebenenfalls auch gegen kurzfristige Aktionärsinteressen. Aus dieser institutionalistischen Sicht wurde die Managerherrschaft in den Unternehmen begründet. Im Zuge der wachsenden Bedeutung institutioneller Anleger, insbesondere Pensionsfonds, hat in den 1970er Jahren ein Prozess des Umdenkens begonnen. Angestoßen durch die Interessen der Großaktionäre wurde in der Finanzökonomik die Theorie entwickelt, dass Unternehmen keine Einheiten sui generis, sondern nichts anderes als ein Komplex von Verträgen seien. Dabei stand insbesondere die Vertragsbeziehung zwischen Aktionären und Unternehmensleitung im Vordergrund. Aus dieser neuen kontraktualistischen Sicht bekamen die Aktionärsrechte eine weit größere Bedeutung, als es in der alten institutionalistischen Perspektive der Fall war. So wurde der Shareholder Value zur Leitlinie der Unternehmensführung. Damit verbunden wurde das Verständnis der Kontrolle über die Unternehmensführung als ein Markt. Durch die Erleichterung von feindlichen Unternehmensübernahmen wurde ein Markt für Unternehmensführungen kreiert. Leisteten sich Unternehmensleitungen Geschäftsergebnisse unter dem für möglich gehaltenen Niveau ihrer Unternehmen, riskierten sie eine feindliche Übernahme, weil Investoren die auf dem Aktienmarkt unterbewerteten Unternehmen durch Lockangebote für die bisherigen Aktionäre leicht übernehmen und gegebenenfalls auch nach einiger Zeit mit Gewinn wieder verkaufen konnten.

Diesem Wandel im finanzökonomischen Denken schloss sich auch die Jurisprudenz mit der von Richard Posner einflussreich betriebenen ökonomischen Analyse des Rechts an. Demnach sollten Fragen des Rechts nicht mehr nach dem verselbständigten rechtlichen Kriterium von Recht versus Unrecht, sondern nach dem ökonomischen Kriterium der Effizienz versus Ineffizienz entschieden werden. Das Wirtschaftsrecht sollte effiziente Lösungen für die Regelungen der Wirtschaft – hier der Aktiengesellschaft – ermöglichen. So wurde die Ausrichtung der Aktiengesellschaft am Shareholder Value auch durch die juristische Vertragstheorie als effiziente Gestaltung der Beziehung des Unternehmens zu seinen Aktionären begründet. In den USA gab es ab den 1980er Jahren allerdings eine institutionalistische Gegenbewegung, die dem weiteren Ausbau der Aktionärsrechte Grenzen setzte.

In Deutschland haben erst Reformen in den 1990er Jahren die Aktionärsrechte nach amerikanischem Vorbild gestärkt, dann sogar weitgehender als dies in den USA infolge der institutionalistischen Gegenbewegung der Fall war. Durch die spektakuläre feindliche Übernahme von Mannesmann durch Vodafone haben allerdings Gegenkräfte wieder ein Gewicht bekommen und an einer moderaten, jedoch über die Übernahmemöglichkeiten in den USA hinausgehenden Regelung im Übernahmegesetz von 2002 mitgewirkt.

Man sieht an diesem Beispiel, wie die Koalition von Wirtschaftsinteressen, Wirtschaftsdenken und Rechtsdenken zuerst in den USA, gut 20 Jahre später in Deutschland, die Stärkung von Aktionärsrechten gegenüber den Unternehmen und anderen Stakeholdern, wie der Belegschaft, vorangetrieben und dabei alte Koalitionen von Parteien, Verbänden und ihnen verbundenen Experten zur Seite gedrängt haben. Das amerikanische Aktionärsrecht ist durch die hegemoniale Stellung der amerikanischen Finanzökonomik und der amerikanischen Law firms im internationalen Vertragswesen zu einem globalen Modell geworden, an dem sich auch in Europa Reformen orientiert haben. Auf diesem Wege konnte die transnationale Wissenselite in der Koalition mit den Interessen der institutionellen Investoren den Widerstand nationaler Koalitionen von Parteien und Verbänden und ihnen verpflichteten Experten aushebeln.

Abbildung 3.4 stellt die Überlagerung des nationalen Feldes der Politik durch das transnationale Feld dar. Das Feld wird durch die beiden Achsen des wissenschaftlichen (sowie des ökonomischen) und des politischen Kapitals bestimmt (vgl. Bourdieu 2001). Wissenschaftliches Kapital ist die Fähigkeit, (politische) Entscheidungen durch Expertenwissen zu beeinflussen. Ökonomisches Kapital ist die Fähigkeit, Investitionen in Unternehmen zu tätigen, die weiteres ökonomisches Kapital erwirtschaften. Politisches Kapital ist die Fähigkeit, (politische) Entscheidungen durch die Disposition über formale Entscheidungsbefugnisse in Ämtern, über einflussreiche Gefolgsleute in Ausschüssen und Parlamenten sowie über Wählerstimmen durchzusetzen. Die Abbildung überzeichnet idealtypisch die Herrschaft des politischen Kapitals der Partei- und Verbandsfunktionäre über das wissenschaftliche Kapital der Experten und das ökonomische Kapital der Wirtschaftselite auf der nationalen Ebene, die Überlagerung der nationalen durch transnationale Governance und schließlich die Herrschaft der Wissens- und Wirtschaftselite über die Partei- und Verbandsfunktionäre auf der transnationalen Ebene. Letztere resultiert aus dem auf dieser Ebene hinzugewonnenen wissenschaftlichen Kapital der gegenüber nationalen Denktraditionen legitimierten wissenschaftlichen Doktrinen, dem ökonomischen Kapital der global agierenden Wirtschaftselite und dem ebenso hinzugewonnenen politischen Kapital transnationaler Expertennetzwerke, gegen die Parteien und Verbände schwerer ankommen können als auf der nationalen Ebene. Die Umsetzung von wissenschaftlichem, ökonomischem oder politischem Kapital in Anerkennung, Respekt, Autorität und Definitionsmacht lässt sich als symbolisches Kapital interpretieren. Im nationalen Feld der Politik verfügen die Partei- und Verbandsfunktionäre über mehr symbolisches Kapital als die Experten, im transnationalen Feld ist es umgekehrt. Das beginnt sich jedoch im Zuge der Machtverschiebung zugunsten des transnationalen Feldes zu ändern. Das Verhältnis zwischen dem transnationalen und dem nationalen Feld wird selbst durch das mobilisierbare materielle und symbolische Kapital der Akteure bestimmt. So überträgt sich in der Gegenwart die politisch dominierende Stellung und die symbolische Macht (überlegenes symbolisches Kapital) der Wissens- und Wirtschaftseliten im transnationalen Feld deutlich sichtbar auf das nationale Feld und führt auch dort zu einer Steigerung ihrer materiellen und symbolischen Macht im Verhältnis zu den Partei- und Verbandseliten (Abb. 3.4).

Auch die sozialdemokratisch geprägten Wohlfahrtsstaaten Skandinaviens setzen auf Empowerment durch lebenslanges Lernen und auf die unternehmerische Aktivität des Individuums. Der Begriff des Unternehmers

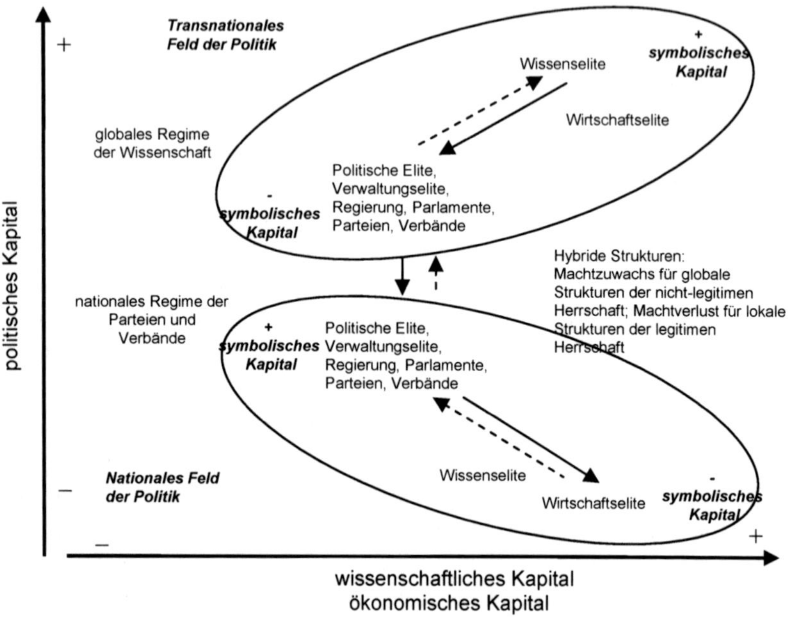

Abb. 3.4.: Die Doppelstruktur der Herrschaft im nationalen und transnationalen Feld der Politik

ist aus dem wirtschaftlichen Kontext herausgelöst und in alle Funktionsbereiche der Gesellschaft hinein ausgebreitet worden. Sozialdemokratisch bleibt an diesem Programm der Weckung des unternehmerischen Denkens unter allen Mitbürgern, dass der Staat umfangreichere Investitionen in die entsprechende Bereithaltung von Chancen des Lernens tätigt und die Unterstützung derjenigen Mitbürger, die trotz aller Bemühungen nicht ausreichend erwerbsfähig sind, nach wie vor großzügiger gestaltet als dies unter einem strikt liberalen Regime der Fall wäre.

Alles in allem hat eine deutliche Bewegung konservativ und/oder sozialdemokratisch geprägter Wohlfahrtsstaaten in die Richtung einer liberalen Ordnung stattgefunden. Dafür lediglich »unausweichliche« finanzielle Restriktionen verantwortlich zu machen, würde zu kurz greifen. Begründungen dieser Art bestimmen zwar die politische Rhetorik, sie können aber nicht erklären, warum ein so tiefgreifender gesellschaftlicher Wandel nicht von einem breiten Widerstand aufgehalten wird. Die tieferen Ursachen dafür, dass es keinen ausreichend breiten Widerstand gibt, liegen darin, dass dem umfassenden, nach Titmuss (1958) sogenannten institutionellen Wohlfahrtsstaat die sozialstrukturelle Grundlage der Unterstützung durch eine bis in die Spitze und das untere Ende der Klassenstruktur reichenden Mittelklasse und der darauf gestützten Wohlfahrtskoalition der großen Volksparteien verlorengegangen ist und statt dessen überall der residuale, lediglich auf bedarfsgeprüfte minimale Unterstützung der Schwächsten eingestellte Wohlfahrtsstaat an Bedeutung gewinnt. Die Ursache dafür ist die Transnationalisierung der Solidarität und die damit einhergehende Desintegration der nationalen Gesellschaften. Zusätzlich gestützt wird dieser gesellschaftliche Wandel durch Prozesse der Tertiarisierung der Wirtschaft, der Expansion der Bildung und der Gleichstellung der Geschlechter.

Abbildung 3.5 fasst die wesentlichen Kausalfaktoren, Bahnen und Stationen des identifizierten gesellschaftlichen Wandels zusammen. Als maßgeblichen Auslöser des Wandels können wir im Anschluss an Durkheim (1977) das Schrumpfen der Distanzen im Zuge des globalen Bevölkerungswachstums und der Beschleunigung von Transport und Kommunikation betrachten. Dadurch verschärft sich der internationale Wettbewerb um knappe Ressourcen. Mehrere Anpassungsstrategien dienen der Behauptung im verschärften Wettbewerb: Migration, Kriminalität, Krieg und Spezialisierung. Letztere führt in dem Maße zu internationaler Arbeitsteilung, in dem die Transnationalisierung der Wirtschaftsverfassung dafür die Rechtsordnung bereitstellt. Je mehr die internationale Arbeitsteilung fortschreitet, umso mehr treibt sie einen Strukturwandel der Solidarität, einen Strukturwandel der Wirtschaft und einen Paradigmenwechsel der Gerechtigkeit voran, die sich gegenseitig verstärken. Der Solidaritätswandel mündet in eine neue Klassenstruktur und einen daraus hervorgehenden Antagonismus von Globalismus und Nationalismus im Parteiensystem. Der Wirtschaftswandel setzt in den OECD-Ländern zunehmend radikale Innovationen an die Stelle von inkrementalen und impliziert eine Destabilisierung von Wirtschaft und Gesellschaft mit Tendenzen zur Anomie. Der Gerechtigkeitswandel zielt auf die Beseitigung von Diskriminierung jeglicher Art im transnationalen Horizont moralischer Diskurse, auf die Aufhebung von Binnen- und Außenmoral und letztlich den Wandel von kollektivistischen Formen der Inklusion in die Gesellschaft zur individuellen Inklusion durch Humankapitalbildung. Die mit dem ganzen Wandel einhergehenden Tendenzen zur Anomie befördern einerseits Rebellion als Radikalisierung politischer Auseinandersetzungen, andererseits relative Exklusion und Delinquenz als Radikalisierung des individuellen Erfolgsstrebens.

In den folgenden Kapiteln werden wir uns mit der Destabilisierung, Desintegration und Desorganisation der Gesellschaft und den Tendenzen zu relativer Exklusion und Delinquenz in der Folge des konstatierten Wandels beschäftigen.

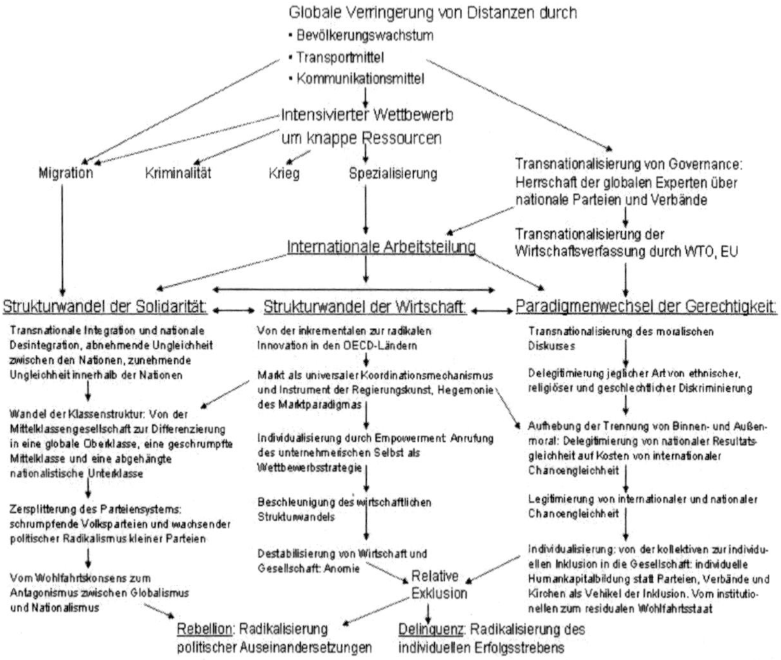

Abb. 3.5 Kausalfaktoren, Bahnen und Stationen des gesellschaftlichen Wandels

Die in Abbildung 3.5 zusammengefassten Kausalfaktoren, Bahnen und Stationen des gesellschaftlichen Wandels und ihrer Interdependenzen richten den Fokus auf den sozialen Wandel. Es sind diejenigen Kräfte, die auf den Wandel hinwirken. Immer stellen sich diesem Wandel Faktoren der Trägheit und Pfadabhängigkeit entgegen: Denken in nationalen Traditionen, institutionelle Verfestigung und Komplementaritäten, mächtige Interessen am Status quo und Transaktionskosten. Sie können den Wandel für lange Zeit aufhalten und in spezifische nationale Richtungen lenken. Es entstehen dabei Hybride mit je eigenartigen Konsequenzen (Thelen 2002). Die Risiken der Globalisierung können politische Koalitionen fördern, die auf den Schutz der betroffenen Arbeitnehmer hinwirken und an wohlfahrtsstaatlichen Sicherungen festhalten, die sonst politischen Reformen zum Opfer fallen würden. Argumente, dass die Globalisierung aufgrund der mit ihr einhergehenden Arbeitsmarktrisiken den Schutz des Wohlfahrtsstaates benötigt, um voranschreiten zu können (Rodrik 1997; Rieger und Leibfried 2001), unterstützen selbst die Beharrungskräfte des Wohlfahrtsstaates. Trotzdem ist nicht von der Hand zu weisen, dass ein gesellschaftlicher Wandel in die Richtung eines eher liberalen Regimes, weg vom institutionellen und hin zum residualen Wohlfahrtsstaat im Sinne von Titmuss (1958) tatsächlich stattfindet, wenn auch pfadabhängig und nicht überall in gleicher Gestalt und Geschwindigkeit (Pierson 2004; Beyer 2006). Das gilt es zu erklären.

Die üblichen Erklärungsinstrumente greifen zu kurz, um die tieferen Ursachen des Wandels zu erfassen. Das gilt zum Beispiel für die in der Politikwissenschaft übliche Suche nach Variablen wie die Anzahl von Jahren konservativer oder sozialdemokratischer Parteien in der Regierung, die Zahl von Veto-Spielern oder fiskalische Krisen (Iversen 1999; Huber und Stephens 2001; Swank 2002; Tsebelis 2002). Solche Erklärungen bleiben zu vordergründig. Sie können nicht den tieferen sozialen Wandel erklären, der überall zu beobachten ist. Aber auch funktionalistische Erklärungen, die den Wohlfahrtsstaat oder alternativ Handelsprotektionismus als Versicherung gegen die Risiken der Globalisierung interpretieren, geben uns keine Erklärung dafür, warum überall wohlfahrtsstaatliche Sicherungen in die Richtung eines liberalen Regimesverändert wurden. Auch die zusätzliche Unterstützung dieser Erklärung durch die Abhängigkeit demokratisch gewählter Regierungen von einer risikoaversen Wählermehrheit (Rieger und Leibfried 2001) hilft nicht, um den Ursachen und der Richtung des Wandels auf die Spur zu kommen. Ebenso wenig reicht der Verweis auf die politische Durchsetzung des Neoliberalismus durch die Weltbank, den Internationalen Währungsfonds, amerikanische Think Tanks und die neokonservativen Regierungen von Ronald Reagan und Margaret Thatcher aus (Dezalay und Garth 1998; Fourcade 2006). Dazu gehört auch die Tatsache, dass das Vertragsrecht im internationalen Wirtschaftsverkehr maßgeblich von amerikanischen Law firms nach liberalem amerikanischem Rechtsdenken gestaltet wird. In Europa gab es genug politischen Gegenwind, sowohl aus traditionell konservativer als auch aus traditionell sozialdemokratischer Richtung, der auch den Wandel für einige Zeit aufgehalten hat, ihn aber trotzdem nicht ganz verhindern konnte. Es genügt auch nicht, die Ölkrisen von 1973 und 1979, die wirtschaftliche Stagflation in den 1970er Jahren, die anschließende restriktive Geldpolitik von Zentralbanken und die Krise des Keynesianismus als Ursachen für die globale Ausbreitung der neuen Angebotspolitik des Neoliberalismus verantwortlich zu machen (Traxler 2005). Historische Ereignisse dieser Art können erklären, warum die Angebotspolitik des Neoliberalismus zu diesem Zeitpunkt einen Aufschwung erfahren hat und auf offene Ohren gestoßen ist, aber nicht, warum und in welche Richtung sich ein so tiefgreifender struktureller Wandel der ganzen Gesellschaftsordnung in der Richtung einer Liberalisierung aller Wohlfahrtsregime vollzogen hat. Ein struktureller Wandel kann nicht durch historische Einzelereignisse erklärt werden. Er bedarf der Erklärung durch vorausgehende und damit einhergehende strukturelle Verschiebungen. Die globale Ausbreitung des Neoliberalismus reflektiert diese tiefer liegenden strukturellen Verschiebungen. Er wird durch sie unterstützt und er wirkt selbst verstärkend auf sie zurück, indem er ihnen einen Sinn gibt und sie in ein Paradigma der Gesellschaftsordnung einfügt. Der identifizierte Strukturwandel verlangt nach einer strukturtheoretischen Erklärung.

Die hier entwickelte Erklärung verankert den Strukturwandel vom institutionellen zum residualen, vom konsumtiven zum produktiven Wohlfahrtsstaat und von der kollektiven Inklusion durch Parteien, Verbände und Kirchen zur individuellen Inklusion durch Humankapitalbildung maßgeblich in drei ineinandergreifenden Strukturverschiebungen. Diese Strukturverschiebungen werden von der globalen Verringerung der Distanzen, dem dadurch intensivierten Wettbewerb um knappe Ressourcen, der dadurch erzwungenen Spezialisierung und ihrer Umsetzung in internationale Arbeitsteilung unter der Bedingung der Transnationalisierung der Wirtschaftsverfassung befördert. Die erste der drei ineinandergreifenden Strukturverschiebungen ist der wirtschaftliche Wandel der OECD-Länder von der inkrementalen zur radikalen Innovation und die dadurch ausgelöste Beschleunigung des wirtschaftlichen und gesellschaftlichen Strukturwandels. Dieser Wandel ist als eine *funktionale Anpassung* der OECD-Länder an den intensivierten Wettbewerb untereinander und mit den Entwicklungsländern zu interpretieren, den sie mit der verstärkten Hinwendung zu radikalen Innovationen zu bewältigen versuchen. Eine funktionale Alternative dazu wäre verstärkter Protektionismus, dem jedoch im globalen Diskurs unter Führung der Welthandelsorganisation (WTO) zunehmend die Legitimität entzogen wird. Man erkennt hier die Interdependenz des wirtschaftlichen Strukturwandels mit dem Wandel der Gerechtigkeit. Die zweite Strukturverschiebung erfolgt in der Klassenstruktur und in der dadurch verursachten Verschiebung der Machtverhältnisse im politischen Raum im Allgemeinen und im Feld der Sozialpolitik im Besonderen. Es handelt sich um den Machtverlust der großen Volksparteien und den Machtgewinn von kleinen radikaleren Parteien. Dadurch wird der alte Wohlfahrtskonsens von einem neuen Antagonismus zwischen Globalismus und Nationalismus abgelöst. Die dritte Strukturverschiebung vollzieht sich im Gerechtigkeitsdiskurs, der aus dem nationalen Denkhorizont herausgelöst und einem globalen Horizont unterworfen wird. Die Konsequenz ist die Aufhebung von Binnen- und Außenmoral und die Deutung von Gerechtigkeit als innere und äußere Chancengleichheit für alle. Dieser Gerechtigkeitswandel befördert die Individualisierung der Inklusion in die Gesellschaft.

3.5 Schlussbemerkungen

Indem die identifizierten drei Strukturverschiebungen sowie ihre Interdependenzen ins Blickfeld gerückt werden, verbinden wir einen funktionalistischen Erklärungsansatz in der Fokussierung auf die Anpassung der Wirtschaft der OECD-Länder an den internationalen Wettbewerb mit einem klassen- und feldtheoretischen Ansatz mit Fokus auf den Wandel der Klassenstruktur und – homolog dazu – der Parteienlandschaft im politischen Raum und einem diskurstheoretischen Ansatz im Fokus auf den Paradigmenwechsel der Gerechtigkeit durch die Transnationalisierung des diskursiven Feldes. Ein vierter, institutionalistischer Erklärungsansatz ergänzt das Erklärungsprogramm, indem der identifizierte Paradigmenwechsel der Gerechtigkeit als Umsetzung eines globalen Modells in Nationalstaaten zwecks Erlangung von Legitimität im Kontext von internationalem Benchmarking (befördert durch Rankings) und der Wandel auf nationalen Entwicklungspfaden als Trägheit der vorhandnen Institutionen interpretiert werden (Meyer und Rowan 1977; DiMaggio und Powell 1982; Hall und Taylor 1996; Immergut 1998). Indem die diskursive Konstruktion von transnationaler Gerechtigkeit auf den Strukturwandel der Wirtschaft und der Solidarität reifizierend zurückwirkt, sind an dem gesamten gesellschaftlichen Wandel auch erhebliche Kräfte der sozialen Konstruktion beteiligt (Berger und Luckmann 1969/1977). Wie daran zu sehen ist, be-

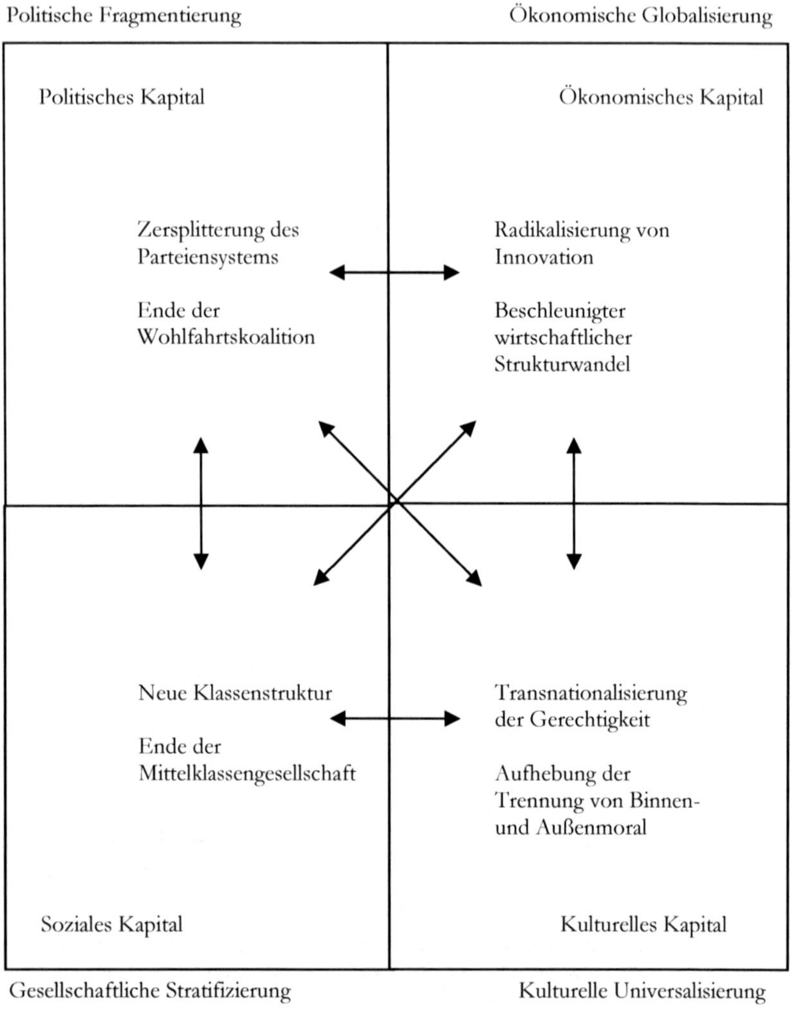

Abb. 3.6: Interdependente Prozesse des gesellschaftlichen Wandels

darf es der Verbindung unterschiedlicher Erklärungsinstrumente miteinander, um zu einem tiefer gehenden Verständnis und einer gründlicheren Erklärung des sich vollziehenden gesellschaftlichen Wandels zu gelangen. Immer ist dabei zu bedenken, dass es sich bei der Beschreibung dieses Wandels um eine idealtypische Überzeichnung und nicht um eine Darstellung der vielfältigeren, fragmentierteren und brüchigeren empirischen

Realität handelt. Der Vorteil dieser Überzeichnung besteht darin, dass ein tieferer Strukturwandel der Gesellschaft sichtbar wird, der sonst hinter der Komplexität von ja und nein, Wandel und Kontinuität, Divergenz und Konvergenz verborgen bleibt.

Auf einen Nenner gebracht, wird der identifizierte gesellschaftliche Wandel in seinem Kern von vier sich wechselseitig verstärkenden Prozessen vorangetrieben. Die *ökonomische Globalisierung* impliziert eine Radikalisierung von Innovationen, die wiederum eine Beschleunigung des wirtschaftlichen Strukturwandels mit sich bringt. Damit verbindet sich eine verschärfte *gesellschaftliche Stratifizierung*, die Akzentuierung der Klassenstruktur und das Ende der Mittelklassengesellschaft. Dazu gesellt sich die *politische Fragmentierung* im globalen Mehrebenensystem der Governance mit einer Zersplitterung des Parteiensystems und einem Ende der Wohlfahrtskoalition der großen Volksparteien. Die Legitimation dieses Wandels ergibt sich aus Prozessen der *kulturellen Universalisierung* mit der Transnationalisierung der Gerechtigkeit und der Aufhebung der Trennung von Binnen- und Außenmoral (Abb. 3.6).

4. Das liberale Gesellschaftsmodell: Die USA als Lehrmeister?

4.1 Einleitung

Nach der Typologie von Esping-Andersen (1990) repräsentieren die Vereinigten Staaten den Typus eines liberalen Wohlfahrtsstaates, der sich auf die universalistische Gewährleistung einer sehr bescheidenen Grundsicherung für alle im Falle nachgewiesener Bedürftigkeit beschränkt und im übrigen auf die inkludierende Wirkung offener Märkte und vormarktlicher Chancengleichheit setzt. Dementsprechend ist der Lebensstandard des einzelnen Individuums oberhalb der bescheidenen Grundsicherung in hohem Maße vom individuellen Markterfolg (achievement) abhängig. Davon unterscheiden sich die Typen des konservativen (christdemokratischen) und des egalitären (sozialdemokratischen) Wohlfahrtsstaates. Der konservative Wohlfahrtsstaat – korporatistisch in Deutschland, etatistisch in Frankreich – vertraut in erster Linie der Integrationskraft der Familie, will die etablierte Statushierarchie sichern und verfährt nach dem Prinzip der Subsidiarität. Er knüpft Sozialleistungen oberhalb des Existenzminimums an den in der Regel männlichen Vollzeit erwerbstätigen Haupternährer der Familie und erzielt in größerem Umfang als der liberale Wohlfahrtsstaat durch nachmarktliche Umverteilung eine gewisse Resultatsgleichheit. In letzterer Hinsicht geht der egalitäre Wohlfahrtsstaat Skandinaviens noch weiter. Er gewährleistet universalistisch eine Grundsicherung für alle auf sehr hohem Niveau, das durch ein entsprechend hohes Steueraufkommen auf der Basis einer hohen Beschäftigungsquote von Männern und Frauen erreicht wird. Der egalitäre Wohlfahrtsstaat setzt auf den Staat, die Staatsbürgerschaft und die staatlich garantierten sozialen Rechte.

In den folgenden Abschnitten soll gezeigt werden, welche institutionellen Besonderheiten des liberalen Wohlfahrtsstaates in den Vereinigten Staaten in Verbindung mit diesen globalen Entwicklungstrends zu spezifischen exkludierenden Effekten und weiteren Desintegrationserscheinungen führen. Dabei nehmen wir eine auf die Vereinigten Staaten zugeschnittene Spezifikation des liberalen Wohlfahrtsstaatsmodells vor, indem wir auf die eigenartige Struktur und den spezifischen Integrationsmodus der amerikanischen gesellschaftlichen Gemeinschaft eingehen. Aus der Verknüpfung des Wohlfahrtsstaatsmodells von Esping-Andersen (1990) mit dem Modell der gesellschaftlichen Gemeinschaft von Talcott Parsons (1971) soll ein Erkenntnisgewinn in Bezug auf das Problem der sozialen Integration im Prozess der fortschreitenden Modernisierung erzielt werden (vgl. Opielka 2004a).

4.2 Historische Entwicklung und Struktur der amerikanischen gesellschaftlichen Gemeinschaft

Gehen wir von den ersten Siedlern im 17. Jahrhundert aus, dann ist klar zu erkennen, dass weiße angelsächsische Protestanten die Gründer der amerikanischen gesellschaftlichen Gemeinschaft waren (Tocqueville 1945: Bd. I, 26–45; Berthoff 1971: 3–20; Daniels 1990). Sie bilden auch bis heute ihren Kern. In Parsons' Augen war es jedoch für die Inklusionskraft dieser gesellschaftlichen Gemeinschaft von entscheidender Bedeutung, dass sich diese sogenannte WASP-Community in wachsendem Maße für Immigranten aus aller Welt geöffnet hat und auf diese Weise eine in rassischer, ethnischer und religiöser Hinsicht pluralistische gesellschaftliche Gemeinschaft entstanden ist und dabei keine Korrespondenz zwischen rassischer, ethnischer oder religiöser Mitgliedschaft und territorialer Siedlungsstruktur – wie zum Beispiel im englischsprachigen und französischsprachigen Kanada – entstanden ist (Lipset und Marks 2000: 126–137). Dadurch teilten sich Menschen unterschiedlicher Hautfarbe, ethnischer und nationaler Herkunft, Religion und Sprache ein und denselben Ort und die damit verbundenen funktionalen Mitgliedschaften in Vereinen, Parteien, Schulen, Universitäten, Behörden oder Unternehmen. Askriptive Mitgliedschaften und funktionale Mitgliedschaften blieben relativ entflochten (Kallen 1956; Gordon 1964). Durch die Zusammenarbeit in funktionalen Vereinigungen konnte deshalb ein askriptive Gruppenzugehörigkeiten überschreitender Gemeinsinn als maßgebliche Ressource der sozialen Integration gepflegt werden (Münch 2001a: 223–249). Allerdings ist der Zusammenhalt der Nation durch Immigrationswellen immer wieder neu auf die Probe gestellt worden. Im Jahr 2000 hat sich die Bevölkerung von 282,125 Millionen Menschen wie folgt zusammengesetzt: 69,4 Prozent nicht-hispanische Weiße, 12,7 Prozent Schwarze, 3,8 Prozent Asiaten, 11,6 Prozent Hispanier und 2,5 Prozent andere Rassen. Für 2050 wird die folgende Zusammensetzung vorausgesagt: 50,1 Prozent nicht-hispanische Weiße, 14,6 Prozent Schwarze, 8,0 Prozent Asiaten, 24,4 Prozent Hispanier und 5,3 Prozent andere Rassen (U.S. Census Bureau 2004). Das sind deutliche Verschiebungen in der Zusammensetzung der Bevölkerung. Wenn im Folgenden der Begriff »Rasse« (race) gebraucht wird, ist die vom U.S. Census Bureau verwendete statistische Kategorie gemeint. Dem Sprachgebrauch folgend, wird alternativ auch von »ethnischen Gruppen« gesprochen, die zum einen dasselbe bezeichnen können, zum anderen eine Kategorie unterhalb der Kategorisierung der Bevölkerung nach »Rassen« darstellen.

Eine wichtige Rolle bei der Bändigung von Kräften der Exklusion von Minderheiten spielte die Verankerung der Bürgerrechte in der Verfassung und die Herausbildung einer unabhängigen Rechtsprechung insbesondere in den Händen des Supreme Court als Hüterin der Verfassung. Die Rechtsprechung des Supreme Court hat sukzessive in einer Reihe von bahnbrechenden Urteilen die Rassendiskriminierung zumindest formal-rechtlich beendet und damit maßgeblich die Mitgliedschaft in der gesellschaftlichen Gemeinschaft als Citizenship (Staatsbürgerschaft) von askriptiven Merkmalen befreit und für die Gleichheit der Ausübung fundamentaler ziviler, politischer und sozialer Rechte gesorgt (Gunther und Dowling 1970: 400–466, 816–978; Karst 1989; Legomsky 1987; Neumann 1996; Joppke 1999; Rubio-Marin 2000). Alle Amerikaner unterschiedlicher rassischer, ethnischer, nationaler oder religiöser Gruppenzugehörigkeit teilen dieselben Rechte und bilden in dieser Hinsicht eine Gruppen übergreifende gesellschaftliche Gemeinschaft auf der Basis von Citizenship im Sinne von T.H. Marshall (1964). Die individuellen Rechte machen aus einer Pluralität von Gruppen eine Nation von Individuen, die durch die individuelle Suche nach dem persönlichen Glück geeint werden, wie es Thomas Jefferson in der Unabhängigkeitserklärung von 1776 auf den Punkt gebracht hat (Peterson 1970). Weil die Siedler erfahren haben, dass sie bei der Verfolgung ihres individuellen Glücks weiter kommen, wenn sie sich zu verschiedenen Zwecken zusammenschließen, um sich gegenseitig zu unterstützen, haben sie den Grundstein für eine Gesellschaft gelegt, die ihren Zusammenhalt aus einer Vielzahl zweckgerichteter Vereinigungen mit Gruppen überkreuzender Mitgliedschaft schöpft (Tocqueville 1945: Bd. 2, 106–110; Weber

1920/1972; Tiryakian 1975; Almond und Verba 1963; Immerfall 1997; Kalberg 1997).

Im Unabhängigkeitskrieg ist gleichzeitig das grundlegende Verständnis des Gemeinwesens als eine Angelegenheit der individuellen Bürger gereift, die ihre gemeinsamen Angelegenheiten selbst regeln und nur die selbst nicht zu bewältigenden Aufgaben an eine Regierung delegieren, deren Machtausübung es jedoch in einem System von Kontrollen und Gegengewichten (checks and balances) zu begrenzen gilt (Baylin 1967; McDonald 1985; Pangle 1988; Ackerman 1991). Das bedeutete, dass dem Eingreifen der Regierung in die Gesellschaft enge Grenzen gesetzt wurden, insbesondere auch dem Eingreifen zu Zwecken der sozialen Integration, zum Beispiel durch Sozialgesetzgebung und Umverteilung mittels progressiver Steuern. Die Integration der Gesellschaft sollte im Wesentlichen eine Sache der Selbstorganisation der Bürger sein. Die Inklusion der Menschen in die Teilhabe an der gesellschaftlichen Solidarität, am wirtschaftlichen Wohlstand, an der politischen Machtausübung und an der Kultur war deshalb in erster Linie eine Sache der Wahrnehmung von Rechten durch das einzelne Individuum, unterstützt durch eine darauf eingestellte Rechtsprechung und durch freiwillige Vereinigungen (Abraham 1977; Lofgren 1987; Nelson 1988; Joppke 1999). Auf diese Weise wurde der Zugang zu gemeinschaftlicher Solidarität, Einkommen, Macht und Prestige von askriptiven Merkmalen getrennt.

In Parsons' Begriffen hat sich eine von partikularen Gruppen unabhängige gesellschaftliche Gemeinschaft ausdifferenziert, wie auch gleichzeitig eine Differenzierung von Wirtschaft, Politik und Kultur von askriptiven partikularen Gruppenzugehörigkeiten erfolgte und der Zugang zu Wohlstand, Macht und Prestige auf universalistische Beine des Leistungserfolgs (achievement) gestellt wurde (Parsons 1971: 87–114). Um zu Wohlstand zu gelangen, müssen wirtschaftlich nachgefragte Leistungen erbracht werden, um politische Macht ausüben zu können, sind Wahlstimmen zu gewinnen, um Prestige zu erlangen, müssen allgemein anerkannte Werte verwirklicht werden. Die Inklusion in die gesellschaftliche Gemeinschaft und die Inklusion in die gesellschaftlichen Funktionssysteme der Wirtschaft, Politik und Kultur wurde hochgradig individualisiert und von askriptiven Gruppenzugehörigkeiten befreit. Zusammen mit dem Zustrom an Zuwanderern ergab sich daraus ein äußerst harter Wettbewerb um die materiale Verwirklichung von formalen Inklusionsrechten mit dem Ausgang einer relativ starken vertikalen Differenzierung des materiellen Erfolgs, insbesondere im Hinblick auf die Teilhabe am Wohlstand (Nelson 1995; Keister 2000). Soweit dieser ungleiche materielle Erfolg auf der Basis von Chancengleichheit und Fairness erzielt wird, gilt er als legitim und wird deshalb nicht in Frage gestellt. Die Zweifel an der Legitimität des ungleichen Erfolgs wachsen jedoch in dem Maße, in dem geglaubt wird, dass keine Chancengleichheit besteht.

Gerade wegen der relativ hohen Ergebnisungleichheit ist der Druck auf die Herstellung von Chancengleichheit umso größer. Die entscheidenden Instrumente zur Ausübung dieses Drucks sind die Vereinigungen partikularer Gruppen, die sich gegen Diskriminierung wenden und insbesondere die Rechtsprechung für diesen Zweck nutzen. Diese Konstellation hat seit den 1970er Jahren eine Entwicklung in Gang gesetzt, aus der eine gesteigerte Tendenz des Zerfalls in den Gruppenpartikularismus und des Verlustes an Gruppen übergreifendem Gemeinsinn resultiert. Dabei konvergieren zwei heftig debattierte aktuelle Erscheinungen der amerikanischen Gesellschaft: die Verdrängung des en, auf Individualrechte bauenden Pluralismus durch den kollektivistischen, auf Gruppenrechte gestützten Multikulturalismus und der Verlust an Gruppen übergreifendem Gemeinsinn (Münch 2001b: 54–57, 60–64). Im Folgenden wollen wir der Frage nachgehen, wie weit diese Erscheinungen als spezifische Fehlentwicklungen des genuin amerikanischen Modells der gesellschaftlichen Gemeinschaft zu begreifen sind.

Talcott Parsons hat mit seinem theoretischen Modell der gesellschaftlichen Gemeinschaft als evolutionäre Errungenschaft der Moderne einen nach wie vor brauchbaren Beitrag zum Verständnis des spezifischen Integrationsmodus moderner Gesellschaften von der nationalen bis zur weltgesellschaftlichen Ebene geleistet (Parsons 1971: 12–26). Für ihn war die amerikanische gesellschaftliche Gemeinschaft in der Ablösung von askriptiven Merkmalen weiter gegangen als jede andere Gesellschaft (Parsons 1971: 86–121). In einer Welt offener Grenzen kann sie nach wie vor als ein beispielhafter Modellfall für einen Modus der sozialen Integration gelten, der mit den geringst möglichen Ressourcen an vorgängiger, durch gemeinsame Herkunft bestimmter Bindung auskommt. Die Entwicklung einer solchen gesellschaftlichen Gemeinschaft ist an spezifische Bedingungen geknüpft und spezifischen Gefahren des Zerfalls in den Gruppenpartikularismus und des Verlustes an Gruppen übergreifendem Gemeinsinn ausgesetzt. Diese Gefahren können nur so weit gebannt werden, als es gelingt, die spezifischen Existenzbedingungen dieser Art der gesellschaftlichen Gemeinschaft zu erneuern: die ausreichende Loslösung des Individuums von askriptiver Gruppenzugehörigkeit durch dessen Inklusion in übergreifende Netzwerke (Parsons 1969: 254–258; 1971: 12–14; 1977: 385–389).

Der immer noch bedeutendste Faktor, der auf den Abbau askriptiver Solidarität und auf den Aufbau von Gruppen übergreifenden Netzwerken hinwirkt, ist der wirtschaftliche Aufstieg. Je mehr Aufstiegschancen der Markt bietet, umso mehr Mitglieder von bisher benachteiligten Minderheiten bekommen Zugang zur breiten Mittelklasse (Parsons 1971: 106–114). Die multiethnische Zusammensetzung der Mittelklasse ist das notwendige sozialstrukturelle Fundament einer Gruppen übergreifenden gesellschaftlichen Gemeinschaft. Die ökonomisch aktiven Mitglieder der Mittelklasse bilden das breite Reservoir für das Engagement in zweckgerichteten, ethnisch indifferenten freiwilligen Vereinigungen. Eine wesentliche Voraussetzung für die multiethnische Zusammensetzung freiwilliger Vereinigungen sind multiethnische Nachbarschaften, die sich wiederum im Zuge der ökonomischen Mobilisierung der Gesellschaft entwickeln (Parsons 1977: 389–395). Ethnisch homogene Nachbarschaften haben sich dort herausgebildet, wo besonders starke Einwanderungswellen in kurzer Zeit aufgefangen wurden. In dem Maße, in dem die interne Mobilität die ethnische Zuwanderung übersteigt, besteht die Chance einer zunehmenden Entflechtung ethnischer Netzwerke und einer Verflechtung multiethnischer Netzwerke. In der Realität ist diese Bedingung der Förderung Gruppen übergreifender freiwilliger Vereinigungen und daraus resultierender Solidarität sehr unterschiedlich ausgeprägt, am wenigstens dort, wo über einen langen Zeitraum in erheblichem Umfang eine ethnisch einseitige Zuwanderung erfolgte, wie etwa in Florida, Texas und im Süden Kaliforniens die Zuwanderung insbesondere aus Kuba nach Florida und aus Mexiko nach Texas und Kalifornien.

Die erste freiwillige Vereinigung, die in lokalen Gemeinden die Zusammenführung einer größeren Zahl von ethnischen Gruppen befördert, ist die Religionsgemeinschaft. Parsons hebt zum Beispiel hervor, dass die Mitgliedschaft in der katholischen Kirche eine Gemeinsamkeit zwischen Iren, Italienern und Polen geschaffen hat. Ähnlich hat die jüdische Religion Menschen sehr unterschiedlicher ethnischer und nationaler Herkunft vereinigt (Parsons 1969: 265–275). Der Pluralismus religiöser Gemeinschaften, der sich sehr früh aus der inneren Differenzierung des Protestantismus in unterschiedliche Denominationen entwickelte, stets gewachsen ist und heute nahezu alle denkbaren Religionen umfasst, bietet eine wesentliche Chance der Praktizierung von Gemeinsamkeiten über ethnische Differenzen hinweg. Allerdings wirkt die ethnische Homogenität von Nachbarschaften dieser religiösen Zusammenführung unterschiedlicher ethnischer Gruppen entgegen. Daran ist wieder zu erkennen, dass ökonomisches Wachstum und ökonomische Mobilität von entscheidender Bedeutung sind, weil sie die Verbreiterung der Mittelklasse und damit zusammenhängend das Entstehen multiethnischer Nachbarschaften von ökonomisch mobilen Menschen erleichtern. Auf dieser Basis können sich multiethnische religiöse Gemeinschaften und darüber hinaus andere freiwillige Vereinigungen zu den verschiedensten Zwecken bilden.

Für die Gruppen übergreifende Verständigung war die Institutionalisierung des Englischen als verbindliche gemeinsame Sprache sicherlich hilfreich (Parsons 1971: 88–90). Die englische Sprache konnte sich relativ zwanglos durchsetzen, weil nach den ersten englischen Siedlern die später zugewanderten Gruppen jeweils eine Sprache mitgebracht haben, die nur eine sehr kleine Minderheit vereinigt hat und keine Verständigung über deren Grenzen hinaus ermöglicht hätte. Inzwischen ist allerdings in Florida, Texas und Südkalifornien der Anteil der Spanisch sprechenden Bevölkerung so groß geworden, dass dort die weitere faktische und legitime Geltung des Englischen als Verkehrssprache ein ernsthaftes Problem darstellt.

Erst auf dieser sozialstrukturellen und kulturellen Basis (breite Mittelklasse, hohe Mobilität, Entflechtung ethnischer Netzwerke, multiethnische freiwillige Vereinigungen, gemeinsame Sprache) können weitere Faktoren in ergänzender Weise die Gruppen übergreifende Solidarität der amerikanischen Nation bekräftigen: Rituale der Vereinigung, wie die jährlichen Feiern des Unabhängigkeitstages am 4. Juli, und Ereignisse, bei der die Nation als Ganzes feiert oder auch trauert – wie nach dem 11. September 2001 – und sich unter der Flagge und Hymne vereint. Ohne sozialstrukturelle und kulturelle Basis würde es sich dabei allerdings um leere und unwirksame Symbole handeln (Bloch 1985; Mulford 1996); Rombes 1996; Heideking 2000).

4.3 Relative Exklusion und Delinquenz

Wenn wir vor dem Hintergrund der dargelegten Bedingungen für die Entwicklung einer Gruppen übergreifenden gesellschaftlichen Gemeinschaft mit einem entsprechenden Gemeinsinn nach den Ursachen der seit den

1970er Jahren verstärkt auftretenden Tendenzen zum Rückzug auf die Solidarität der ethnischen Gruppe und zur Forderung von Gruppenrechten beim Zugang zu Einkommen, Macht und Prestige fragen, dann bietet sich in erster Linie eine Erklärung im Sinne der Anomietheorie und der Theorie relativer Deprivation an.

In einem Aufsatz über Ethnizität nimmt Parsons an, dass unter der Bedingung des raschen sozialen Wandels eine Tendenz zur »anomischen sozialen Desorganisation« entsteht, auf die eine verstärkte Hinwendung zu vorrangigen Gruppenmitgliedschaften und Gruppenidentitäten als ein wesentlicher Reaktionstypus eine Antwort darstellt (Parsons 1977: 393). Damit greift Parsons implizit den von Durkheim eingeführten Ansatz der Anomietheorie auf. Durkheim hat angenommen, dass die sowohl bei wirtschaftlichem Abschwung als auch bei wirtschaftlichem Aufschwung zu beobachtende Erhöhung der Selbstmordrate darauf zurückzuführen ist, dass die Diskrepanz zwischen den Wünschen des Menschen und dem Niveau ihrer Erfüllung und damit das Frustrationsniveauen wächst (Durkheim 1973c: Buch 2, Kap. 2). Wir können auch von zunehmender relativer Deprivation im Verhältnis zwischen Wünschen und Wunscherfüllung sprechen. Diese Art von relativer Deprivation hat James C. Davies (1962) als zentralen Baustein zur Erklärung von Revolutionen benutzt. Nach seinem Ansatz können vor allem wirtschaftliche Rezessionen eine Revolution auslösen, weil sie zur Enttäuschung der in Wachstumsphasen geprägten Erwartungen führen. Chalmers Johnson (1966) hat relative Deprivation in den größeren Zusammenhang einer komplexeren funktionalistischen Revolutionstheorie eingebaut. Relative Deprivation ist in diesem Zusammenhang auf eine Diskrepanz zwischen dem kulturellen Wertesystem und der gesellschaftlichen Arbeitsteilung zurückzuführen. Sie wächst bei rascher Industrialisierung. Um zur Revolution zu führen, muss die herrschende Elite unfähig sein, die relative Deprivation zu verringern, es bedarf der Ausbreitung einer politisch radikalisierten Subkultur und gravierender Ereignisse als Auslöser einer Revolution. An dem ergänzenden Faktorenbündel von Johnsons Revolutionstheorie ist zu erkennen, dass relative Deprivation sicherlich nicht allein Revolutionen erklären kann und die Theorie von Davies deshalb empirisch keine Bestätigung findet. Das heißt aber bei weitem nicht, dass relative Deprivation keine Rolle spielt. Es kann durchaus angenommen werden, dass sie eine Spannung ausdrückt, die als unerträglich empfunden wird und deshalb Reaktionen der Spannungsauflösung erzeugt, welcher Art diese auch immer sein mögen.

Die Revolution ist sicherlich nur eine äußerst selten auftretende Reaktion, die vieler zusätzlicher Bedingungen bedarf, um überhaupt aufzutreten. In unserem Zusammenhang geht es auch nicht um die Erklärung einer Revolution, sondern um die Erklärung weniger radikaler Verhaltensweisen als Reaktion auf relative Deprivation im Zusammenhang mit Inklusionsdefiziten der amerikanischen gesellschaftlichen Gemeinschaft. Dabei ist es am sinnvollsten, Robert K. Mertons aus Durkheims Ansatz weiter entwickelte Anomietheorie aufzugreifen, weil sie auf das spezifische Spannungsverhältnis zwischen Kultur und Sozialstruktur der amerikanischen Gesellschaft zugeschnitten ist und weil sie eine Typologie unterschiedlicher Reaktionen auf dieses Spannungsverhältnis enthält und nicht auf einen einzigen Reaktionstypus – wie etwa Revolution – fixiert ist (Merton 1949/1968a, 1949/1968b). Daneben muss insbesondere die Legitimationsdimension von relativer Deprivation berücksichtigt werden. Sie spielt bei kollektiven Reaktionen auf relative Deprivation eine wesentliche Rolle. Dabei geht es darum, dass das Niveau der Wunscherfüllung nicht nur mit dem Niveau der Wünsche ein und derselben Person bzw. Gruppe verglichen wird, sondern auch mit dem Niveau der Wunscherfüllung relevanter Bezugsgruppen. Hier stellt sich die Frage der Gerechtigkeit, die schon in Durkheims Ansatz enthalten ist und der Runciman (1966) eine ganze Untersuchung gewidmet hat. In dieser Gerechtigkeitsdimension besteht relative Deprivation darin, dass sich eine Person bzw. eine Gruppe in der Wunscherfüllung im Vergleich zu einer von ihr herangezogenen Bezugsgruppe benachteiligt fühlt und deshalb Motive entstehen, an dieser Benachteiligung etwas zu ändern. Auch diese Motive können in unterschiedliche Reaktionen umgesetzt werden.

In unserem Zusammenhang geht es um relative Exklusion als eine spezifische Form der relativen Deprivation mit den soweit explizierten zwei Dimensionen des gruppeninternen und gruppenexternen Vergleichs zwischen dem Niveau der Wünsche und dem Niveau der Wunscherfüllung. Gemeint ist damit, dass die Wahrnehmung von Benachteiligung im Zugang zu Einkommen, Macht und Prestige im Vergleich zu den eigenen Wünschen und im Vergleich zu den bessergestellten Gruppen insbesondere dann virulent wird und zu Anpassungsreaktionen auf Seiten der subjektiv sich depriviert fühlenden Bürger führt, wenn Mobilität tatsächlich stattfindet, aber nicht den von ihr selbst nahegelegten Effekt hat. Die Bürgerrechtsbewegung für die Inklusion der Afroamerikaner hat sich in den 1960er Jahren ausgebreitet, gerade weil sich schon eine schwarze Mittelklasse in ersten Umrissen herauszubilden begann, die sich im Zugang zu

Schulen, Universitäten und Positionen in Wirtschaft, Verwaltung, Politik und Medien diskriminiert sah und die als Avantgarde für ihre ganze Gruppe die Initiative ergriff und zu einer Reihe von legendären Protestmärschen aufrief (Parsons 1969: 275–279). Die Vereinigten Staaten befanden sich in dieser Zeit in einem allgemeinen ökonomischen Aufschwung und in einer gesellschaftlichen sowie kulturellen Mobilisierung, die in der Präsidentschaft John F. Kennedys einen symbolischen Ausdruck fand.

Von dem allgemeinen Aufschwung profitierten jedoch die Afroamerikaner nicht in dem Maße, dass ihre bisherige Benachteiligung im Zugang zu Einkommen, Macht und Prestige vollständig ausgeglichen worden wäre. Parsons stellt in seinem Aufsatz über die Inklusion der Afroamerikaner fest, dass sie nicht im gleichen Maße wie andere Gruppenvom wirtschaftlichen Wachstum und der Aufwärtsmobilität profitiert haben. Demnach stellten die Afroamerikaner Mitte der 1960er Jahre 20 Prozent der Armen, was bedeutete, dass 50 Prozent von ihnen unter Armut litten (Parsons 1969: 276, basierend auf Pettigrew 1964). Die Afroamerikaner lebten demnach im Vergleich zu den Chancen, die das wirtschaftliche Wachstum bot, und im Vergleich zu den anderen rassischen bzw. ethnischen Gruppen der Gesellschaft weit überproportional in Armut. Deshalb ergab sich die klassische Konstellation von Anomie und relativer Deprivation. Nach Durkheim (1973c: Buch 2, Kap. 2) eilen die Bedürfnisse den verfügbaren Mitteln zu ihrer Befriedigung nicht nur bei ökonomischem Abschwung, sondern auch bei ökonomischem Aufschwung voraus. Es wachsen dadurch die Frustrationenen, die sich nach seiner Untersuchung unter anderem in einer erhöhten Selbstmordrate entladen. Sie können aber prinzipiell auch in anderer Form Entladung finden, zum Beispiel in erhöhter Aggression gegenüber anderen, in Kriminalität, Rebellion oder auch im Rückzug aus dem gesellschaftlichen Leben. Robert K. Merton (1949/1968a, 1949/1968b) hat Durkheims Anomietheorie in dem Sinne erweitert, dass er eine prinzipielle Spannung zwischen dem kulturell verbindlichen Wert des unbeschränkten wirtschaftlichen Erfolgs und dem nur beschränkten, vor allem aber ungleichen Zugang zu den dafür erforderlichen Mitteln in der amerikanischen Gesellschaft konstatiert. Agnew (1992) hat Mertons Anomietheorie mit besonderer Betonung auf die Verfehlung von Zielen generalisiert. Für die folgende Analyse ist jedoch Mertons Ansatz weiterhin relevant, weil er strukturelle Eigenheiten der amerikanischen Gesellschaft im internationalen Vergleich fokussiert. Setzen wir hier zusätzlich den Begriff der relativen Deprivation ein, dann heißt dies, dass in Zeiten des gesellschaftlichen Aufschwungs die Erfolgsziele besonders weit gesteckt werden, aber ein erheblicher Teil der Bevölkerung weiter dahinter zurückbleibt als in Zeiten des geringeren Aufschwungs und auch weiter als andere, die zum Erfolg gekommen sind. Es wächst insofern die relative Deprivation in einem doppelten Sinn; der tatsächliche Erfolg bleibt zum Zeitpunkt t_1 weiter hinter den gesteckten Zielen und weiter hinter dem Erfolg der Erfolgreichen zurück als zum Zeitpunkt t_0.

Die von Merton konstatierte Spannung zwischen kulturell definierten Zielen und nicht in ausreichendem Maße verfügbaren Mitteln ist in dieser Situation besonders stark ausgeprägt und erzeugt Suchbewegungen zur Spannungsauflösung. Erfolgsziele sind Einkommen, Macht und Prestige, adäquate, gesellschaftlich legitimierte Mittel wären einträgliche Jobs, Mitgliedschaft in Parteien, Verbänden und politischen Aktionskomitees sowie Bildung. Je mehr der Zugang zu diesen gesellschaftlich legitimierten Mitteln für die Erfolgssuchenden – allein schon auf Grund des verschärften Wettbewerbs bei einer allgemeinen Mobilität der Bevölkerung – versperrt erscheint, umso mehr wächst die Bereitschaft zur Spannungsbewältigung auf anderen Wegen als dem Erfolgsstreben mit Hilfe legitimer Mittel. Merton hat fünf Typen der Spannungsbewältigung unterschieden:

Konformität als Weg der Erfolgreichen, die mit legitimen Mitteln zum Erfolg gelangen.

Ritualismus als der Weg der Bescheidenen und Resignierten, die auf das große Erfolgsstreben verzichten und sich mit den ihnen zugänglichen Mitteln zufrieden geben.

Innovation als Weg der Aktiven, die an den Erfolgszielen festhalten, aber um des persönlichen Erfolges willen zu nicht legitimen Mitteln greifen. Dazu gehören alle Varianten der Abweichung von Normen bis hin zur Kriminalität.

Rückzug als Weg derjenigen, die am konventionellen gesellschaftlichen Leben nicht mehr teilnehmen und ein Leben außerhalb der Gesellschaft führen, zum Beispiel als Mitglied einer Landkommune oder einer religiösen Sekte.

Rebellion als Weg derjenigen Individuen, die auf eine Veränderung der Gesellschaft abzielen und an die Stelle der bisher geltenden kulturellen Ziele und verfügbaren Mittel neue Ziele und Mittel setzen wollen.

Um zu erklären, warum die einen Individuen auf relative Exklusion mit Konformität, andere mit Ritualismus, Rückzug, Rebellion oder Innovation reagieren, benötigen wir weitere Informationen über deren Handlungssituation. Nach Cloward (1959) bedarf es des Zugangs zu illegitimen Erfolgsmitteln, und es müssen Chancen des Erlernens von abweichendem Verhalten bestehen, worauf Edwin Sutherlands (1939) Theorie des differenziellen Lernens das Augenmerk legt. Diese Mikroebene des delinquenten Verhaltens ist jedoch für unsere Analyse nicht relevant. Es geht nicht um die Erklärung individueller Akte der Delinquenz, sondern um Delinquenzraten als Attribut der ganzen Gesellschaft. Unser Fokus liegt deshalb auf den kulturellen und strukturellen Eigenarten der amerikanischen gesellschaftlichen Gemeinschaft, die im internationalen Vergleich ein relativ hohes Maß an relativer Exklusion und zugleich eine Präferenz für individuelle statt kollektive Anstrengungen implizieren, um auf legitimem oder illegitimem Weg zum Erfolg zu gelangen. Die relevante strukturelle Eigenart ist das Zusammenwirken eines ausgeprägten Erfolgsstrebens, unterstützt durch den gemeinsam geteilten Glauben an die Möglichkeit des individuellen Erfolgs unter Bedingungen der Chancengleichheit, geringer Bedeutung kollektiver Formen der Herstellung von Inklusion und eines relativ hohen Niveaus der Einkommensungleichheit im internationalen Vergleich. Wenn wir OECD-Länder vergleichen, dann ragen die USA in mehrerer Hinsicht gegenüber den meisten anderen Ländern heraus, nämlich durch hohe Werte des Bruttoinlandsprodukts, des Pro-Kopf-Einkommens, des Wirtschaftswachstums, der tertiären Bildungsbeteiligung, der Einkommensungleichheit und der Armut, niedrige Werte der gewerkschaftlichen Organisation der Arbeitnehmer und der sozialen Sicherheit und hohe Delinquenzraten (Scharpf und Schmidt 2000: 338, 339, 358; U.S. Department of Justice 1995; Donziger 1996). In der Perspektive der relativen Exklusion sind positive Korrelationen dieser Art zu erwarten. Die empirische Evidenz dafür ist allerdings nicht eindeutig. Kelly (2000) berichtet eine positive Korrelation der Einkommensungleichheit mit Gewaltkriminalität, jedoch nicht mit Eigentumsdelikten, Büttner und Spengler finden auch einen Zusammenhang mit Eigentumsdelikten. Letztere beobachten auch positive Korrelationen von Arbeitslosenraten mit Eigentums- und Gewaltdelikten wie auch von Armutsraten mit Gewaltkriminalität (siehe auch Entorf und Spengler 2002; Antony und Entorf 2003).

Insbesondere Eigentumsdelikte sollten durch relative Exklusion befördert werden, da es Sinn macht, relative Inklusion durch illegalen Eigentumserwerb zu kompensieren. Wenn wir aktuelle Daten zu Eigentumsdelikten im internationalen Vergleich betrachten, dann sehen wir in der Tat einen schwachen Zusammenhang mit der Einkommensungleichheit zwischen dem ersten und dem zehnten Perzentil der Bevölkerung (P90/P10), wobei wir letztere annäherungsweise als Indikator für relative Exklusion verwenden können. Die Vereinigten Staaten weisen eine viel höhere Einkommensungleichheit als Schweden, Dänemark und die Niederlande auf, jedoch eine niedrigere Rate an Eigentumsdelikten, wenn wir Daten zu Opferraten zugrunde legen. Diese Situation resultiert aus der deutlichen Verringerung der Delinquenzraten in den USA seit Anfang der 1990er Jahre in der Folge der erhöhten Inhaftierungsraten im Sinne der neuen Null-Toleranz-Politik. Die Inhaftierungsrate wirkt einerseits als Abschreckung im Sinne von Gary Beckers (1968) ökonomischer Theorie der Kriminalität. Andererseits zieht sie potenzielle Straftäter aus dem Verkehr. Die Städte sind seitdem wesentlich sicherer geworden (Abb. 4.1 und 4.2).

Im Vergleich zwischen den Ländern muss man deshalb die Inhaftierungsrate zur Delinquenzrate hinzuzählen, um zu einer realistischen Einschätzung der Wirkung von relativer Exklusion – gemessen durch Einkommensungleichheit – zu gelangen. Nimmt man beide Raten zusammen, dann erreichen die USA einen relativ hohen Wert, was die These der dort besonders ausgeprägten relativen Exklusion und der damit einhergehenden Tendenz zu erhöhten Delinquenzraten wiederum unterstützt. Über die komparative Perspektive hinaus interessiert die Entwicklung von relativer Exklusion und Delinquenz im Zeitverlauf. Eine einschneidende Wirkung auf die amerikanische gesellschaftliche Gemeinschaft hatte die Bürgerrechtsbewegung, die in den 1960er Jahren besonders aktiv wurde. Wir können diese Bewegung als eine erste Reaktion auf wahrgenommene relative Exklusion auf Seiten der afroamerikanischen Bevölkerung interpretieren. Das gestiegene Pro-Kopf-Einkommen hatte auch den paradoxen Effekt der Steigerung von relativer Exklusion. Maßnahmen zur Erhöhung von Chancengleichheit steigerten auch das Aspirationsniveau eines größeren Teils der Bevölkerung, und sie verschärften den Wettbewerb um individuellen wirtschaftlichen Erfolg. Der Effekt dieses intensivierten Wettbewerbs war ein wachsender Druck in Richtung der Nutzung illegitimer Erfolgsmittel auf Seiten derjenigen Menschen, die nicht über das notwendige kulturelle und soziale Kapital verfügten, um auf legitimem Wege zum angestrebten Wohlstand zu gelangen. Je offener der Wettbewerb gestaltet ist, umso mehr kommt es auf diese Kapitalausrüstung an, um Erfolg zu haben. Dementsprechend erhöhen Maßnahmen zur Verbesserung der Chancengleichheit den Druck auf den Erwerb von Bildungskapital. Gibt es nur wenige kollek-

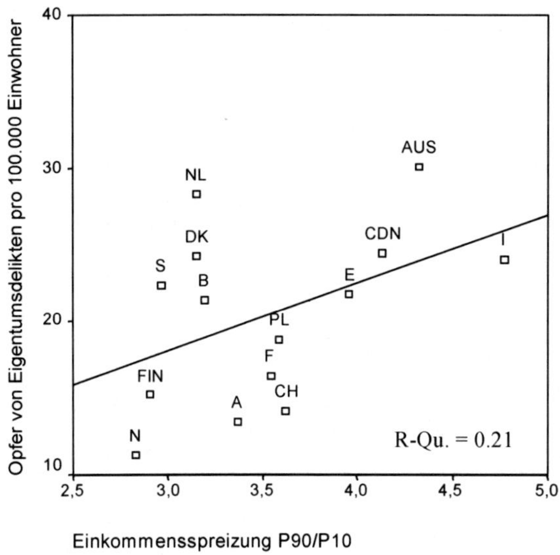

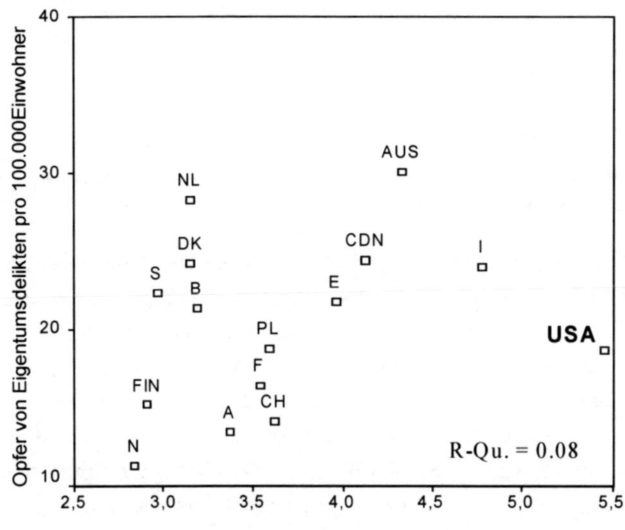

Abb. 4.1: Einkommensspreizung – Eigentumsdelikte

Quelle: basierend auf Luxembourg Income Study 2000, Einkommensspreizung (P90/P10); Van Kesteren, Mayhew und Nieuwbeerta 2000: 179–180, Tabelle 2 (Opferrate)

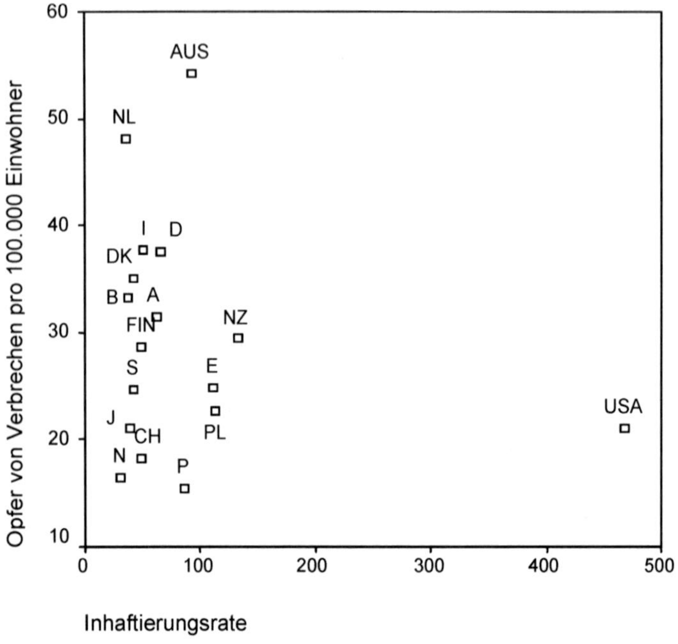

Abb. 4.2: Delinquenz – Inhaftierung

Quelle: basierend auf OECD 2002, Society at a Glance: OECD Social Indicators, CO6 (Inhaftierungsrate); Van Kesteren, Mayhew und Nieuwbeerta 2000, 179–180, Tabelle 2 (Opferrate)

tive Mittel der Kompensation für die Verlierer, ist die Tendenz zum Ausweichen auf illegitime Erfolgsmittel umso stärker ausgeprägt. So kann erklärt werden, warum die Kriminalitätsrate von den 1960er bis Ende der 1980er Jahre trotz verstärkter Maßnahmen zur Herstellung von Chancengleichheit gestiegen ist.

Legitime und illegitime Wege zum individuellen Erfolg sind allerdings nur die dominanten Formen der Bewältigung von relativer Exklusion in einer Gesellschaft, die größten Wert auf das individuelle Erfolgsstreben legt. Ritualismus, Rückzug und Rebellion sind weniger dominant, aber auch nicht völlig abwesend. Ritualismus begegnet uns in der Form der Teilnahme am gesellschaftlichen Leben ohne Hoffnung auf eine bessere Zukunft (das Schicksal der arbeitenden Armen), Rückzug in Gestalt des Ausstiegs aus dem regulären gesellschaftlichen Leben (zum Beispiel Drogenabhängige und Obdachlose), Rebellion in Gestalt von gelegentlichem Aufruhr in außergewöhnlichen Situationen (Los Angeles 1965 und 1992,

Cincinnati 2001), aber auch in Gestalt von intellektuellem Radikalismus (radikaler Multikulturalismus). Nach dem dominanten Muster der individualisierten Bewältigung von relativer Exklusion treten auch Ritualismus, Rückzug und Rebellion in weitgehend individualisierter Form ohne tiefer gehende und nachhaltige kollektive Organisation auf. Das heißt nicht, dass es gar keine kollektive Organisation von Rebellion gibt. Sie nimmt jedoch vorzugsweise die Form der Mobilisierung von Unterstützung für einzelne Fälle der Gesetzgebung im Prozess des Lobbyismus an.

Wir können feststellen, dass der gesellschaftliche Aufschwung in den 1960er Jahren die relative Deprivation gesteigert hat und die entsprechende Spannung alle von Merton unterschiedenen Typen der Spannungsreduktion wachsen ließ: Aufstieg als konforme Spannungslösung, Ritualismus als resignierte, Kriminalität als »innovative«, Rückzug als entfremdete und Rebellion als gesellschaftsverändernde Spannungsreduktion. Auf unsere Frage bezogen, wäre relative Exklusion als eine spezifische Variante der relativen Deprivation zu verstehen. Sie äußert sich in der im Verhältnis zu den kul-

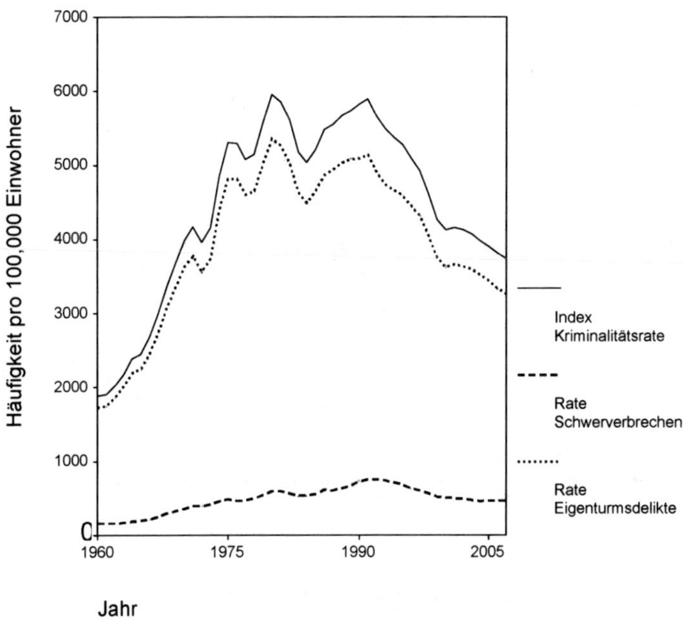

Abb. 4.3: Kriminalitätsrate

Quelle: http://bjsdata.ojp.usdoj.gov/dataonline/Search/Crime/State/StatebyState.cfm (08.06.2009)

turell legitimierten und durch den Aufschwung gesteigerten Zielen weiter als zuvor zurückbleibenden Teilhabe an Einkommen, Macht und Prestige in Gestalt von Jobs, Mitgliedschaften und Bildung. In den 1960er Jahren war diese Spannung in erster Linie ein Thema der Afroamerikaner. Die Spannungsreduktion äußerte sich sowohl in einer überproportional steigenden Kriminalitätsrate unter den Afroamerikanern als auch in der Lethargie der Bewohner der schwarzen innerstädtischen Ghettos und in der Rebellion der schwarzen Bürgerrechtsbewegung. Andere ethnische Minderheiten – wie auch die Minderheit der Homosexuellen und die Frauen – folgten dem von der schwarzen Bürgerrechtsbewegung eingravierten Muster der Rebellion. Der Kampf konzentrierte sich auf die Öffnung des Zugangs zu Schulen, Universitäten, Jobs, Behörden, Parlamentssitzen und Medien (Adam 1995; Katzenstein 1992; Haider-Markel und Meier 1996).

Ab Mitte der 1970er Jahre hat sich gezeigt, dass das wirtschaftliche Wachstum und der Abbau von Diskriminierung die Situation eines erheblichen Teils der Bevölkerung nicht verbessert, sondern eine Schere öffnet,

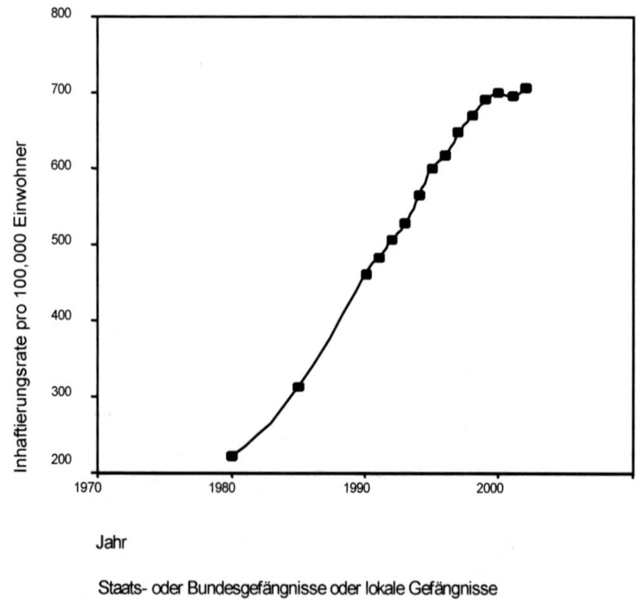

Abb. 4.4: Inhaftierungsrate

Quelle: U.S. Department of Justice 2004, Bureau of Justice Statistics, Online-Daten; U.S. Department of Justice 2003, Bureau of Justice Statistics Bulletin, Tabelle 1, und frühere Versionen

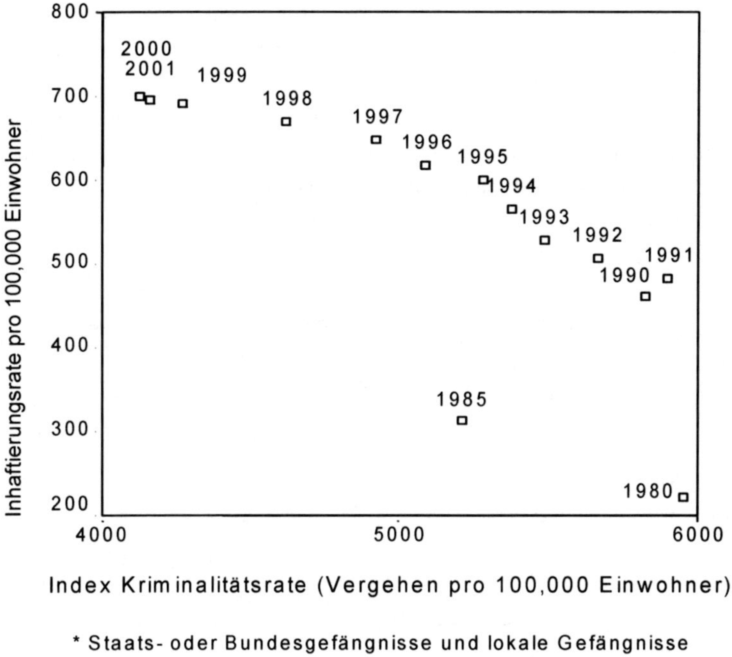

Abb. 4.5: Inhaftierung und Kriminalitätsrate

Quelle: U.S. Department of Justice 2004, Bureau of Justice Statistics, Online-Daten (Kriminalitätsrate); U.S. Department of Justice 2003, Bureau of Justice Statistics Bulletin, Tabelle 1, und frühere Versionen (Inhaftierungsrate)

die den Abstand zwischen Gewinnern und Verlierern vergrößert. Das traf insbesondere Afroamerikaner und Hispanier in den innerstädtischen Ghettos. Als erstes Ergebnis dieser wachsenden relativen Exklusion eines spezifischen Segments der Bevölkerung konnte eine stark steigende Kriminalitätsrate beobachtet werden. Insgesamt ist die Kriminalitätsrate von 1975 bis 1990 weit überproportional im Verhältnis zum Bruttoinlandsprodukt gestiegen. Von 1980 bis 1990 stagnierte das Bruttoinlandsprodukt, während sich die Zahl der polizeilich erfassten Gewalt- und Eigentumsdelikte verdoppelt hat (U.S. Census Bureau 2002: 202; Pastore und Maguire 2003; vgl. Savelsberg 1994). Seit Anfang der 1990er Jahre wurden, wohl bedingt durch die gezielte Verschärfung polizeilicher Kontrolle, rückläufige Zahlen registriert (Donziger 1996; U.S. Bureau of Justice Statistics 1995). Die innerstädtischen Ghettos werden von Armut, Gewalt, Drogenhandel und Drogenkonsum geprägt. Die Probleme fangen schon mit der extrem hohen Dropoutquote von bis zu 60 Prozent unter den afroamerikanischen und hispanischen Schülern der innerstädtischen Ghettos an (Wilson 1990) (Abb. 4.3, 4.4, 4.5).

Es liegt auf der Hand, die zwischen 1975 und 1990 stark gestiegene Kriminalitätsrate auf eine Zunahme relativer Exklusion zurückzuführen, die sich insbesondere auf die afroamerikanische und hispanische männliche

a)

	1994 Einkommensgruppe					
1969 Einkommens-gruppe	Erstes Fünftel	Zweites Fünftel	Mittleres Fünftel	Viertes Fünftel	Oberes Fünftel	Gesamt
Erstes Fünftel	**41,0**	24,9	16,2	12,1	5,8	100 %
Zweites Fünftel	22,4	**24,7**	23,9	16,1	13,0	100 %
Mittleres Fünftel	16,9	21,0	**23,5**	22,8	15,9	100 %
Viertes Fünftel	11,3	18,5	19,7	**24,7**	26,3	100 %
Oberes Fünftel	9,5	10,6	16,6	24,5	**38,8**	100 %

b)*

	1979 Einkommensgruppe					
1969 Einkommens-gruppe	Erstes Fünftel	Zweites Fünftel	Mittleres Fünftel	Viertes Fünftel	Oberes Fünftel	Gesamt
Erstes Fünftel	**61,5**	24,0	8,7	4,4	1,5	100 %
Zweites Fünftel	22,7	**31,3**	27,5	12,9	5,6	100 %
Mittleres Fünftel	9,6	22,5	**29,6**	26,1	12,2	100 %
Viertes Fünftel	3,3	17,3	22,4	**31,6**	25,4	100 %
Oberes Fünftel	2,9	5,0	11,9	25,1	**55,2**	100 %

c)*

	1989 Einkommensgruppe					
Erstes Fünftel	**61,0**	23,8	9,5	4,6	1,1	100 %
Zweites Fünftel	22,9	**33,2**	27,7	13,5	2,7	100 %
Mittleres Fünftel	8,3	25,2	**29,5**	25,7	11,4	100 %
Viertes Fünftel	4,6	13,0	23,0	**33,2**	26,2	100 %
Oberes Fünftel	2,7	4,9	10,8	22,8	**58,8**	100 %

* Im Gegensatz zu Tabelle (a) zeigen Tabellen (b) und (c) das durchschnittliche Familieneinkommen über drei Jahre, um so vorläufige Übergänge »auszugleichen«.

Tab. 4.1: Soziale Mobilität

Quelle: Mishel, Bernstein und Boushey 2003: 76–77, Tabellen 1.18 und 1.19

Jugend der innerstädtischen Ghettos konzentriert. Im Vergleich zu ihren aufgestiegenen Mitbürgern hat sich ihre Situation verschlechtert. Das gilt im Vergleich zu den Erfolgreichen ihrer eigenen Gruppe, vor allem aber im Vergleich zu den anderen Gruppen, und zwar nicht nur im Vergleich zu den Weißen, sondern im wachsenden Umfang im Vergleich zu den Immigranten aus den verschiedenen Ländern Asiens, die sogar die Weißen teilweise – etwa im erfolgreichen Highschool-, College- oder Universitätsabschluss – überflügelt haben. Diejenigen Afroamerikaner und Hispanier, die es nach oben schaffen, verlassen das Ghetto, das auf diese Weise erst recht der Herrschaft von Armut, Gewalt und Drogen überlassen wird (Huff-Corzine, Corzine und Moore 1991). Dementsprechend hat Mobilität, wenn auch ungleich verteilt, stattgefunden (Tab. 4.1).

Das von Präsident Lyndon B. Johnson eingeführte Programm der Affirmative Action sollte die vorhandene Ungleichheit der Chancen mehr und mehr beseitigen. Affirmative Action wurde zum wesentlichen Instrument

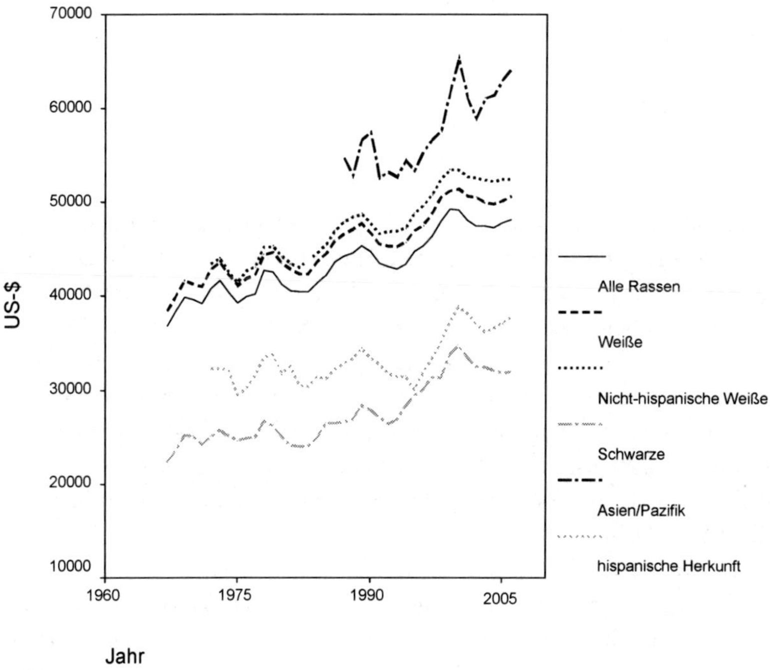

Abb. 4.6: Mittleres Einkommen nach Rasse und hispanischer Herkunft

Quelle: DeNavas-Walt et al. 2007, S. 29–35

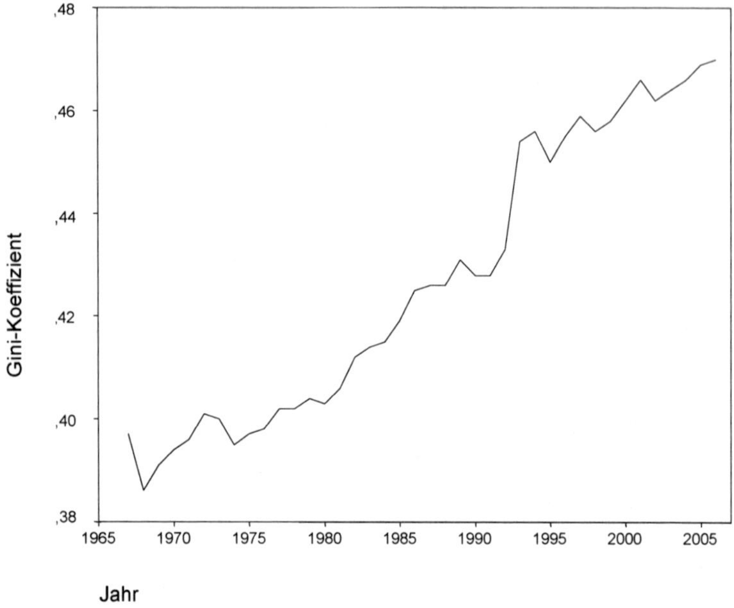

Abb. 4.7: Gini-Koeffizient

Quelle: DeNavas-Walt et al. 2007, S. 38–39

der Herstellung von Chancengleichheit. Mit diesem Programm wurde ein zuvor nie erreichter Aufschwung der Inklusion von bislang benachteiligten Gruppen in Gang gesetzt. Es ist nicht zu leugnen, dass alle bislang benachteiligten Gruppen (rassische und ethnische Minderheiten sowie Frauen) ihren Anteil an Schulen, Universitäten, besseren Jobs, administrativen und politischen Positionen vergrößert haben. Trotzdem wird allenthalben Benachteiligung beklagt. Der Grund dafür ist relative Exklusion. Die Anteile sind weniger als erwünscht gewachsen, und nicht wenige sehen sich im Vergleich zu anderen besser gestellten Gruppen (Weiße, Asiaten) benachteiligt (Abb. 4.6, 4.7, 4.8).

Mit Affirmative Action ist demnach der aus relativer Exklusion resultierende Inklusionsdruck nicht geringer, sondern größer geworden. Infolgedessen wurden die Inklusionsforderungen zunehmend radikalisiert. Dieser Prozess durchlief drei Stufen. Auf der ersten Stufe ging es um die Unterstützung benachteiligter Individuen durch Schulungsmaßnahmen, um ihre

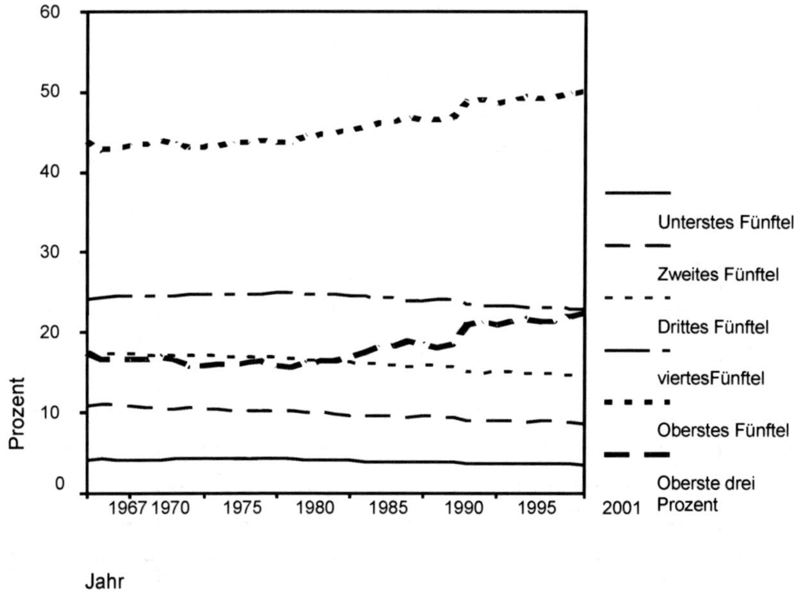

Abb. 4.8: Anteile am aggregierten Einkommen 1967–2001

Quelle: DeNavas-Walt et al. 2007, pp. 9 and 38–39; DeNavas-Walt et al. 2003, p. 25

Wettbewerbsfähigkeit und damit ihre Chancen auf erfolgreiche Karrieren in Schule, College, Universität und Beruf zu verbessern. Je mehr erkannt wurde, dass die Verwirklichung dieses Programms vor allem den Aktiven hilft, die es oft auch ohne Hilfe schaffen würden, und die Inaktiven nicht erfasst, umso lautstärker und wirkungsvoller wurden auf der zweiten Stufe Forderungen nach einem Ausgleich von historisch gegebenen Benachteiligungen durch die Festlegung von Quoten für bestimmte Minderheiten bei der Aufnahme in Schulen, Universitäten, Behörden und Jobs sowie bei der Vergabe von öffentlichen Aufträgen. Da auch bei diesem Verfahren häufig genug Erwartungen enttäuscht werden und Benachteiligungen vorkommen, ist die relative Exklusion keineswegs beseitigt worden. Vielmehr ist aufgefallen, dass allein schon die von weißen und angelsächsischen Protestanten geprägte Kultur zwangsläufig die aus anderen Kulturen stammenden Bürger in eine Position der Inferiorität zwingt. Deswegen erschien es nur legitim, auf der dritten Stufe auch auf eine proportionale Repräsentation der unterschiedlichen Kulturen, gegebenenfalls einschließlich ihrer Sprachen, in den Lehrplänen der Schulen, Colleges und Universitäten zu drängen (Young 1990; Kymlicka 1995/2001). Die Kritiker dieser Bewegung eines durch Gruppenrechte gestützten Multikulturalismus sehen deshalb die amerikanische gesellschaftliche Gemeinschaft vom Zerfall in den Gruppenpartikularismus bedroht (Schlesinger 1992; Schmidt 1997; Glazer 1997). Ein Programm, das auf die Verbesserung der individuellen Chancengleich-

			Bildungsabschluss	
		Durchschnittl. Haushaltseinkommen ($)	*Sekundarschulabschluss oder höher (in %)*	*Collegeabschluss oder höher (in %)*
1960	Alle Rassen		41,1	7,7
	Weiße		43,2	8,1
	~ nicht-hispanische Weiße			
	Schwarze		20,1	3,1
	Hispanier			
	Asiaten u. Pazifikbewohner			
1970	Alle Rassen	39483	52,3	10,7
	Weiße	40865	54,5	11,3
	~ nicht-hispanische Weiße			
	Schwarze	26692	31,4	4,4
	Hispanier		32,1	4,5
	Asiaten u. Pazifikbewohner			
1980	Alle Rassen	42857	66,5	16,2
	Weiße	44587	68,8	17,1
	~ nicht-hispanische Weiße	45171		
	Schwarze	28425	51,2	8,4
	Hispanier	33927	44,0	7,6
	Asiaten u. Pazifikbewohner			
1990	Alle Rassen	49121	77,6	21,3
	Weiße	51103	79,1	22,0
	~ nicht-hispanische Weiße	52230		
	Schwarze	32588	66,2	11,3
	Hispanier	36736	50,8	9,2
	Asiaten u. Pazifikbewohner	60953	80,4	39,9

2000	Alle Rassen	58639	84,1	25,6
	Weiße	60935	84,9	26,1
	~ nicht-hispanische Weiße	62949		
	Schwarze	41185	78,5	16,5
	Hispanier	43595	57,0	10,6
	Asiaten u. Pazifikbewohner	72191	85,7	43,9

Tab. 4.2: Haushaltseinkommen und Bildungserfolg nach Rasse und hispanischer Herkunft

Quelle: U.S. Census Bureau 2002: 139, Tabelle 208

Eigenschaft	*3-Jahres-Schnitt 1999–2001*
Prozentsatz	
Alle Rassen	11,6
Weiße	9,7
Nicht-hispanische Weiße	7,6
Schwarze	22,9
Indianer u. Ureinwohner Alaskas	24,5
Asiaten u. Pazifikbewohner	10,3
Hispanier	21,9
Anzahl (in Tausend)	
Alle Rassen	32426
Weiße	22184
Nicht-hispanische Weiße	14791
Schwarze	8186
Indianer u. Ureinwohner Alaskas	783
Asiaten u. Pazifikbewohner	1272
Hispanier	7873

Tab. 4.3: Prozentsatz und Zahl der Armen nach Rasse und hispanischer Herkunft

Quelle: Proctor und Dalaker 2002: 7, Tabelle 2

heit abzielt, wurde auf diese Weise schleichend in ein Programm umgepolt, das Resultatsgleichheit für Gruppen durch die Sicherung von Gruppenrechten anstrebt. Diese Entwicklung hat dazu geführt, dass Konflikte um Teilhabe in größerem Umfang als zuvor als Kämpfe um Gruppenrechte und weniger als Kämpfe um die Verbesserung von individuellen Chancen auf der Grundlage von universalistischen Kriterien der Belohnung von Leistungen ausgetragen werden. Dabei hat die rassische und ethnische Gruppenzugehörigkeit eine wachsende Bedeutung erlangt (Smelser und Alexander 1999; Joppke 1999). Dementsprechend fallen zum Beispiel die ungleichen Bildungserfolge und Armutsraten der verschiedenen rassischen und ethnischen Gruppen besonders auf (Tab. 4.2 und 4.3).

4.4 Die Ethnisierung und Vergeschlechtlichung der Kämpfe um Inklusion

An die Stelle der Lockerung ethnischer Solidaritäten mittels ihrer Überlagerung durch Gruppen übergreifende Netzwerke und damit verbundene Solidaritäten ist eine Revitalisierung ethnischer Solidaritäten getreten, und zwar auf allen Seiten, auf der Seite der Minderheiten ebenso wie auf der Seite der weißen Mehrheit. Der Militanz radikaler ethnischer Minderheitenvereinigungen korrespondiert die Militanz der religiösen Rechten, die im Wesentlichen eine Sache weißer protestantischer Mittelklassemilieus ist (Wuthnow 1988: 173–214; Scatamburlo 1998). Eine Vielzahl unterschiedlicher Konflikte bekommt dadurch leicht eine ethnische Färbung, so dass sich eine Kumulation ethnischer Konflikte ergibt. Infolgedessen hat sich die Konflikt mildernde Wirkung der Überkreuzung von Mitgliedschaften abgeschwächt, so dass durchaus von einer Tendenz des Zerfalls in den Gruppenpartikularismus gesprochen werden kann. Aus dieser Tendenz folgt auch eine Schwächung des Gruppen übergreifenden Gemeinsinns. Ein Großteil des freiwilligen Engagements wird in dieser ethnisch aufgeheizten Situation von partikularen ethnischen Vereinigungen absorbiert. Dieses Engagement fehlt den Gruppen übergreifenden Vereinigungen. Das Wachstum an ethnischer Solidarität wird von einem korrespondierenden Schrumpfen transethnischer Solidarität begleitet. Dieser Prozess der Mobilisierung partikularer Solidaritäten hat eine solche Dominanz erreicht, dass auch andere Fragen der Beseitigung von Benachteiligungen in das Fahrwasser des Kampfes um Gruppenquoten gelangt sind. Das gilt insbesondere für die Verteilung von Positionen auf die beiden Geschlechter.

Die dominante Thematisierung von Gleichheit in Begriffen von ethnischer und geschlechtlicher Gruppenzugehörigkeit hat die öffentliche Aufmerksamkeit für die Ungleichheit zwischen Klassen und Schichten quer zu ethnischen Gruppen und zum Geschlecht in den Hintergrund gedrängt. Die Folge davon ist die Fokussierung von Anstrengungen zur Beseitigung von Nachteilen auf ethnische und geschlechtliche Gleichstellung. Dadurch wurde wiederum der Effekt verstärkt, dass die ohnehin Aktiven, aber nicht die Inaktiven, die von solchen Programmen gebotenen Chancen nutzen. Der Abstand zwischen den Erfolgreichen und den Erfolglosen wird verfestigt und zudem dadurch vergrößert, dass die Programme zur Gewährleistung von Gleichheit auf ethnische und geschlechtliche Gleichheit fixiert werden und gerade auch deshalb sozialpolitische Programme zur Angleichung von Chancen und Lebensbedingungen von Klassen und Schichten quer zu den ethnischen Gruppen und zu den Geschlechtern auf der Strecke bleiben. Der Kampf der Ethnien und der Geschlechter steht dem Kampf gegen die Ungleichheit der Klassen und Schichten im Wege. Eine gewisse Rechtfertigung erfährt die Ethnisierung von Ungleichheit durch die überproportionale Verteilung der Armut auf zwei rassische bzw. ethnische Gruppen: auf Afroamerikaner und hispanische Amerikaner. Die Armut (unter 50 Prozent des durchschnittlichen Haushaltseinkommens) trifft weit überproportional den Süden des Landes. Er beherbergt 34 Prozent der gesamten Bevölkerung, aber 48 Prozent der Armen (U.S. Bureau of the Census 1995). Während im Durchschnitt der Bevölkerung im Jahre 1995 insgesamt 13,8 Prozent in Armut lebten, waren es unter den Weißen 11,2 Prozent, unter den Afroamerikanern 29,3 Prozent und unter den Hispaniern 30,3 Prozent (U.S. Bureau of the Census 1996a). Das ändert allerdings nichts an der Tatsache, dass der Zuschnitt von Gleichstellungsprogrammen auf die Reduzierung von rassischer, ethnischer und geschlechtlicher Ungleichheit zwar der afro- und latein-amerikanischen Mittelklasse hilft, aber nicht der Unterschicht dieser Gruppen und schon gar nicht der ebenfalls vorhandenen weißen Unterschicht. Statt dessen wird dadurch ein Konflikt zwischen den rassischen und ethnischen Minderheiten und der weißen Unterschicht erzeugt, der maßgeblich zur Mobilisierung der weißen religiösen Rechten beiträgt und ihren Aktionen gegen das rassische und ethnische Gleichstellungsprogramm und für die Stärkung der Position der Weißen jede Menge an Legitimationsstoff liefert. Im internationalen Vergleich unterscheiden sich die Vereinigten Staaten von den meisten anderen OECD-Ländern durch eine deutlich größere Ungleichheit der Einkommensverteilung (Nelson 1995, Keister 2000, OECD 1998), durch niedrigere Sozialausgaben und korrespondierend dazu durch eine höhere Armutsquote sowie geringere Raten des Austritts aus der Armut (Abb. 4.9, Tab. 4.4). Die Ungleichheit verstärkt sich auf Grund des hohen privaten Anteils an der Altersvorsorge im Alter noch erheblich (Schwarze 1999). Es kann angenommen werden, dass diese größere Ungleichheit die eigentliche Wurzel der sonst als rassische und ethnische Ungleichheit artikulierten Inklusionsdefizite ist. Das kann sogar von der geschlechtlichen Ungleichheit gesagt werden, weil sie vor allem allein erziehende Mütter der Unterschicht, hier insbesondere afroamerikanische Mütter trifft. Von den weiblichen Haushaltsvorständen bei abwesendem Ehemann waren 1995 insgesamt 32,4 Prozent arm, unter den Weißen 26,6 Prozent, unter den Afroamerikanern 45,1 Prozent, unter den Hispaniern 49,4 Prozent (U.S. Bureau of the Census 1996b).

In Abbildung 4.9 und Tabelle 4.4 ist zu erkennen, dass die USA zusammen mit anderen liberalen Wohlfahrtsstaaten verhältnismäßig hohe Armutsraten in allen Kategorien aufweisen. Außerdem zeichnen sie sich durch

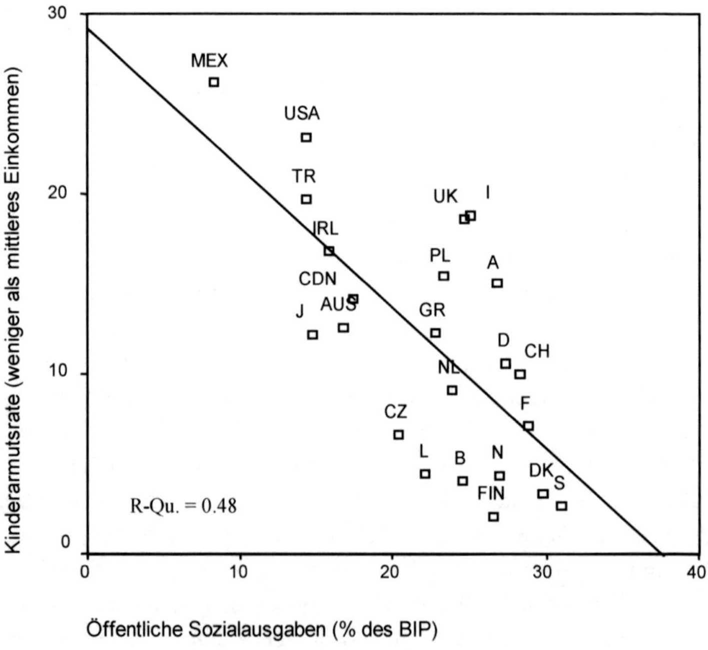

Abb. 4.9: Kinderarmut – Sozialausgaben

Quelle: OECD 2003a, Statistical Compendium (öffentliche Sozialausgaben); OECD 2002, Society at a Glance: OECD Social Indicators, EQ2.1 (Kinderarmutsrate)

	Armutslinie (50 % des Durchschnitts)			*Höhere Armut 1993 bis 1995*			
	Gesamt-bevölkerung	*Kinder*	*Senioren*	*Mindestens einmal arm*	*Immer arm*	*Ständige Ein-kommensarmut*	*Jährliche Austrittsrate aus der Armut*
USA	16,9	22,3	20,7	23,5	9,5	14,5	29,5
Deutschland	7,5	10,6	7,0	19,2	4,3	8,1	41,1
Frankreich	8,0	7,9	9,8	16,6	3,0	6,6	46,9
Italien	14,2	20,2	12,2	21,5	5,6	10,4	40,6
Großbritannien	13,4	19,8	13,7	19,5	2,4	6,5	58,8
Kanada	12,8	16,3	7,8	18,1	5,1	8,9	36,4
Australien	14,3	15,8	29,4				
Österreich	10,6	15,0	10,3				
Belgien	8,2	7,6	12,4	16,0	2,8	5,2	48,2
Dänemark	9,2	8,7	6,6	9,1	0,8	1,8	60,4
Finnland	5,1	4,2	5,2	25,1	6,5	12,2	
Irland	11,1	13,8	14,4	15,3	1,3	5,3	54,6
Niederlande	8,1	8,1	6,4	12,9	1,6	4,5	55,7
Neuseeland							
Norwegen	6,9	3,9	14,5				
Portugal				24,2	7,8	13,4	37,0
Spanien	10,1	12,2	11,3	21,4	3,7	8,7	49,6
Schweden	6,6	2,6	2,7				
Schweiz	9,3	10,0	8,4				

* Die Daten stammen von1987 für Irland; 1990 für Spanien; 1992 für die Schweiz; 1994 für Australien, Luxemburg, die Niederlande, Frankreich und Deutschland; 1995 für Österreich, Finnland, Norwegen, Schweden, Großbritannien und Italien; 1997 für Belgien, Dänemark und die USA; 1998 für Kanada.

** Ständige Einkommensarmut ist der Anteil von Personen mit einem Gesamteinkommen oberhalb des Dreijahreszeitraums abzüglich der Summe der Armutsquote in diesem Zeitraum.

Tab. 4.4: Armutsraten und jährliche Austrittsrate aus der Armut in OECD-Ländern

Quelle: Mishel, Bernstein und Boushey 2003: 416, Tabelle 7.13, und 417–418, Tabelle 7.14

die geringste jährliche Austrittsrate aus. Dagegen finden wir insbesondere in den sozialdemokratischen Wohlfahrtsstaaten deutlich niedrigere Armutsraten und viel höhere Austrittsraten. Die konservativen Wohlfahrtsstaaten nehmen eine mittlere Position ein. Zu diesem Ergebnis kommt auch eine Studie von Goodin, Headey, Muffels und Dirven (1999).

Die Tendenz zur Ethnisierung und Vergeschlechtlichung von Kämpfen um Gleichheit kann sich auf eine lange Tradition stützen. Weil sich die Unterschicht immer in hohem Maße aus den Gruppen der Schwarzen und der zugewanderten Latinos (Hispanier) gespeist hat und eine stark wachsende Wirtschaft bei immer wieder neuen Zuwanderungsströmen den individuellen Aufstieg in die Mittelklasse erleichtert hat, so dass die Unterschicht immer wieder neu durch Zuwanderer aufgefüllt wurde, war für eine kontinuierlich arbeitende und schlagkräftige Arbeiterbewegung nicht die erforderliche sozialstrukturelle Grundlage gegeben. Es entstand keine homogene Arbeiterklasse, die sich über mehrere Generationen hinweg reproduzierte. Die Interessen der Arbeiterschaft differenzierten sich stattdessen nach Tätigkeit und betrieblicher Zugehörigkeit und wurden dementsprechend von einer größeren Zahl von Gewerkschaften vertreten. Deren Politik richtete sich auf dieser Grundlage auf die Steigerung der Einkommen ihrer spezifischen Klientel und nicht auf die Solidarität der gesamten Arbeiterschaft und die kollektive Verbesserung ihrer Lage durch grundlegende gesellschaftliche Reformen im Sinne von Mitbestimmung und umfassender sozialer Sicherheit (Lipset 1963/1979; Petracca 1992).

Die amerikanischen Gewerkschaften haben dementsprechend für eine im internationalen Vergleich recht hohe Streikhäufigkeit gesorgt (Haller 1997: 395), dabei ging es aber immer um die Durchsetzung der spezifischen Interessen einer bestimmten Arbeitnehmergruppe. Insofern fehlen schon in der Organisation der Arbeitnehmerinteressen die notwendigen Voraussetzungen für eine effektive Inklusion der Schwächsten in die Teilhabe an Wohlstand, Macht und Prestige. Wir finden zwar eine gute Organisation der Interessen von Arbeitnehmergruppen mit einem besonders nachgefragten Leistungsprofil vor, aber keine Inklusion der Arbeitnehmergruppen ohne spezifisches und gesuchtes Leistungsprofil. Die Inklusionskraft der Gewerkschaften erfasst nicht die Leistungsschwachen. Sie haben deshalb keinen Zugang zur Teilhabe an Wohlstand, Macht und Prestige. Der gewerkschaftliche Organisationsgrad der Arbeitnehmer lag 1953 im Durchschnitt bei 32,5 Prozent. Er ist bis 1996 auf nur noch 14,7 Prozent gesunken (Loeffelholz 1998: 553, basierend auf Statistical Abstracts of the United States). Dabei ist der Rückgang im Durchschnitt durch einen stark gestiegenen Organisationsgrad im öffentlichen Dienst (von 11,6 Prozent auf 37,7 Prozent) noch gemildert worden. Den Gewerkschaften ist es nicht

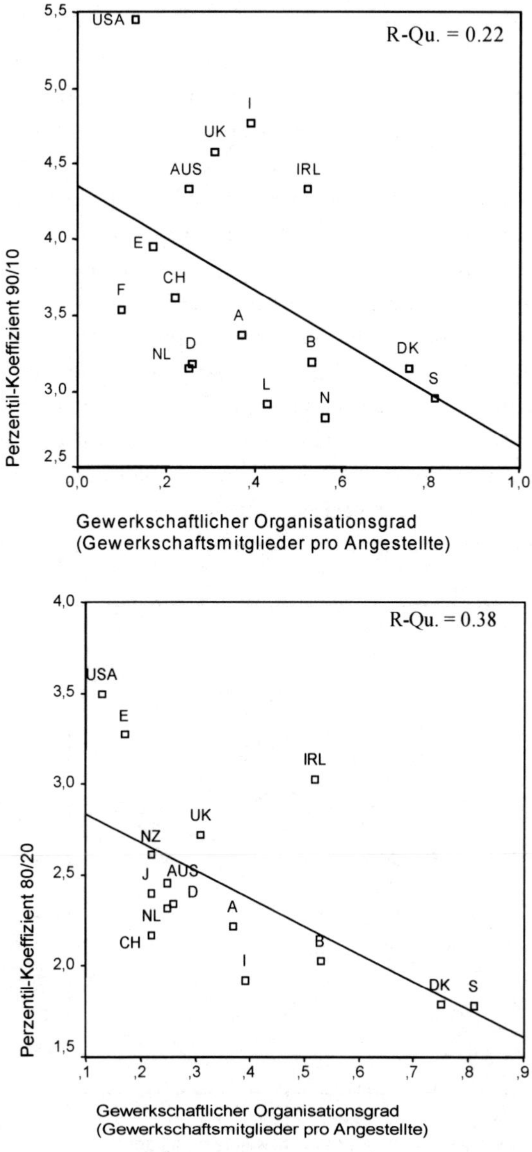

Abb. 4.10: Gewerkschaftlicher Organisationsgrad – Einkommensungleichheit

Quelle: Luxembourg Income Study 2000, Income Inequality Measures (Perzentil-Koeffizient 90/10); OECD 2002a, Corporate Data Environment, Labour Force Statistics, Online-Daten (Perzentil-Koeffizient 80/20, gewerkschaftlicher Organisationsgrad)

gelungen, die wachsende Beschäftigung von Frauen und in Dienstleistungsberufen (mit hohem Frauenanteil) zu organisieren. Außerdem haben sie auch im klassischen industriellen Sektor an Boden verloren, weil Unternehmen gewerkschaftlich organisierte Produktionsstätten geschlossen und gewerkschaftsfreie Produktionsstätten eröffnet haben. Zuwanderung, häufige Betriebswechsel und hohe geographische Mobilität erschweren die gewerkschaftliche Organisation der Arbeitnehmerschaft. Dazu kommt noch die rassische und ethnische Differenzierung, die der einheitlichen Organisation der Arbeitnehmer entgegenwirkt (Davis 1986). So können wir feststellen, dass die mangelnde Inklusion der Unterschicht quer zu den ethnischen Gruppen und zum Geschlecht in die gesellschaftliche Gemeinschaft sowohl von dem aktuellen Trend der Ethnisierung und Vergeschlechtlichung des Kampfes um Gleichheit als auch von der historisch gewachsenen Fragmentierung der Arbeiterschaft verursacht wird. Die Solidarität der amerikanischen gesellschaftlichen Gemeinschaft endet an der Grenze, welche die schlecht organisierten Gruppen von den gut orga-

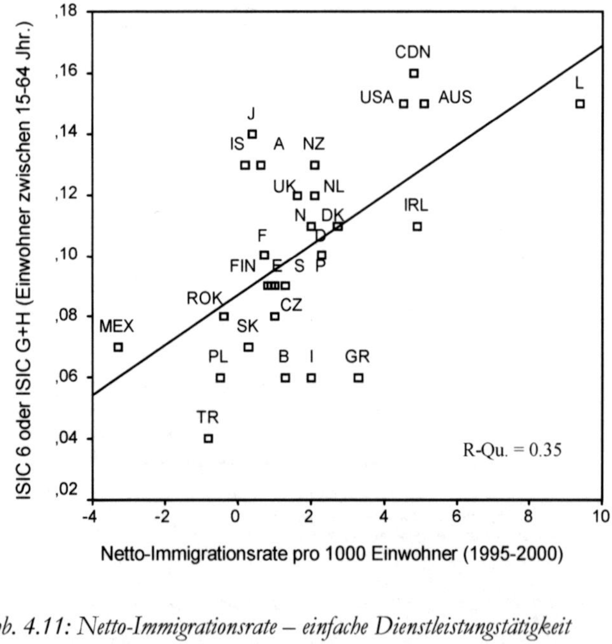

Abb. 4.11: Netto-Immigrationsrate – einfache Dienstleistungstätigkeit

Quelle: OECD 2002a, Corporate Data Environment, Labour Force Statistics, Online-Daten (ISIC 6 oder ISIC G+H); UN Population Division 2002, Department of Economic and Social Affairs (Netto-Immigrationsrate)

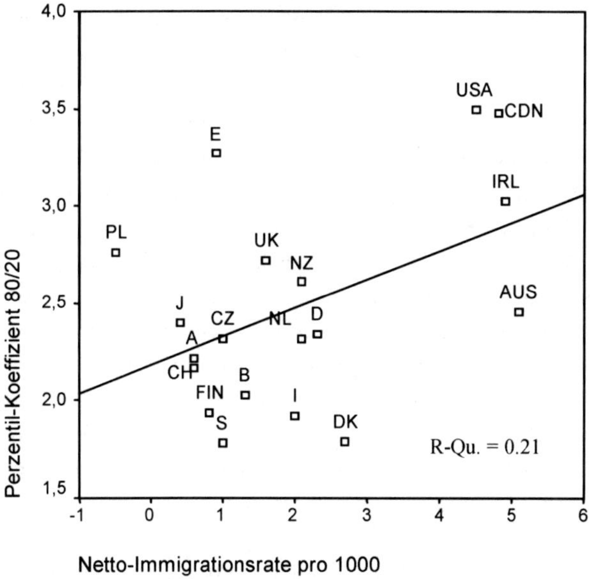

Abb. 4.12: Netto-Immigrationsrate – Einkommensungleichheit

Quelle: OECD 2002a, Corporate Data Environment, Labour Force Statistics, Online-Daten (Perzentil-Koeffizient 80/20); UN Population Division 2002, Department of Economic and Social Affairs (Netto-Immigrationsrate)

sierten Gruppen trennt. Im internationalen Vergleich macht sich in den USA der negative Zusammenhang zwischen dem gewerkschaftlichen Organisationsgrad und der Einkommensungleichheit besonders stark bemerkbar (Abb. 4.10). Dasselbe gilt für den positiven Zusammenhang zwischen der Immigrationsquote und der Beschäftigung in einfachen Dienstleistungstätigkeiten sowie der Einkommensungleichheit (Abb.4.11 und 4.12).

Wir können festhalten: Seit den 1970er Jahren hat sich der Kampf um die Gleichheit zwischen den Rassen, ethnischen Gruppen und Geschlechtern verschärft. Nach einer Reduktion von Ungleichheit und Armut in den 1960er Jahren ist die Ungleichheit seit den 1970er Jahren wieder gewachsen, wie auch die Armut, die sich seither bei einer Quote von ca. 14 Prozent eingependelt hat. Vor diesem Hintergrund erscheint 1985 *Habits of the Heart*, eine von Robert Bellah und Koautoren verfasste Studie über den Verlust an Gemeinsinn in der amerikanischen Gesellschaft, die eine lang anhaltende Debatte auslöst (Bellah et al 1985, 1991,1992). Amitai Etzioni (1993) bemüht sich um eine Revitalisierung des Gemeinsinns im Rahmen einer Bewegung des Kommunitarismus, dessen philosophischer Zweig mit dem Liberalismus über die moralischen bzw. rechtlichen Grundlagen einer Freiheit, Gleichheit und Verantwortung verbindenden Gesellschaft streitet (Sandel, 1982, Rawls 1993, Walzer 1990). Eine empirische Wendung bekommt die Debatte durch Robert Putnam (1995a, 1995b), der einen Verlust an Sozialkapital im Sinne von ehrenamtlichem Engagement (volunteering) konstatiert und vor allem den Rückzug der Amerikaner auf den Fernsehkonsum in der eigenen Wohnung dafür verantwortlich macht. Allerdings lässt sich diese These mit Daten, die das Gegenteil beweisen, bezweifeln (Bennett 1995). Im Folgenden wollen wir eine Erklärung für diese umstrittene Situation versuchen. Vor dem Hintergrund unserer so weit vorgetragenen Analyse soll plausibel gemacht werden, dass der konstatierte Mangel an Gemeinsinn nicht auf einen Rückgang von ehrenamtlichem Engagement im Allgemeinen zurückzuführen ist, sondern auf die historische gewachsene Form der zivilgesellschaftlichen Selbstorganisation (vgl. Paxton 1999; Robinson und Jackson 2001).

Im internationalen Vergleich ist ehrenamtliches Engagement in den Vereinigten Staaten immer noch deutlich mehr ausgeprägt als in anderen Industriegesellschaften, und es hat sich nicht verringert, sondern ist sogar noch gewachsen. Die Mitgliedschaft in Großverbänden, wie insbesondere in den Gewerkschaften, ist zwar gesunken, stattdessen hat aber die aktive Mitwirkung in einer größeren Zahl gemeinnütziger Organisationen oder Initiativen zugenommen. Das sagen auf jeden Fall eine Reihe von Erhebungen: Nur 18 Prozent der befragten Amerikaner nennen keine Mitgliedschaft in gemeinnützigen Organisationen, aber 35 Prozent in Kanada, 61 Prozent in Frankreich, 32 Prozent in Deutschland, 47 Prozent in Großbritannien, 65 Prozent in Italien und 64 Prozent in Japan. Keine ehrenamtliche unbezahlte Arbeit leisten in den Vereinigten Staaten nur 40 Prozent, aber in Kanada 53 Prozent, in Frankreich 65 Prozent, in Deutschland 69 Prozent, in Großbritannien 74 Prozent, in Italien 73 Prozent und in Japan 73 Prozent (Lipset 1996: 278; vgl. auch Verba, Schlozman und Brady 1995: 80) (Tab. 4.5). Ehrenamtliche Mitarbeit im Wohlfahrtsbereich verrichten 26 Prozent im Jahre 1977, dagegen 54 Prozent im Jahre 1995 (Murswieck 1998: 713, basierend auf *The Public Perspective* 7 (1996) 4:10). Im Jahre 1980 sagten 30,9 Prozent der High-School-Seniors, dass sie keine kommunale ehrenamtliche Arbeit leisten, im Jahre 1994 waren es 27,2 Prozent (Murswieck 1998: 715, basierend auf U.S. National Center for Education Statistics 1996: Youth Indicators: Indicator 53. Volunteer Work and Community Affairs). Allerdings ist das ehrenamtliche Engagement sehr ungleich nach Bildung und Einkommen verteilt (Tab. 4.6 und 4.7). Die Zahl der von Steuerabgaben befreiten gemeinnützigen Organisationen lag im Jahre 1987 bei 939 105, im Jahre 1990 bei 1 024 684 (Murswieck 1998: 714). Während in den Dekaden zwischen 1920 und 1950 die Zahl der Stiftungsneugründungen von 16 auf 76 pro Jahr gestiegen ist, waren es in den 1950er Jahren 181, in den 1960er Jahren 147, in den 1970er Jahren 84 und in den 1980er Jahren 180 pro Jahr (Murswieck 1998: 715, basierend auf *The Public Perspective* 7 (1996) 4:20). Die Spenden für Wohltätigkeitszwecke sind in konstanten US-Dollar zwischen 1930 und 1995 von jährlich 88 US-Dollar auf 522 US-Dollar pro Kopf gestiegen (Murswieck 1998: 714, basierend auf *The Public Perspective* 7, 1996, 4:10).

Von einem Niedergang des ehrenamtlichen Engagements kann also allgemein betrachtet keine Rede sein. Was in der Debatte mit dem Verlust an Gemeinsinn gemeint ist, muss deshalb etwas anderes sein. Und wir müssen dafür eine eigene Erklärung finden, die mit der faktisch gegebenen

	Zugehörigkeit zu mindestens einer Gruppe in %	*Zugehörigkeit zu keiner Gruppe in %*		*Prozentsatz, der keine unbezahlte freiwillige Arbeit leistet*
USA	82	18	USA	40
Niederlande	85	15	Niederlande	
(West) Deutschland	67	33	(West) Deutschland	69
Kanada	65	35	Kanada	53
Italien	41	59	Italien	73
Frankreich	39	61	Frankreich	65
Mexiko	36	64	Mexiko	
Japan	36	64	Japan	73
Spanien	30	70	Spanien	
Vereinigtes Königreich	54	46	Vereinigtes Königreich	74

Tab. 4.5: Ehrenamtliches Engagement in OECD-Ländern

Quelle: Ladd 1999: 133, Abb. 6.5; Lipset 1996: 276

	Durchschnittl. Zahl der Mitgliedschaften
Elementary	1,19
Some high school	2,10
High school graduate	3,28
Some college	4,66
2-year degree	5,43
4-year degree	5,99
Some graduate school	5,90
Master's degree	8,21
Graduate degree	10,5

Tab. 4.6: Ehrenamtliches Engagement in den USA nach Bildung

Quelle: Ladd 1999: 58, Abb. 3.15

	Prozentsatz der erwachsenen Bevölkerung, der ehrenamtlich tätig ist
Rasse und hispanische Herkunft	
Weiß	46,7
Schwarz	36,9
Hispanier	33,4
Haushaltseinkommen	
unter US-Dollar 10.000	23,8
US-Dollar 10.000 - 19.999	27,2
US-Dollar 20.000 - 29.999	32,3
US-Dollar 30.000 - 39.999	37,3
US-Dollar 40.000 - 49.999	40,4
US-Dollar 50.000 - 59.999	48,3
US-Dollar 60.000 - 74.999	58,6
US-Dollar 75.000 - 99.999	57,0
US-Dollar 100.000 oder höher	55,5

Tab. 4.7: Ehrenamtliches Engagement in den USA nach Einkommen

Quelle: U.S. Census Bureau 2002: 362, Tabelle 558

Zunahme des ehrenamtlichen Engagements (volunteering) vereinbar ist. Der von Kommunitaristen und Sozialforschern konstatierte Mangel an Gemeinsinn hat bei genauer Betrachtung eine spezifische Ausprägung und spezifische, historisch gewachsene Ursachen. Er ist kein aktueller Verlust, der auf die Abkehr von »guten« Traditionen des Gemeinsinns zurückzuführen ist, sondern das Ergebnis einer spezifischen, historisch verwurzelten Struktur der Pflege von Solidarität, die immer schon wenig Platz für die leistungsschwachen und schlecht organisierten Bürger hatte. Dieses Inklusionsdefizit der gesellschaftlichen Gemeinschaft war immer schon gegeben. Es ist in der Gegenwart zusätzlich dadurch verschärft worden, dass neben dem in einer Einwanderungsgesellschaft natürlich gegebenen Trend zur Ethnisierung von Kämpfen um Gleichheit die im Zuge der Bürgerrechtsbewegung seit den 1960er Jahren festgelegten Bahnen der Konfliktaustragung auch die Gleichstellung der Geschlechter in die Richtung der Festlegung von Gruppenquoten gelenkt haben. Die Exklusion der Unterschicht hat sich gerade dadurch vergrößert.

Zwei Faktoren unterstützen diesen Trend zur Dominanz des Kampfes um ethnische und geschlechtliche Gleichheit maßgeblich: die schwache gewerkschaftliche Organisation von Arbeitnehmerinteressen und die Bildung ethnisch homogener Nachbarschaften. Weil die Gewerkschaften keine Heimat für die gesamte Arbeiterschaft bieten und weil das vorherrschende Muster des individuellen Aufstiegs nur die Inklusion der Aufsteiger in ethnische Grenzen überschreitende Netzwerke, einschließlich Nachbarschaften, erlaubt, haben sich rassisch bzw. ethnisch homogene Nachbarschaften als relativ geschlossene Unterschichtenmilieus ohne Inklusion in die weitere Gesellschaft herausgebildet. Es handelt sich um die rund 30 Prozent Afroamerikaner und Hispanier, die unter der Armutsgrenze leben (Murswieck 1998: 677, basierend auf U.S. Bureau of the Census, Current Population Survey, März 1996).

Sofern es sich um ethnische Gruppen mit neuer Zuwanderung handelt, dienen die homogenen Nachbarschaften als Auffangbecken für die aktuellen Immigranten. Das gilt vor allem für die aus Mittelamerika und der Karibik zuwandernden Hispanier. Ihre Sichtbarkeit trägt wiederum dazu bei, dass die Thematisierung von Ungleichheit in ethnischen Begriffen als notwendig, angemessen und gerechtfertigt erscheint. Wie wir gesehen haben, hat diese Ethnisierung wie auch die Vergeschlechtlichung der Kämpfe um Gleichheit aber zur Folge, dass genau jene Exklusion der Unterschicht, unter der bestimmte rassische und ethnische Gruppen (Afro-Amerikaner und

Hispanier) proportional in größerem Umfang leiden, eher verschärft als gemildert wird. Tatsache ist aber auch, dass die 11,2 Prozent Weißen unter der Armutsgrenze mit 24,423 Millionen im Vergleich zu den 9,872 Millionen Afroamerikanern und den 8,574 Millionen Hispaniern die absolut größte Zahl bilden (Murswieck 1998: 678, basierend auf U.S. Bureau of the Census 1996b). Daran ist klar zu erkennen, dass Ungleichheit und Armut in erster Linie ein Problem der Klassenstruktur und erst in zweiter Linie ein Problem der rassischen und ethnischen Differenzierung ist.

Wenn amerikanische Kommunitaristen in den europäischen Wohlfahrtsstaaten diejenige Art von Gemeinsinn verwirklicht sehen, die sie in den Vereinigten Staaten vermissen, dann ist der Grund dafür in der historisch gewachsenen spezifischen Form der Organisation von Solidarität zu suchen, wie wir so weit gesehen haben. In den europäischen Wohlfahrtsstaaten ist die Inklusion der leistungsschwächeren Bürger insbesondere durch die breit angelegte Solidarität der Arbeiterbewegung in Gestalt der Gewerkschaften und der sozialdemokratischen Parteien, durch die großen Kirchen und großen Wohlfahrtsverbände und die christdemokratischen Volksparteien gewährleistet worden (Esping-Andersen 1990) (Tab. 4.8). Diese Inklusionsaufgabe hatte stets unbestritten Vorrang und wurde bis in die jüngste Vergangenheit hinein nicht von Fragen der Inklusion rassischer und ethnischer Minderheiten wie in dem Einwanderungsland der Vereinigten Staaten verdrängt. Erst in der jüngsten Vergangenheit haben Fragen der Integration zugewanderter ethnischer Minderheiten überhaupt Relevanz und öffentliche Aufmerksamkeit erlangt. Gleichzeitig ist eine gewisse Fragmentierung der Arbeitnehmerschaft eingetreten. Beide Entwicklungstrends haben die europäischen Wohlfahrtsstaaten ein Stück weit näher an die Vereinigten Staaten herangerückt. Es ist deshalb nicht überraschend, dass in Europa jetzt ähnliche Integrationsprobleme wie in den Vereinigten Staaten entstehen. Die Fragmentierung der Arbeitnehmerschaft und ihrer gewerkschaftlichen sowie parteipolitischen Vertretung lässt neue einheimische Randgruppen entstehen, die gewachsene Immigration schiebt neue Probleme der Integration ethnischer Minderheiten in den Vordergrund (Joppke 1999). Die neuen einheimischen Randgruppen bilden ein Reservoir für Fremdenfeindlichkeit und Rechtsextremismus (Betz 1994; Heitmeyer 1997; Heitmeyer und Anhut 2000). Zwar befinden sich die europäischen Wohlfahrtsstaaten im Hinblick auf die Inklusion ihrer leistungsschwächeren Bürger noch in guter Entfernung zu den Vereinigten Staaten. Es lässt sich aber auch nicht leugnen, dass sie ihnen strukturell einen Schritt näher gekommen sind. Eine spannende Frage ist deshalb, ob die strukturelle Annäherung trotz unterschiedlicher Wohlfahrtskulturen tatsächlich zu ähnlichen Inklusionsdefiziten führt.

	USA	*Deutschland*	*Schweden*
Sozialdemokratische Kabinettsposten im Verhältnis zu Kabinettsposten insgesamt (1945–1994)	0,0 %	12,3 %	38,9 %
Mitgliedschaft in Gewerkschaften (1990)	15,0 %	31,0 %	83,0 %
Gewerkschaftliche Tarifbindung (1990)	18,0 %	76,0 %	83,0 %
Gesamt-Steuereinnahmen (1996)	28,5 %	38,1 %	52,0 %
Sozialversicherungs-Transferausgaben als Prozentsatz des BIP (1993/94)	13,0 %	16,0 %	25,0 %

Tab. 4.8: Die USA im Vergleich zu europäischen Wohlfahrtsstaaten

Quelle: Lipset und Marks 2000: 280–281, Tabellen 8.2 und 8.3

Interessant ist in diesem Zusammenhang die Tatsache, dass wir bis an diesen Punkt unserer Analyse die spezifischen Inklusionsdefizite der amerikanischen gesellschaftlichen Gemeinschaft allein durch strukturelle Ursachen erklärt haben: fragmentierte Organisation der Arbeitnehmerinteressen, verstärkte Organisation ethnischer und geschlechtlicher Interessengruppen und zunehmende Überlagerung des Diskurses über klassen- und schichtenspezifische Ungleichheit durch den Diskurs über ethnische und geschlechtliche Ungleichheit. Auf kulturelle Ursachen mussten wir so weit noch gar nicht zurückgreifen. Die Frage ist, welchen Beitrag solche Ursachen leisten. Da Kultur und Sozialstruktur in einem langfristigen historischen Entwicklungsprozess eine symbiotische Verbindung eingehen, sollte unsere Suche denjenigen kulturellen Wertvorstellungen und Gesellschaftsbildern gelten, die der so weit beschriebenen Sozialstruktur und der Organisation von Interessen korrespondieren. Diese Suche führt uns zur Idee der Selbstorganisation der Zivilgesellschaft einschließlich des damit verbundenen Individualismus und des Liberalismus (Hartz 1955).

Die Idee der zivilgesellschaftlichen Selbstorganisation setzt mehr als die europäische Idee der vorwiegend staatlich oder staatlich in Verbindung mit

Großverbänden garantierten Wohlfahrt auf die eigensinnige Integrationskraft zivilgesellschaftlicher Vereinigungen (Tocqueville 1945: 486–496; Bellah et al. 1985; Wuthnow 1991, 1994, 1995; Verba, Schlozman und Brady 1995). Damit verbindet sich die Idee des Individualismus, nach der das einzelne Individuum am ehesten Glück findet, wenn es sein Leben selbst in die Hand nimmt (vgl. Hartz 1955). Gleichzeitig setzt diese Idee darauf, dass sich die selbständigen Individuen zu ihrem eigenen Vorteil spontan zusammenschließen und damit zugleich einen über jedes einzelne Individuum hinausgehenden gemeinsamen Nutzen (Kollektivgüter) produzieren. Das Credo des Liberalismus sagt uns, dass die Gesellschaft als Ganzes ihren allen zugute kommenden Gesamtnutzen steigert, in dem sie die Aktivitäten jedes einzelnen Individuums fördert. Tocqueville (1945: Bd. II, 121–124) meinte, dass die Amerikaner nach der Lehre vom wohlverstanden Eigennutz handeln.

Zivilgesellschaftliche Selbstorganisation, Individualismus und Liberalismus bilden den zentralen Wertkomplex der amerikanischen Gesellschaft. Tocqueville hat dieses Credo in der Lehre vom wohlverstandenen Eigennutz zusammengefasst. Die Umsetzung dieser Lehre in die Organisation der Gesellschaft zeigt sich in der von uns beschriebenen Form der zivilgesellschaftlichen Selbstorganisation. Sie favorisiert den spontanen Zusammenschluss gut organisierbarer Interessen aktiver Bürger. Sie fördert zweckgerichtete Zusammenschlüsse, die sich unmittelbar bezahlt machen, und Zusammenschlüsse nach spezifischen Kriterien mit klar sichtbaren Grenzen. Zusammenschlüsse über partikulare Gruppengrenzen hinweg können dagegen spontan nicht entstehen. Es ist auch nicht erkennbar, für wen sie einen unmittelbaren Nutzen bringen. Die Fragmentierung der Arbeitnehmerorganisationen und die Dominanz ethnischer Organisationen hat in dieser Umsetzung der Idee zivilgesellschaftlicher Selbstorganisation in das Vereinigungsverhalten der Menschen ihre kulturelle Legitimationsgrundlage. Die Lehre des Individualismus unterstützt dieses Verhaltensmuster. Das Individuum, das seine Geschicke selbst in die Hand nehmen soll, wird sich stets die nächstliegende, sich aufdrängende Vereinigung suchen, um die zur Selbstverwirklichung notwendige Unterstützung zu erlangen. Da der Nutzen anderer, weiter greifender Vereinigungen nicht unmittelbar sichtbar ist, wird es sich demgemäß am ehesten der unmittelbar für das spezifische Arbeitnehmerinteresse arbeitenden Gewerkschaft bzw. einer ethnischen Vereinigung anschließen. Der Liberalismus gibt diesem Vereinigungsmuster insofern die grundlegende Legitimation, als er lehrt, dass die Gesellschaft aus der spontanen Vereinigung selbständiger Individuen den größten Nutzen zieht.

4.5 Schlussbemerkungen

Die Symbiose der kulturellen Ideen der zivilgesellschaftlichen Selbstorganisation, des Individualismus und des Liberalismus mit der Sozialstruktur der Überlagerung klassen- und schichtspezifischer Differenzierung durch rassische, ethnische und geschlechtliche Differenzierung und mit der Überlagerung der fragmentierten Organisation der Arbeitnehmerschaft durch die rassische, ethnische und geschlechtliche Organisation von Interessen hat die festgestellte Ethnisierung und Vergeschlechtlichung von Kämpfen um Gleichheit in hohem Maße verfestigt. Die Konsequenz war die Exklusion der leistungsschwachen Unterschicht quer zu den rassischen und ethnischen Gruppen sowie zu den Geschlechtern. Eine Lösung dieses spezifisch amerikanischen Integrationsproblems kann nur im Rahmen der gegebenen kulturellen, sozialstrukturellen und organisatorischen Bedingungen erfolgen. Sie verlangt zunächst einmal das Eingeständnis, dass der Integrationskraft der zivilgesellschaftlichen Selbstorganisation Grenzen gesetzt sind. Das heißt, dass in der Tat der Staat – in Zusammenarbeit mit freiwilligen Vereinigungen – eine aktivere Integrationsrolle zu spielen hätte, als dies bisher der Fall war. Im internationalen Vergleich weisen die Amerikaner nach wie vor dem Staat ein geringeres Aufgabenspektrum zur Sicherung von Wohlfahrt und sozialer Integration zu als die Bürger anderer OECD-Länder. Nur 38 Prozent der Amerikaner meinen, der Staat solle die Differenz zwischen hohen und niedrigen Einkommen verringern, aber 66 Prozent der Westdeutschen, 65 Prozent der Briten, 60 Prozent der Norweger und 80 Prozent der Italiener. Nur 12 Prozent der Amerikaner mit hohem Einkommen und 33 Prozent der Amerikaner mit niedrigem Einkommen wünschen vom Staat ein garantiertes Grundeinkommen. In Großbritannien sind es 47 Prozent und 71 Prozent, in Westdeutschland 45 Prozent und 66 Prozent, in den Niederlanden 39 Prozent und 58 Prozent und in Italien 53 Prozent und 80 Prozent (Lipset 1996: 76). An diesen Umfragedaten ist die nach wie vor vorhandene, tief in der Geschichte verwurzelte kulturelle Sperre gegen einen aktiveren, in die Gesellschaft eingreifenden Staat zu erkennen.

Wie die europäischen Wohlfahrtsstaaten der zivilgesellschaftlichen Selbstorganisation mehr Spielraum geben müssen, um der gewachsenen Vielfalt von Problemen gerecht zu werden, ohne die Zügel der Kooperation mit dem jetzt erweiterten Spektrum an Vereinigungen aus der Hand zu geben, so hätte der amerikanische Staat – auf den Ebenen des Bundes, der Einzelstaaten und der Gemeinden – mehr die Zügel in die Hand zu nehmen, ohne die Vielfalt der Vereinigungen und die Selbstorganisation der Zivilgesellschaft einzuschränken (vgl. Lahusen 2003; Schuppert 2006). Das ist inzwischen in Gestalt von verschärften polizeilichen Maßnahmen sozialer Kontrolle mit dem Erfolg einer Senkung der Kriminalitätsrate und größerer innerstädtischer Sicherheit tatsächlich geschehen. Mangelnde soziale Integration muss auf diese Weise durch teure und freiheitseinschränkende Kontrollmaßnahmen ausgeglichen werden. Die Verstärkung des staatlichen Engagements in Sozialprogrammen in der Zusammenarbeit mit Sozialunternehmen und freiwilligen Vereinigungen würde auf der Seite der Kontrollmaßnahmen für Entlastung sorgen. Den Ansatz dafür bietet die Kooperation kommunaler Behörden mit Sozialunternehmern und freiwilligen Vereinigungen in Civic-Renewal-Programmen (Skocpol 1998; Sirianni und Friedland 2001). Dabei handelt es sich um eine Form des staatlichen Engagements, das mit der Idee der zivilgesellschaftlichen Selbstorganisation vereinbar ist. Es verlangt keinen grundsätzlichen Paradigmenwechsel im kulturellen Programm der Gesellschaft und hat deshalb auch gute Chancen der breiteren Verwirklichung. Dabei bedarf es der gezielten Förderung von Netzwerken, Vereinigungen und Initiativen im Allgemeinen und von Sozialprogrammen zur Inklusion der Unterschicht, die rassische, ethnische und geschlechtliche Grenzen überschreiten, im Besonderen. Eine Verringerung der Inklusionsdefizite wird nur durch Maßnahmen gelingen, die auf rassische, ethnische und geschlechtliche Desintegration und Desozialisation und gleichzeitig auf die Stärkung von Gruppen übergreifender Solidarität und Identität hinwirken (Schneider 1968, 1969; Parsons 1977: 390–393).

Betrachten wir die USA als Lehrmeister für eine liberale Gesellschaftsordnung, dann lernen wir etwas über die Inklusionskraft einer offenen und pluralistischen Gesellschaft, zugleich werden wir aber auch der Kehrseite dieses Gesellschaftsmodells gewahr, die sich in enormen Problemen der relativen Exklusion, Desintegration und Desorganisation zeigen.

5. Relative Exklusion und Desintegration: Konvergenz im liberalen Wohlfahrtsregime?

5.1 Einleitung

Gehen wir von der Unterscheidung zwischen liberalen, konservativen und egalitären Wohlfahrtsstaaten aus (Esping-Andersen 1990), dann kann festgestellt werden, dass es den konservativen und egalitären Wohlfahrtsstaaten lange Zeit gelungen ist, sich im Hinblick auf soziale Integration als überlegen zu erweisen. Inzwischen lassen sich aber auch in den konservativen und egalitären Wohlfahrtsstaaten starke Desintegrationserscheinungen beobachten. Sie äußern sich in der *außergewöhnlichen, über das gewohnte Maß hinausgehenden* Häufigkeit von abweichendem Verhalten in folgenden Formen:

1) Eigentums-, Gewalt- und Betrugsdelikte
2) politischer Extremismus
3) politische Entfremdung
4) Rückzug aus der Gesellschaft
5) mangelndes Commitment (Ritualismus)

Wenn wir davon ausgehen, dass diese Diagnose stimmt, stellt sich die Frage, worauf diese Desintegrationserscheinungen zurückzuführen sind. In den folgenden Abschnitten soll nach einer tragfähigen Antwort auf diese Frage gesucht werden.

5.2 Relative Exklusion und Desintegration im liberalen, konservativen und sozialdemokratischen Wohlfahrtsstaat

Relative Deprivation ist eine Erfahrung von Menschen, die sich in einem Missverhältnis zwischen ihren Lebenszielen und ihrem tatsächlichen Leben äußert. Sie macht sich in einem doppelten Sinn bemerkbar, zum einen in Bezug auf das eigene Aspirationsniveau eines einzelnen Individuums oder einer Gruppe, zum anderen in Bezug auf das Wohlstandsniveau einer Vergleichsgruppe (gegebenenfalls der großen Mehrheit der Bevölkerung). In den hoch entwickelten Wohlfahrtsstaaten ist das Aspirationsniveau nahezu aller Menschen hoch, weil ein hohes Niveau des Konsums zu einem allgemein geteilten Leitbild der Lebensführung geworden ist. Wer dahinter zurückbleibt, empfindet relative Deprivation. Das gilt aber auch im Vergleich mit anderen, besser gestellten Schichten der Gesellschaft. Relative Deprivation wird insbesondere deshalb virulent, weil die breite Realisierung des hohen Wohlstandsniveaus den Eindruck vermittelt, dass es an sich jeder schaffen kann (Merton 1949/1968a).

Gerade der schon von Helmut Schelsky (1965) beschriebene Typus der nivellierten Mittelstandsgesellschaft mit einem sehr breiten Spektrum der Bevölkerung auf mittlerem Wohlstandsniveau lässt Wohlstand für alle erreichbar erscheinen, so dass die Exklusion aus diesem mittleren Segment umso deprivierender wirkt. Wenn es viele schaffen, dann ist es für die Wenigen, die es nicht schaffen, eine umso schmerzlichere Erfahrung, ausgeschlossen zu sein. Solange ein niedriger Lebensstandard mit der großen Masse geteilt wird, gibt es wenig Anlass für relative Deprivation, weil ein höherer Lebensstandard ohnehin außer Reichweite und allein als eine Sache von Eliten erscheint und man das eigene Schicksal mit einer großen Masse auf gleichem Niveau teilt. Man vergleicht sich mit der Masse der Menschen auf gleichem Niveau, aber nicht mit den bessergestellten Führungsschichten. Marginalisierte Gruppen in der Massenwohlstandsgesellschaft vergleichen sich ebenfalls mit der Masse, befinden sich aber im Vergleich zur Masse im Abseits und erfahren eine relativ hohe Deprivation in dem Sinne, dass das Niveau ihres Lebensstandards weit von dem Niveau der Masse entfernt ist. Neben der Diskrepanz zwischen Lebensstandard und Aspirationsniveau ist diese Diskrepanz zwischen dem eigenem Lebensstandard und dem Lebensstandard der breiten Masse die zweite Dimension von relativer Deprivation.

Nach Durkheim (1973c) befinden sich die Individuen und die Gesellschaft in diesem Fall in einem Zustand des Ungleichgewichts, das Anstrengungen zur Wiederherstellung des Gleichgewichts auslöst, ob sie nun zum Erfolg führen oder auch nicht. Für das Individuum ist relative Deprivation auf Dauer schwer zu ertragen, die Gesellschaft leidet unter den von relativer Deprivation ausgelösten Desintegrationserscheinungen in Gestalt von gehäuften Regelverletzungen, politischer Entfremdung und Konflikten. Nach Durkheim ist das Individuum allein nicht in der Lage die entsprechende Balance herzustellen, wenn die Gesellschaft nicht die erforderlichen Hilfestellungen gibt. Da die menschlichen Bedürfnisse prinzipiell unbegrenzt sind, ist der Mensch aus seiner Sicht zum Erleben von Frustrationen (Deprivation) prädestiniert. Es liegt deshalb an der gesellschaftlichen Ordnung, für eine ausreichende Balance von Ressourcen und Bedürfnissen zu sorgen. Durkheim sieht die moderne kapitalistische Gesellschaft mit ihren starken konjunkturellen Schwankungen in dieser Hinsicht vor besondere Herausforderungen gestellt, an denen sie immer wieder scheitert, wenn bei starken Aufschwungphasen das Aspirationsniveau über das Niveau des realisierbaren Lebensstandards hinausschießt oder bei Rezessionen der Lebensstandard im Vergleich zum einmal erreichten Niveau wieder sinkt. Während die traditionale Ständegesellschaft für jeden Stand einen spezifischen Lebensstandard definiert, über den niemand hinausstrebt und der auch einigermaßen gesichert ist, gelten für die moderne Marktgesellschaft die bürgerlichen Prinzipien der Freiheit und Gleichheit vor dem Gesetz, so dass jetzt jeder nach allem streben mag, sofern er nur kann. Hier ist die Wurzel für die Ausbreitung von relativer Deprivation in der modernen Marktgesellschaft. Sie überlässt in hohem Maße die Ausbalancierung von Aspirationsniveau und tatsächlichem Lebensstandard den Gesetzen des Marktes, mit dem Ergebnis, dass diejenigen, die nicht zum Erfolg kommen und Deprivationen erleiden, auf eigene Faust für eine neue Ausbalancierung von Ressourcen und Bedürfnissen sorgen müssen, da die Gesellschaft dafür keine Hilfe bereithält. Das impliziert auch die gehäufte Nutzung illegitimer Wege des Spannungsausgleichs. Ein solcher »illegitimer Weg« ist das Ausscheiden aus dem Leben, wenn die erfahrenen Frustrationenen anscheinend nicht mehr zu überwinden sind. In der Tat konnte Durkheim einen Zusammenhang zwischen konjunkturellen Auf- und Abschwüngen und in beiden Fällen steigenden Selbstmordraten ermitteln. Er stellt auch fest, dass diejenigen Schichten, deren Lebenssituation am meisten vom individuellen Markterfolg abhängt – Kaufleute und Industrielle –, überproportional an den Selbstmorden beteiligt sind. Zu ähnlichen Ergebnissen wäre er bei einer Untersuchung der Kriminalitätsrate, der Streikhäufigkeit, des politischen Extremismus und der politischen Entfremdung gelangt.

In den Augen Durkheims führen diese Erscheinungen dann zu einem Zustand der Anomie, wenn die Geltung der gesellschaftlichen Normen angesichts eines Volumens von abweichendem Verhalten in Frage gestellt ist, dessen Sanktionierung sich weder auf einen legitimierenden Konsens stützt noch zur breiten Bekräftigung der Normen führt.

Robert K. Merton (1949/1968a) hat Durkheims (1973c) Anomietheorie auf die amerikanische Gesellschaft bezogen (vgl. Featherstone und Deflem 2003; Marwah und Deflem 2006). Mertons Anomietheorie hat in der jüngeren Vergangenheit insbesondere durch die Arbeiten von Messner und Rosenfeld (1997, 1994/2007) neuen Auftrieb erhalten. Nach Mertons Deutung hat die amerikanische Gesellschaft wie keine andere Gesellschaft das Leben im Wohlstand zu einem allgemein geteilten Leitbild der Kultur gemacht und zugleich den individuellen Erfolg auf dem Markt nach dem Prinzip, dass jeder den Aufstieg schaffen kann, wenn er nur will – vom Tellerwäscher zum Millionär –, zum maßgeblichen Instrument der Verwirklichung dieses Leitbildes erhoben. Der tatsächlich erreichte Massenwohlstand der breiten Mittelschicht, die von den gutverdienenden Arbeitern bis zu den leitenden Angestellten reicht, hat daraus einen sozialen Tatbestand gemacht, an dessen Maßstab gemessen, die Exklusion der Unterschicht (überproportional daran beteiligt Afroamerikaner und Hispanier) eine umso schärfer empfundene Deprivation darstellt. Wir können hier von relativer Exklusion als einem Spezialfall der relativen Deprivation sprechen. Die Anstrengungen zur Deprivationsreduktion äußern sich deswegen in der gehäuften Wahl illegitimer Wege in Gestalt von Delinquenz, weil auch sie in erheblichem Maße der spontanen Selbstorganisation überlassen bleiben. Dagegen ist die kollektive Organisation der Deprivationsreduktion – etwa durch Gewerkschaften, Wohlfahrtsverbände und Parteien – für einen größeren Teil der Unterschicht de facto nicht verfügbar.

Nach Mertons Typologie stellt die Abweichung von den institutionalisierten Normen auf dem Weg zum gehobenen Konsum eine Strategie der Ausbalancierung zwischen den verfügbaren Mitteln und dem kulturellen Leitbild des Wohlstands dar. Es ist der Typus der Innovation, ohne den es in keiner Gesellschaft sozialen Wandel gäbe, der aber zugleich die Quelle von Anomie ist. Anomie herrscht in einem doppelten Sinn: als Druck auf das Individuum, die Kluft zwischen Mitteln und Ziel zu überbrücken und als Deinstitutionalisierung der Mittel des Erfolgs (Featherstone und Deflem 2003). Werden die legitimen Mittel eingehalten, obwohl das kulturelle Leitbild weder erreicht wird noch für erreichbar gehalten wird, spricht Merton von Ritualismus, der zum Beispiel die untere Mittelschicht kleiner Beamter und Angestellter prägt. Wird sowohl von den legitimen Wegen des Markterfolgs als auch vom Leitbild des gehobenen Konsums Abstand genommen, dann handelt es sich in den Worten Mertons um einen Rückzug aus der Gesellschaft, zum Beispiel in Gestalt einer Landkommune oder einer religiösen Sekte. Die Ablehnung der legitimen Mittel und des kulturellen Leitbildes bei gleichzeitigem Setzen auf neue Mittel und Leitbilder bezeichnet Merton als Rebellion. Sie zielt auf die Veränderung der Gesellschaft. Sind beide Seiten – der Zugang zu den legitimen Mitteln und die Verfolgung des kulturellen Leitbildes – gegeben, handelt es sich nach Mertons Typologie um den Typus der Konformität.

Für Merton ist der Typus der Innovation in Gestalt hoher Kriminalitätsraten charakteristisch für die amerikanische Gesellschaft, weil sie mehr als die europäischen Gesellschaften den Massenwohlstand zum allgemein geteilten kulturellen Leitbild gemacht hat. Dem ungleichen Zugang zu den legitimen Mitteln entspricht der ungleiche Anteil der sozialen Schichten an der Kriminalität: je weniger Zugang zu den legitimen Mitteln gegeben ist, umso höher ist die Rate der Kriminalität. Infolgedessen ist es nicht überraschend, dass die exkludierte Unterschicht überproportional an der Kriminalität beteiligt ist, wobei wiederum zur Geltung kommt, dass Schwarze und Hispanier überproportional der Unterschicht angehören. Es bilden sich dementsprechend ganze Subkulturen der Delinquenz mit ihren eigenen Leitbildern und Gesetzen heraus, insbesondere in den schwarzen und hispanischen Ghettos der Innenstädte, die nicht nur überproportional Delinquenz produzieren, sondern auch unter Delinquenz sowie unter der Furcht vor Delinquenz leiden (Wilson 1990; Murswieck 1998: 669–674). Vor diesem Hintergrund hat sich in den USA die Politik der Null-Toleranz durchgesetzt, die seit Anfang der 1990er Jahre zu einer deutlichen Senkung der Kriminalitätsrate bei gleichzeitig enormem Ansteigen der Inhaftierungsrate geführt hat (Savelsberg 1994; Levitt 2004).

Für das bislang niedrigere Kriminalitätsniveau der europäischen Wohlfahrtsstaaten zeichnet insbesondere verantwortlich, dass sie anders als die Vereinigten Staaten lange Zeit Klassengesellschaften geblieben sind, in denen die Teilhabe des einzelnen Individuums am erwirtschafteten Wohlstand kollektiv durch Parteien und Gewerkschaften in Zusammenarbeit mit der Arbeitgeberschaft und dem Staat organisiert wurde und nicht im gleichen Maße wie in den Vereinigten Staaten eine Sache des individuellen Markterfolgs war. Man kann diesen Unterschied an dem von Esping-Andersen eingeführten Maßstab der Marktunabhängigkeit (Dekommodifizierung) des individuellen Lebensstandards (bei Arbeitslosigkeit, Krankheit und Ruhestand) messen. Während vom liberalen Wohlfahrtsstaat der Vereinigten Staaten in dieser Tabelle der Wert 13,8 erreicht wird, liegt der Wert im konservativen Wohlfahrtsstaat Deutschland bei 27,7 und im egalitär-sozialdemokratischen Wohlfahrtsstaat Schweden bei 39,1 (Esping-Andersen 1990: 52, Tab. 2.2). Ähnliche Unterschiede können wir bei der Einkommensverteilung feststellen (Smeeding und Grodner 2000: 213). Dabei macht sich bemerkbar, dass das Zusammenwirken von hoher Einkommensungleichheit und relativ starkem Wirtschaftswachstum zu besonders hohen Werten der relativen Deprivation führt, die sich in entsprechend hohen Kriminalitätsraten niederschlagen (Abb. 5.1). Im internationalen Vergleich ist das Zusammenwirken von hoher Einkommensungleichheit und hohem Wirtschaftswachstum mit höheren Kriminalitätsraten korreliert. Das zeigt sich zum Beispiel im Vergleich zwischen liberalen Wohlfahrtsstaaten auf der einen Seite und konservativen sowie egalitären Wohlfahrtsstaaten auf der anderen Seite, wie auch zwischen lateinamerikanischen und südostasiatischen Schwellenländern. Hohe Einkommensungleichheit in einer statischen, traditional-ständischen Gesellschaft erzeugt allein noch keine relative Deprivation, weil Massenwohlstand kein allgemein geteiltes und von allen Schichten angestrebtes kulturelles Leitbild ist. Eine wachsende Wirtschaft erzeugt zusammen mit dem kulturellen Leitbild des Massenwohlstands dann keine überschießende relative Deprivation mit steigenden Raten abweichenden Verhaltens, wenn eine gemäßigte Einkommensungleichheit für eine breite Streuung der Teilhabe am Massenwohlstand sorgt. Nachmarktliche Umverteilung mäßigt außerdem den Wettbewerb um bessere Marktpositionen. Die Verwirklichung des kulturellen Leitbildes »Massenwohlstand« ist nicht ausschließlich eine Sache des einzelnen Individuums, sondern auch eine Sache der kollektiven Organisation und Umverteilung durch die Zusammenarbeit von Staat, Arbeitgeberverbänden und Gewerkschaften. Infolgedessen besteht ein geringerer Druck, Misserfolge auf dem legitimen Weg der beruflichen Karriere durch illegitime Mittel auszugleichen. Das einzelne Individuum wird in größerem Maße von dem Druck, das kulturelle Leitbild verwirklichen zu müssen, um vor anderen und vor sich selbst bestehen zu können, entlastet, was sich in niedrigeren Kriminalitätsraten, weniger psychischen Störungen, weniger Störungen privater Partnerschaften, zum Beispiel in niedrigeren Scheidungsraten, geringerer Neigung zu Streiks, politischer Entfremdung und politischem Extremismus äußern müsste. Das gilt nur so weit, wie die kollektiven Ressourcen verfügbar sind.

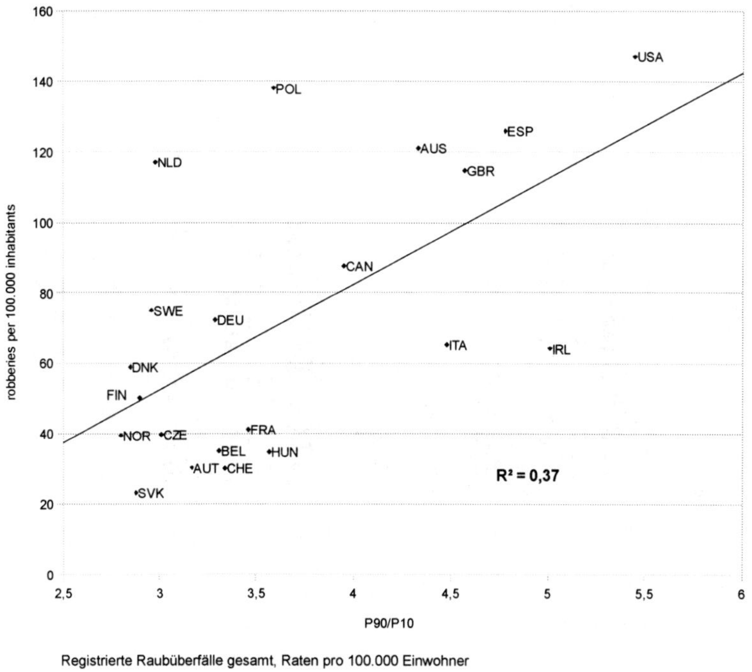

Abb. 5.1: Einkommensverteilung – Raubüberfälle pro 100.000 Einwohner

Quelle: UN Surveys on Crime Trends and the Operation of Criminal Justice Systems, www.unodc.org/unodc/crime_cicp_surveys.html. Online 16.08.04

Im Vergleich zwischen liberalen Wohlfahrtsstaaten und konservativen sowie sozialdemokratischen egalitären Wohlfahrtsstaaten zeigt sich allerdings, dass diese Ableitung aus den theoretischen Annahmen empirisch nicht durchgehend bestätigt wird (vgl. Entorf und Spengler 2002). Auch in den konservativen und sozialdemokratischen Wohlfahrtsstaaten ist in den letzten 30 Jahren die Häufigkeit von Delinquenz, psychischen und partnerschaftlichen Störungen, zeitweise auch von Streiks, sowie das Ausmaß an politischer Entfremdung und politischem Extremismus deutlich gestiegen. Nach repräsentativen Befragungen liegen die Werte etwa für Raub in einigen OECD-Ländern inzwischen gleich hoch oder sogar höher als in den USA (Abb. 5.2). Die deutlichen Unterschiede zu den in Abb. 5.1 zu erkennenden Werten ergeben sich daraus, dass es sich in Abb. 5.1 um polizeilich registrierte, in Abb. 5.2 um bei einer repräsentativen Befragung berichtete Fälle handelt. Nach der Befragungsstudie ist auch kaum noch ein Zusammenhang zwischen Einkommensungleichheit und Eigentumsdelikten festzustellen (Abb. 5.3).

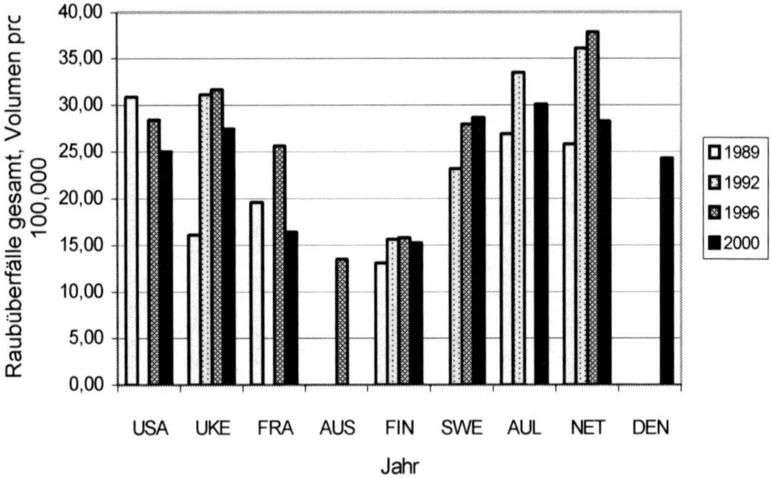

Abb. 5.2: Eigentumsdelikte 1989–2000, ausgewählte OECD-Länder

Quelle: Van Kesteren et al. 2000

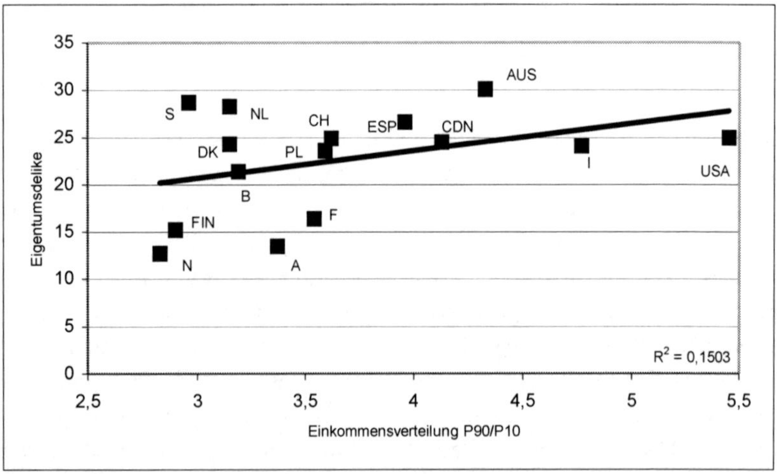

Abb. 5.3: Einkommensverteilung und Eigentumsdelikte, Jahr: letztes verfügbares Jahr

Quellen: OECD 2004, Van Kesteren et al. 2000

Dass sich in den USA politischer Extremismus weniger in sozialen Bewegungen und Parteien äußert, ist durch die institutionellen Besonderheiten des amerikanischen politischen Systems zu erklären. Das für Lobbyismus sehr offene politische System der Vereinigten Staaten mit zwei intern sehr heterogenen, relativ schwach organisierten Parteien lenkt extremistische Positionen relativ leicht in die alltägliche Lobbyarbeit und in die beiden Parteien hinein. Das äußert sich zum Beispiel am Einfluss der protestantischen Rechten auf die republikanische Partei. Die geringere Offenheit für Lobbyismus und die größere ideologische und organisatorische Geschlossenheit der europäischen Parteiensysteme drängen extremistische Positionen eher auf die Straße und in die Anwendung von Gewalt sowie in die kollektive Organisation von Bewegungen und eigenen Parteien. In den USA hat die geringere kollektive Artikulation von relativer Deprivation zur Folge, dass individuelle Strategien zur Spannungsbewältigung eine umso größere Bedeutung erhalten. Dazu zählen insbesondere Akte der Delinquenz.

Indessen haben die Vereinigten Staaten in den 1990er Jahren die Kriminalitätsrate durch verschärfte polizeiliche Kontrolle und Inhaftierung senken können. Allerdings verweist die deutlich höhere Inhaftierungsrate in den Vereinigten Staaten als in den europäischen Wohlfahrtsstaaten nach wie vor auf ein hohes Maß an relativer Deprivation, die auf normalem Wege offensichtlich nicht ausbalanciert werden kann (Western und Beckett 1998; Levitt 2004).

Die deutlich gewachsenen Zeichen der Desorganisation – gemessen an Delinquenz, psychischen Störungen, Scheidungsraten, politischem Extremismus und politischer Entfremdung – in den konservativen und egalitären Wohlfahrtsstaaten bedürfen jedoch der besonderen Erklärung. Betrachtet man die beiden Faktoren Einkommensungleichheit und Wirtschaftswachstum, dann ist festzustellen, dass beide Faktoren in den liberalen Wohlfahrtsstaaten in den 1980er und 1990er Jahren eine stärker wachsende Tendenz zeigen als in den konservativen und egalitären Wohlfahrtsstaaten (Smeeding und Grodner 2000). Dasselbe gilt auch für begleitende Faktoren wie die Häufigkeit des Wechsels von Arbeitsplatz, Wohnort, Partnerschaft, Konfession und Parteipräferenzen bei Wahlen. Es scheint so, dass in den konservativen und egalitären europäischen Wohlfahrtsstaaten trotz Diskussion über die destruktiven Konsequenzen der Globalisierung die Lebensverhältnisse noch ein Maß der Stabilität behalten haben, das für eine ausreichende Ausbalancierung von erreichtem Lebensstandard und Aspirationsniveau, also für eine Dämpfung von relativer Deprivation sorgt (vgl. Butterwegge 2001; Opielka 2004b; Bleses und Seeleib-Kaiser 2004). Trotzdem müssen sich nach unseren Ausgangshypothesen die Lebensverhältnisse so geändert haben, dass relative Deprivation – insbesondere auch der Spezialfall der relativen Exklusion – vermehrt und in größerem Ausmaß auftritt. Ein erster Indikator ist die dauerhaft hohe Rate der Arbeitslosigkeit. Sie allein taugt aber kaum als erklärender Faktor, wenn sie durch ein hohes Niveau der Einkommensstabilisierung außerhalb der Arbeit ausgeglichen wird, was de facto in den konservativen und egalitären Wohlfahrtsstaaten der Fall ist.

Was eher als erklärender Faktor in Frage kommt, ist die Jugendarbeitslosigkeit, die allerdings auch innerhalb der europäischen Wohlfahrtsstaaten sehr unterschiedlich ausgeprägt ist. Sie ist zum Beispiel in Frankreich und in Italien besonders hoch, was in diesen Ländern in der Tat gerade in davon besonders betroffenen Vorstädten das Entstehen von Subkulturen der Delinquenz fördert (Dubet und Lapeyronnie 1994; Kronauer und Neef 1997; Heitmeyer und Anhut 2000). Dabei ist es weniger die Arbeitslosigkeit als solche als vielmehr die damit verbundene, oft auf Dauer gestellte Perspektivlosigkeit, die zur Desorganisation der Gesellschaft in Gestalt delinquenter Subkulturen führt. Diese Perspektivlosigkeit können arbeitslose Jugendliche durchaus mit beschäftigten Jugendlichen teilen, die sich aufgrund ihrer geringen Qualifikation – insbesondere im Segment der Ausbildungslosen – wenig Chancen auf eine umfangreiche Teilhabe am Massenwohlstand ausrechnen (Solga 2002, 2003). Für dieses Segment der Bevölkerung existiert trotz geringerer Einkommensspreizung als in den liberalen Wohlfahrtsstaaten doch in der Wahrnehmung eine stark ausgeprägte relative Exklusion. Sie bleiben von dem vor ihren Augen von der breiten Masse der Bevölkerung zelebrierten Wohlstand ausgeschlossen. Das greifbar Nahe ist doch sehr fern und erzeugt dadurch ein sehr hohes Maß an relativer Deprivation. Im Vergleich zur Masse der Bevölkerung und zum eigenen Aspirationsniveau leben sie auf einem niedrigen Niveau, für das es keine ausreichende Legitimation gibt, und zwar deshalb, weil die Legitimationsidee der Teilhabe am Wohlstand aufgrund eigener Anstrengung in dem Maße versagt, in dem eigene Anstrengung nicht zum Erfolg führt und es auch immer weniger Vorbilder in den eigenen Reihen gibt, die es auf dem legitimen Weg zum Erfolg schaffen. Die konservativen und egalitären Wohlfahrtsstaaten scheinen die Kraft verloren zu haben, die Dynamik des Strukturwandels mit ihren Verdrängungseffekten so zu gestalten, dass relative Deprivation in den Grenzen gehalten wird, innerhalb derer

Abweichungen legitim und normbekräftigend sanktioniert werden können. Die neuen marginalisierten Gruppen erkennen hinter ihrer Situation keine von ihnen als gerecht anerkannten Mechanismen der Statusselektion, vor allem deshalb, weil es immer weniger Vorbilder gibt, die aus ihrer Mitte heraus den Aufstieg auf legitimen Pfaden schaffen und auf diese Weise als Zugpferde und Legitimitätsbeweise der bestehenden Ordnung der individualisierten Teilhabe an der Gesellschaft dienen.

Wir kommen hier einer befriedigenden Erklärung der gewachsenen Desintegrationserscheinungen auch der konservativen und egalitären Wohlfahrtsstaaten einen Schritt näher. Als spezifische Ursache kommen neue Tendenzen der Marginalisierung insbesondere der gering qualifizierten bzw. ausbildungslosen Jugendlichen in Frage. Es zeigen sich hier Inklusionsschwächen, für deren Beseitigung die etablierten Wohlfahrtsinstitutionen offensichtlich nicht ausreichend geeignet sind. Möglicherweise gilt dies für die konservativen Wohlfahrtsstaaten mehr als für die egalitären (vgl. Imbusch und Heitmeyer 2008).

5.3 De-Industrialisierung und Globalisierung als Kräfte der Individualisierung von Inklusion

Die Marginalisierung der wenig durch allgemeine und berufliche Bildung Qualifizierten ist auf das Zusammenwirken mehrerer Faktoren, auf Prozesse der De-Industrialisierung und der Globalisierung zurückzuführen:

Prozesse der De-Industrialiserung:

1) die Inklusion immer breiterer Schichten in die weiterführende Bildung bis zum Abitur und zum Hochschulabschluss,
2) die zunehmende Differenzierung der Arbeitnehmerschaft nach Qualifikationsprofil, Tätigkeit und Arbeitsverhältnis,
3) die Tertiarisierung der wirtschaftlichen Wertschöpfung.

Prozesse der Globalisierung:

4) die Inklusion von bisher peripheren Regionen in den Weltmarkt und das dadurch gewachsene Angebot an Arbeitskräften für arbeitsintensive einfache Produktionsarbeit,

5) die wachsende grenzüberschreitende Arbeitsteilung nach dem Prinzip der komparativen Kostenvorteile,
6) den verschärften Standortwettbewerb in der offenen Weltwirtschaft, der die Wohlfahrtsstaaten zur Unterordnung der Sozialpolitik unter die Standortpolitik zwingt.

Alle sechs Faktoren wirken auf eine wachsende Pluralisierung von Mitgliedschaften, auf die Differenzierung der Lebensverhältnisse und die Individualisierung der Lebensschicksale und der Lebensführung hin (OECD 2002c, 2003c, 2003e).

Ad 1): Die Inklusion immer breiterer Schichten in die weiterführende Bildung hat zu einer Verdrängung der weniger Qualifizierten durch die höher Qualifizierten aus den mittleren und höheren Positionen und aus Karrierewegen im Betrieb geführt. Der Bildungsabschluss entscheidet bei den jungen Alterskohorten weit mehr als bei den älteren über die Karrierechancen im Beruf. Ein Aufstieg vom Lehrling bis zum Vorstandsmitglied,

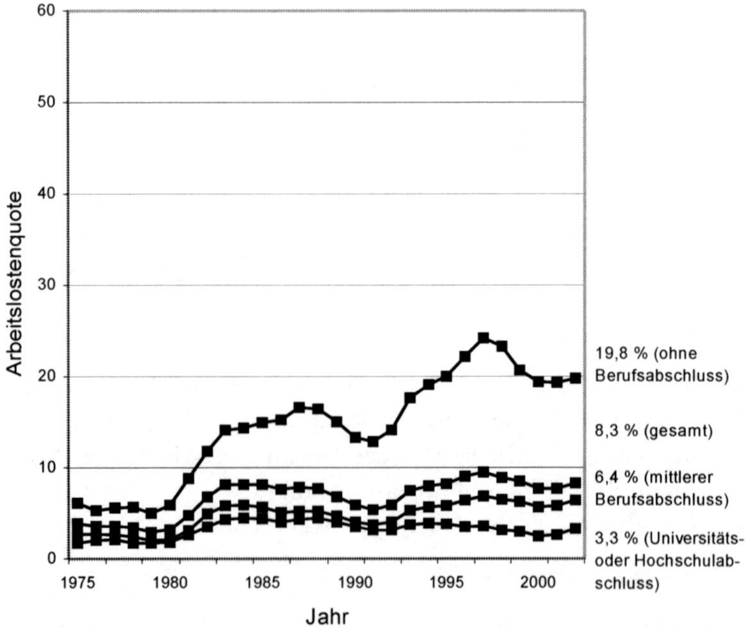

Abb. 5.4: Arbeitslosenquote und Qualifikation, Westdeutschland/Westberlin

Quelle: IAB 2003

ein Weg, den noch Werner Niefer (in den 1980er Jahren Vorstandschef bei Mercedes-Benz) machen konnte, ist heute und in Zukunft ausgeschlossen. Am härtesten trifft es die Schulabgänger ohne berufliche Bildung (Lehre), für die der Weg nach oben durch die Höherqualifizierten ein für allemal verstopft ist. Entsprechende Untersuchungen bestätigen, dass der Anteil der weniger Qualifizierten und erst recht der Ausbildungslosen an mittleren und höhern Positionen in den Alterskohorten der Jahrgänge 1930 bis 1960 kontinuierlich abgenommen hat. Spiegelbildlich dazu hat der Anteil der höher Qualifizierten an den niedrigen Positionen – wenn auch nicht in demselben Umfang – zugenommen (Solga 2002). Seit Anfang der 1990er Jahre ist die Arbeitslosenquote der Geringqualifizierten in Westdeutschland von etwa 12 auf knapp 20 Prozent gestiegen, in Ostdeutschland von 30 auf annähernd 50 Prozent (IAB 2003) (Abb. 5.4 und 5.5). Auch in anderen Ländern ist die Arbeitslosigkeit deutlich nach Bildungsniveau differenziert (Abb. 5.6). Für die Geringqualifizierten gibt es in der »Wissensgesellschaft« keinen Platz.

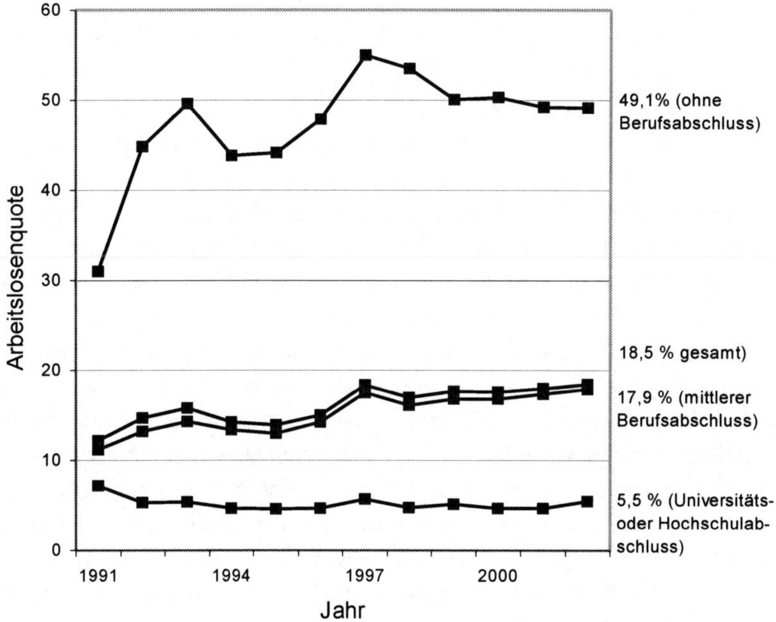

Abb. 5.5: Arbeitslosenquote und Qualifikation, Ostdeutschland/Ostberlin

Quelle: IAB 2003

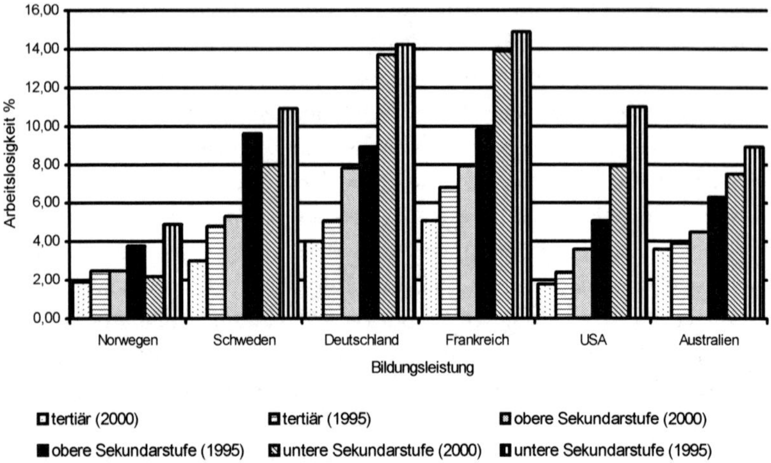

Abb. 5.6: Bildungsniveau und Arbeitslosigkeit

Quelle: OECD 2003a

Ad 2): Die klassische Epoche der gewerkschaftlichen Organisation der Arbeitnehmerschaft ist durch die männlichen Vollzeit beschäftigten Produktionsarbeiter geprägt worden (Armingeon 1988). Aus einer Klasse an sich ist eine Klasse für sich im Marxschen Sinn geworden, die durch Homogenität der Lebenslage und Interessen sowie durch ein hohes Maß der Solidarität geprägt war. Die Differenzierung des Ausbildungs- und Tätigkeitsprofils hat innerhalb der Arbeiterklasse zu einer Polarisierung in technisch hoch qualifizierte Systemregulierer und einfache Hilfsarbeiter geführt, wie schon die Studie zum »Ende der Arbeitsteilung« von Kern/Schumann (1984; Helfert 1992) nachgewiesen hat. Ein homogenes Milieu einer Arbeiterklasse mit einem gemeinsamen Klassenbewusstsein existiert nicht mehr. Vielmehr sind die hoch qualifizierten Systemregulierer von der Mittelschicht absorbiert worden, während die unqualifizierten Hilfsarbeiter an den Rand gedrängt worden sind. Sie bilden eine Randgruppe ohne Führung, weil die Führung der Arbeiterklasse bei den qualifizierten Arbeitern lag. Diese Auflösung der Arbeiterklasse wird noch dadurch verstärkt, dass die an den Rand gedrängte Gruppe der Hilfsarbeiter nochmals in sich gespalten ist in deutsche und eine größere Zahl ausländischer Arbeitergruppen unterschiedlicher Herkunft. Dieses Segment ist schwach organisiert, gewerkschaftsfern und deshalb nicht zu kollektivem Handeln fähig. Das heißt, dass die Marginalisierten ihre Situation als individuelles Lebensschicksal erfahren, das zu ändern keine kollektive, sondern eine rein individuelle Angelegenheit ist (Hondrich und Koch-Arzberger 1992). Sie sind auf sich allein gestellt.

Die hochqualifizierten Arbeiter bilden nach wie vor die Mehrheit der gewerkschaftlich organisierten Arbeitnehmerschaft. Das bedeutet, dass die Politik der Gewerkschaften in erster Linie durch die Interessen der hochqualifizierten vollzeitbeschäftigten männlichen Arbeitnehmer geprägt ist. Sie richtet sich nach wie vor auf die Absicherung des sogenannten Normalarbeitsverhältnisses, auch auf Kosten der Marginalisierung der wenig Qualifizierten, für deren Beschäftigung die Sicherheiten und die Entlohnungsstruktur des Normalarbeitsverhältnisses als Beschäftigungshürde wirkt. Da sich die hochqualifizierten Arbeiter eher an der Mittelschicht orientieren, fehlt ihnen das erforderliche Solidaritätsgefühl, um selbst an der Inklusion der wenig Qualifizierten durch eigene Flexibilisierungszugeständnisse mitzuwirken. Die Sicherung ihrer Position und die Teilhabe der wenig Qualifizierten sind zwei völlig unterschiedliche Dinge, die sich nicht mehr unter einen Hut bringen lassen (Esping-Andersen 2000). Dieser Trend bildet den Hintergrund des gesunkenen gewerkschaftlichen Organisationsgrades der Arbeitnehmerschaft. Lediglich die skandinavischen Länder bilden eine Ausnahme (Abb. 5.7).

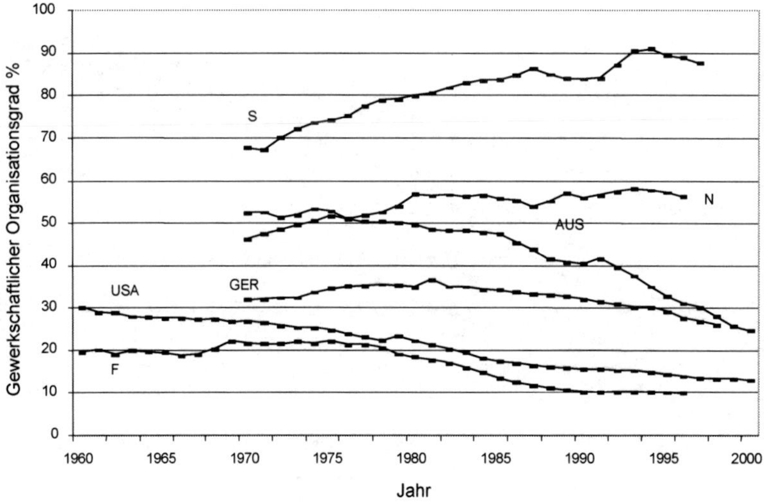

Abb. 5.7: Gewerkschaftlicher Organisationsgrad

Quelle: OECD 2003d

Ad 3): Die Tertiarisierung der wirtschaftlichen Wertschöpfung ist inzwischen in allen Industrieländern weit vorangeschritten, wenn es dabei auch Unterschiede gibt und vor allem die liberalen Wohlfahrtsstaaten am weitesten gegangen sind sowie Sonderfälle wie Deutschland mit einer langen Tradition des geringeren Ausbaus privater Dienstleistungen existieren (Fuchs und Schettkat 2000: 216, Tab. 8.3) (Abb. 5.8). Das Schrumpfen des Sektors der industriellen Produktion bedeutet auch einen Rückgang der kollektiven Organisation der Teilhabe am Wohlstand der Gesellschaft durch die korporatistische Zusammenarbeit von Staat, Arbeitgeberverbänden und Gewerkschaften. Dieser Rückgang wird nur in beschränktem Umfang durch die starke Organisation der Beamten und Angestellten im öffentlichen Dienst kompensiert. Insbesondere Frankreich ragt in diesem Sektor hervor, weil einem aufgrund besonderer historischer Bedingungen traditionell geringen gewerkschaftlichen Organisationsgrad der industriellen Arbeitnehmerschaft eine stärkere gewerkschaftliche Organisation der Arbeitnehmer im öffentlichen Dienst gegenübersteht. Das heißt aber auch, dass dieses gut organisierte Segment der Arbeitnehmerschaft in erster Linie seine eigenen Interessen (Einkommen, Sicherheit im öffentlichen Dienst) auch auf Kosten einer hohen Steuerlast zuungunsten der Arbeitnehmer in

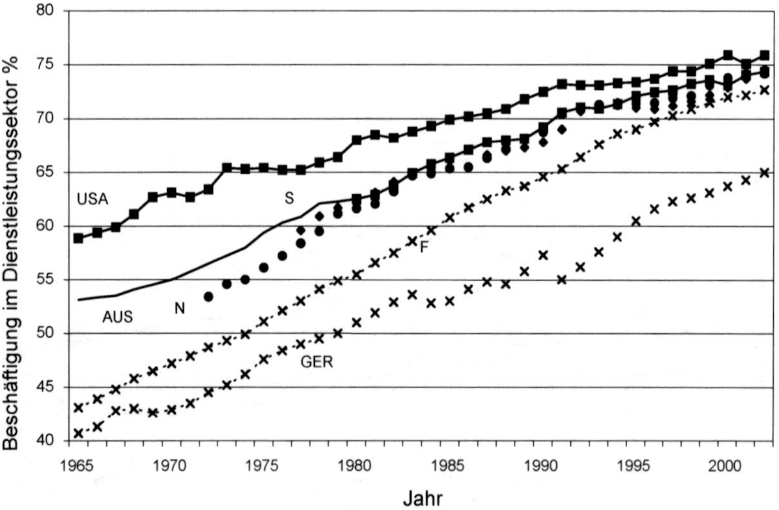

Abb. 5.8: Zunahme der Beschäftigung im Dienstleistungsbereich

Quelle: OECD 2003f

anderen Sektoren der Wirtschaft verfolgt und für eine Gesamtstrategie auf der Ebene der Zusammenarbeit von Staat, Arbeitgeberverbänden und Gewerkschaften kein Platz ist.

In eine ähnliche Richtung, wenn auch nicht ganz so stark und mit deutlich mehr Gegengewicht der gewerkschaftlich organisierten hochqualifizierten Produktionsarbeiter weist die Entwicklung in Deutschland. Hier haben die vorwiegend auf den öffentlichen Dienst konzentrierten Dienstleistungsgewerkschaften bzw. -verbände (früher ÖTV, DAG und Beamtenbund, heute Verdi und Beamtenbund) zusammen mit den großen Industriegewerkschaften und den korrespondierenden Arbeitgeberverbänden lange Zeit ein Kartell gebildet, das in Zusammenarbeit mit dem Staat in erster Linie die Interessen von vollzeitbeschäftigten Arbeitnehmern mit einem sicheren Arbeitsplatz vertritt und deshalb wenig offen ist für neue Strategien, die auf die Inklusion der neuen Randgruppen zielen, zumal diese nicht den Kern ihrer Klientel bilden. Diese Situation der Spaltung der Arbeitnehmerschaft wird noch dadurch verschärft, dass die weiblichen Arbeitnehmer, die einen Großteil der Dienstleistungsarbeitsplätze einnehmen, generell weniger zur gewerkschaftlichen Organisation neigen als die männlichen Arbeitnehmer. Das ist eine Korrelation, die auch umgekehrt so gedeutet werden kann, dass sich Dienstleistung – die überproportional von Frauen erbracht wird – per se gegen gewerkschaftliche Organisation im klassischen Sinn sperrt, und zwar deswegen, weil sie nicht in der großen Werkshalle verrichtet wird, sondern an hochgradig individuell separierten Arbeitsplätzen mit individuellen Beziehungen zwischen Dienstleister und Klient bzw. Kunde. Bei Dienstleistungen gibt es keine großen arbeitsteilig organisierten Produktionseinheiten, die durch Solidarität zusammengeschweißt werden. Sie finden verstreut in einzelnen Büros, im Verkauf, Innen- und Außendienst ohne Gelegenheit der Erfahrung von Gemeinsamkeit und Solidarität statt. Der qualifizierte Produktionsarbeiter und der Hilfsarbeiter bilden immerhin noch eine Produktionseinheit in der Werkshalle, der Bankangestellte und der Mitarbeiter bei McDonald's aber nicht. Diesen Vergleich muss man ziehen, um zu ähnlichen Größenordnungen von organisierbaren Arbeitnehmern zu gelangen. Daraus ergibt sich, dass ein großer Teil der Dienstleistungsarbeitsplätze aufgrund ihrer Struktur das Entstehen von übergreifender Solidarität behindert und deshalb der kollektiven Organisation der Teilhabe am Wohlstand Schwierigkeiten bereitet. Die strukturellen Voraussetzungen lenken die Organisation von Interessen eher in die Richtung der Favorisierung spezifischer, besser organisierbarer

Segmente wie die Beamtenschaft und die Angestellten des öffentlichen Dienstes oder ganz speziell die Piloten und die Lokführer.

Ad 4): Die weniger Qualifizierten werden nicht nur durch die höher Qualifizierten von vorhandenen Arbeitsplätzen verdrängt und sehen den Weg nach oben nicht nur von den höher Qualifizierten versperrt. Sie finden sich zusätzlich dem Wettbewerb mit Arbeitnehmern in den bislang peripheren, jetzt neu in den Weltmarkt integrierten Entwicklungs- und

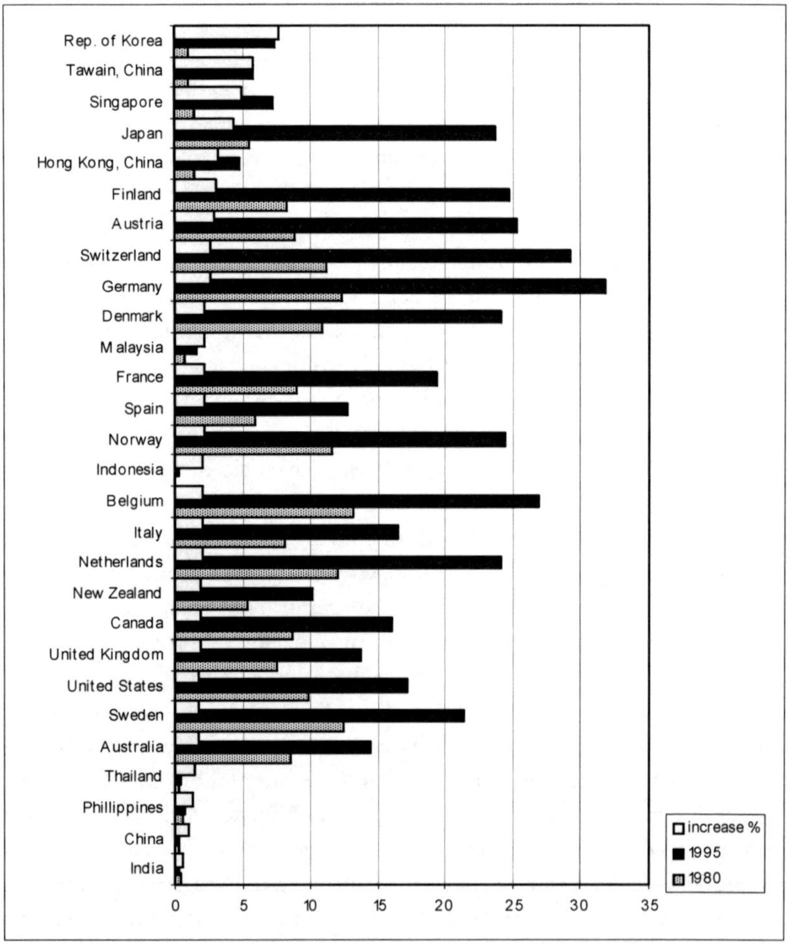

Abb. 5.9 Lohnkosten pro Stunde (U.S.$), 1980–1995

Quelle: Stalker 2000

Schwellenländern ausgesetzt, die für einen Bruchteil ihres Lohnes dieselbe Arbeit verrichten. Während in Deutschland der Durchschnittslohn in der industriellen Produktion im Jahre 1995 bei 31,88 US-Dollar pro Stunde lag, erreichte er in Indien nicht mehr als 0,25 US-Dollar (World Bank 2002: 45) (Abb. 5.9). Das heißt, dass sich die arbeitsintensive Produktion von den hoch entwickelten Industrieländern zu den Entwicklungs- und Schwellenländern verlagert. Das Spektrum verfügbarer Produktionsarbeitsplätze schrumpft auf solche Arbeitsplätze, die ein hohes technisches Know-how verlangen (Held et al. 1999: 236–282). Die am wenigsten Qualifizierten in den hoch entwickelten Industrieländern sehen sich durch die Verdrängung von innen wie auch von außen um bislang vorhandene Chancen beraubt und erleben diese Chancenminderung als relative Deprivation (Exklusion). Dabei ist zu berücksichtigen, dass es um Arbeitsplätze geht, die an der hohen Produktivität arbeitsteiliger Produktion teilhatten und in Gestalt eines Solidarlohnes mit der hohen Wertschöpfung auch einen vergleichsweise hohen Anteil am kollektiv erwirtschafteten Ertrag hatten.

Ad 5): Die wachsende grenzüberschreitende Arbeitsteilung führt nicht nur zur Verlagerung einfacher Produktionsarbeitsplätze in Entwicklungs- und Schwellenländer, sondern auch zur immer weiter verzweigten grenzüberschreitenden Verkettung der Produktion, sodass an der Herstellung eines Produkts Arbeitnehmer aus ganz unterschiedlichen Regionen der Welt mit entsprechend der Marktlage sehr unterschiedlicher Entlohnung beteiligt sind. Dementsprechend sind die ausländischen Direktinvestitionen stark gestiegen (Abb. 5.10). Die an einer Produktionskette beteiligten Arbeitnehmer sind nicht mehr eine einzige solidarische Einheit mit gemeinsamer Vertretung und entsprechender kollektiver Verhandlungsmacht. Die gesamte Produktionskette zieht infolgedessen nicht mehr – wie dies inner halb nationaler Grenzen der Fall ist – die ganze daran beteiligte Arbeitnehmerschaft mit ihrem Erfolg bei nur gemäßigter Lohnspreizung nach oben (Scharpf 2000a: 73). Weltweite Produktionsketten erlauben die Nutzung von Lohndifferenzen nach Arbeitskräfteangebot und sprengen deshalb die solidarische Einheit nationaler Produktionsketten mit der Konsequenz, dass die Hochqualifizierten die Geringqualifizierten nicht mehr in demselben Umfang wie bisher nach oben ziehen. Ihre bislang geübte Solidarität zerbricht (vgl. Traxler, Kittel und Blaschke 2001).

Ad 6): Die Marktöffnung im Zuge der Etablierung des europäischen Binnenmarktes und der Liberalisierung des Kapitalverkehrs sowie der Li-

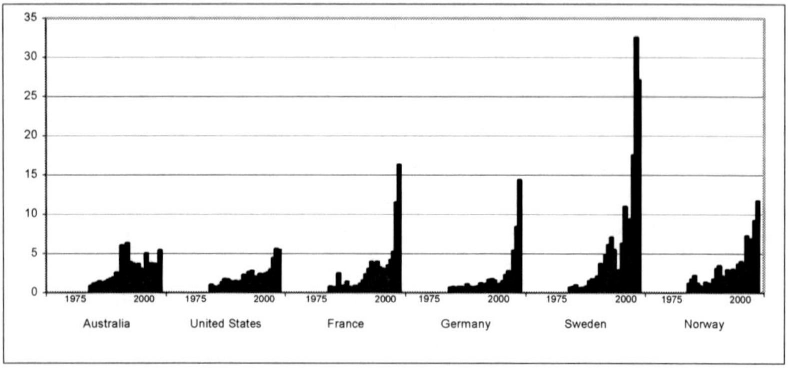

Abb. 5.10: Ausländische Bruttoinvestitionen (in Prozent des BIP)

Definition: Unter ausländischer Bruttoinvestition versteht man die Summe der absoluten Werte von Zu- und Abfluss ausländischer Direktinvestitionen, die im Finanzbereich der Zahlungsbilanz registriert sind. Sie beinhaltet Beteiligungskapital, Reinvestition von Gewinnen, sonstiges langfristiges Kapital sowie kurzfristiges Kapital. Dieser Indikator unterscheidet sich vom Standard der ausländischen Direktinvestition, die nur Investitionen nach innen erfasst. Der Indikator ist als Verhältnis zum BIP in US-Dollar berechnet.

Quelle: World Bank 2003

beralisierung des Welthandels durch die Abkommen des GATT und der 1994 aus dem GATT hervorgegangenen Welthandelsorganisation (WTO), verbesserte Verkehrswege, Transport- und Kommunikationstechnologie haben die Optionen von Unternehmen, Produktionsstandorte dorthin zu verlagern, wo die besten Standortbedingungen herrschen, erheblich vermehrt. In dem Maße, in dem von diesen Optionen Gebrauch gemacht wird, verschärft sich der Wettbewerb und es erhöht sich der Druck auf jedes einzelne Unternehmen, das nicht vor der Konkurrenz auf dem Weltmarkt geschützt ist, mitzuziehen und gegebenenfalls Verlagerungen von Produktionsstätten unter dem Gesichtspunkt der Arbeits- und Sozialkosten und der Steuerlast, aber auch unter dem Gesichtspunkt der Infrastruktur, der Synergie mit kooperierenden Unternehmen und Forschungseinrichtungen, des verfügbaren wissenschaftlichen und technischen Know-how im Umfeld, der Qualifikation der Arbeitnehmer, der Arbeitskultur, des sozialen Friedens und der Rechtssicherheit vorzunehmen.

Das bedeutet, dass am ehesten einfache Produktionsarbeitsplätze in Länder mit niedrigeren Arbeits- und Sozialkosten verlagert werden, sodass das Angebot solcher Arbeitsplätze in den hochentwickelten Industrieländern sinkt. Auch diese Entwicklung treibt einen Keil in die Arbeitnehmer-

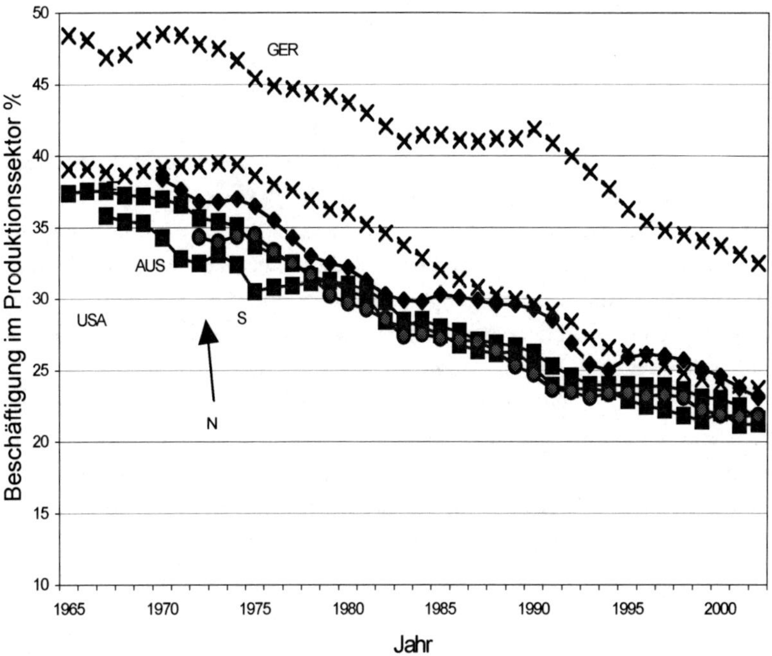

Abb. 5.11: Abnahme der Beschäftigung im Produktionssektor

Quelle: OECD 2003f

schaft, weil die hochqualifizierten Arbeitnehmer davon profitieren, zumal die Position ihres Unternehmens am Markt durch solche Maßnahmen stabilisiert und ihr eigener Arbeitsplatz gesichert wird (Abb. 5.11).

Die offene Weltwirtschaft restrukturiert das Verhältnis von nationaler und transnationaler Solidarität. Die hoch qualifizierten Arbeitnehmer der Industrieländer bilden jetzt eine solidarische Einheit mit Arbeitnehmern außerhalb des Landes und kündigen gezwungenermaßen ihre Solidarität mit den weniger qualifizierten Kollegen am eigenen Standort auf. Die neue solidarische Einheit im transnationalen Raum verbindet indessen Arbeitnehmer über sehr große Distanzen mit je eigener lokaler Organisation. Ihr Band beruht in erster Linie auf Interessenkomplementarität und weniger auf Zusammengehörigkeit. Der hoch bezahlte Spezialist am Standort eines Industrielandes profitiert von dem niedrigen Lohn des einfachen Arbeiters am Standort desselben Unternehmens in einem Entwicklungs-, Schwellen- oder Transformationsland. Zwischen ihnen besteht in den Begriffen Durkheims (1977) eher eine organische Solidarität mit Bezahlung nach Knappheit des Arbeitskräfteangebots als eine mechanische Solidarität der weniger differenzierten Teilhabe an der Entlohnung durch das Unternehmen. Dementsprechend wächst die Lohnspreizung.

Die skizzierten sechs Entwicklungstendenzen haben gemeinsam, dass sie die Solidaritätsstruktur untergraben, aus der die konservativen und egalitären Wohlfahrtsstaaten ihre bis in alle Randzonen der Gesellschaft hineinwirkende Inklusionskraft geschöpft haben. Die beruflichen Profile und die Tätigkeiten, die Beschäftigungsverhältnisse und die Organisationsstrukturen der Arbeit differenzieren sich grenzüberschreitend. Sie verlieren ihre Einheitlichkeit und Homogenität, auf die sich die kollektive, korporatistisch organisierte Teilhabe am erwirtschafteten Wohlstand gestützt hat. An die Stelle der relativ gleichen kollektiven Teilhabe am nationalen Wohlstand tritt zunehmend eine nach individuellem Qualifikationsniveau und nach individueller Wettbewerbsfähigkeit differenzierte Teilhabe an einem mehr und mehr transnational produzierten Wohlstand.

5.4 Individualisierte Inklusion, relative Exklusion und Delinquenz

Bei unserer Suche nach einer Antwort auf die Zunahme von Desintegrationserscheinungen in den konservativen (und egalitären) Wohlfahrtsstaaten sind wir auf sechs Entwicklungstrends gestoßen: die exkludierende Wirkung (1) der Inklusion immer breiterer Schichten in die höhere Bildung, (2) der Inklusion von bislang peripheren Regionen in die Weltgesellschaft, (3) der wachsenden grenzüberschreitenden Arbeitsteilung, (4) der beruflichen Differenzierung der Arbeitnehmerschaft, (5) der Tertiarisierung der wirtschaftlichen Wertschöpfung und (6) des verschärften Standortwettbewerbs zwischen den Nationalstaaten. Wir haben gesehen, dass diese Desintegrationsprozesse in den größeren Zusammenhang der Interdependenz von transnationaler Integration und nationaler Desintegration gestellt werden müssen. Strategien der Reintegration auf nationaler Ebene können langfristig nur erfolgreich sein, wenn sie dieser Interdependenz Rechnung tragen.

In den drei Modellen des Wohlfahrtsstaates wirken die sechs säkularen, für alle drei Modelle geltenden Trends mit spezifischen institutionellen

Besonderheiten zusammen und produzieren so je spezifische Formen der relativen Exklusion: Im liberalen Wohlfahrtsstaat geraten die nicht organisationsfähigen Gruppen im harten Wettbewerb des Lobbyismus um Einfluss auf die Gesetzgebung auf die Verliererstraße. Im konservativen Wohlfahrtsstaat bilden Staat, Arbeitgeberverbände, Gewerkschaften und Wohlfahrtsverbände ein Wohlfahrtskartell, das insbesondere auf Gruppen außerhalb der männlichen qualifizierten Berufstätigkeit im Normalarbeitsverhältnis auf bildungsferne Schichten und Immigranten exkludierend wirkt. Im egalitären Wohlfahrtsstaat wirkt der Tripartismus von Staat, Arbeitgeberverbänden und Gewerkschaften auf diejenigen Gruppen exkludierend, die dem Qualifizierungswettbewerb zum Opfer fallen und deshalb durch Workfare-Programme zwangsweise gefügig gemacht werden. Diese spezifischen exkludierenden Effekte der Interaktion der sechs säkularen Trends mit spezifischen institutionellen Bedingungen bedürfen des besonderen Augenmerks der weiteren Forschung.

De-Industrialisierungs- und Globalisierungstrends untergraben die Solidaritätsstruktur, welche die hohe, bis an die äußeren Grenzen der Gesellschaft reichende Inklusionskraft der konservativen und egalitären Wohlfahrtsstaatsregime begründet. Beschäftigungsprofile, -aktivitäten und -verhältnisse, sowie die Organisationsstruktur der Arbeit differenzieren sich quer zu den bestehenden (Nationalstaats-)Grenzen aus. So verlieren sie genau jene Einheitlichkeit und Homogenität, welche einst die kollektive, korporatistisch organisierte Teilhabe am akkumulierten Wohlstand (mit-) garantierte. Die relativ gleichmäßige kollektive Teilhabe am nationalen Wohlstand wird nun mehr und mehr ersetzt durch eine Teilhabe an einem zunehmend transnational produzierten Wohlstand, die sich ihrerseits nach individueller Qualifikation und Wettbewerbsfähigkeit bemisst.

Die im Wesentlichen kollektive Organisation sozialer Inklusion auf der Basis einer nationalen Arbeitsteilung, eines relativ homogenen Arbeitskräftepotenzials und einer breiten Mehrheit gering oder mittelmäßig ausgebildeter Arbeitskräfte wurde durch einen Wandel untergraben, der bildungs- und leistungsabhängige Inklusion favorisiert. So sind das konservative und das egalitäre Wohlfahrtsstaatregime ein Stück näher an das liberale Modell herangerückt. Zeugnis für diesen Wandel legt die große Bedeutung von Schul-, Aus-, Fort- und Weiterbildung ab. Erreichte und ständig verbesserte Qualifikation sind *per se* individualisierte Mittel sozialer Inklusion. Ihre gegenwärtige Bedeutung lässt sich als Folge von De-Industrialisierungs- und Globalisierungstendenzen begreifen. Der verbreiterte Zugang zu Institutionen höherer Bildung, die qualifikationsbasierte Verteilung von Aufstiegschancen, die Ausweitung des Dienstleistungssektors, das globale Arbeitsangebot, internationale Arbeitsteilung und Standortwettbewerb erfordern in den entwickelten Wohlfahrtsstaaten ein hoch qualifiziertes und spezialisiertes Arbeitskräftepotenzial. Qualifizierte Bildung ist einerseits notwendig, um in der offenen Weltwirtschaft konkurrenzfähig zu bleiben, andererseits, um der Vorstellung eines selbstverantwortlichen und autonomen Lebensstils zu entsprechen, die mittlerweile für Männer und Frauen gleichermaßen bindend geworden ist. Trotz des Fortbestehens traditionell inkludierender Institutionen, wie Familie, Klasse, Statusgruppe und Staatsbürgerschaft, sind die Auswirkungen von Aus-, Fort- und Weiterbildung auf individuelle Inklusionschancen so gravierend, dass die historisch gewachsenen Institutionen kollektiver Inklusion zunehmend in den Hintergrund gedrängt werden. Wie empirische Studien für Deutschland gezeigt haben (Solga 2002, 2003), sind die Folgen des verbreiterten Bildungszugangs in gewisser Weise paradoxer Natur. Seit den 1960er Jahren ist die Zahl all jener, die entweder nur über einen Hauptschulabschluss oder über gar keinen Schulabschluss verfügen, stetig gesunken. Während 1965 noch 60 Prozent einer Altersgruppe mit Hauptschulabschluss abgingen, sind es gegenwärtig 26 Prozent. Die Zahl jener, die nach neun Jahren keinen Abschluss erreicht haben, ist auf nur noch 10 Prozent gesunken. Dabei gehen diese 10 Prozent länger zur Schule als ihre Eltern, nämlich bis zum Alter von durchschnittlich 16,6 Jahren. Das heißt, dass ihnen umfangreiche Möglichkeiten eingeräumt werden, um die Schule abzuschließen. Wer die Schule ohne Erfolg verlässt, wechselt meist mehrere Jahre zwischen Ausbildung und kurzfristigen Aushilfstätigkeiten hin und her. Bis zur ersten stabilen – das heißt mindestens sechs Monate dauernden – Anstellung dauert es im Schnitt bis zum Alter von 20,6 Jahren.

Wir beobachten die Inklusion von immer mehr Menschen in die Aus- und Weiterbildung. Ein wachsender Prozentsatz einer Altersgruppe verbessert stetig seine Qualifikation, schärft dadurch sein Tätigkeitsprofil und erhöht beständig Einkommen und Lebensstandard. Diese Errungenschaft birgt jedoch insofern einen paradoxen Nebeneffekt in sich, als eine bestimmte Randgruppe durch das Inklusionsraster fällt. Diese Gruppe ist das Opfer von Exklusionseffekten eines ansonsten erfolgreichen Programms individueller Inklusion. Wenn wir erstens berücksichtigen, dass mehr junge Männer als Frauen keinen Schulabschluss erreichen – nämlich 12 Prozent versus 7 Prozent (vgl. Solga 2003: 20) – und zweitens in Betracht ziehen, dass junge Männer ohne Bildungsabschluss und ohne berufliche Perspektive besonders früh Delinquenzkarrieren beginnen, so lässt sich nachvollziehen, was eben dieser paradoxe Effekt für die soziale Integration der heutigen Wohlfahrtsstaaten bedeutet. In einer Gesellschaft, die von der Mehrheit der Menschen keine hohen Qualifikationen forderte, war der Umstand, nicht oder nur gering qualifiziert zu sein, kein Grund für soziale Exklusion. Dies liegt nicht zuletzt daran, dass Menschen mit geringer oder gar keiner Qualifikation im Großteil der Bevölkerung inkludiert waren. Das Beschäftigungssystem bot Platz für gering oder nicht qualifizierte Männer und Frauen, die ihren Anteil am kollektiven Wohlstand erwirtschafteten. Gering oder nicht qualifizierte Frauen fanden ihren Platz zudem in der traditionellen Familie an der Seite des Mannes als Ernährer. Diese Gesellschaftsform gehört heute der Vergangenheit an. Weder in der postindustriellen, »wissensbasierten« Wirtschaft, noch im gesellschaftlichen Statussystem ist Platz für gering oder nicht qualifizierte Menschen. Da diese Menschen mit der Mehrheit der Bevölkerung, die sich erfolgreich ihren Platz im Beschäftigungssystem gesichert hat, nichts mehr gemein haben, existiert kein verbindendes solidarisches Band mehr. Als Folge tritt eine neue Unterschicht in Erscheinung, eine dauerhaft marginalisierte Gruppe, die unter extremer relativer Exklusion leidet, zumal ihnen die breite Mehrheit täglich vor Augen führt, wie (scheinbar) nahe der Erfolg liegt. Umso frustrierender ist das eigene Ausgelassensein.

Es ist anzunehmen, dass die *relative* Exklusion umso größer ist, je einfacher der Erfolg zu erreichen scheint. Je mehr Gelegenheiten für Bildungserfolg angeboten werden und je größer die Anzahl jener in einer Altersgruppe, die eine Bildungskarriere erfolgreich abschließen, umso einschneidender muss die Erfahrung relativer Exklusion für all diejenigen sein, die im System nicht erfolgreich sind. Diese Form relativer Exklusion wird zudem durch Einkommensungleichheiten verstärkt. Je weiter die Einkommen des untersten Perzentils vom Durchschnittseinkommen entfernt liegen, desto größer die relative Exklusion. Zweifellos gewinnen mit steigender relativer Exklusion illegale »Mittel zum Erfolg« an Attraktivität. Einer Studie zufolge, die 1980 in Boston durchgeführt wurde, sagten 31 Prozent der befragten Jugendlichen, sie könnten mehr Geld auf illegalem Wege verdienen, als wenn sie einer legalen Beschäftigung nachgingen. In Frankreich lag die Zahl 1989 bei 63 Prozent (Freeman 1996).

Abgesehen davon, dass relative Exklusion die Jugendlichen zu illegalen Aktivitäten motiviert, ist sie auch für einen großen Teil sozialer Desorganisation verantwortlich, insbesondere was die Unbeständigkeit von beruflichen Karrieren, Wohnsitzen und Ehen betrifft. Während also relative Exklusion illegale Wege zu Status und Reichtum direkt begünstigt, untergräbt sie indirekt soziale Netzwerke wie Familien, Unternehmen und Nachbarschaft, die ihrerseits entscheidend dazu beitragen, Menschen innerhalb der Grenzen eines legalen Lebens zu halten. Ohne eine solche Inklusion in legale Netzwerke wird das relativ exkludierte Individuum mit höherer Wahrscheinlichkeit illegalen Netzwerken beitreten, die Erfolg und Bestätigung versprechen.

Hypothesen

Auf der Grundlage unserer bisherigen theoretischen Überlegungen sollen im Folgenden einige Hypothesen entwickelt werden (Abb. 5.12). Die abhängige Variable ist die Rate von Raubüberfällen, die eng mit der relativen Exklusion verknüpft ist. Als Datengrundlage können die Menge an polizeilich registrierten Überfällen pro 100.000 Einwohner oder die Anzahl jener dienen, die sich in einer Umfrage als Opfer von Raubüberfällen bezeichnen. Aus Gründen der Verfügbarkeit von Daten über eine längere Beobachtungsperiode hinweg wird Datenmaterial der Weltbank zu den polizeilich registrierten Raubüberfällen verwendet (vgl. MacDonald 2002).

Wir beginnen mit der Annahme, dass bedingt durch De-Industrialisierungs- und Globalisierungstendenzen individualisierter Inklusion durch Bildungserfolg mehr Bedeutung zukommt als kollektiver Inklusion durch Parteien, Gewerkschaften, Berufsgruppen und Familie. Als Indikator für De-Industrialisierung kann uns die Teilhabe bestimmter Altersgruppen an weiterführenden Bildungsprogrammen dienen. Sobald Bildungserfolg ein höherer Stellenwert beigemessen wird, erfolgt soziale Inklusion automatisch in individualisierter Form. Für Globalisierung berücksichtigen wir Einkommensungleichheiten, und zwar die P90/P10 Einkommensverteilung, das heißt das Verhältnis zwischen dem obersten und dem untersten Zehntel der Einskommensskala. Ein maßgeblicher Effekt von Globalisierung ist die Ausdehnung der Märkte, was zum einen härteren Wettbewerb impliziert, zum anderen größere Chancen für weitreichende Arbeitsteilung birgt. Eine angespanntere Wettbewerbssituation übt Druck in Richtung einer leistungsorientierten, stärker gespreizten Einkommensverteilung aus.

Abb. 5.12 De-Industrialisierung, Globalisierung, relative Exklusion und Delinquenz

Unter dieser Bedingung wird soziale Inklusion durch die individuelle Marktleistung determiniert. Es handelt sich um eine individualisierte Form sozialer Inklusion. Wir haben also einen Indikator, der die individualisierte Inklusion in der de-industrialisierten Wirtschaft misst, und einen anderen, der die individualisierte Inklusion in der globalisierten Wirtschaft erfasst.

Wie wir annehmen, birgt die Individualisierung von Inklusion insofern eine größere Wahrscheinlichkeit relativer Exklusion in sich, als der Misserfolg eines Individuums immer in Bezug auf dessen Vorstellung von dem in der Gesellschaft als adäquat betrachteten Erfolg gedeutet wird (vgl. dazu klassisch: Durkheim 1973c; Merton 1949/1968a). Im Sinne von Mertons Anomietheorie liegt hier sowohl eine Situation der Spannung für das Individuum als auch eine Situation der Deinstitutionalisierung von Mitteln zur Zielerreichung vor (Featherstone und Deflem 2003). Gleichermaßen bietet sich eine spezifische Gelegenheitsstruktur, die der Delinquenz gewissermaßen Tür und Tor öffnet. Die Dominanz individualisierter, auf Bildung und Leistung basierender Inklusion geht auf Kosten kollektivistischer Inklusionsformen. Diese Situation ist zudem nahe an der institutionellen Anomie (Messner und Rosenfeld 1994/2007; Bernburg 2002) sowie an der Desorganisation (Shaw und McKay 1942; Sampson und Groves 1989) zu verorten. Ebenso wie sich die Inklusion als individualisiert darstellt, gilt dies auch für die Exklusion. Es sind nicht mehr Gruppenerfahrungen, die kollektive Handlungen motivieren, um politischen Wandel herbeizuführen. Vielmehr ist es die Erfahrung einzelner Individuen, die gezwungen sind, einen Ausweg aus dem Widerspruch zwischen Idealvorstellung und realem (Miss-)Erfolg zu finden. Es ist folglich anzunehmen, dass sich hier individuelle Formen der Konfliktlösung herausbilden. Neben Resignation und dem Rückzug ins Private ist die Delinquenz ein mögliches Mittel zur Auflösung des skizzierten Widerspruchs. Die Wahl illegaler Mittel zur Erreichung des gesellschaftlich so hoch geschätzten Ziels – des Erfolgs – lässt sich im Sinne von Mertons Anomietheorie (1949/1968a) als Innovation bezeichnen. Entlang dieser Argumentation sind also eine höhere Wahrscheinlichkeit relativer Exklusion und eine entsprechend höhere Kriminalitätsrate zu erwarten. Aus Gründen der Verfügbarkeit von Daten verwenden wir im Folgenden Raubüberfälle als eine Form der Delinquenz. Da hier Eigentumsrechte verletzt werden, lassen sich diese Delikte als eng verknüpft mit dem Gefühl der Ausgeschlossenheit in einer wohlhabenden Gesellschaft interpretieren. Zusammenfassend postulieren wir eine größere Häufigkeit von Raubüberfällen unter den folgenden Bedingungen:

1) größere Einkommensungleichheit (GINI-Koeffizient, P90/P10 Einkommensverteilung)
2) größere Teilhabe von Altersgruppen an weiterführenden Bildungsprogrammen (Quote tertiärer Bildung)

Diese beiden Faktoren lassen sich als wesentliche Ursachen für Delinquenz identifizieren. Sie sind während der letzten dreißig Jahre hauptsächlich vom liberalen Wohlfahrtsstaat der USA ausgeprägt worden – gefolgt von anderen Ländern liberaler, konservativer und sozialdemokratischer Tradition. Folglich dürften über die letzten dreißig Jahre in den USA höhere Kriminalitätsraten zu verzeichnen sein, ebenso wie eine Angleichung der Raten jener Länder zu vermuten ist, die sich über die Jahrzehnte an die USA angenähert haben. In dieser Hinsicht erwarten wir eine Schwächung der institutionellen Abwehrkräfte konservativer und sozialdemokratischer Wohlfahrtsstaaten gegen Kriminalität (Raubüberfälle) über die vergangenen drei Jahrzehnte. Die Konvergenz der europäischen Wohlfahrtsstaaten mit den USA in der abhängigen Variablen dürfte auf deren Annäherung an das amerikanische Programm individualisierter Inklusion zurückzuführen sein, das den Stellenwert von Bildung und Markterfolg betont und folglich größere Einkommensungleichheiten mit sich bringt. Ein weiterer Grund für den Anstieg relativer Exklusion in konservativen und sozialdemokratischen Wohlfahrtsstaaten liegt darin, dass durch deren typische Strategien kollektiver Inklusion in der postindustriellen und globalisierten Wirtschaft verstärkt Exklusionseffekte erzeugt werden. Zu beobachten ist diese Tendenz beispielsweise in der sich stetig vergrößernden Kluft zwischen Insidern und Outsidern auf den stark regulierten Arbeitsmärkten. Kollektive Formen der Inklusion verlieren offensichtlich an Wirksamkeit. Gleichzeitig werden all diejenigen Menschen mehr an den Rand gedrängt als zuvor, die nicht die höheren Stufen der Bildung erreichen oder gar ganz ohne Bildungsabschluss bleiben. Dementsprechend erzeugen auch konservative und sozialdemokratische Wohlfahrtsstaaten vermehrt relative Exklusion, selbst dann, wenn sie in der Einkommensungleichheit noch weit hinter den liberalen Wohlfahrtsstaaten zurückbleiben. Die Quote der tertiären Bildung müsste demgemäß ein verlässlicherer Prädiktor für Delinquenz sein als die Einkommensungleichheit.

Dem Delinquenz erzeugenden Effekt relativer Exklusion wird jedoch je nach Wohlfahrtsregime durch spezifische institutionelle Maßnahmen entgegengesteuert. Das liberale Wohlfahrtsregime setzt insbesondere darauf, dass Angebot und Nachfrage auf dem Arbeitsmarkt übereinstimmen. Was auch immer zur Räumung des Marktes beiträgt, ist willkommen. Der Erfolg solcher Strategien spiegelt sich in niedrigen Arbeitslosenquoten, insbesondere was jene der Langzeitarbeitslosen betrifft. Da junge, ungelernte Männer die mit Abstand meisten Straftaten verüben, dürfte eine niedrige

Arbeitslosenrate unter jungen Männern beträchtlich dazu beitragen, die Kriminalitätsrate niedrig zu halten. Entlang dieser Argumentationskette erwarten Vertreter des liberalen Modells niedrigere Kriminalitätsraten unter den folgenden Bedingungen:

3) niedrigere Langzeitarbeitslosenquote

Zunächst einmal setzt die liberale Inklusionsstrategie auf Anreize, die es für das Individuum interessant machen, an der Produktion gesellschaftlichen Wohlstands mitzuwirken. Dieses Konzept begreift Gesellschaft als eine Menge am Markt agierender, nutzenmaximierender Individuen, denen im Grunde nur die richtigen Anreize geboten werden müssen, so dass ihre persönliche Nutzenmaximierung in der Erzeugung gesellschaftlichen Wohlstands resultiert. Ein unverzerrter Markt ist hierfür das richtige Instrument. Dennoch wird es immer Individuen geben, die auf die Anreize des Marktes mit illegalen Mitteln reagieren. Da solches abweichendes Verhalten das Funktionieren einer Gesellschaft gefährdet, die aus freien Individuen besteht, muss sicher gestellt werden, dass sich alle an die Spielregeln halten. Aus liberaler Perspektive müssen daher die Anreize für Kooperation durch Sanktionen für nicht regelkonformes Verhalten ergänzt werden. Die Gefahr, gefasst und bestraft zu werden, macht Straftaten zu riskanten Unternehmen. Folglich erscheint abweichendes Verhalten weniger lohnend als regelkonformes. Wie Gary Beckers (1968) ökonomische Theorie der Kriminalität zeigt, wird in der Abschreckung eine notwendige Ergänzung zum Anreiz gesehen. Die liberale Denktradition geht also unter folgenden Bedingungen von niedrigeren Kriminalitätsraten aus:

4) wirksame Abschreckung durch hohe Aufklärungsraten oder harte Bestrafung, was sich in einer höheren Quote von Gefängnisinsassen pro 100.000 Einwohner äußert

Die konservative Denktradition setzt demgegenüber vor allem auf die inkludierende Kraft der Familie. Familialer Rückhalt ist folglich von elementarer Bedeutung. Hand in Hand mit dieser starken Betonung der Familie geht die besondere Unterstützung des männlichen Haupternährer-Modells und der damit verbundenen Arbeitsteilung zwischen erwerbstätigem Ehemann und sich um Haushalt und Kindererziehung kümmernder Ehefrau. Das deutsche Ehegattensplitting ist charakteristisch für dieses konservative Bild der Familie. Die Splitting-Regelung bewirkt für Paare mit nur einem Geldverdiener – und dieser ist für gewöhnlich männlich – eine beträchtliche Steuerersparnis. Ein weiteres Element des konservativen Inklusionsmodells ist dessen Ziel, den Status des Familienernährers im Falle von Arbeitslosigkeit, Krankheit oder Pensionierung zu sichern, um die Familie nicht zu destabilisieren. Das bedeutet Lohnfort-, bzw. Kompensationszahlungen, die sich am früheren Einkommen orientieren und so zur beständigen Reproduktion des vertikal differenzierten Statusgruppensystems beitragen. Als Indikator für familienzentrierte, konservative Inklusionsstrategien können eine niedrigere (Vollzeit-)beschäftigungsrate von Frauen, sowie eine niedrigere Scheidungsrate dienen. Konservative Inklusionsstrategien erwarten also niedrigere Kriminalitätsraten unter den folgenden Bedingungen:

5) niedrigere weibliche Beschäftigungsquote
6) niedrigere Scheidungsrate

Die sozialdemokratische Denktradition betont demgegenüber den Gedanken sozialer Bürgerschaft. Sie versteht Gesellschaft als eine Gemeinschaft von Bürgern, die sich die Produktion und den Konsum des Wohlstandes teilen. Dabei wird Gleichheit weitgehend als Ergebnisgleichheit begriffen. Dieses System basiert auf drei Säulen: erstens ein hoher Grad an Staatsaktivität, wenn es darum geht, kollektive Güter bereitzustellen (Kindergarten, Schulen, Universitäten, Kranken- und Altersfürsorge), zweitens die Inklusion der Staatsbürger in organisierte Solidaritätsstrukturen wie die Gewerkschaften, drittens ein allumfassendes Sozialversicherungssystem, das auch die nicht arbeitende Bevölkerung am Wohlstand teilhaben lässt. Bezugnehmend auf diese Kennzeichen sozialdemokratischer Inklusionsstrategien berücksichtigen wir drei Indikatoren, die für die Förderung von Inklusion und die Vermeidung von Exklusion stehen und folglich mit niedrigeren Kriminalitätsraten korreliert sein müssten:

7) hohe Dichte von Gewerkschaften
8) hohe öffentliche Sozialausgaben
9) hoher Grad der Dekommodifizierung, das heißt der Marktunabhängigkeit des Lebensstandards

Die Senkung der Langzeitarbeitslosenquoten ist freilich ebenso erklärtes Ziel konservativer und sozialdemokratischer Wohlfahrtspolitik geworden. Ausgehend von dem allgemeinen, durch Länder verschiedenster wohlfahrtsstaatlicher Traditionen beobachtbaren Trend in Richtung individualisierter Inklusion erwarten wir eine erhöhte Wirksamkeit liberaler Maßnahmen gegen Delinquenz, sowie eine vergleichsweise geringere Wirksamkeit konservativer und sozialdemokratischer Strategien, wiewohl diese durchaus zumindest teilweise noch wirksam sein können.

Da auf der Mikroebene zu wenig Datenmaterial verfügbar ist, aber auch, weil es die Fragestellung selbst rechtfertigt, müssen wir auf der Makroebene mit aggregierten Daten arbeiten. Auch unsere Hypothesen sind auf der Makroebene zu lesen. Das heißt mit anderen Worten, dass die Indikatoren strukturelle Charakteristika auf der Makroebene spiegeln, von welchen wir annehmen, dass sie sich ebenso direkt auf die Kriminalitätsraten auf der Makroebene auswirken. Eine höhere Teilhabe bestimmter Altersgruppen an weiterführender Bildung und höhere Einkommensungleichheiten beispielsweise werden nach den Hypothesen (1) und (2) als Charakteristika der Makrostruktur einer Gesellschaft interpretiert, die eine größere Wahrscheinlichkeit relativer Exklusion in sich birgt, was vermutlich auf eine höhere Delinquenzrate – wiederum ein Makrophänomen – schließen lässt. Zu einem Zeitpunkt t_1 dürften also in dieser Gesellschaft mehr Menschen relativ exkludiert sein als zum Zeitpunkt t_0 bzw. als in einer anderen Gesellschaft mit weniger an weiterführenden Schulen ausgebildeten Menschen und vergleichsweise geringeren Einkommensungleichheiten. Aufgrund des intensivierten Wettbewerbs um knappe Güter in einer solchen Gesellschaft oder zu einem solchen Zeitpunkt kann relative Exklusion auf verschiedenen Bildungs- und Einkommensebenen auftreten, also eben nicht nur auf dem niedrigsten Niveau. Wir können deshalb nicht postulieren, dass ausschließlich geringe Bildung und niedriges Einkommen Kriminalität direkt erzeugen. Wohl aber kann angenommen werden, dass das Phänomen der relativen Exklusion auf den untersten Bildungs- und Einkommensebenen ein größeres Ausmaß annimmt und häufiger vorkommt. Folglich sind für diese Gruppe die höchsten Kriminalitätsraten zu erwarten. Dennoch gibt es den allgemeinen, Kriminalität erzeugenden Effekt relativer Exklusion, der durch den intensivierten Wettbewerb in einer Gesellschaft mit einem höheren Anteil von Menschen in weiterführenden Bildungsprogrammen und mit höherer Einkommensungleichheit bedingt ist.

Dies gilt auch für die anderen Hypothesen. Sie beziehen sich auf strukturelle Charakteristika einer Gesellschaft (eines Zeitpunkts t_0), die den Wettbewerb um knappe Ressourcen abschwächen oder soziale Kontrolle ausüben, um die Kriminalitätsrate zu verringern. Als Folge solcher Makrostrukturen dürfte eine niedrigere Kriminalitätsrate – also wiederum ein makrostrukturelles Merkmal – zu erwarten sein. Abgesehen von diesem

Makro-Effekt auf die Kriminalitätsraten dürfte es auch Mikro-Effekte geben, schließlich sind die Individuen einer Gesellschaft direkt von deren strukturellen Charakteristika betroffen. Unabhängig davon gibt es jedenfalls den besagten Makro-Effekt, der eine Regressionsanalyse mit aggregierten Daten rechtfertigt. Eine aktuelle Studie, die mit Daten aus Island arbeitet, zeigt, dass sowohl im Sinne direkter Makro-Effekte als auch im Sinne individueller Effekte Durkheims Grundannahmen über die soziale Erzeugung abweichenden Verhaltens bestätigt werden können (Thorlindson und Bernburg 2004). Es gibt also eine ganze Reihe an guten Gründen, die eine makrosoziologische Analyse rechtfertigen.

Ergebnisse

Zur Überprüfung der formulierten Hypothesen wurde eine Regressionsanalyse durchgeführt (Frerichs, Münch und Sander 2008), deren wesentlichen Ergebnisse hier wiedergegeben werden. Als abhängige Variable wurden Raubüberfälle aus dem Datensatz des *UN Survey of Crime Trends* verwendet. Zusätzlich wurden die Regressionen mit der abhängigen Variablen »Tötungsdelikte« durchgeführt. Die Daten dafür entstammen dem Datensatz der World Health Organisation (WHO). Die unabhängigen Variablen wurden der OECD-Statistik entnommen sowie in Einzelfällen den World Development Indicators (WDI) der Weltbank (BIP pro Kopf), dem Datensatz des World Institute for Development Economics Research der UN University (UNU-WIDER) sowie dem Comparative Welfare Entitlements Dataset (Dekommodifizierung). Die Daten reichen von 1970 bis 2004. Detaillierte Erläuterungen zu Daten, Methoden, Vorgehensweise, Test auf Zusammenhänge zwischen den unabhängigen Variabeln und zur deskriptiven Statistik finden sich in Frerichs, Münch und Sander (2008).

Die Einkommensungleichheit wurde alternativ mit der P90/P10-Einkommensverteilung (oberstes Zehntel versus unterstes Zehntel) und dem GINI-Koeffizienten gemessen, und zwar alternativ mit OECD-Daten sowie mit Daten des World Institute for Development Economics Research der UN University (UNU-WIDER). Die Multikollinearität innerhalb und zwischen regimetypischen Integrationsstrategien wurde durch bivariate Korrelationen geprüft und konnte weitgehend ausgeschlossen werden. Es wurde zusätzlich die abhängige Variable nach der Generalized Method of Moments (GMM) zeitversetzt in ihrem endogenen Zusammenhang geschätzt. Die Ergebnisse kommen bei den Raubüberfällen näher an die postulierten Hypothesen heran als bei den Tötungsdelikten. Das kann dadurch erklärt werden, dass die Quote der Raubüberfälle in einem Land enger mit relativer Exklusion zusammenhängt als die Quote der Tötungsdelikte. Letztere beinhalten einen großen Teil von Beziehungstaten, die nur indirekt und nur zu einem gewissen Teil mit relativer Exklusion zu tun haben. Deshalb beschränken wir uns hier auf die Raubüberfälle.

Im Einzelnen zeigt sich bei den Raubüberfällen ein sehr enger endogener Zusammenhang der zeitversetzten abhängigen Variable. Bei der Einkommensungleichheit besteht nur beim WIDER-GINI-Koeffizient ein signifikant positiver Effekt auf die Raubüberfälle. Bei der P90/P10-Einkommensverteilung findet sich sowohl bei den OECD-Daten als auch bei den WIDER-Daten sogar ein signifikant negativer Effekt. Dieses gemischte Ergebnis reiht sich in die allgemeine Unentschiedenheit des Forschungsstandes ein. Der tiefere Grund für diese Unentschiedenheit dürfte darin liegen, dass relative Exklusion nicht direkt mit der Einkommensungleichheit – wie immer gemessen – kovariiert. So können sich in einem wohlhabenden egalitären Wohlfahrtsstaat die auf Grund vielfältiger aktivierender Maßnahmen weniger gewordenen und immer noch vom sozialen Netz aufgefangenen jungen Männer ohne Bildungs- und Berufserfolg im Vergleich zur großen Mehrheit genauso exkludiert fühlen wie ihre Leidensgenossen in einem liberalen Wohlfahrtsstaat mit großer Einkommensungleichheit. Das ist sogar durch die in allen Wohlfahrtsstaaten stattfindende Umstellung von kollektiver auf individuelle Inklusion mittels Bildung zu erwarten. Insofern sind die uneinheitlichen Effekte der Einkommensungleichheit nicht als eine Falsifikation der Hypothese zu werten, die mit zunehmender relativer Exklusion wachsende Delinquenz postuliert. Anders als die Einkommensungleichheit wirkt die Quote der tertiären Bildung durchgehend signifikant positiv auf die Quote der Raubüberfälle. Das lässt vermuten, dass die Quote der tertiären Bildung wesentlich direkter als die Einkommensungleichheit die Umstellung auf individualisierte Inklusion zum Ausdruck bringt, mit der eine erhöhte Tendenz zur relativen Exklusion einhergeht.

Von den *konservativen* Inklusionsstrategien erweist sich die weibliche Beschäftigungsquote ganz überwiegend als nicht signifikant, dagegen die Scheidungsrate fast durchgehend als signifikant positiv. Der Effekt der Scheidungsrate scheint demnach der konservativen Strategie recht zu geben, jedoch nicht der Effekt der weiblichen Beschäftigungsquote.

Bei den *sozialdemokratischen* Inklusionsstrategien stellt sich das Niveau der öffentlichen Sozialausgaben wie angestrebt weitgehend als signifikant negativ dar. Diese Integrationsstrategie scheint demnach noch wirksam zu sein. Das gilt jedoch nicht für den gewerkschaftlichen Organisationsgrad. Der Dekommodifizierungsgrad ist in zwei Modellen signifikant positiv, was die sozialdemokratische Integrationsstrategie nicht bestätigt.

Die *liberalen* Inklusionsstrategien bieten sich in der Tendenz als recht erfolgreich dar. Bei der Langzeitarbeitslosigkeit trifft das nur teilweise zu. Ganz überwiegend ist es bei der liberalen Abschreckungsstrategie der Inhaftierungsrate der Fall.

Als erste Kontrollvariable wurde noch der Anteil der Männer zwischen 15 und 29 Jahren an der Bevölkerung einbezogen. Erwartungsgemäß erweist sich diese Variable fast durchgehend als signifikant positiv in ihrem Effekt. Die zweite Kontrollvariable – das Bruttoinlandsprodukt pro Kopf – ist durchgehend signifikant negativ. Man könnte darin eine zusätzliche indirekte Bestätigung der liberalen Inklusionsstrategie sehen.

Insgesamt bestätigen die Ergebnisse die Hypothesen zumindest teilweise. Der Effekt der relativen Exklusion mit gesteigerter Delinquenz aufgrund der Umstellung auf Inklusion durch Bildung – gemessen anhand der Quote tertiärer Bildung – ist deutlich erkennbar. Die Einkommensungleichheit scheint dagegen kein verlässlicher Indikator für relative Exklusion zu sein. Von den konservativen Strategien zeigt sich immerhin die Stabilität von Ehe und Familie als wirksame Waffe gegen Delinquenz, jedoch nicht der Verzicht der Frauen auf Erwerbstätigkeit. Die sozialdemokratische Strategie hoher öffentlicher Sozialausgaben geht noch auf, jedoch nicht die Strategie eines hohen gewerkschaftlichen Organisationsgrades und umfangreicher Dekommodifizierung des Lebensstandards (Tab. 5.1 und 5.2).

5.5 Schlussbemerkungen

Die Schlussfolgerungen aus der durchgeführten Untersuchung könnten als eine spezifische Form einer Konvergenzthese umschrieben werden. Wir versuchen zu erklären, warum und wie Wohlfahrtsregime konvergieren und zeigen dabei zudem auf, wie die Folgen einer solchen Konvergenz die Möglichkeiten für die Verbesserung der sozialen Integration durch alle Wohlfahrtsstaatsregime hindurch einschränken (vgl. Esping-Andersen

	Raubüberfälle (natürliche logs)											
	WIDER Gini-Koeffizient						*WIDER P90/P10 Verhältnis*					
	(1)	(2)	(3)	(4)	(5)	(5a)	(1)	(2)	(3)	(4)	(5)	(5a)
Raubüberfälle (verzögert)	.907***	.904***	.927***	.909***	.921***	.931***	.915***	.912***	.934***	.909***	.914***	.933***
	(0.000)	(0.000)	(0.000)	(0.000)	(0.000)	(0.000)	(0.000)	(0.000)	(0.000)	(0.000)	(0.000)	(0.000)
Einkommensungleichheit (alternative Messungen)	.005**	.004**	.005***	.004**	.004**	.007**	-.012**	-.012**	-.013**	-.007	-.009*	-.005
	(0.013)	(0.016)	(0.006)	(0.018)	(0.015)	(0.024)	(0.015)	(0.015)	(0.017)	(0.140)	(0.088)	(0.389)
Tertiäre Bildung	.002***	.003***	.002***	.001*	.001	-.000	.003***	.003***	.003***	.002**	.002**	.001
	(0.001)	(0.000)	(0.001)	(0.067)	(0.126)	(0.936)	(0.000)	(0.000)	(0.000)	(0.010)	(0.036)	(0.680)
Dekommodifizierung		.007**						.005				
		(0.033)						(0.148)				
Beschäftigungsquote Frauen			.001		.000	-.001			-.001		-.000	-.000
			(0.744)		(0.816)	(0.683)			(0.622)		(0.805)	(0.809)
Scheidungen				.063***	.070***	.064***				.041**	.047**	.066***
				(0.001)	(0.001)	(0.001)				(0.043)	(0.028)	(0.002)
Gewerkschaftl. Organisationsgrad			.381***		.180	.239*			.234		.004	.089
			(0.002)		(0.136)	(0.071)			(0.153)		(0.981)	(0.418)
Öffentliche Sozialausgaben				-.007**	-.006**	-.003				-.007***	-.006**	-.004
				(0.010)	(0.021)	(0.514)				(0.007)	(0.030)	(0.383)
Langzeitarbeitslosigkeit			-.001		-.000	-.001			-.001*		-.001	-.001
			(0.470)		(0.448)	(0.450)			(0.054)		(0.208)	(0.181)
Inhaftierungen (verzögert)				-.000***	-.000**	-.000***				-.000**	-.000*	-.000**
				(0.006)	(0.048)	(0.004)				(0.032)	(0.080)	(0.021)
Männer zwischen 15–29 Jahren	.008**	.008**	.007*	.008**	.008**	-.000	.003	.004	.002	.006*	.007*	-.002
	(0.013)	(0.012)	(0.086)	(0.010)	(0.022)	(0.970)	(0.365)	(0.325)	(0.545)	(0.058)	(0.072)	(0.749)
BIP pro Kopf	-.208**	-.284***	-.179	-.290***	-.283***	-.101*	-.400***	-.455***	-.428***	-.460***	-.483***	-.289**
	(0.032)	(0.006)	(0.107)	(0.004)	(0.008)	(0.087)	(0.000)	(0.000)	(0.001)	(0.000)	(0.000)	(0.019)
Anzahl Beobachtungen	447	447	447	447	447	461	403	403	403	403	403	415
Anzahl Länder	18	18	18	18	18	18	16	16	16	16	16	16
Sargan-Test (Pr > chi2 =)	0.001	0.002	0.007	1.000	1.000		0.263	0.310	0.441	1.000	1.000	
AB Testreihenfolge 1 (Pr > z =)	0.000	0.000	0.000	0.000	0.000		0.000	0.000	0.000	0.000	0.000	
AB Testreihenfolge 2 (Pr > z =)	0.496	0.446	0.483	0.346	0.328		0.544	0.508	0.527	0.434	0.425	

* Signifikant bei p<.1; ** p<.05; *** p<.01; Standardfehler in Klammern; (1) – (5) Differenz GMM; (5a) System GMM

Tab. 5.1: Raubüberfälle: Detaillierte Ergebnisse für Ungleichheitsmessungen nach OECD

Hinweis: Für den OECD Gini-Koeffizienten sind Belgien, Korea, Spanien und die Schweiz nicht berücksichtigt; für das OECD P90/P10 Verhältnis sind Österreich, Finnland, Korea, Norwegen und Spanien nicht berücksichtigt.

Quelle: Frerichs, Münch und Sander 2008

	Raubüberfälle (natürliche logs)										
	OECD Gini-Koeffizient						OECD P90/P10 Verhältnis				
	(1)	(2)	(3)	(4)	(5)	(5a)	(1)	(2)	(3)	(4)	(5)
Raubüberfälle (verzögert)	.891***	.888***	.891***	.875***	.847***	.923***	.911***	.906***	.927***	.913***	.933***
	(0.000)	(0.000)	(0.000)	(0.000)	(0.000)	(0.000)	(0.000)	(0.000)	(0.000)	(0.000)	(0.000)
Einkommensungleichheit (alternative Messungen)	-.002	-.002	-.001	.003	.006	-.000	-.098***	-.102***	-.079***	-.062**	-.051**
	(0.716)	(0.638)	(0.911)	(0.533)	(0.214)	(0.935)	(0.000)	(0.000)	(0.003)	(0.012)	(0.047)
Tertiäre Bildung	.002***	.002***	.002***	.001*	.002**	.000	.002**	.002***	.002***	.001	.002*
	(0.003)	(0.002)	(0.005)	(0.061)	(0.020)	(0.814)	(0.033)	(0.009)	(0.007)	(0.121)	(0.085)
Dekommodifizierung		.004						.010***			
		(0.270)						(0.003)			
Beschäftigungsquote Frauen			.001		.004*	-.002			-.000		-.003
			(0.577)		(0.051)	(0.150)			(0.801)		(0.198)
Scheidungen				.026	.021	.061**				.059***	.069***
				(0.238)	(0.371)	(0.013)				(0.003)	(0.001)
Gewerkschaftl. Organisationsgrad			.161		.039	.055			.356**		.242*
			(0.199)		(0.750)	(0.614)			(0.013)		(0.079)
Öffentliche Sozialausgaben				-.003	-.001	.001				-.008***	-.008***
				(0.226)	(0.717)	(0.818)				(0.003)	(0.004)
Langzeitarbeitslosigkeit			0.000		.001	-.000			-.001		-.001
			(0.999)		(0.272)	(0.829)			(0.435)		(0.368)
Inhaftierungen (verzögert)				-.000***	-.000***	-.000**				-.000	-.000
				(0.000)	(0.000)	(0.039)				(0.101)	(0.313)
Männer zwischen 15–29 Jahren	.009***	.010***	.010**	.009**	.012***	-.002	.008**	.008**	.007*	.010***	.007*
	(0.008)	(0.006)	(0.012)	(0.011)	(0.003)	(0.789)	(0.018)	(0.016)	(0.074)	(0.004)	(0.061)
BIP pro Kopf	-.340***	-.374	-.341***	-.340***	-.375***	-.076	-.421***	-.537***	-.369***	-.464***	-.380***
	(0.000)	(0.000)	(0.002)	(0.001)	(0.000)	(0.215)	(0.000)	(0.000)	(0.001)	(0.000)	(0.001)
Anzahl Beobachtungen	401	401	401	401	401	417	390	390	390	390	390
Anzahl Länder	16	16	16	16	16	16	15	15	15	15	15
Sargan-Test (Pr > chi2 =)	0.575	0.601	0.587	1.000	1.000		0.174	0.266	0.311	1.000	1.000
AB Testreihenfolge 1 (Pr > z =)	0.000	0.000	0.000	0.000	0.000		0.000	0.000	0.000	0.000	0.000
AB Testreihenfolge 2 (Pr > z =)	0.401	0.376	0.409	0.348	0.374		0.188	0.199	0.196	0.107	0.099

* Signifikant bei p<.1; ** p<.05; *** p<.01; Standardfehler in Klammern; (1) - (5) Differenz GMM; (5a) System GMM

Tabelle 5.2: Raubüberfälle: Detaillierte Ergebnisse für WIDER Ungleichheitsmessungen

Hinweis: Für den WIDER Gini-Koeffizienten sind Korea und Spanien nicht berücksichtigt; für das WIDER P90/P10 Verhältnis sind Japan, Korea, Neuseeland und Spanien nicht berücksichtigt.

Quelle: Frerichs, Münch und Sander 2008

1990, 1999; Lessenich und Ostner 1998; Goodin et al. 1999; Hall und Soskice 2001). Zur komparativen Wohlfahrtsstaatsforschung trägt die Studie durch Theoriebildung und empirische Beweisführung bei. Dies gelingt einerseits durch die Verknüpfung der Anomietheorie mit regimeabhängigen Formen sozialer Inklusion und andererseits durch die Verknüpfung der komparativen Wohlfahrtsstaatsforschung mit kriminologischen Studien, wobei die Kriminalitätsrate (Raubüberfälle) als Indikator für wohlfahrtsstaatliche Desintegration fungiert. Die Ergebnisse weisen nach, dass Wohlfahrtsstaaten im liberalen Regime konvergieren. Darüber hinaus leisten sie auf der Ebene länderübergreifender Studien einen Beitrag zur Erklärung höherer Kriminalitätsraten durch institutionelle Anomie (Messner und Rosenfeld 1994/2007; Messner und Rosenfeld 1997; Messner, Baumer und Rosenfeld 2004; Rosenfeld 2001; Thome und Birkel 2007) und durch die Desorganisation von Gemeinschaften (Shaw und McKay 1942; Sampson und Groves 1989; Sampson und Raudenbush 1999; Veysey und Messner 1999; Kawachi, Kennedy und Wilkinson 1999; Lowenkamp, Cullen und Pratt 2003; Patchin, Huebner, Varano und McCluskey 2006). Die Ergebnisse dieser Studien im Hinblick auf den Effekt von Einkommensungleichheit auf Kriminalität sind gemischt (Bursik und Grasmick 1993; Bruce 2000; Kelly 2000; Savolainen 2000; Imrohoroğlu, Merlo und Rupert 2000; Entorf und Spengler 2002; Morenoff, Sampson und Raudenbush 2001; Antony und Entorf 2003). Dementsprechend sind die Ergebnisse der hier wiedergegebenen Analyse (Frerichs, Münch und Sander 2008) in diesem Punkt auch uneindeutig. Die Untersuchung zeigt auch, dass Gefängnisstrafen die Kriminalität erzeugenden Effekte individualisierter Inklusion im liberalen Wohlfahrtsstaat mildern. Dieses Ergebnis führt uns das liberale Dilemma vor Augen: Weil kollektive Formen sozialer Inklusion fehlen, muss auf Abschreckungsstrategien zurückgegriffen werden. Aus dem Blickwinkel der komparativen Wohlfahrtsstaatsforschung trägt die Untersuchung ein spezifisches Ergebnis zur amerikanischen Literatur über die gestiegenen Inhaftierungsraten bei. In der Tat gibt es nämlich den Trend, soziale Sicherheit durch polizeiliche Kontrolle zu ersetzen (Davey 1995; Tonry 1995; Beckett 1997; Beckett und Sasson 2000; Beckett und Western 2001; Garland 2002; Pettit und Western 2004). Während sich die meisten Studien auf den Vergleich von Gemeinden oder Staaten im US-amerikanischen System konzentrieren, trägt die hier durchgeführte länderübergreifende Analyse zum besseren Verständnis der Effekte liberaler, konservativer und sozialdemokratischer Strategien der Inklusion auf Länderebene bei (vgl. Hannon und Defronzo 1998; LaFree und Drass 2002; Chamlin und Cochran 2003; LaFree 2005; Neumayer 2003).

Es konnte in dieser Untersuchung nachgewiesen werden, dass relative Exklusion, Desintegration und Kriminalität (Raubüberfälle) nicht mehr länger exklusive Phänomene des liberalen Wohlfahrtsregimes sind, wie es paradigmatisch von den USA repräsentiert wird. Auch Gesellschaften, die dem konservativen oder sozialdemokratisch-egalitären Regimetyp zugeordnet werden, sind mittlerweile von denselben Problemen betroffen. In dieser Hinsicht ist ein Trend zur Konvergenz im liberalen Wohlfahrtsstaat festzustellen. Als Hauptgrund für diese Konvergenz konservativer und sozialdemokratischer Wohlfahrtsstaaten im liberalen Regimetypus konnte der Wandel von kollektiver zu individualisierter Inklusion identifiziert werden, der seinerseits auf die größere Bedeutung von Bildung und beruflichem Erfolg zurückzuführen ist. Diese Entwicklung ist eng verknüpft mit Postindustrialisierungs- und Globalisierungstrends. Die empirische Überprüfung unserer theoriegeleitet aufgestellten Hypothesen führt vor Augen, dass sich die typisch liberalen Inklusionsstrategien zum Teil als wirksamer erweisen als die typisch konservativen und sozialdemokratischen Strategien. Alle Typen wohlfahrtsstaatlicher Regime scheinen sich in dasselbe Dilemma zu manövrieren. In allen Wohlfahrtsstaaten hat die individualisierte Inklusion durch Bildung und beruflichen Erfolg an Bedeutung gewonnen, während kollektivistische Inklusionsformen zunehmend ihre einstige Wirksamkeit einbüßen. Aus diesem Grund sind alle wohlfahrtsstaatlichen Regimes zunehmend gezwungen, eine Lösung für das Problem der relativen Exklusion und Anomie zu finden, indem sie die Inklusion über Schulen und Arbeitsmärkte vorantreiben. Wo Anreize, wie uns die ökonomische Kriminalitätstheorie lehrt, nicht wirken, muss das Fehlen kollektiver Bindungen durch Abschreckung kompensiert werden. So werden die Kriminalitätsraten durch den erhöhten Einsatz von Inhaftierung niedrig gehalten. Der einzige Weg aus diesem Dilemma scheint darin zu liegen, die Zusammenarbeit der Regierung mit der neuen Vielfalt an Freiwilligenvereinigungen zu stärken. Hierbei könnte es sich um eine neue Form des pluralistischen Korporatismus handeln, der liberalen Pluralismus mit sozialdemokratischem und konservativem Korporatismus verbindet. Um diese Frage zu beantworten, bedarf es jedoch noch eingehenderer Forschung.

6. Die globale Finanzkrise: Kollaps des liberalen Kapitalismus?

6.1 Einleitung

Die Deregulierung der Finanzmärkte gehörte zum liberalen Programm der Ersetzung staatlicher Daseinsvorsorge durch die dynamischen, Wohlstand erzeugenden Kräfte der Märkte. Die globalisierten Finanzmärkte haben aufstrebende Wirtschaftsregionen mit Kapital versorgt. Sie haben höhere Renditen für die individuelle, kapitalgedeckte Vorsorge für das Alter versprochen. Großzügige Kredite für Immobilienkäufer, Konsumenten und Kreditkartenbesitzer haben in den USA als Beispiel dafür gegolten, dass auch einkommensschwache Haushalte aus eigener Kraft in den Prozess des wirtschaftlichen Wachstums inkludiert werden können. Es war ein marktwirtschaftliches Programm der individualisierten Inklusion in den erwirtschafteten Wohlstand par excellence. Nachdem die Immobilienblase in den USA geplatzt ist und die zahllosen faulen Immobilienkredite eine seit acht Jahrzehnten nicht mehr erlebte globale Finanzkrise ausgelöst haben, stellt sich die Frage, ob sich darin der Kollaps des liberalen Kapitalismus insgesamt ankündigt und an dessen Stelle der Spielraum für staatliche Daseinsvorsorge und zwischenstaatliche Vereinbarungen wieder wächst. Ob in der Weltgesellschaft ein solcher Weg zurück in die alte Staatenwelt überhaupt möglich ist, soll in diesem abschließenden Kapitel geklärt werden.

6.2 Die Krise der Finanzmärkte: Auf der Suche nach Ursachen

Die Verteufelung des Marktparadigmas ist genauso riskant wie dessen Verherrlichung. Für ein ausgewogenes Verhältnis von Stabilität und Wandel, Ordnung und Chaos, kommt es auf die richtige Balance zwischen Öffentlichem und Privatem, Hierarchien und Märkten an. Das zeigt eine genauere

Analyse der Ursachen der globalen Finanzkrise und der nur sehr begrenzten Möglichkeiten, das Auftreten solcher Krisen zu vermeiden (vgl. Huffschmid 1999; Lütz 2002; Windolf 2005; Knorr-Cetina und Preda 2005; Fromm und Aretz 2006).

Ausgelöst wurde die globale Finanzkrise durch die sogenannte Subprime-Krise auf dem amerikanischen Immobilienmarkt im Frühsommer 2007 (vgl. Chomsisenghet und Pennington-Cross 2006; Reinhart und Rogoff 2008). Im Mittelpunkt standen sogenannte subprime loans. Das sind zweitklassige Hypothekenkredite an Hauskäufer mit geringer Bonität, das heißt nur begrenzten Fähigkeiten, die Schuldenlast abzutragen (Zins und Tilgung des Darlehens). Ermöglicht wurde die Vergabe solcher Kredite durch ein sehr niedriges Zinsniveau und über längere Zeit steigende Immobilienpreise. Die amerikanische Notenbank ist Deflationsbefürchtungen und daraus folgender Nachfrage- und Investitionsschwäche mit einem extrem niedrigen Leitzins entgegengetreten. Im Juni 2003 lag die Federal Funds Rate bei nur 1 Prozent. Das niedrige Zinsniveau hat die Nachfrage nach Immobilien angeheizt und die Immobilienpreise steigen lassen. Unter dieser Bedingung war es möglich, einer wachsenden Zahl von einkommensschwachen Familien Hypothekenkredite für den Hauskauf zu gewähren. Außerdem wurden an viele besser gestellte Haushalte Zusatzkredite auf ihr Haus für Konsumausgaben, zum Beispiel für den Autokauf, vergeben. Als zunehmende Inflationsängste die amerikanische Notenbank zur Erhöhung des Leitzinses veranlassten, im Juni 2006 auf 5,25 Prozent, konnten immer mehr Hausbesitzer die Zins- und Tilgungsraten auf ihre Hypothek nicht mehr bezahlen. Gleichzeitig fielen die Immobilienpreise. Das hat eine Kettenreaktion ausgelöst, die durch die Refinanzierung der vergebenen Kredite in gebündelter und tranchierter Form mittels verbriefter, das heißt forderungsbesicherter Wertpapiere verschärft und weltweit verbreitet wurde (Asset Backed Securities, ABS, oder Mortgate Backed Securities, MBS und MBS Collateralized Debt Obligations, MBS CDOs). Die forderungsbesicherten Wertpapiere wurden weit über die USA hinaus auch nach Asien und Europa an Banken, Versicherungen und Fondsgesellschaften verkauft.

Bei der Verbriefungsaktion bündelt und tranchiert eine Bank Kredite in einem Forderungspool, um sie an eine Zweckgesellschaft (Special Purpose Vehicle, SPV) zu verkaufen (vgl. DeMarzo 2005). Die Bank erhält dadurch flüssige Mittel. Die Wertpapiere werden von einer Ratingagentur hinsichtlich ihrer Risiken bewertet (vgl. Boot, Milbourn und Schmeits 2006). Die

Zweckgesellschaft refinanziert die längerfristige hochverzinsliche Geldanlage in forderungsbesicherte Wertpapiere mit Hilfe von kurzfristigen, niedriger verzinslichen Krediten durch die Ausgabe sogenannter Commercial Papers. Durch diese Fristentransformation – langfristig höhere vereinnahmte Zinsen, gegen kurzfristige niedrigere, zu zahlende Zinsen – wurden einerseits Gewinne erzielt, andererseits wurde aber auch das Risiko der fehlschlagenden Refinanzierung eingegangen, sobald kurzfristig höhere Zinsen zur Refinanzierung zu zahlen waren bzw. überhaupt mangels Vertrauen der Investoren kurzfristige Kredite nicht in ausreichendem Maße zur Verfügung gestellt wurden. Weil die Zweckgesellschaften nicht den Eigenkapitalvorschriften nach den Abkommen von Basel I und Basel II unterlagen, konnten sie dieses Geschäft betreiben, ohne dass die damit verbundenen Risiken in irgendwelchen Bilanzen verbucht wurden. Die Banken, die diese Zweckgesellschaften selbst eingerichtet haben, konnten auf diesem Weg Basel I und II umgehen. Es handelte sich hier um ein besonders schwaches Glied in der Kette. Basis der Zahlungsströme sind die von den Kreditnehmern zu leistenden Zins- und Tilgungsraten. Fallen diese aus, dann gerät der gesamte Zahlungsfluss ins Stocken. Von entscheidender Bedeutung ist deshalb, wie weit es sich bei den Bewertungen der Ratingagenturen um robuste Ergebnisse handelt. Die ganze Transaktion wird von einem Treuhänder verwaltet, der die Sicherheit der Zahlungsströme gewährleistet. Es handelt sich bei den verbrieften Krediten demgemäß um außerordentlich komplexe Finanztransaktionen mit erheblichen Risiken, aber auch erheblichen Renditechancen. Die Bewertung durch Ratingagenturen, die Verwaltung durch einen Treuhänder und die Möglichkeit des Ausstiegs aus dem Geschäft lassen jedoch die Risiken als kalkulierbar erscheinen, weshalb viele Investoren in der ganzen Welt diese Papiere erworben haben. Auf den einzelnen Investor bezogen, schienen die Risiken begrenzbar zu sein. Bei so vielen Experten und Sicherungen am Werk kann kaum davon gesprochen werden, dass vollkommener Leichtsinn die Katastrophe herbeigeführt hätte und sie somit leicht vorhersehbar gewesen wäre.

Mit der zunehmenden Zahl von zahlungsunfähigen Schuldnern saßen die Banken und Investoren in wachsendem Maße auf nicht einlösbaren Kreditforderungen. Damit kam die Bereitschaft, forderungsbesicherte Wertpapiere zu kaufen, oder für ihren Kauf Kredite zu vergeben, zum Erliegen. Zuerst gerieten Hedgefonds in Zahlungsschwierigkeiten, die umfangreich in die renditestarken, aber riskanten Wertpapiere investiert hatten. Einige mussten geschlossen bzw. abgewickelt werden. Die Banken mussten ihre

Verluste abschreiben und durch eigene Liquidität ersetzen. Der massiv gestiegene Liquiditätsbedarf führte zu steigenden Geldmarktzinsen. Die Aufschläge für Interbankenkredite stiegen sprunghaft an. Am Ende der Kettenreaktion war kaum eine Bank dazu bereit, anderen Banken Liquidität zur Verfügung zu stellen. Das Ergebnis war die Insolvenz mehrerer Großbanken in den USA. Der spektakulärste Fall war der Bankrott der Investmentbank *Lehman Brothers*. Mehrere Banken sowie der größte Versicherungskonzern *American International Group* (AIG) konnten nur durch Aufkauf, staatliche Unterstützung oder Verstaatlichung gerettet werden. Von den USA breitete sich die Finanzkrise weltweit aus und hat sehr schnell auch in Europa Banken und Fondsgesellschaften an den Rand des Ruins getrieben, der nur mit umfangreichen staatlichen Hilfsprogrammen verhindert werden konnte. In Deutschland wurden zuerst und am schwersten die Deutsche Industriebank IKB, die Hypo Real Estate und die Sachsen LB von der Krise getroffen.

Aus der Perspektive des Marktparadigmas war es ein Beitrag zur Minimierung von Finanzrisiken, zweitklassige Hypothekendarlehen zu verbriefen, tranchiert, neu gebündelt und von Ratingagenturen für gut befunden, als Finanzderivate an Anleger zu verkaufen. Die kreditgebenden Banken konnten sich auf diese Weise leicht refinanzieren. Die Risiken wurden breit gestreut. Der Ausfall einzelner Kreditnehmer konnte durch die breite Streuung der Risiken leicht aufgefangen werden. Diese Form der Absicherung von Kreditrisiken funktionierte aufgrund der längere Zeit kontinuierlich steigenden Immobilienpreise in den USA besonders gut. Die Banken haben in der Erwartung einer anhaltenden Immobilienhausse auch äußerst einkommensschwachen Haushalten Kredite gewährt. Damit konnten sie einen Beitrag zur Verwirklichung des amerikanischen Traums vom eigenen Heim für bislang davon ausgeschlossene Schichten der Bevölkerung leisten. Für die Kreditnehmer war das Eigenheim zugleich Ansporn für erfolgreiche Erwerbstätigkeit. So funktioniert eine auf breit gefächerte unternehmerische Eigeninitiative aufbauende, dynamisch wachsende Gesellschaft.

Das ist die ethisch willkommene Seite des Interesses der Banken an guten Geschäften mit Immobilienkrediten. Warum sollten die Kredite einkommensschwachen Haushalten verweigert werden, wenn es anscheinend eine Möglichkeit gab, diese Haushalte an dem steigenden Wert der Immobilien teilhaben zu lassen, damit zu besser gestellten Bürgern der USA zu machen, wobei die entsprechenden Risiken breit gestreut wurden? Von »Gier« muss hier noch nicht die Rede sein, wenn das wohlverstandene Eigeninteresse der Bank am Verkauf von Krediten zugleich Millionen von Menschen den Traum vom eigenen Heim erfüllt. Nach dem liberalen Credo befördert der wohlverstandene Eigennutz den Wohlstand der ganzen Gesellschaft. Das hat schon Tocqueville (1945: Bd. II, 121–124) als ein fundamentales Kennzeichen der amerikanischen Kultur ausgemacht (vgl. Münch 1986/1993: 389–398). In einer liberalen Marktgesellschaft ist es auch völlig in Ordnung, wenn Bankangestellte durch die von ihnen verkauften Kreditsummen ihr Gehalt steigern können. Auch jeder Versicherungsvertreter verdient mit Prämien auf die von ihm abgeschlossenen Verträge sein Geld. Die Bank schützt sich gegen Ausfallrisiken mit Bonitätsprüfungen und die Eintragung von Hypotheken in das Grundbuch. Ratingagenturen bewerten die ausgegebenen Wertpapiere, sodass die Käufer dieser Papiere ihre Risiken einschätzen können. Verbraucherschutzorganisationen wirken auf die Erhöhung der Informationspflichten der Banken hin, sodass die Marktteilnehmer die notwendigen Informationen haben, um sehenden Auges ihre Entscheidungen treffen zu können. Stellt sich heraus, dass einzelne Kreditnehmer ihrer Zahlungsverpflichtung nicht nachkommen können, dann fällt die Immobilie in die Hand der kreditgebenden Bank, die sie bei steigenden Immobilienpreisen sogar mit Gewinn weiterveräußern kann.

Wie konnte es trotz dieser mehrfachen Absicherung der Banken, Bewertung der Banken und der Wertpapiere durch Ratingagenturen und Aufklärung der Marktteilnehmer durch Verbraucherschützer zu der globalen Finanzkrise kommen (vgl. Allen und Carletti 2006; Allen und Gale 2007)? Warum haben einzelne geplatzte Kredite nicht früher zur Abwertung der darauf bezogenen Derivate und damit zur Kaufzurückhaltung geführt, sodass gar nicht so viel davon im Umlauf gewesen wären? Eine Erklärung könnte die lang anhaltende Immobilienhausse sein, die den Großteil der Marktteilnehmer, Analysten und Ratingexperten sich in Sicherheit wähnen ließ. Infolgedessen haben die meisten Anleger bis zuletzt die Wertpapiere gehalten. Dazu kam noch die Erwartung von weiterem weltweiten Wirtschaftswachstum im Sog des Aufschwungs in Asien, Lateinamerika und Osteuropa. Dem Wirtschaftswachstum schienen keine Grenzen gesetzt zu sein. Die USA und Europa haben weiter darauf gesetzt.

Fallende Immobilienpreise in den USA und nachlassendes Wachstum in den Schwellen- und Transformationsländern haben jedoch für einen Stimmungsumschwung gesorgt. Solche Stimmungsumschwünge gehören allerdings zum normalen Wirtschaftsleben und lösen in der Regel noch keine Finanzkrise des im Oktober 2008 erreichten Ausmaßes aus. Was war also im Oktober 2008 anders? Bei einer ersten Annäherung an eine Antwort auf diese Frage ließe sich feststellen, dass sich Finanzkrisen und Kursstürze an den Börsen seit den 1970er Jahren gehäuft haben. Allein seit 1987 war es im Oktober 2008 die fünfte Krise. Zu erklären ist demnach zunächst nicht, dass es im Oktober 2008 überhaupt eine Finanzkrise gab, sondern die Häufung solcher Krisen in relativ kurzen Zeitabständen und gegebenenfalls die Schwere der Krise. Zunächst einmal ist ein Mechanismus wirksam, der allen Bankenkrisen zueigen ist und den Robert K. Merton (1949/ 1968c) in einem klassischen Aufsatz als *self-fulfilling prophecy* beschrieben hat. Informationen über Liquiditätsprobleme einer Bank veranlassen die Kunden der Bank, ihr Geld so schnell wie möglich abzuheben. Es kommt zu einer Panik, die dazu führt, dass die Bank tatsächlich nicht mehr liquide ist, selbst dann, wenn die anfängliche Information falsch gewesen wäre. Es ist eine Spirale des schwindenden Vertrauens in die Bank. Die Gefahr, dass weitere Banken von dieser Vertrauenskrise erfasst werden, wächst mit dem Ausmaß, in dem diese Banken tatsächlich oder auch nur vermeintlich als Gläubiger und/oder Schuldner mit der zuerst ins Gerede gekommenen Bank verflochten sind. Als Gläubiger erleiden sie Verluste aufgrund der Zahlungsunfähigkeit der ersten Bank, als Schuldner müssen sie möglicherweise alle kündbaren Kredite der ersten Bank zurückzahlen, um deren Liquidität zu erhalten. Weiter verstärkt wird dieser Prozess durch die öffentliche Berichterstattung über die Panik und das geschwundene Vertrauen. Das heißt, dass die vermutete Liquiditätsklemme weit über das zunächst tatsächlich gegebene Maß hinausgeht und in breitem Umfang zur Einlösung von Geldforderungen führt, sodass eine wachsende Zahl von Banken auf den Bankrott zusteuert. Dieser Flächenbrand in der Finanzwirtschaft beinhaltet auch den panikartigen Verkauf von Wertpapieren, erstens weil die Papiere benötigt werden, um Liquiditätslücken zu schließen, und zweitens weil erwartet wird, dass wachsende Kapitalknappheit die Investitionen in der Realwirtschaft hemmt, zunächst in den direkt von der Finanzkrise betroffenen Regionen, im Oktober 2008 zuerst in den USA, dann in Europa, im weiteren Verlauf aber in allen Regionen der Welt, weil deren wirtschaftliches Wachstum unter der nachlassenden Nachfrage aus den direkt in die Finanzkrise verwickelten Ländern leidet. Dementsprechend stürzen auch die Börsenkurse in diesen Regionen ab. Im Oktober 2008 folgten dementsprechend Asien, Lateinamerika und Osteuropa, die wirtschaftlich mehrere Jahre enorme Wachstumsschübe zu verzeichnen hatten, den USA und Europa in die allgemeine Wirtschaftskrise. Die Krise hat schließlich alle Regionen der Welt und alle Wirtschaftszweige erfasst.

An dieser Stelle wird der hohe Verflechtungsgrad der Weltwirtschaft deutlich. In dieser Hinsicht gleicht die Situation in der Gegenwart derjenigen der Weltwirtschaftskrise, die durch den New Yorker Börsenkrach im Oktober 1929 ausgelöst wurde. Offensichtlich ist der erneut sehr hohe bzw. noch höhere weltwirtschaftliche Verflechtungsgrad eine wesentliche Ursache dafür, dass faule Immobilienkredite in den USA eine weltweite Finanzkrise auslösen konnten. Um solche Flächenbrände zu vermeiden, wurde 1944 noch vor Ende des Zweiten Weltkrieges in Bretton Woods, USA, ein internationales Finanzregime vereinbart. Es sollte die Krisenanfäligkeit der Finanzmärkte unter Kontrolle halten. Der US-Dollar als Leitwährung, die Verpflichtung der USA zum Eintausch des Dollars in Gold und feste, am US-Dollar orientierte Wechselkurse, der Internationale Währungsfonds (IWF) als Krisenmanager und die Weltbank als Entwicklungshelfer sollten dem internationalen Finanzsystem Stabilität verleihen. Insgesamt 44 Länder haben sich an dem System beteiligt. Dazu kamen extensive staatliche Kontrollen des grenzüberschreitenden Kapitalverkehrs. Als die USA aufgrund wachsender Liquiditätsprobleme 1971 einseitig die Konvertierbarkeit des Dollars in Gold aufkündigten und 1973 das System der festen Wechselkurse aufgegeben wurde sowie im weiteren Verlauf die Beschränkungen des internationalen Kapitalverkehrs beseitigt wurden und darüber hinaus der Welthandel durch die Uruguay-Runde des General Agreement on Tariffs and Trade (GATT) und mit der Einrichtung der Welthandelsorganisation (WTO) einen kräftigen Schub erhielt, waren die Voraussetzungen für enorme Wachstumsraten in den Schwellen- und Transformationsländern geschaffen worden. Die Weltbank konnte dementsprechend feststellen, dass sich ein wachsender Teil der Weltbevölkerung aus der Armut befreit hat, zumal das Wachstum in den besonders bevölkerungsreichen Ländern China und Indien Fuß gefasst hatte (World Bank 2002). Ein nicht geringer Teil dieser Aufholbewegung der Schwellenländer ist dem freien Kapitalfluss und der Spekulation auf ungebrochenes Wachstum in diesen Ländern zu verdanken. Innerhalb des Systems von Bretton Woods war das nicht gelungen. Das Ende dieses Systems ist gerade auch von der Kritik geprägt worden, dass das kapitalistische Weltsystem den peripheren Entwicklungsländern keine Chancen böte, den Rückstand zu den Industrieländern aufzuholen. Davon ist heute kaum noch die Rede. Stattdessen wird spekuliert, dass China und Indien in absehbarer Zeit die USA und Europa von den ersten Plätzen der wirtschaftskräftigsten Regionen verdrängen können.

Die andere Seite der seit den 1970er Jahren und nochmals kräftig nach dem Zusammenbruch des Sowjetregimes seit den 1990er Jahren dynamisch gewachsenen Weltwirtschaft ist die größere Krisenanfälligkeit der Finanzmärkte. Man kann anscheinend das eine ohne das andere nicht haben. Der freie Kapitalverkehr und die Entwicklung neuer Finanzinstrumente haben dafür gesorgt, dass Kapital viel schneller und in viel größerem Umfang dorthin fließen konnte, wo damit das größte wirtschaftliche Wachstum und somit die höchsten Renditen erzielt wurden, das heißt in die Schwellen- und Transformationsländer. Der freie Kapitalfluss hat demgemäß einen sichtbaren Beitrag zur nachholenden Entwicklung dieser Länder geleistet. Nach dem liberalen Credo hat dementsprechend der Eigennutz vieler reicher Kapitalanleger den Schwellenländern aus der Armut und zu mäßigem Wohlstand verholfen, wie ungleich er in diesen Ländern auch verteilt sein mag. Selbst die exorbitanten Bonuszahlungen an die Manager haben ihren Anteil daran, und zwar deshalb, weil dadurch im Vergleich zu einer weniger ungleichen Verteilung von Löhnen und Gehältern in den Unternehmen mehr Kapital für Investitionen in den aufstrebenden neuen Wirtschaftsregionen freigesetzt wurde. Dass die Bonuszahlungen mit der kurzfristig erwirtschafteten Rendite gewachsen sind, hat einerseits die Managergehälter in für deutsche Verhältnisse astronomische Höhen getrieben, andererseits das für Investitionen in Schwellen- und Transformationsländern verfügbare Kapital aufgestockt. Von der Warte transnationaler Gerechtigkeit betrachtet, bedeutete dies, dass zum Beispiel die Auslagerung von Betriebskantinen an Catering-Dienste die Personalkosten gesenkt und die Renditen erhöht hat, zu Lasten des nicht mehr nach dem Metalltarif bezahlten Kantinenpersonals, aber zugunsten der Belegschaft in neuen Produktionsbetrieben der Schwellen- und Transformationsländer.

So erscheint selbst die »Gier« der Manager im transnationalen Kontext in einem anderen moralischen Licht als innerhalb einer Debatte, die noch mit Gerechtigkeitsbegriffen des nationalen Wohlfahrtsstaates arbeitet und noch nicht richtig realisiert hat, dass sich der Maßstab der Gerechtigkeit fundamental verändert hat. Im transnationalen Kontext hat das von den USA vorgelebte liberale Gesellschaftsmodell die Oberhand gewonnen. Dessen Legitimität wird jedoch aus der Sicht der europäischen Wohlfahrtsstaaten heftig bestritten. Zuletzt hat sich diese Kritik an der Angleichung der deutschen Managergehälter an das US-amerikanische Niveau, an den »Heuschreckenschwärmen« »renditesüchtiger« Investoren und am freien Kapitalverkehr entzündet. Sie gelten als Inbegriff eines vollkommen enthemmten, von der Orientierung des Managements von Unternehmen am Shareholder Value – dem an der Börse ermittelten Aktienwert der Unternehmen –, dem Streben nach höchstmöglichen Renditen und daran geknüpften Bonuszahlungen somit von grenzenloser »Gier« beherrschten globalen Kapitalismus. Während sich die deutschen Manager an ihren Kollegen in den USA als Bezugsgruppe orientieren und längst in transnationalen Kategorien denken, will sie die öffentliche Kritik mit aller Kraft der Medien an die Gepflogenheiten des Rheinischen Kapitalismus, der Sozialpartnerschaft und des konservativen Wohlfahrtsstaates deutscher Art erinnern. Da prallen zwei Welten auf das Heftigste aufeinander. Der Gang der Welt weist infolge der Transnationalisierung des Gerechtigkeitsmaßstabes in die Richtung der liberalen Ordnung. Die Kräfte der Tradition und der Beharrung werden sich dieser Entwicklung jedoch für geraume Zeit mit allen verfügbaren Mitteln entgegenstemmen.

Die explodierten Managergehälter sind allerdings nur die Spitze des weltweit massiv gewachsenen Volumens an Kapital, das nach Rendite sucht und das ohne Kapitalverkehrskontrollen und mit Hilfe modernster Kommunikationstechnologie in großem Umfang in Sekundenschnelle aus einer Anlage abgezogen und in eine andere Anlage investiert werden kann. Das Volumen und die Geschwindigkeit der internationalen Kapitalströme haben exorbitant zugenommen. Dazu kommt die beschleunigte Erfindung neuer Finanzprodukte, insbesondere die Überlagerung der primären Produkte durch sekundäre Produkte, das heißt Derivate, die sich nicht auf die Realwirtschaft beziehen, sondern auf die Finanzinstrumente selbst, bis hin zu Leerverkäufen von Aktien und das Wetten auf fallende Kurse. Es wird deshalb geschätzt, dass nur noch 5 Prozent aller Finanztransaktionen einen direkten realwirtschaftlichen Bezug haben. Diese Verselbständigung der Finanzmärkte durch ihre Abkopplung von der Realwirtschaft hat sicherlich generell zu einer Erhöhung der Volatilität und damit der Krisenanfälligkeit dieser Märkte beigetragen. Das ist die andere Seite der damit verbundnen Leistungssteigerung des Finanzsystems im Sinne der Beschleunigung der Finanzströme, der differenzierten Bedienung von Finanzbedarfen und des Kapitalwachstums. Es gibt mehr Raum für Spekulation. Das fördert Innovationen, die auf Risikokapital angewiesen sind (vgl. Abolafia 1996; Harrington 2007).

Wenn niemand auf die Erträge einer Erfindung spekuliert und dafür Kapital gibt, kann es keine Erfindung geben. Wer alle Spekulanten auf den Boden der Tatsachen zurückholen will, redet der Erstarrung der Gesellschaft in der Pflege ihrer alten Traditionen das Wort und belässt alles wie es ist, auch die Kluft zwischen den reichen Zentren und den armen Peripherien der Welt. Es kann aber auch nicht geleugnet werden, dass die Entkopplung der Finanzmärkte von der Realwirtschaft deren Krisenanfälligkeit enorm erhöht hat. Je weniger Investitionen in einer Beobachtung erster Ordnung direkt in ein Unternehmen und die davon erwarteten Gewinne getätigt werden und von der unmittelbaren Kenntnis der Erfolgschancen dieses Unternehmens geleitet werden und je mehr sie sich in einer Beobachtung zweiter Ordnung an den Investitionen anderer Investoren, den Anlagen anderer Anleger, am Verhalten der Anleger selbst orientieren, umso größere Bedeutung bekommen die beliebigsten Nachrichten, die irgendwie in einen Zusammenhang mit dem Anlegerverhalten gebracht werden können. Weil Finanztransaktionen sekundenschnell vollzogen werden können, reagieren Aktionäre als Beobachter zweiter Ordnung auf den geringsten Wimpernschlag eines Unternehmens mit Verkauf oder Kauf. Einen gewachsenen Teil ihrer Transaktionen tätigen sie aufgrund der gesteigerten Volatilität der Börsenwerte als Beobachter dritter Ordnung. Sie beobachten die Börsenbewegungen für sich, nehmen schnell Gewinne mit, wenn nur geringe Kurssteigerungen zu verzeichnen sind und steigen wieder ein, sobald die Kurse gefallen sind (vgl. Baecker 1988, 1991).

Man kann sagen, dass unmittelbare Kreditgeber – zum Beispiel Banken, die an Unternehmen Kredite vergeben, in denen sie im Aufsichtsrat vertreten sind – selbst mit eigenen Augen die Geschäftstätigkeit des Unternehmens beobachten. Die Auswahl möglicher Investitionen ist sehr begrenzt. Deshalb investieren sie wohlüberlegt und langfristig. Sie stellen »geduldiges« Kapital zur Verfügung. Direktinvestoren dieser Art sind Beobachter erster Ordnung. Dagegen sind Aktionäre, die sich am mehr oder weniger verlässlichen Geschäftsbericht eines Unternehmens orientieren, schon Beobachter zweiter Ordnung. Ihnen stehen wesentlich mehr Optionen offen, sodass sie viel schneller als Beobachter erster Ordnung ihre Anlagen von einem Objekt zum anderen verlagern. Aktionäre, die auf Gewinnmitnahmen spekulieren, sind schon Beobachter dritter Ordnung. Sie beobachten nicht den Geschäftsbericht von Unternehmen, sondern den Kurswert der ausgegebenen Wertpapiere. Sie wechseln ihre Anlage noch schneller als die Beobachter zweiter Ordnung. Als Beobachter vierter Ordnung lassen sich Finanzakteure bezeichnen, die Leerverkäufe tätigen und auf fallende Kurse wetten.

Es ist anzunehmen, dass die Volatilität und Krisenanfälligkeit der Finanzmärkte zunimmt, je mehr sich die Tätigkeit der Finanzakteure von der Beobachtung erster zur Beobachtung vierter Ordnung verlagert. Befeuert wird diese gesteigerte Volatilität erstens durch die moderne Kommunikationstechnologie, die es erlaubt, mittels Mausklick Millionensummen von einer Anlage in eine andere zu transferieren. Zweitens trägt das wachsende Volumen von Finanzinformationen, ihre globale Verbreitung und ihre beschleunigte Abfolge dazu bei. Die stets geforderte Transparenz von Unternehmen, Geschäftsberichten, Finanz- und Wirtschaftslagen trägt mit Sicherheit gerade nicht zur Beruhigung des Geschehens bei. Vielmehr ist sie eine treibende Kraft der Beschleunigung von Finanztransaktionen und damit der Volatilität und Krisenanfälligkeit der Finanzmärkte. Drittens bedeutet die Verlagerung des Geschehens von Beobachtungen erster Ordnung zu Beobachtungen zweiter, dritter und vierter Ordnung, dass die Anzahl finanzrelevanter Informationen exorbitant wächst. Nahezu alles wird mit möglichem Anlegerverhalten in Verbindung gebracht und löst heftige Käufe bzw. Verkäufe und somit Kursausschläge aus, und das weltweit.

Ein so prekäres Gebilde kann neben heftigen Kursausschlägen, kleineren Crashs und Krisen auch leichter als ein System, das noch von Beobachtungen erster Ordnung beherrscht wird, in eine große Finanzkrise stürzen. Das ist im Oktober 2008 geschehen. Das Volumen der Immobilienkredite, ihre gebündelte und tranchierte Verbriefung und die globale Streuung der entsprechenden Derivate bestimmte die mögliche Zahl der in Mitleidenschaft gezogenen Anleger. Die Bindung an steigende Immobilienpreise hat die Vielzahl von Anlegern trotz aller Bündelung und Tranchierung in gleicher Weise von einem einzigen realen Wert abhängig gemacht, dessen Abwärtsbewegung eine umso größere Schockwelle ausgelöst hat. An dieser Stelle setzte dann aufgrund des großen Gewichts von Beobachtungen dritter und vierter Ordnung der panikartige Ausstieg aus Anlagen ein, sodass Banken in Liquiditätsprobleme gerieten, die ihrerseits spiralförmig weitere Liquidität entzogen. Infolgedessen konnte keine Bank mehr der anderen vertrauen. Die Beobachter dritter und vierter Ordnung haben daraufhin auf fallende Börsenkurse gesetzt und damit panikartige Verkäufe ausgelöst, was zu einem Kurssturz an allen Börsen der Welt führte. Das geschah nur gut sechs Jahre nachdem die Blase der New Economy geplatzt war und erhebliche Flurschäden hinterlassen hatte.

Beispielhaft ist die gesteigerte Volatilität und Krisenanfälligkeit der Finanzmärkte an den Indizes der Frankfurter und New Yorker Börse zu beobachten. Im Verlauf von Januar 1970 bis März 2009 sieht man beim Frankfurter DAX 30, wie ab 1985 sowohl die kurz- als auch die mittel- und langfristigen Schwankungen deutlich zugenommen haben, und zwar ab 1995 nochmals in kräftig erhöhtem Maße (Abb. 6.1). Dasselbe Bild zeichnet der Verlauf des New Yorker Dow Jones Indexes (Abb. 6.2).

Die Abkopplung der Finanzmärkte von der Realwirtschaft hat eine eigene Welt der Finanztransaktionen geschaffen, in der exorbitant hohe Einkünfte erzielt werden konnten, ohne dass erkennbar war, ob ihnen überhaupt eine realwirtschaftliche Wertschöpfung zugrunde lag. Es konnte nicht nur am Aufschwung der Realwirtschaft verdient werden, sondern auch an deren Abschwung. Hebeleffekte haben daraus ein hoch riskantes Spiel mit desaströsen realwirtschaftlichen Folgen gemacht.

Die dargestellte Steigerung der Volatilität und Krisenanfälligkeit der Finanzmärkte im Zuge ihrer Befreiung von den Restriktionen des Systems

Abb. 6.1: DAX 30, Januar 1970 – März 2009

Quelle bis 10.10.2007: Wirtschaftsuniversität Wien, Department für Statistik und Mathematik, Michael Hauser, Daten Finanzmärkte. http://statmath.wu-wien.ac.at/~hauser/LVs/DATEN/Finanzmaerkte/dax.txt.
Quelle ab 11.10.2007 bis 31.03.2009: Gruppe Deutsche Börse. http://deutsche-boerse.com/dbag/dispatch/de/isg/gdb_navigation/home?active=histdata&module=In_HistData&wp=DE0008469008&wplist=null&foldertype=_Index&wpbpl=ETR (01.04.2009)

von Bretton Woods findet eine Spiegelung im regionalen Rahmen der Europäischen Union auf dem Wege der Europäisierung der Finanzmärkte. Das zeigt sich auch im Wandel der deutschen Wertpapiermarktordnung durch die Herausbildung einer europäischen Ordnung.

Bis 1998 hat sich in Bezug auf die Integration eines europäischen Finanzmarktes, insbesondere auch eines Wertpapiermarktes wenig getan. Trotz Kooperationsbemühungen und ersten Richtlinien – die wenig bewirkt haben – ist die Finanzmarktregulierung eine Sache der Mitgliedstaaten geblieben. Das hat sich seit 1998 maßgeblich verändert. Eine kleine Gruppe von Mitarbeitern der Europäischen Kommission hat Vertreter führender europäischer Unternehmen zu einer Runde zusammengebracht, aus der das sogenannte Lamfalussy-Verfahren geboren wurde. Dieses Verfahren hat dem schwerfälligen Ko-Dezisionsprozess von Europäischem Rat und Europäischem Parlament allein die Setzung von Rahmenrichtlinien überlassen, während die Detailregelungen dem European Securities Committee (ESC) und dem Committee of European Securities Regulators (CESR) überantwortet wurde. Das hat einerseits den Prozess der Verabschiedung von Richtlinien und Verordnungen enorm beschleunigt. Andererseits hat sich daraus eine erhebliche Machtverlagerung von der na-

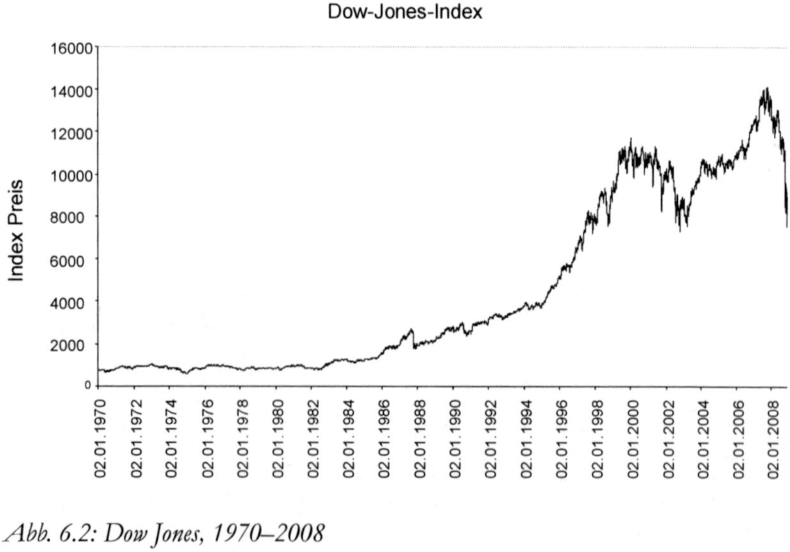

Abb. 6.2: Dow Jones, 1970–2008

Quelle Dow Jones: Dow Jones Indexes, Dow Jones Industrial Average, Index prise history (close, daily). http://www.djaverages.com/?view=industrial&page=reports& show=performance&symbol=DJI (30.03.2009)

tionalen auf die europäische Ebene und von dort hin zur Europäischen Kommission ergeben. Die europäischen Ausschüsse sind jetzt das Zentrum eines neuen europäischen Policy-Netzwerks, das die Wertpapiermarktregulierung beherrscht und die nationalen Policy-Netzwerke obsolet werden lässt. Dadurch haben sich Machtverschiebungen in der Akteurskonstellation zugunsten der Unternehmen und zuungunsten der Verbände ergeben. Das europäische Policy-Netzwerk wird von den folgenden Akteuren getragen: Direktorat der Europäischen Kommission, ESC, CESR, interinstitutionelle Gruppe zur Überwachung der Wertpapiermärkte, European Commissions Clearing and Settlement Advisory and Monitoring Expert Group (CESAME) und europäisch aktive Unternehmen und Verbände. Dieses noch sehr junge europäische Netzwerk hat indessen in der Kürze der Zeit noch kein kohärentes und die Mitgliedstaaten vollständig durchdringendes Regulierungsregime etablieren können; allerdings hat es den Druck auf die Konvergenz in einem einheitlichen Regime erheblich erhöht, so dass in der näheren Zukunft mit – gewiss pfadabhängigen – Anpassungsprozessen in allen Mitgliedstaaten zu rechnen ist.

Der zu beobachtende Strukturwandel findet auf drei interdependenten Ebenen statt, und zwar (1) auf der Ebene des semantischen Wandels der Rationalität konstruierenden Leitideen, (2) auf der institutionellen Ebene formeller rechtlicher Regulierung und informeller Konventionen und Absprachen, (3) auf der Ebene der Akteurskonstellation (Veränderung von Netzwerken und Machtpositionen der Akteure im Feld: Unternehmen, Verbände, institutionelle Investoren, Wirtschaftsprüfer, Ratingagenturen, Finanzaufsichtsbehörden). Dabei kann angenommen werden, dass diese drei Ebenen in einem Verhältnis der Homologie zueinander stehen. Bis zum Zeitpunkt 1998 war die Akteurskonstellation überwiegend durch national verdichtete organisationale Felder geprägt. In Deutschland bestimmten korporatistische *Loyalitätsbeziehungen* zwischen Börsen, Banken und Aufsichtsbehörden in einer föderalen Ordnung mit der Frankfurter Börse im Zentrum und nebeneinander mit je eigenem Aufgabenfeld existierenden regionalen Börsen das Netzwerk und die Machtverteilung im Feld. Dazu gehörte in Deutschland ein institutionelles Arrangement, das auf die *Selbstregulation* der Finanzmarktakteure in einem System der korporatistischen Strukturierung des gesamten Feldes der Finanzmärkte mit einem schon im Umfang der Transaktionen untergeordneten Wertpapiermarkt setzte. Die Leitideen dieses Arrangements von Finanzmarktakteuren und Institutionen waren *öffentliche Verantwortung*, *Vertrauen* und *Loyalität*. Sie legitimierten das

System der Selbstorganisation und der korporatistischen Verflechtung der Finanzmarktakteure mit den Unternehmen der Realwirtschaft und konstruierten diese Praxis als rational. Sie bildeten die Legitimationsbasis des korporatistischen Kapitalismus in Deutschland (vgl. allgemein zu dessen Wandel: Streeck 1999; Streeck und Höpner 2003; Windolf 2002, 2005). Es waren die Leitideen, die von den dominanten Akteuren im Feld (Banken, Finanzdienste, Börsenorganisationen und Finanzaufsichtsbehörden) getragen wurden. Beide zusammen bildeten die lange Zeit herrschende Diskursformation im Feld der Finanzwirtschaft.

Das transnationalisierte (europäisierte) organisationale Feld des Wertpapiermarktes zeichnet sich durch eine Tendenz zur erneuten Homologisierung der drei Ebenen der Akteurskonstellation, der institutionellen Regeln und der Leitideen aus. Das Akteursfeld ist nicht mehr durch korporatistische Loyalitätsbeziehungen geprägt, sondern durch den offenen *Kampf um Marktmacht*, die Aufkündigung alter Loyalitäten, das Eingehen neuer strategischer Allianzen sowie durch Fusionen und Übernahmen. Die potenten Akteure bewältigen so durch den Aufbau von Marktmacht die gewachsene Unsicherheit im Feld. Auf der Ebene der institutionellen Regulierung korrespondiert dieser Struktur der Akteurskonstellation die Ersetzung der Selbstregulation eines Herrenclubs korporativ verflochtener Akteure durch *regulierten Wettbewerb*. Die Marktregulierung obliegt einer unabhängigen und gegenüber dem alten System gestärkten Finanzaufsicht nach dem Modell der amerikanischen *Securities and Exchange Commission* (SEC) (vgl. allgemein Majone 1996). Auf der Ebene der Leitideen bekommen *Wettbewerb*, *Misstrauen* und *Transparenz* erheblichen Aufwind. Wettbewerb wird als universell einsetzbares Instrument der Leistungssteigerung, der Effizienz, der besseren und kostengünstigeren Erbringung von Dienstleistungen im Interesse der Kunden bzw. Klienten (hier: Anleger) geweiht. Misstrauen verdrängt Vertrauen als Leitprinzip rational kalkulierender Marktteilnehmer, weil für Vertrauen die Nähe der Akteure zueinander fehlt. An die Stelle von Loyalität als Leitlinie für vertragliche Beziehungen tritt deshalb Transparenz und die minutiöse Ausgestaltung vertraglicher Vereinbarungen, um sich gegen Übervorteilung zu schützen. Die neuen Leitideen konstruieren die Rationalität der neuen Regulierungen und Praktiken des Wertpapierhandels und lassen die alten Regulierungen und Praktiken als irrational erscheinen. Je mehr sich die neuen Strukturen und Leitideen herausbilden, umso mehr kann von einem Paradigmenwechsel der Wertpapiermarktordnung gesprochen werden (Abb. 6.3).

	Nationales Modell der Wertpapiermarktordnung in Deutschland	Transnationales Modell der Wertpapiermarktordnung
Leitideen	Öffentliche Verantwortung, Vertrauen, Loyalität	Wettbewerb, Misstrauen, Transparenz
Institutionelle Kontrolle	Selbstregulation	Regulierter Wettbewerb
Akteurskonstellation und Machtverteilung	Loyalitätsbeziehungen Differenzierung zwischen Insidern und Outsidern	Kampf um Marktmacht Differenzierung zwischen Gewinnern und Verlierern

Abb. 6.3: Leitideen, Institutionen und Akteurskonstellationen im organisationalen Feld der Wertpapiermarktordnung

Die Rationalitätskonstruktion des neuen transnationalisierten (europäisierten) Systems hat wie auch das alte System ihre Schattenseiten. Das ist die Verdrängung von Konkurrenten durch den Aufbau schwer umzustoßender Marktmacht, die Beeinflussung der Marktregulierung und ihres Vollzugs durch die Finanzaufsichtsbehörden durch die dominanten Akteure im Feld und die entsprechende Verletzung der Leitideen durch systematische, von der Finanzaufsicht nicht kontrollierte Wettbewerbsverzerrung. Wie man inzwischen weiß, ist eine weitere Schattenseite die hohe Krisenanfälligkeit des neuen transnationalisierten Systems der Finanzmärkte.

6.3 Systemisch bedingte Krisenanfälligkeit der Finanzmärkte

Was die Finanzmärkte endgültig in die schwerste Krise seit Oktober 1929 geführt hat, waren die Kreditversicherungen, mit denen sich die Banken gegen den Ausfall der zweitklassigen Immobilienkredite abgesichert haben. Für diesen Zweck wurden sogenannte *Credit Default Swaps* (CDS) eingesetzt. Es handelt sich dabei um eine jener Finanzinnovationen, die Finanzgeschäfte immer lukrativer und damit auch riskanter machten. Das Instrument der CDS wurde 1994 von einer jungen Mathematikerin, die gerade ihr Studium in Cambridge abgeschlossen hatte, bei JP Morgan Chase in New York erfunden. Bei einem CDS versichert sich eine Partei bei einer anderen Partei gegen das Ausfallrisiko bei der Vergabe eines Kredits an eine dritte Partei (Referenzeinheit). Im Falle der Insolvenz eines Kreditnehmers wird der versicherte Betrag zur Auszahlung fällig. Die Besonderheit des CDS-Marktes war, dass er nicht derselben Aufsicht wie andere Versicherungsgeschäfte unterlag. Deshalb konnten sich Versicherungsrisiken in zigfacher Milliardenhöhe aufbauen, ohne dass es dafür die sonst üblichen Einlagesicherungen gab. Das heißt, dass massenhaft Kredite versichert wurden, ohne dass genügend Einlagen für den Fall ihrer Fälligkeit im erforderlichen Umfang vorgehalten wurden, wie das in der amerikanischen Subprime-Krise eingetreten war. Im Juli 2007 schätzte Fitch-Ratings, dass 40 Prozent der Papiere nicht anlagewürdig seien, 2002 galt das nur für 8 Prozent. Die amerikanische Finanzaufsicht hielt bis zuletzt eine Regulierung dieses Marktes für überflüssig, weil sie mehr auf die privaten Risikoeinschätzungen der involvierten Marktteilnehmer als auf die Kontrolle durch eine Behörde setzte. Bis zur großen Krise erreichte dieser Markt ein Volumen von 62 Billionen US-Dollar. In der Krise wurde die größte amerikanische Versicherungsgesellschaft, die *American International Group* (AIG), zahlungsunfähig, da sie CDS im Umfang von 14 Mrd. US-Dollar nicht auszahlen konnte. Nur die Verstaatlichung hat den Ruin der Versicherungsgesellschaft verhindern können (Koch 2008).

Das Regime der Finanzmathematik

Die Erfindung der CDS bei JP Morgan wird inzwischen in ihrer zerstörerischen Wirkung mit dem Bau der Atombombe durch das Team von Robert Oppenheimer in den 1940er Jahren verglichen. Der durch Finanzgeschäfte reich gewordene amerikanische Milliardär Warren Buffet hat sie schon 2002 als »finanzielle Massenvernichtungswaffen« bezeichnet. Hinter dieser Entwicklung steckt als eine tiefere Ursache der Siegeszug der Finanzmathematiker bei Banken und Versicherungen (vgl. Zielcke 2008). Mit den Mitteln der Mathematik und der Hilfe des Computers war es möglich, immer komplexere Vorgänge zu simulieren und scheinbar sicher zu berechnen. Die Grundlagen dafür haben die drei für ihre wissenschaftliche Arbeit mit dem Nobelpreis gekrönten amerikanischen Ökonomen Fischer Black, Myron Scholes und Robert C. Merton gelegt. Mit ihren finanzmathematischen Modellen lassen sich Preise, Risiken und Chancen, Volatilität des Marktes und Kursverläufe treffsicher prognostizieren, allerdings immer unter Bedingungen, die sich in der Realität unvorhergesehen ändern können. Unter anderem wird eine Normalverteilung der Kursbewegung eines Wertpapiers um eine stete Linie vorausgesetzt. Schockartige Sprünge oder Abstürze in den Kursen sind nicht vorgesehen. Unter den artifiziellen Bedingungen der Mathematik lässt sich so eine scheinbar sichere Finanzwelt konstruieren, in der größte Renditen mit geringsten Risiken erzielt werden können.

Auf der Grundlage der Modelle von Black/Scholes (1973) und Merton (1973) haben Finanzmathematiker in immer kürzeren Abständen immer komplexere Finanzderivate entwickelt. Jedes eingegangene Risiko ließ sich scheinbar mit einem Optionsgeschäft absichern, sodass die Finanzmärkte zunehmend von einer Euphorie des risikolosen Wachstums beherrscht wurden. Allein zwischen 2002 und 2008 ist der Derivatenhandel um mehr als das Fünffache von 106 auf 531 Billionen US-Dollar gewachsen. Die Finanzmathematik hat eine scheinbar sichere Welt der Finanztransaktionen geschaffen, die von der globalen Finanzkrise zu einem bösen Erwachen gebracht wurde. Dass dies möglich war, hat etwas mit Machtverlagerungen im Finanzgeschäft zu tun. Dieses Geschäft war lange Zeit eine Sache von Finanzkaufleuten alter Schule, für die es immer die erste Pflicht war, für genügend Sicherheiten zu sorgen. Es gehörte zum Habitus des Finanzkaufmanns, kein Risiko ohne Absicherung einzugehen. Dabei galt immer der Grundsatz, dass höhere Risiken auch umfangreichere Maßnahmen der Absicherung verlangen. Und es gehört die Überzeugung dazu, dass hohe Renditen mit hohen Risiken behaftet sind und deshalb immer nur in geringem Umfang auf der Basis des breit angelegten sicheren Geschäftes eingegangen werden dürfen. Solidität und Bonität waren die ersten Prinzipien des klassischen Kreditgeschäftes als Kern der Finanzwirtschaft. Das Eingehen von Risiken war dagegen eine Sache einzelner Spekulanten. Die vermehrte Beschäftigung von Finanzmathematikern in der Finanzbranche hat dieses konservative Denken aus den Angeln gehoben und den Anstoß für einen Paradigmenwechsel gegeben.

Nach dem neuen Finanzparadigma war es möglich, mit Hilfe von mathematischen Modellen viel komplexere Zusammenhänge als zuvor zu erfassen und Risiken scheinbar beherrschbar zu machen. Was für den traditionellen Finanzkaufmann nicht in Frage kam, weil es zu riskant erschien, das konnte nun mit Hilfe neuer Finanzinstrumente abgesichert werden. Infolgedessen war das Eingehen größerer Risiken nicht mehr eine Sache einzelner Spekulanten, sondern eine Sache eines jeden gewöhnlichen Bankangestellten in der Beratung seiner Kunden. Das Spekulieren wurde zum

Massensport, weil es gar nicht mehr als Spekulieren eingeschätzt wurde. Dass die neuen Geschäfte, insbesondere der Derivatenhandel, den alten Finanzkaufleuten nicht ganz geheuer waren, kommt darin zum Ausdruck, dass zum Beispiel Rolf Breuer, ehemaliger Vorstandssprecher der Deutschen Bank, auf dem Höhepunkt der Finanzkrise öffentlich bekannte, er verstehe die von seiner Bank vertriebenen neuen Finanzprodukte nicht und kaufe sie deshalb auch selbst nicht. Wie die Finanzwelt binnen weniger Jahre einen kompletten Paradigmenwechsel vollzogen hat, machte der aktuelle Sprecher (2008) der Deutschen Bank, Josef Ackermann, deutlich, als er ein Renditeziel von 25 Prozent für sein Institut in der Öffentlichkeit verkündete. Nur wenige Jahre zuvor hätte man eine solche Zielsetzung noch als vollkommen unseriös gebrandmarkt. Die Erzielung hoher Renditen ist binnen kürzester Zeit zum verbindlichen Maßstab der Finanzwirtschaft geworden.

Man kann am Beispiel der Finanzbranche erkennen, wie die Machtverschiebung weg von einer in der Finanzpraxis verwurzelten Profession und hin zur Dominanz wissenschaftlich geschulter Finanzmathematiker ohne Verwurzelung in der Praxis alle im Habitus der Finanzkaufleute eingravierten Sicherheiten der traditionellen Praxis beseitigt und eine scheinbar mit wissenschaftlichem Wissen kontrollierbare Finanzwelt erzeugt hat, deren Sicherheit sich jedoch beim ersten wirklichen Härtetest als äußerst trügerisch erwies. Es handelt sich hier um ein Beispiel der Verdrängung lokaler, in der Praxis verwurzelter Autoritäten, durch eine globale Wissenselite, die mit einer ebenso global agierenden Managementelite ein Bündnis eingegangen ist. Die globale Managementelite unterscheidet sich von den traditionellen, in der lokalen Praxis verwurzelten Finanzkaufleuten durch ihre universitäre Ausbildung in der Finanzökonomie und ihre Orientierung an den neuen wissenschaftlichen Modellen sowie an den weltweit renditestärksten Finanzdienstleistern. Unter dem Regime des Denkens der Finanzmathematiker und der Renditeziele der global agierenden Manager sowie der davon mit beeinflussten Nachfrage gewöhnlicher Sparer nach höheren Renditen sahen sich auch die einfacheren Bankangestellten in eine Welt versetzt, in der hohe Renditen scheinbar mit geringen Risiken erzielt werden können. Auf diesem Wege ist es zur Normalität geworden, Finanztransaktionen zu tätigen, deren Risiken kontrollierbar schienen, aber tatsächlich doch außer Kontrolle gerieten. Am nicht erkannten Spekulationsgeschäft waren deshalb auch einfache Bankangestellte beteiligt, die von sich aus gar keine Spielernaturen sind.

Wo jedes Risiko mit einem Optionsgeschäft abgesichert werden konnte, glaubte man, im finanzwirtschaftlichen Paradies angekommen zu sein, in dem der Honig von den Bäumen fließt. Mit der globalen Verbreitung der neuen Finanzkultur erschienen alle Prinzipien der traditionellen Finanzwirtschaft nur noch alt und verstaubt. Anstelle des soliden Finanzkaufmanns ist der Habitus des Finanzbrokers, der mit dem Computer und mathematischen Modellen mit Leichtigkeit die Welt erobert, zum Leitbild der Finanzwirtschaft geworden. Die alte uniforme Welt der ehrbaren Finanzkaufleute ist von der differenzierten Welt von Brokern, Modellrechnern, Chartanalysten, Ratingspezialisten, Investoren, Investment-Bankern, Fonds-Managern und überforderten Kontrolleuren abgelöst worden. In dieser differenzierten Welt haben sich Spezialdiskurse verselbständigt, zwischen denen eine Verständigung immer schwieriger wurde. Die Manager haben sich auf die Risikoanalysen ihrer Mathematiker verlassen, die Mathematiker auf die Ratings der Ratingagenturen, die Ratingagenturen auf die Informationen der Immobilienbroker, die Investoren auf die Chartanalysten und die Kontrolleure der Aufsichtsräte und der Aufsichtsbehörden auf die Bilanzen und Berichte der Manager. So haben die Manager die Verantwortung für Finanzgeschäfte übernommen, die sie nicht vollkommen durchschauen konnten, und die Kontrolleure haben den Geschäften ihren Segen erteilt, ohne sie wirklich zu verstehen. In der alten Finanzwelt waren diese Spezialistenrollen noch in der einen Rolle des Finanzkaufmanns vereinigt oder zumindest von ihr noch in einer interdisziplinären Kompetenz miteinander verknüpft worden. In der neuen Finanzwelt kann diese Integrationsleistung nicht mehr in einer Rolle vereinigt werden. Für den Finanzkaufmann des alten Schlags gibt es in der neuen Finanzwelt keinen Platz mehr. Paul Windolf (2008) identifiziert eine neue Dienstklasse des Finanzmarkt-Kapitalismus, die in den vergangenen zwei Jahrzehnten massiv gewachsen ist, während der Produktionssektor einen beschleunigten Prozess der Schrumpfung durchlaufen hat. In Großbritannien hat das Personal in der Branche der Finanzdienstleister seit 1995 jährlich um 5 Prozent zugenommen (Windolf 2008: 529). Windolf spricht von Eigentümern ohne Risiko. Exemplarisch repräsentiert der Fonds-Manager den neuen Typus des Finanzdienstleisters. Dieser Typus unterscheidet sich vom klassischen Unternehmer dadurch, dass er nicht langfristige Erträge sucht und selbst die Verantwortung für die eingegangenen Risiken übernimmt, sondern auf kurzfristige Renditen zielt und die Risiken auf Dritte abwälzt, auf Anleger und Belegschaften (Windolf 2008: 531). Stefan Kühl (2005) hat für die

Fixierung auf kurzfristige Gewinne den Begriff des Exit-Kapitalismus geprägt, den er exemplarisch an risikokapitalfinanzierten Unternehmen demonstriert.

In der globalen Finanzwelt sind hohe Renditen zur Norm und deshalb für jeden zur Richtschnur des Handelns geworden, von den Vorstandsetagen bis hinunter zu den Anlageberatern im Geschäft mit ihren Kunden. Im organisationalen Feld der Finanzinstitute konnte nur derjenige einen anerkannten Status erreichen und erhalten, der dieser Norm entsprochen hat, und zwar unabhängig von den Bonuszahlungen, die an den jährlich erzielten Renditeerfolg gebunden wurden. Das weithin als eine entscheidende Ursache der Spekulationsblase identifizierte System hoher Bonuszahlungen für kurzfristig erreichte Renditeziele ist dementsprechend selbst eine Wirkung der verbindlichen Institutionalisierung einer Norm in der globalen Finanzwelt. Die globale Durchsetzung dieser Norm ist wesentlich der Entkopplung des Finanzsystems von der Realwirtschaft, dem globalisierten Benchmarking zwischen Finanzmarktinstituten, der auf Rendite schauenden Beobachtung durch Ratingagenturen und dem Vertrauen in den technischen Fortschritt der computerisierten Risikoanalyse mittels mathematischer Modelle zu verdanken. Die breitere, über den Finanzsektor hinausgehende Grundlage für die Durchsetzung hoher Renditen als verbindliche Norm für Finanzgeschäfte war die globale Verbreitung des Shareholder Value als Maßstab des erfolgreichen Managements von Unternehmen. Die Verbreitung dieses Maßstabs wurde wiederum von dem zunehmenden Vertrauen in Märkte und dem abnehmenden Vertrauen in Hierarchien als Mechanismen der Koordination von menschlichem Handeln, insbesondere als zuverlässige Informationsquelle für Problemlösungen befördert.

Die Bewertung des Aktienwerts von Unternehmen auf dem Markt beruht auf einer Vielzahl von Informationen und einer Vielzahl von Entscheidungen einer Vielzahl einzelner Marktteilnehmer. Sie kann Tag für Tag in Abhängigkeit von der Performanz des Unternehmens neu justiert werden. Dagegen ist die Kontrolle von Unternehmen durch kreditgebende Banken und Aufsichtsräte, in denen die Banken mitreden, viel schwerfälliger und robust gegenüber Fehlern, Misswirtschaft und Enttäuschungen. Unternehmensvorstände, die eine Übernahme fürchten müssen, wenn ihr Unternehmen aufgrund ihrer schlechten Performanz niedriger bewertet wird als es das Potenzial des Unternehmens auf dem Markt herzugeben scheint, sind dagegen unter einem viel größeren Druck, Quartal für Quartal die Gewinnziele zu verwirklichen. Nach der Theorie einer optimierten Unternehmenskontrolle (Corporate Governance) spricht deshalb viel für das Marktmodell und viel gegen das Hierarchiemodell. Die Verfechter des Hierarchiemodells hatten deshalb im globalisierten Diskurs über Corporate Governance schlechte Karten. Ihre Position erschien als eine interessierte Erhaltung der Misswirtschaft von Managern alten Schlags, die sich nicht dem offenen Wettbewerb stellen wollen, sondern mittels Unternehmens- und Bankverflechtungen im Rahmen der Deutschland AG einen Schutzschild gegen Konkurrenten auf Kosten des Verbrauchers aufgebaut haben.

Weil von einer Wettbewerbslösung grundsätzlich ein Fortschritt im Interesse der Endverbraucher erwartet wurde, und weil sich dieses Kriterium des Nutzens für den Endverbraucher als Maßstab durchgesetzt hat, konnte das Shareholder Value-Modell der Unternehmenskontrolle im diskursiven Kampf den Sieg davontragen. Dass der Endverbraucher zum Maßstab gemacht wurde, hat letztlich in der globalen Verbreitung des Modells der individualisierten Marktgesellschaft seine tiefere Ursache. Und diese Verbreitung ist wiederum von der Überlagerung der segmentären Differenzierung in nationale Kollektive durch die internationale Arbeitseilung und die funktionale Differenzierung der Weltgesellschaft unterstützt worden. In diesem Prozess haben kollektive Solidaritäten jeglicher Art (Nationen, Verbände, Kirchen) an Bindungskraft verloren. Stattdessen hat die Behauptung des einzelnen Individuums durch Bildung, Markterfolg und wechselnde Vernetzung in einer Pluralität freiwilliger und kurzfristiger Vereinigungen an Bedeutung gewonnen. Der Verbraucher als maßgeblicher Entscheider über Angebote auf offenen Märkten ist ein wesentlicher Bestandteil dieses fundamentalen Wandels der sozialen Integration in der Weltgesellschaft und der Inklusion des einzelnen Individuums in diese Gesellschaft.

Auch die globale Finanzkrise wird das Rad der Geschichte nicht zurückdrehen und die alte Welt der soliden Finanzgeschäfte wieder aufleben lassen. Daran wird auch der Appell an den alten Ehrenkodex des Finanzkaufmanns aus dem Munde des deutschen Bundespräsidenten nichts ändern (Einecke, Hesse und Hulverscheidt 2008). Ebenso wenig wird man erwarten können, dass die reumütige Einführung von Kursen in Unternehmensethik in die MBA-Ausbildung aus den MBA-Absolventen ehrbare Kaufleute des alten Schlags machen wird (Mühlauer 2008). Der weltweite Boom der Business Schools und ihre massenhafte Produktion von MBA-Absolventen im einjährigen Crashkurs hat ja maßgeblich zum Strukturwandel der Mentalität im Feld des Managements von Banken und Unternehmen beigetragen. Im MBA-Kurs wird Unternehmensethik zu einer verkaufsfördernden Etikette, aber kaum zu einem Habitus, der die Tugenden des alten Bankkaufmanns wieder aufleben lässt. In der globalen Finanzwelt fehlt dafür das traditionelle, lokal verwurzelte Milieu.

Verschärfte Kontrollen, mehr Transparenz und weiter gehende Sicherheitsauflagen für Kreditgeschäfte werden einen Rahmen abstecken, innerhalb dessen neue mathematische Modelle und neue Finanzinstrumente weiterhin auf hohe Renditen bei geringstmöglichen Risiken zielen. Das wird bis zur nächsten Krise auch funktionieren, aus der neue Kontrollen und neue Finanzinstrumente hervorgehen werden. Es ist wie bei den Dopingkontrollen im Sport. Die Kontrollen hinken den Innovationen immer hinterher. Auch die ausgeklügeltsten mathematischen Modelle werden Restrisiken nicht beseitigen können, die auch dann real eintreten können, wenn die Chancen 1:100 stehen. Die breite Streuung solcher Risiken bedeutet im Regelfall, dass sie nur wenige treffen und in der Regel keinen Flächenbrand verursachen. Wenn allerdings ein Markt, wie derjenige des CDS-Handels, ein Volumen von 62 Billionen US-Dollar erreicht und 40 Prozent hochriskante Papiere enthält, dann ist genau der Ausnahmefall gegeben, bei dem das finanzmathematisch Unwahrscheinliche für viele Marktteilnehmer gleichzeitig eintrifft, sodass panikartige Prozesse eine Liquiditätsklemme größten Ausmaßes erzeugen und jedes Vertrauen in die Finanzmärkte verloren geht. Diesen Ausnahmefall werden auch die neuen Kontrollen nicht verhindern können. Das Spiel wird weitergehen. Daran werden die Weltfinanzgipfel nichts ändern. Es ist der Preis, der für den Übergang von hierarchisch kontrollierten Unternehmen, relativ geschlossenen Märkten und Volkswirtschaften und segmentär differenzierten Nationalstaaten zu Märkten als universellen Koordinationsmechanismen, offenen und vernetzten Märkten und Volkswirtschaften in der Weltgesellschaft zu bezahlen ist.

Hilfreiche Finanzinstrumente und Regularien als Krisentreiber

An der Finanzkrise sind paradoxerweise eine Reihe von Finanzinstrumenten und Formen der Absicherung von Finanzgeschäften als Krisentreiber beteiligt. Daran ist zu erkennen, dass Risikobewältigung selbst neue Risiken erzeugen kann und keineswegs in eine risikolose Finanzwelt führt. Das zeigen aktuelle Analysen der Finanzkrise von Hellwig (2008) sowie Franke und Krahnen (2008), auf die ich mich im Folgenden stütze.

Die Verbriefung von Immobilienkrediten und der Weiterverkauf der forderungsbesicherten Wertpapiere ist eine Finanzinnovation, die der Lösung eines grundsätzlichen Problems der Immobilienfinanzierung dienen soll. Der langfristigen Zinsbindung eines Hypothekendarlehens steht eine kurzfristige Zinsbindung bei der Refinanzierung der Bank gegenüber. Beide können im Rahmen der langen, bis zu dreißig und vierzig Jahren reichenden Laufzeit eines Hypothekendarlehens zu Ungunsten der Bank auseinanderfallen. Die Bank muss dann höhere Zinsen für die Refinanzierung der gewährten Darlehen bezahlen. In den 1980er Jahren ist in den USA die Sparkassenbranche (savings and loans institutes) aufgrund dieses »Fristen-Mismatch« in die Krise geraten. Ursprünglich war deren Refinanzierung durch die Begrenzung von Zinsen auf Sparguthaben auf 3 bis 5 Prozent gesichert. Als die Nominalzinsen Ende der 1970er/Anfang der 1980er Jahre deutlich anstiegen, liefen die Sparer den Sparkassen davon, um ihr Geld in lukrativere Anlagen zu transferieren. Daraufhin wurde die Zinsbegrenzung auf Sparguthaben aufgehoben, um den Sparkassen die Möglichkeit der Refinanzierung zu erhalten. Die Folge davon war aber, dass sie technisch insolvent wurden. In der Folge wurden neue Hypothekendarlehen mit variabeln Zinsen vergeben, was wiederum das Ausfallrisiko auf der Seite der Schuldner erhöhte. Gleichzeitig mussten die Sparkassen Verluste beim Wiederverkauf der Immobilien von zahlungsunfähigen Schuldnern hinnehmen, da diese aufgrund der mit den gestiegenen Zinsen nachlassenden Nachfrage an Wert verloren hatten.

Forderungsbesicherte Wertpapiere waren eine willkommene Lösung dieses Mismatch-Problems zwischen langfristigen Hypothekendarlehen und kurzfristiger Refinanzierung. Die damit verbundenen Risiken wurden zunächst dadurch in kontrollierbaren Grenzen gehalten, dass sich dieses in den USA eingesetzte Finanzierungsinstrument in der Hand der beiden regierungsgestützten Finanzinstitute Fannie Mae (Federal National Mortgage Association) und Freddie Mac (Federal Home Loan Mortgage Corporation) befand. Diese beiden Institute emittierten nur erstklassige forderungsbesicherte Wertpapiere mit gut gesichertem Schuldendienst und gaben zudem eine Garantie darauf. Auch nach ihrer Privatisierung genossen beide Institute hohes Vertrauen, weil die Kunden nach wie vor von einer Auffanggarantie der Regierung ausgingen, was 2008 auf dem Höhepunkt der Finanzkrise durch die Verstaatlichung der Institute auch tatsächlich geschehen ist. Ab 2000 drängten jedoch Investmentbanken in dieses Geschäftsfeld hinein, sodass der Anteil von Fannie Mae und Freddie Mac bis 2006 von 76 auf 43 Prozent sank. Der Unterschied war allerdings, dass die neuen Wettbewerber keine Garantie auf Ausfälle des Schuldendienstes gaben. Die Kontrolle über diese Risiken wurde jetzt vollständig der intelligenten Zusammenstellung von Paketen und der Zuschneidung von Tranchen und deren breiter Streuung auf dem Markt überlassen. Bei den Tranchen wurde eine erste sichere Tranche (AAA), eine mittlere weniger sichere Tranche (B) und eine dritte unsichere Tranche (C) unterschieden. Bei einem Ausfall musste zuerst die erste, dann die zweite und zuletzt die dritte Tranche bedient werden. Nach der Risikokalkulation musste die dritte Tranche mit höchster Rendite für den Käufer verkauft werden. Die Risikostreuung sollte gemäß theoretischer Annahme so funktionieren, dass die sicheren Tranchen von marktfernen Anlegern (private Haushalte, Pensionsfonds) gekauft werden, mittlere Tranchen von kenntnisreichen Anlegern und dritte Tranchen zu einem erheblichen Teil von den emittierenden Instituten gehalten werden, die direkten Einblick in das zugrunde liegende Darlehensgeschäft haben. Diese Risikostreuung enthält indessen eine Reihe von Schwachstellen, die Anlass zu einem für Dritte schädlichen Verhalten geben. In diesem Fall begeht ein Akteur sogenannten *moral hazard* zum eigenen kurzsichtigen Vorteil, aber zu Lasten der Gesamtheit der Anleger. Martin Hellwig (2008) identifiziert eine Reihe von Schwachstellen des internationalen Finanzsystems, die sich in den folgenden zehn Punkten zusammenfassen lassen:

Eine erste Schwachstelle ergab sich daraus, dass die *Weitergabe des Ausfallrisikos* im Schuldendienst an Dritte zur Nachlässigkeit bei der Kreditvergabe verleitet. So konnten leichter Kredite an nicht zahlungsfähige Hauskäufer vergeben werden. Auch betrügerisches Verhalten wie Absprachen zwischen Hauskäufer und Hausverkäufer über überhöhte Preise waren eher möglich. Dementsprechend haben sich Betrugsfälle und vorzeitige Vertragsbeendigungen gehäuft. Leichfertigkeit beim Erwerb einer Immobilie wird nach amerikanischem Recht zusätzlich dadurch unterstützt, dass der Kreditnehmer im Falle der Zahlungsunfähigkeit gegenüber der kreditgebenden Bank nur in Höhe des Erlöses aus dem Hausverkauf zur Rückzahlung verpflichtet ist. Der Hausbesitzer muss quasi nur die Schlüssel bei der Bank abgeben und ist alle Sorgen los.

Eine zweite Schwachstelle bestand darin, dass ein erheblicher Teil der *dritten unsicheren Tranchen* nicht von den emittierenden Instituten gehalten wurde, sondern breit über den Markt verstreut wurden. Das bedeutete, dass die emittierenden Institute kein besonderes Interesse an der Absicherung gegen die eingegangenen Risiken durch Eigenkapital haben mussten. Sie konnten die Risiken auf einen Markt abwälzen, der geraume Zeit alles geschluckt hat, was angeboten wurde.

Die dritte Schwachstelle lag in der *Bewertung der Tranchen durch die Ratingagenturen*. Die Agenturen nahmen im August 2007 eine massive Abwertung von ursprünglich hoch, bis zu Triple A, eingeschätzten forderungsbesicherten Wertpapieren vor. Das deutet darauf hin, dass sie zuvor falsche Bewertungen vergeben hatten. Die Ratingagenturen haben möglicherweise deshalb versagt, weil sie in einen Interessenkonflikt verwickelt waren. Sie haben nämlich vielfach dieselben Pakete bewertet, die zuvor von ihrer Consultingabteilung geschnürt worden waren.

Das Problem der unzuverlässigen Bewertung der Wertpapiere wurde durch einen vierten Schwachpunkt potenziert, der darin bestand, dass über die forderungsbesicherten Wertpapiere (Mortgage Backed Securities, MBS) erster Ordnung noch weitere *Papiere zweiter Ordnung* gelagert wurden, sogenannte MBS CDOs (Collateraized Debt Obligations) (vgl. Franke und Krahnen 2006). Die Schweizer Bank UBS hat sich umfangreich in diesem Geschäft betätigt und in der Finanzkrise insgesamt 44,2 Milliarden US-Dollar verloren. Bei den MBS CDOs wurden mittlere Tranchen mit einer B-Bewertung nochmals in Tranchen aufgeteilt, bei denen die höchste wiederum ein AAA erhielt. Diese neu kreierten AAA-Tranchen konnten dann zum Beispiel an Versicherungen verkauft werden, die laut Gesetz nur in Papiere mit höchster Sicherheit investieren dürfen.

Als fünfte Schwachstelle lässt sich der *umfassende Einsatz der statistischen Risikoanalyse* mit Hilfe des Computers identifizieren, die eine Welt scheinbarer Sicherheiten erzeugt hat. In dieser artifiziellen Welt ist das Gespür für die eingegangenen Risiken verloren gegangen. Insbesondere hat sich der Glaube festgesetzt, dass die breite Diversifizierung der Risiken über viele Marktteilnehmer hinweg immer nur einzelne, gegebenenfalls durch Gewinne an anderer Stelle auszugleichende Schäden auftreten lässt, aber keinen Schaden für das gesamte Finanzsystem verursachen kann. Die systemischen Risiken wurden systematisch unterschätzt. Die Modelle gelten immer nur für den einzelnen Investor und lassen die Korrelation verschiedener Risiken unberücksichtigt, nehmen also das gesamt Finanzsystem nicht in den Blick. Eine solche Korrelation vieler einzelner Risiken hat aber in der Tat die Finanzkrise verursacht. In den Modellen wurden nicht zureichend die Dominoeffekte berücksichtigt, die sich ergeben, wenn die Zinsen steigen und die Immobilienpreise fallen, was 2006 tatsächlich eingetreten ist. Die dadurch ausgelösten Ausfälle im Schuldendienst haben einen Stein ins Rollen gebracht, der innerhalb nur weniger Monate das ganze globale Finanzsystem erfasst hat.

Beschleunigt wurde die Krise durch eine sechste Schwachstelle: das sogenannte *Fair Value Accounting*. Bei dieser Form der Rechnungslegung müssen Finanzinstitute ihre Finanztitel zu genau demjenigen Preis in ihre Bücher schreiben, den sie aktuell auf dem Markt erzielen würden. Fair Value Accounting wurde in den USA in Reaktion of die Krise der Savings and Loan Institute in den frühen 1980er Jahren eingeführt. Die Diskrepanz zwischen 6 Prozent eingenommenen Darlehenszinsen auf der Habenseite und 15 Prozent verausgabten Zinszahlungen zur Refinanzierung auf der Ausgabenseite war nicht in den Büchern erschienen. Infolgedessen akkumulierten sie Verluste, ohne rechtzeitig darauf zu reagieren, sodass am Ende staatliche Hilfe zu ihrer Rettung notwendig war. In normalen Zeiten sorgt Fair Value Accounting für eine stetige Korrektur von Fehlern. In der aktuellen Finanzmarktkrise hatte es jedoch einen beschleunigenden Effekt. Um Verluste auszugleichen, mussten die Finanzinstitute kurzfristig Finanztitel verkaufen, um sich mit neuer Liquidität zu versorgen, was zu einem Dominoeffekt führte und am Ende eine totale Liquiditätsklemme verursachte, aus der nur noch staatliche Garantien heraushelfen konnten.

An dieser Stelle haben die *Regularien des internationalen Bankenabkommens* nach Basel I bzw. Basel II als siebter Schwachpunkt an der Verschärfung der Kreditklemme mitgewirkt. Die Eigenkapitalvorschriften (8 Prozent nach Basel I bzw. variabel nach Risiko der vergebenen Kredite nach der Ergänzung zu Basel I von 1996 bzw. nach Basel II) zwingen die Banken vorzeitig zur Versorgung mit neuer Liquidität, um nicht unter die vereinbarte Eigenkapitallinie zu geraten. Um höhere Renditen erzielen zu können, nutzen die Banken jedoch exzessiv statistische Modelle der Risikoberechnung, sodass die durchschnittliche Eigenkapitalquote von etwa 10 Prozent Anfang der 1990er Jahre auf 2 bis 3 Prozent zum Zeitpunkt der Finanzkrise gefallen war. Die Institute hielten zudem keine stillen Reserven mehr, wie dies lange Zeit üblich war, und zwar einerseits, um alle verfügbaren Titel dem Eigenkapital zurechnen zu können, andererseits, um höhere Renditen zu erzielen. Es ist daran zu erkennen, wie an sich sinnvolle Regularien für normale Zeiten in Krisenzeiten krisenverstärkende Effekte haben können. Man kann daraus lernen, dass gute Regularien auch schlechte Seiten haben und deshalb eine Finanzwelt ohne Risiken nicht zu haben ist. Allerdings muss hier berücksichtigt werden, dass sich die amerikanischen Banken nicht an die Baseler Vereinbarungen gebunden haben. Im Jahre 2004 haben sie sogar bei der amerikanischen Finanzaufsicht die vollständige Befreiung von verbindlichen Eigenkapitalquoten erreicht. Basel I bzw. Basel II konnten offensichtlich nicht verhindern, dass das Fehlen von Eigenkapitalpolstern die amerikanischen wie auch die europäischen Banken in nicht mehr aus eigener Kraft zu bewältigende Liquiditätsprobleme gestürzt hat.

Potenziert wurden die Risiken durch eine achte Schwachstelle, die sogenannten *Hebeleffekte* (Leverage effects) in der Refinanzierung langfristiger Hypothekendarlehen durch die kurzfristige Refinanzierung über den Markt forderungsbesicherter Wertpapiere (vgl. Blum 2008). Während Hedgefonds einen Hebeleffekt von durchschnittlich 50 Prozent erreichen, haben es die forderungsbesicherten Wertpapiere der Banken auf annähernd 100 Prozent gebracht. Solange das Geschäft lief, konnten damit sehr hohe Renditen erzielt werden. In der Krise haben diese Hebeleffekte jedoch im Sturzflug Verluste verursacht, deren Abschreibung umso größeren Bedarf an neuer Liquidität erzeugt hat, was bei Geschäftspartnern Liquidität entzogen hat, worauf diese sich selbst mit neuer Liquidität versorgen mussten. Die Hebeleffekte haben so die Abwärtsspirale enorm beschleunigt.

Die Risiken, die in diesen Hebeleffekten stecken, wären ernster genommen worden, wenn nicht der *Druck auf die Erzielung hoher Renditen* als ein neunter entscheidender Schwachpunkt gewirkt hätte (vgl. Coles, Daniel und Naveen 2006). Dieser Druck resultierte aus dem globalen Siegeszug des Shareholder Value als Maßstab der Bewertung von Unternehmen. Auch dieser Maßstab hat eine positive und eine negative Seite. Auf der positiven Seite steht, dass die Orientierung des Managements von Unternehmen an dessen Bewertung auf dem Markt der Anleger rechtzeitig Fehler erkennen lässt. Auf der negativen Seite ist der erhöhte Druck zu verbuchen, Quartal für Quartal Gewinne nachweisen zu müssen. Das verleitet zu kurzfristigem Aktionismus auf Kosten langfristiger Planung zur Erzielung hoher Renditen auf Kosten reduzierter Sicherheit.

Die zehnte Schwachstelle des globalen Finanzsystems ist dessen *Fragmentierung in Spezialdiskurse* einzelner Expertengemeinschaften, in der ein funktionales Äquivalent zur integrierenden Rolle des Finanzkaufmanns traditioneller Art fehlt. Dadurch hat sich ein System entwickelt, in dem sich richtiges Verhalten nach den Regeln eines Teils als schädlich für das Ganze erweist. Die Fragmentierung der Finanzaufsicht in nationale Behörden und die nur teilweise ausgebildete internationale Koordination im Baseler Bankenausschuss, in der Europäischen Union oder im Internationalen Währungsfonds (IWF) hat mit der Integration des globalen Finanzsystems nicht Schritt gehalten. Dazu gehört auch die mangelnde Einbeziehung gewichtiger Schwellen- und Transformationsländer wie Brasilien, China, Indien und Russland in die internationale Koordination.

6.4 Reorganisation des Finanzsystems: Risikokontrolle als riskante Aufgabe

Die Beobachtung, dass die Staaten für die Bankeinlagen Garantien übernehmen, sollte im Oktober 2008 für eine Beruhigung auf den Finanzmärkten sorgen. Die Staaten sollten das verlorene Vertrauen zwischen den Banken und in die Banken wiederherstellen. Das hat in der Tat den totalen Zusammenbruch des internationalen Finanzsystems verhindern können, allerdings auf Kosten von unvorstellbaren Milliardensummen an Steuergeldern, mit denen die aufgetretenen Finanzlöcher gestopft werden mussten. Das schränkt den Handlungsspielraum der Regierungen massiv ein. Umso weniger können sie die Erwartungen der Wähler auf anderen Gebieten erfüllen. Damit wächst ihre eigene Krisenanfälligkeit. Ohnehin in der Wählergunst immer mehr von wirtschaftlichen Konjunkturen abhängig, stürzen sie von einer Krise in die nächste, kaum anders als die Finanzmärkte. Dementsprechend wächst der Druck, durch kurzfristiges Handeln Erfolge vorzuweisen, ohne dass deren Nachhaltigkeit garantiert ist. Auch für die Regierungen gilt, dass über sie weniger durch Beobachtungen erster Ordnung – Was ist der Fall? – als durch Beobachtungen zweiter Ordnung – Was wird gesagt? – geurteilt wird. Umso wichtiger ist ihre Selbstdarstellung in der medialen Kommunikation, die sich gegenüber dem realen Geschehen weitgehend verselbständigen kann (Münch 1991, 1995). Die Folge davon sind jede Menge unbeabsichtigter Folgen von Regierungshandeln, das auf kurzfristige Erfolgsmeldungen zielt. Die Entdeckung und Thematisierung dieser Folgen zwingt erneut zu kurzfristigen Erfolgsmeldungen, die ihrerseits unbeabsichtigte negative Folgen zeitigen. So wird die kurzsichtige Beseitigung unbeabsichtigter Folgen zur Dauerbeschäftigung von Regierungen. Das Ergebnis ist die abnehmende Stabilität der Regierungen, häufigerer Wechsel von Regierungen und Regierungskoalitionen, Destabilisierung des Parteiensystems, Auslieferung der Politik an Stimmungen, Lobbyismus und Populismus sowie politische Entfremdung und verbreitetes Misstrauen

Den volatilen und krisenanfälligen globalen Finanzmärkten entsprechen volatile und krisenanfällige politische Märkte. Beide bedingen sich gegenseitig und bilden eine unauflösliche Schicksalsgemeinschaft. Daran werden die angestrebten Reparaturen am globalen Finanzsystem nichts Grundsätzliches ändern. Die Rettungspakete der Regierungen für die Banken tragen sogar den Keim der nächsten Krise in sich, weil sie dazu beitragen, dass fragwürdige Geschäftsmodelle und -praktiken überleben können, und weil sie ein teuer zu bezahlendes Sicherheitsversprechen geben, das ihre Handlungsfähigkeit empfindlich einschränkt.

Die jetzt geforderte Einrichtung von Zulassungsbehörden bzw. -agenturen für Finanzprodukte wie bei Arzneimitteln, ist nur bedingt realisierbar. Im Unterschied zu Arzneimitteln lassen sich nicht experimentell und auch nicht an nichtmenschlichen Lebewesen testen. Sie können nur in der Praxis ihr wahres Gesicht zeigen, und das auch nur in Extremsituationen, oft erst dann, wenn es zu spät ist. Im Übrigen sind diese Produkte ja von Ratingagenturen bewertet worden. Es ist unwahrscheinlich, dass eine eigene Zulassungsagentur zu völlig anderen Einschätzungen gelangt. Sehr wahrscheinlich würde eine solche Agentur die Kritik auf sich ziehen, eine Bremse für das Wirtschaftswachstum zu sein. Erst recht wird es schwierig sein, auf der erforderlichen globalen Ebene zu gemeinsamen Einschätzungen zu gelangen. Umso unwahrscheinlicher stellt sich diese Innovation in der Finanzmarktkontrolle dar. Der Vorschlag läuft Gefahr, kurzfristig in der politischen Krisenrhetorik zu verpuffen und von der Dominanz des Populismus in der politischen Kommunikation verdrängt zu werden.

In der politischen Kommunikation sind mit dem Verweis auf abstrakte Systemkrisen keine Punkte zu machen. Es müssen Schuldige identifiziert werden, die man persönlich haftbar machen kann. So ist den Bankern und Managern die Rolle der Schurken zugefallen, während sich die Politiker in diesem Spiel als die rettenden Engel darstellen können, bis sie im nächsten medial inszenierten Skandalspiel wieder selbst die Rolle der Schurken übernehmen müssen. Die Aufmerksamkeitsökonomie (Franck 1998) der Mediengesellschaft trägt ihrerseits zur Beschleunigung der Spiel- und Szenenfolge und damit zur Volatilität des politischen Marktes bei. In der medialen Darstellung wird aus den Systemprozessen ein großes Spektakel, an dem Spieler mit realen Gesichtern und fassbaren Trieben beteiligt sind.

Auf den Finanzmärkten sind es die »großen« Spekulanten, die Börsenhändler und Bankmanager in ihrer »Gier« nach Rendite.

Wenn Regierungen und Notenbanken auf die Finanzkrise mit Maßnahmen zur Liquiditätssicherung reagieren, die Regierungen dabei einen Fonds bereitstellen, aus dem sich Banken zur Überbrückung von Finanzlücken bedienen können, und die Notenbanken mit Zinssenkungen die Aufnahme von Krediten erleichtern, dann agieren sie als Beobachter fünfter Ordnung. Die Regierungen haben dabei die Wählerstimmen im Auge, die Notenbanken die Geldwertstabilität und die Wirtschaftskonjunktur. Beide sehen sich in ihrem Handeln von den Protagonisten der medialen Kommunikation beobachtet, die sich als Beobachter sechster Ordnung begreifen lassen. Weil die politische Kommunikation in der Mediengesellschaft mit ihren eigenen Gesetzmäßigkeiten die Behandlung der Sachfragen zunehmend überlagert hat, werden die Entscheidungen von Regierungen und Notenbanken maßgeblich von den erwarteten und tatsächlichen Reaktionen in der politischen Kommunikation diktiert. Beide können sich keinen Imageschaden durch ein Handeln leisten, das auf nachhaltige öffentliche Kritik stößt.

Die öffentliche Kommunikation ist indessen in Krisenzeiten von Überreaktionen geprägt. Die Krisenstimmung bevorzugt Untergangsszenarien, insbesondere in den Feuilletons der Tages- und Wochenpresse. Die Finanzkrise gibt Anlass, um gleich den Kapitalismus und das Setzen auf Märkte statt auf Hierarchien, Regierungen und Bürokratien sowie überhaupt die Kultur der fortwährenden Innovation und des wirtschaftlichen Wachstums zu verabschieden und die Umkehr zu einem bescheideneren Gesellschaftsmodell mit geringeren Risiken und Flurschäden zu predigen. Wie bei den Propheten des alten Testaments dient das Weltuntergangsszenario als Schreckgespenst, mit dem die Menschen zur Demut und auf den rechten Weg zu Gott oder zur »Vernunft« gebracht werden sollen (Beck 2008; Koschorke 2008). Korrespondierend dazu präsentieren sich die Banker in den Talkshows im Büßergewand.

Für das Handeln von Regierungen und Notenbanken bedeutet die Hochkonjunktur von Weltuntergangsszenarien, dass sie zu Schnellschüssen in Gestalt von Rettungsfonds, Maßnahmenkatalogen und Zinssenkungen verleitet werden, die nicht ausreichend auf ihre Folgen und Nebenfolgen geprüft werden können, zumal man zu wenig darüber weiß. Zu viel staatliche Hilfe macht es den Banken zu leicht, sich aus der Kreditklemme zu befreien. Sie lernen zu wenig aus der Krise. Zu weitgehende Regulierungen ersticken die wirtschaftliche Innovationskraft. Zu billiges Geld heizt die Inflation an und fördert ein Leben auf Pump, das in die nächste Überschuldungskrise führt. In der Krise findet niemand das richtige Maß. Die Strategien zur Krisenbewältigung sind deshalb mitschuldig an der nächsten Krise. Es ergibt sich ein Krisenzyklus, der wegen der unbeabsichtigten negativen Folgen der Krisenbewältigung zur Verkürzung der Zeitabstände zwischen den Krisen tendiert. Das gilt umso mehr, je weniger Augenmaß in der Krisenbewältigung behalten wird. Die Kolonisierung der sachlichen Krisenbewältigung durch die Gesetzmäßigkeiten der Aufmerksamkeitsökonomie in der Mediengesellschaft fördert unbedachte Schnellschüsse oder auch nur symbolische Politik, ohne dass die dadurch ausgelösten Effekte zureichend erkannt werden. Das beschleunigt den Krisenmechanismus und somit die Abfolge der Krisen aufeinander.

Fasst man die Ergebnisse der Krisenanalyse in den wesentlichen Punkten zusammen, dann ist von den realisierten und vorgeschlagenen Maßnahmen Folgendes zu erwarten:

Die *staatlichen Rettungsfonds* für die krisengeschüttelten Banken helfen kurzfristig, Finanzlücken zu überbrücken und Vertrauen wieder herzustellen. Langfristig erschweren sie finanzwirtschaftliches Lernen, weil Fehler nicht bestraft werden. Außerdem zwingen sie die Regierungen tendenziell zur Überschuldung und schränken dadurch deren Handlungsfähigkeit ein.

Noch strengere Vorschriften zur Herstellung von *Transparenz* in Gestalt von Informationen über Geschäftsentwicklung und Finanzprodukte beschleunigen den Wechsel von Anlagen und erhöhen damit die Volatilität und Krisenanfälligkeit der Finanzmärkte. Das Kapital wird noch ungeduldiger als zuvor.

Die Einrichtung eines *Genehmigungsverfahrens für neue Finanzprodukte* kann helfen, größere Risiken schneller zu erkennen, würde aber bei extensiver Anwendung auch wirtschaftliche Innovationen behindern, weil weniger Risikokapital zur Verfügung stünde. Die relativ große Diskrepanz zwischen dem angelsächsischen und dem kontinentaleuropäischen Risikobewusstsein würde auf absehbare Zeit einen Konsens über die Einschätzung der Risiken neuer Finanzprodukte kaum möglich machen. Ein Lehrbeispiel dafür ist der Streit zwischen der EU und den USA über hormonbehandeltes Rindfleisch vor der WTO. Die Expertenurteile dürften bei Finanzprodukten noch weiter auseinandergehen. Da es dazu gar kein experimentell abgesichertes Wissen gibt, ist es überhaupt fraglich, ob sich die Folgen von neuen Finanzprodukten ab ovo abschätzen lassen.

Hätte es für die verbrieften Kredite auf dem amerikanischen Immobilienmarkt ein Genehmigungsverfahren bei einer Zulassungsbehörde gegeben, dann hätten in diesem Zulassungsverfahren genau dieselben Experten über die Zulassung der forderungsbesicherten Wertpapiere entschieden, die dieses Finanzinstrument ausgedacht, juristisch handhabbar gemacht, in Ratingagenturen bewertet und als Treuhänder verwaltet haben. Das Ergebnis wäre *vor* der Subprime-Krise mit größter Wahrscheinlichkeit die Zulassung gewesen. Wer vom Rathaus kommt, ist immer klüger als zuvor, also gibt es *nach* dieser Krise mehr Experten als vorher, die bei der Frage der Zulassung der Kreditverbriefung Zweifel anmelden. Die Einrichtung einer solchen Behörde würde allerdings den Skeptikern eine bessere Plattform bieten und damit mehr Einfluss gewähren, sodass mit einer Verlangsamung von Finanzinnovationen zu rechnen wäre, bis es den Protagonisten einer erleichterten Zulassung gelänge, Wachstumsschwächen der Wirtschaft so plausibel auf lahmende Finanzmärkte zurückzuführen, dass daran auch tatsächlich geglaubt wird.

Den *Ratingagenturen* wird vorgeworfen, dass sie sich bei ihren Bewertungen von Banken und Finanzprodukten kräftig verschätzt haben. Also fordert man auch von ihnen mehr *Transparenz* ein. So soll eine Kontrolle der Kontrolleure ermöglicht werden. Wie Ratingagenturen zu ihren Bewertungen gelangen, ist für die Nutzer kaum nachvollziehbar. Man kann sich leicht vorstellen, dass dabei in hohem Maße Bewertungen konstruiert werden, deren Ergebnis immer auch anders ausfallen könnte, wenn weitere Informationen hinzukämen oder die vorhandenen Informationen anders interpretiert würden. Die Kunstprodukte von Triple-, Double-, Single-A-, B- oder C-Ratings täuschen eine Objektivität vor, die bei einer genaueren Prüfung schwer ins Wanken geriete. Entscheidungen nach Rating werden deshalb auf scheinbar sicherem Boden getroffen. Mehr Transparenz verlagert diese Unsicherheit lediglich auf eine höhere Ebene, beseitigt sie aber nicht grundsätzlich. Weiterhin wird in der Bezahlung der Ratingagenturen durch die bewerteten Unternehmen, Banken oder Fonds ein Interessenkonflikt gesehen. Das Interesse der Agenturen an Bewertungsaufträgen verleitet sie generell zu Überbewertungen, um dadurch Kunden zu gewinnen, die mit einem hohen Rating bessere Chancen im Wettbewerb um Kunden haben. Eine Möglichkeit wäre, das Rating verpflichtend zu machen und dafür für alle gleiche Gebühren zu verlangen. Oder das Rating wird vom Nutzer bezahlt, wobei allerdings wie bei den Internetmusikbörsen kaum Trittbrettfahrer von der Nutzung ferngehalten werden können.

Daran dürfte die Umstellung auf die Nutzerfinanzierung aller Wahrscheinlichkeit nach scheitern.

Ein weiteres Problem ist die Beherrschung des globalen Ratingmarktes durch ein Oligopol von drei Agenturen (Standard & Poor's, Moody's und Fitch Ratings). Sie vereinigen 93 Prozent des Marktes auf sich. Neben ihnen existieren nur noch kleinere, zum Beispiel: auf das Rating von Investmentfonds spezialisierte Agenturen (Morningstar, Lipper, Feri). Die Verlässlichkeit der Bewertungen der Agenturen wird inzwischen stark bezweifelt. Seit der *Enron*-Insolvenz von 2001 und der *Subprime-Krise* (der amerikanischen Immobilienkredite) von 2007/2008 hat die Glaubwürdigkeit der Ratingagenturen stark gelitten. Noch fünf Tage vor dem Zusammenbruch wurde Enron von Standard & Poor's beste Bonität bescheinigt (vgl. Windolf 2003). Auch die verbrieften Wertpapiere, die 2007/2008 die Subprime-Krise ausgelöst haben, wurden mit relativ hohen Bewertungen bis hin zur Bestnote AAA offensichtlich völlig falsch eingeschätzt. Die Agenturen können leicht ihre Bewertungen gegenseitig beobachten und aneinander angleichen, sodass sich eine herrschende Meinung herausbildet, gegen die schwer anzukommen ist. Schwachstellen werden deshalb nicht frühzeitig genug erkannt und publik gemacht. Umso größer ist der Schrecken und die Tendenz zur Panik bei Krisenerscheinungen. Eine größere Zahl von Ratingagenturen würde die Chancen auf die Entdeckung von Schwachstellen erhöhen, allerdings auch für mehr Verwirrung und Unsicherheit sorgen. Der intensivierte Wettbewerb würde noch mehr zu Gefälligkeitsurteilen über die Auftraggeber verleiten, wenn diese ihr Rating wie bisher zu bezahlen hätten. Eine staatliche oder zwischenstaatliche Ratingagentur würde Interessenkonflikte vermeiden. Es würden sich aber mangels Konkurrenz viel leichter einseitige Maßstäbe durchsetzen, die sich mit der Zeit überleben. Fehlende Alternativen erschweren den Lernprozess. Das ist sowohl am IWF wie auch an der Weltbank zu beobachten. Deren Monopolstellung hat dazu geführt, dass sie zuerst lange Zeit einseitig vom Paradigma des Entwicklungsstaates beherrscht wurden, und als dieses in den 1980er Jahren aufgegeben wurde, wiederum lange Zeit vom »Washington-Konsensus« des neoliberalen, allein auf die Marktkräfte setzenden Paradigmas (Dezalay und Garth 1998; Fourcade 2006). In beiden Epochen wurde lange Zeit nicht dazugelernt, sodass die Abkehr vom Paradigma des Entwicklungsstaates umso radikaler vonstatten ging. Ob die Finanzkrise vom Oktober 2008 zu einer ähnlich radikalen Abkehr vom Paradigma des Neoliberalismus führt, ist noch nicht entschieden. Es gibt aber Zeichen, dass die unangefochtene Hegemonie dieses Paradigmas frühzeitiges Lernen verhindert hat.

Es spricht vieles dafür, dass das einseitige Setzen auf Märkte und zu geringe Aufmerksamkeit für Marktversagen die Krisenanfälligkeit nicht nur der Finanzmärkte erhöht hat, sondern auch der Realwirtschaft wie auch aller Funktionsbereiche nicht direkt wirtschaftlicher Art, die der Vermarktlichung unterzogen wurden (vgl. Lütz 2002). Die folgenden Probleme der Finanzmärkte lassen sich identifizieren:

Die zunehmende *Entkopplung der Finanzmärkte von der Realwirtschaft* hat einerseits die Innovationschancen erhöht, mehr Risikokapital verfügbar gemacht, weltweit das Wirtschaftswachstum gefördert, die nachholende Entwicklung der Schwellenländer unterstützt und somit weltweit zur Verringerung der Armut beigetragen. Andererseits hat sich die Beobachtung des Finanzgeschehens von der Beobachtung erster Ordnung zur Beobachtung zweiter, dritter und vierter Ordnung verschoben. Das hat die Finanzströme explodieren lassen, enorm beschleunigt und immer weniger berechenbar gemacht. Die Folge war die zunehmende Krisenanfälligkeit der Finanzmärkte (vgl. Deutschmann 2005).

Das *Setzen auf Transparenz* hat das Finanzgeschehen besser beobachtbar gemacht, zugleich aber die Finanztransaktionen aufgrund neuer Informationen erheblich beschleunigt, weniger auf die Realwirtschaft und mehr auf die Kommunikation von Beobachtungen zweiter, dritter und vierter Ordnung gestützt. Mehr Transparenz hat deshalb die Finanzwelt paradoxerweise nicht berechenbarer, sondern unberechenbarer gemacht.

In einer von Beobachtungen zweiter, dritter und vierter Ordnung beherrschten Finanzwelt sollten *Ratingagenturen* mit Hilfe ihrer Bewertungen dafür sorgen, dass das Finanzgeschehen Bodenhaftung in der Realwirtschaft, in realen Werten und in »objektiven« Daten behält. Die Ratingagenturen sind jedoch mit dieser Aufgabe überfordert (vgl. Strulik 2000a). Was sie leisten, ist selbst schon eine Beobachtung zweiter Ordnung aufgrund der ihnen zugänglich gemachten Daten, deren Selektion, Interpretation und vergleichende Bewertung eine hochgradige Konstruktion darstellt, ein Kunstprodukt der »Objektivität«, das bei den geringsten Verschiebungen anders ausfallen würde. Außerdem gelingt es nicht, aus Daten der Vergangenheit und Extrapolationen eine wirklich verlässliche Aussage über die Performanz eines Unternehmens, einer Bank, eines Fonds oder eines bestimmten Finanzproduktes in einer Zukunft zu machen, die man nicht kennt. Die Bewertungen der Ratingagenturen sind deshalb selbst hoch spekulativ in einer von Spekulation geprägten Umwelt. Sie erzeugen eine trügerische Sicherheit, die bei den geringsten Erschütterungen in totale Unsicherheit umschlagen kann. Das Vertrauen in die Bewertungen von Ratingagenturen beruht deshalb auf einer Fiktion, die bei den geringsten Enttäuschungen in sich zusammenbrechen kann und von grundsätzlichem Misstrauen mit panikartigen Angstverkäufen abgelöst wird.

Der *freie Kapitalverkehr* hat die Möglichkeit geschaffen, dass Kapital leichter dorthin fließen kann, wo mit seiner Hilfe mehr Werte geschaffen werden, größere Wachstumsraten und damit auch Renditen erzielt werden. Das hat den Schwellenländern einen noch in den 1970er Jahren nicht vorstellbaren Aufschwung gebracht und dazu beigetragen, die Ungleichheit zwischen den Regionen der Welt zu verringern, allerdings auf Kosten von zunehmender Ungleichheit innerhalb der Regionen und einzelnen Länder, dies jedoch in geringerem Umfang als die Ungleichheit zwischen den Regionen und Nationen abgenommen hat (World Bank 2002; Firebaugh 2003; Firebaugh und Goesling 2004). Die andere Seite dieser Medaille sind die gewachsenen Interdependenzen, wodurch Krisenerscheinungen von einer Region der Welt immer schneller und durchschlagender auf andere Regionen überspringen. Außerdem hat der freie Kapitalverkehr die Entkopplung der Finanzmärkte von der Realwirtschaft befördert und damit die Krisenanfälligkeit der Finanz- und der Realwirtschaft erhöht.

In Deutschland haben sich die *Großbanken* zunehmend als »global player« definiert, die sich im internationalen Wettbewerb durch höhere Renditen zu behaupten haben. Das bedeutete einen wachsenden Anteil des *Investmentgeschäftes* und des damit verbundenen, auf kurzfristige Rendite zielenden ungeduldigen Kapitals zu Ungunsten des geduldigen Kapitals langfristiger Kredite an Unternehmen, in deren Aufsichtsrat man zwecks Kontrolle vertreten war. Dementsprechend wurde die Intensität der Verflechtung durch Aufsichtsratsmandate im Rahmen der sogenannten Deutschland AG sichtbar reduziert (Höpner 2003; Windolf 2005). Für die Unternehmen führte mehr als zuvor der Weg zur Finanzierung von Investitionen nicht zu den Banken, sondern zur Börse. Es entstand ein Boom von Börsengängen, bei dem viele Wertpapiere über ihrem eigentlichen Wert verkauft wurden. Ein Lehrstück bot die T-Aktie der Telekom. Die Börse schien ein leichter Weg zu sein, an das Kapital von Anlegern zu gelangen, ohne dabei wie bei Krediten irgendwelche Zins- und Rückzahlungsverpflichtungen eingehen zu müssen. Zurück geblieben sind viele enttäuschte Anleger.

Mit dem wachsenden Anteil der Börsenkapitalisierung von Unternehmen ging die Orientierung des Managements am sogenannten Shareholder Value – dem Börsenwert der Aktien – eines Unternehmens Hand in Hand, zumal sich auf diesem Wege das angelsächsische Modell der Unternehmenskontrolle durch einen Markt der Unternehmensübernahme durch Investoren auch in Deutschland ausgebreitet hat. Das Management der Unternehmen musste zunehmend durch positive Nachrichten den Börsenwert hochhalten, um nicht die Gefahr einer feindlichen Übernahme zu laufen. Umso mehr und immer schneller musste man sich durch Personalabbau verschlanken, um Kosteneinsparungen zu demonstrieren, schlecht laufende Geschäftsteile verkaufen, um nicht in den Ruch der Quersubventionierung zu geraten. Die Folge dieser Entwicklung war die Abkehr von der alten Politik des geduldigen Kapitals und die Hinwendung zur neuen Politik des ungeduldigen Kapitals. Dabei wurden Unternehmen des produzierenden Gewerbes mit mehr oder weniger Erfolg selbst zu Finanzkapitalisten, die einen zunehmenden Teil ihrer Gewinne nicht in die Produktion, sondern in Finanzgeschäfte investierten. Selbst Kirchen und Klöster haben sich dieser neuen Methode der Kapitalanhäufung durch Finanzgeschäfte zugewandt und sich vorübergehend als Pioniere der finanzkapitalistisch expandierenden Religion feiern lassen. Von der Finanzkrise getroffen, wird ihnen jetzt mit aller Häme entgegengehalten: »Schuster bleib bei deinen Leisten«. Nur im Rahmen dieser Überwucherung des industriellen Kapitalismus durch den Finanzkapitalismus konnte es möglich werden, dass ein Zwerg des Automobilbaus wie der Sportwagenhersteller Porsche im Zuge von Optionsgeschäften 75 Prozent des Automobilriesen Volkswagen erwerben und sich damit zum Herrn dieses Konzerns machen konnte.

Das *Wettbewerbsrecht der EU* hat einen weiteren Beitrag zur Ausbreitung des Finanzkapitalismus in Deutschland geleistet (Lütz 2005). Nach diesem Recht verzerren die *Landesbanken* den Wettbewerb im Kreditgewerbe, weil sie sich als öffentlich-rechtliche Institute auf die Anstaltslast und die Gewährträgerhaftung ihres Eigentümers – des jeweiligen Bundeslandes – stützen können. Diese Unterstützung durch das Bundesland kann als unzulässige Beihilfe im Sinne von Artikel 87 des EG-Vertrages interpretiert werden. Die deutschen Privatbanken haben deshalb auf die Abschaffung dieser Wettbewerbsverzerrung gedrängt. In der Brüsseler Konkordanz von 2002 sind die Europäische Kommission und die deutsche Bundesregierung darin übereingekommen, diese öffentliche Absicherung der Landesbanken bis 2005 abzuschaffen und für die nach dem 18. Juli 2001 begründeten

Verbindlichkeiten längstens bis 2015 gelten zu lassen. Das bedeutete, dass sich die Landesbanken im Wettbewerb mit den Privatbanken ohne staatliche Hilfestellung behaupten und deren inzwischen selbst mehr auf Rendite zielendes, riskanteres Geschäftsmodell übernehmen mussten. Damit war ein weiterer Ruhepol des deutschen Finanzmarktes beseitigt. In der Folge wurden mehrere Landesbanken von den geplatzten Immobilienkrediten in den USA getroffen, besonders hart die Landesbanken in Bayern und Sachsen. Da sie noch wenig in den Markt der Privatbanken eindringen konnten, waren die amerikanischen kreditbasierten Wertpapiere mit ihren hohen Renditen ein lukratives Geschäft, das der Refinanzierung der Kredite an die Sparkassen dienen sollte. Über die Landesbanken hinaus, sind auch einige Sparkassen in den Finanzstrudel geraten (Dohmen, Fromm und Thiede 2008).

Die Reorganisation des globalen Finanzsystems wird an den identifizierten Schwachstellen ansetzen. Man wird versuchen, die positiven Seiten der Instrumente, Regularien und Maßstäbe zu erhalten und gleichzeitig die negativen Seiten besser unter Kontrolle zu bringen. Folgt man der Analyse von Martin Hellwig (2008), dann könnten die folgenden Maßnahmen ergriffen werden:

1) Die Haftung der Banken für Ausfälle im Schuldendienst von forderungsbesicherten Wertpapieren würde deren Sorgfalt bei der Bonitätsprüfung von Schuldnern erhöhen, allerdings aber auch mehr Familien vom Erwerb von Wohneigentum ausschließen.
2) Die Offenlegung, wie viele der dritten, riskanten Tranchen von forderungsbesicherten Wertpapieren von den emittierenden Instituten gehalten werden, würde Anleger vorsichtiger agieren lassen.
3) Der Interessenkonflikt der Ratingagenturen zwischen dem Schnüren und Bewerten von Wertpapierpaketen würde beseitigt werden, wenn beides nicht gleichzeitig getan werden kann. Die Einführung von forderungsbesicherten Wertpapieren zweiter Ordnung könnte strenger auf ihre Notwendigkeit geprüft werden.
4) Die computergestützten statistischen Analyen zur Risikokalkulation individueller Investoren könnten durch Modelle ergänzt werden, die systemische Risiken in den Blick nehmen.
5) Der krisenbeschleunigende Effekt von Fair Value Accounting könnte verstärkt in die Risikokalkulation eingehen.
6) Die starren Eigenkapitalregularien nach Basel I bzw. Basel II könnten durch dynamische Regularien ersetzt werden, die auf das Gleichgewicht

im fortlaufenden Geschäft der Finanzierung und Refinanzierung ausgerichtet sind.

7) Der Verstärkung von Abwärtsspiralen durch Hebeleffekte könnte bei der Risikobewertung durch Ratingagenturen größere Aufmerksamkeit geschenkt werden.
8) Dem im Maßstab des Shareholder Value steckenden Druck der Erzielung hoher Renditen könnte dadurch entgegengewirkt werden, dass die daran geknüpften Bonuszahlungen an Manager durch den Malus von Rückzahlungen bei späteren Misserfolgen ausgeglichen werden.
9) Sowohl innerhalb der Finanzinstitute als auch in der gesamten Finanzwelt könnten regelmäßige Dialoge zwischen den einzelnen Expertengruppen das Bewusstsein für die unerwünschten Konsequenzen von partiell rationalem Handeln für die ganze Organisation bzw. für die ganze Finanzwelt schärfen. Darüber hinaus könnte die internationale Koordination der nationalen Finanzaufsichten bis hin zur Einrichtung einer globalen Koordinationsstelle die Aufmerksamkeit für Finanzrisiken erhöhen und rechtzeitiger Möglichkeiten zu ihrer Kontrolle aufzeigen. Eine gewichtigere Rolle des Internationalen Währungsfonds würde helfen, Finanzkrisen besser in Grenzen zu halten.
10) Es können Lücken in der Finanzaufsicht geschlossen werden. Dazu gehört zum Beispiel die Unterstellung von Zweckgesellschaften (Special Purpose Vehicles, SPV), deren unkontrolliertes Geschäft mit forderungsbesicherten Wertpapieren maßgeblich zur aktuellen Finanzkrise beigetragen hat, unter dieselben Regularien wie die Banken. Außerdem kann von den Banken die Offenlegung jedes eingegangenen Risikos in ihren Büchern verlangt werden.

Diese Reformen würden dazu beitragen, die inzwischen bekannt gewordenen Risiken besser zu kontrollieren. Sie würden aber nicht das Auftreten neuer Risiken verhindern. Sie bedeuten keine Rückkehr zum System von Bretton Woods, dessen Regularien mit dem Niveau der gegenwärtigen Verflechtung der Weltwirtschaft und den Inklusionsansprüchen in der Weltgesellschaft nicht vereinbar sind (vgl. Strulik 2000b)

Die deutsche Bundeskanzlerin forderte vor dem Weltfinanzgipfel in Washington im November 2008, es dürfe in der staatlichen und zwischenstaatlichen Aufsicht über Finanztransaktionen »keine blinden Flecken mehr geben, in deren Schutz sich Risiken unbeobachtet aufbauen.« Mehr Transparenz und Kontrollen sollen gewährleisten, dass sich »eine solche Krise nicht wiederholt« (Süddeutsche Zeitung 2008). Nach dem Modell des Ordoliberalismus, an dem Ludwig Erhard den Aufbau der sozialen Marktwirtschaft in Deutschland nach dem Zweiten Weltkrieg ausrichtete, soll nun auf globaler Ebene ein Zusammenspiel von staatlicher und zwischenstaatlicher Aufsicht im Verein mit dem Internationalen Währungsfonds (IWF) für dauerhafte Stabilität sorgen. In der politischen Vertrauenskrise sind die Regierungen gehalten, in der öffentlichen Kommunikation Handlungsfähigkeit zu demonstrieren. Dabei entsteht leicht der Eindruck, dass ein anscheinend völlig unreguliertes und deshalb zu Exzessen neigendes Finanzsystem nun einer Regulierung unterworfen werden soll, die ein risikoloses Wirtschaftswachstum garantiert. Auch die Umstellung der Managervergütungen von Bonuszahlungen aufgrund kurzfristig erreichter Renditeziele auf langfristig gehaltene Renditen soll dazu einen Beitrag leisten. Dabei bleibt allerdings offen, ab wann ein Erfolg als nachhaltig gelten kann. Ein nach fünf Jahren als positive bewertetes Geschäftsmodell kann sich ohne Weiteres nach zehn Jahren als falscher Weg erweisen.

Die Finanzaufsicht ist schon seit Jahren auf mehr Transparenz umgestellt worden. Die Finanzmärkte werden demnach nicht vom Chaos in eine völlig neue Ordnung geführt. Sie werden lediglich eine Reihe zusätzlicher Kontrollen erhalten. Für die Kontrolle des Derivatenhandels gibt es in den USA zum Beispiel schon eine eigene Behörde, die *Commodity Futures Trade Commission* (CFTC). Das hat offensichtlich nicht genügt, um die globale Finanzkrise zu verhindern. Infolgedessen soll dort jetzt eine eigene Clearingstelle eingerichtet werden, um den Handel mit *Credit Default Swaps* (CDS) – Wertpapiere, die als Quasi-Versicherung gegen die Insolvenz von Kreditnehmern dienen – abzuwickeln und transparenter zu machen. Diesen Vorschlag hat eine Arbeitsgruppe der Notenbank *Federal Reserve*, der Börsenaufsicht *Securities and Exchange Commission* (SEC) und der Derivatenhandels-Aufsicht CFTC gemacht (Piper 2008). Daraus ist zu entnehmen, dass die Finanzmärkte keine völlig neue Ordnung erhalten, sondern die schon vorhandene Ordnung lediglich um einige weitere Kontrollen und Transparenzen ergänzt wird (Hulverscheidt und Piper 2008).

Da die Weltwirtschaft gerade auch in den als Zugpferden fungierenden Schwellenländern nur aufgrund von relativ frei und schnell zirkulierendem Kapital auf den Finanzmärkten mit entsprechender Risikobereitschaft wachsen kann, wird es auch nach der Einführung der zusätzlichen Kontrollen kein risikoloses Wachstum der Weltwirtschaft geben. Das Risiko von Finanzkrisen kleineren und größeren Ausmaßes wird nicht völlig ausgeschlossen werden können. Wenn Regierungen mehr versprechen, dann ist das unter der Kategorie der Vertrauensbildung mit nicht garantiert einlösbaren Versprechen zu verbuchen.

Die Schwachstellen des globalen Finanzsystems lassen sich nicht völlig beseitigen, weil es sich jeweils um die Kehrseite einer Medaille handelt, aus deren Vorderseite zu viel Nutzen gezogen wird, um darauf verzichten zu können. Ohne freien Kapitalverkehr, Entkopplung der Finanzmärkte von der Realwirtschaft, Transparenz, Ratingagenturen und Rendite suchende Banken gäbe es für die Entwicklungs- und Schwellenländer nicht die Aufholchancen, die sich ihnen seit den 1980er Jahren geboten haben. Die Folge wäre ein Rückfall in das Weltsystem der 1970er Jahre, das von der Ungleichheit zwischen reichen Zentren und armen Peripherien geprägt war und in dem die Unterentwicklung zum Dauerschicksal zu werden schien. Dazu gehörte die Beherrschung der Entwicklungs- und Schwellenländer durch die Abfolge von instabilen Demokratien und Militärdiktaturen, extreme Ungleichheit zwischen einer reichen Führungsschicht, einer nur mäßig entwickelten Mittelschicht und einer in Armut lebenden breiten Unterschicht. Der in dieser Weltordnung liegende Sprengsatz ist bis 1980 durch den Ost-West-Konflikt überlagert und unter Kontrolle gehalten worden. Das Ende des Ost-West-Konfliktes hat diesen Sprengsatz gezündet und die globale Verteilung des Reichtums ins Zentrum der Weltpolitik gerückt.

Wenn angesichts der Finanzkrise allenthalben wieder die Vorteile lokaler Vertrauensnetzwerke entdeckt und sogar an die Wiederbelebung der Deutschland AG gedacht wird (Braun und Hesse 2008), dann wird daraus eine größere Vorsicht bei Auslandsgeschäften und eine größere Neigung zum lokalen Geschäft folgen. Den Landesbanken wird diese Rückbesinnung auf das Lokale ausdrücklich verordnet. Solche Vorsichtsmaßnahmen werden das Rad der Geschichte aber nicht bis in die hohe Zeit der Deutschland AG zurückdrehen. Um das zu bewerkstelligen, sind die Kräfte der globalen wirtschaftlichen *und* moralischen Verflechtung zu stark.

Die fortschreitende internationale Arbeitsteilung unter dem Regime des Freihandels mit freiem Kapitalverkehr, Entkopplung von Finanzmärkten und Realwirtschaft, Transparenz, Ratingagenturen und renditesuchenden Banken ist der Weg, der den weltweiten Konflikt zwischen Arm und Reich in eine Kooperation zum beiderseitigen Nutzen umwandelt. Dieser Weg beinhaltet allerdings einen tiefgreifenden und äußerst schmerzhaften Wandel der gesellschaftlichen Ordnung und birgt Risiken in sich, die niemals ganz ausgeschaltet werden können. Sie können in langwierigen Lernprozessen immer nur in Grenzen gehalten werden. Krisen sind unvermeidliche Begleiterscheinungen dieses Weges. Eine Radikallösung dieser Problematik durch eine »neue« Weltordnung jenseits von wirtschaftlichem Wachstum und Risiko gibt es nicht. Möglich ist nur bescheidenes Lernen aus Fehlern und Krisen an der einen oder anderen Stelle der schon existenten Weltordnung. Man kann demgemäß noch mehr Transparenz als bisher herstellen, man kann Finanzprodukte genauer hinsichtlich der ihnen innewohnenden Risiken prüfen und sie in Einzelfällen aus dem Verkehr ziehen, man kann von den Ratingagenturen das Offenlegen ihrer Bewertungsverfahren verlangen. Es ist auch möglich, noch mehr als bisher schon zu verlangen, dass Finanzprodukte nur mit dem ausdrücklichen Hinweis auf die damit verbundenen Risiken verkauft werden dürfen. Auch die Bonitätsprüfungen von Kreditnehmern können weiter verschärft werden. Schwieriger wird es sein, den Banken zu verbieten, dass sie ihre Angestellten für ihre Verkaufserlöse belohnen und ihren Managern Bonuszahlungen auf die erzielten Renditen zukommen lassen. Die Banken selbst werden lernen müssen, welche Entlohnungsformen *nachhaltig* wirksam sind. Man könnte die Beobachtung der Weltwirtschaft durch den IWF und die Weltbank noch weiter ausbauen und dadurch sensibler auf Krisenerscheinungen reagieren. Bei all diesen Maßnahmen wird sich keine krisenfreie Entwicklung der Weltwirtschaft erreichen lassen. Dass jetzt alles getan würde, um in der Zukunft eine Finanzkrise wie im Herbst 2008 auszuschließen, ist eines der vielen nicht einlösbaren Versprechen von Regierungen, die immer mehr versprechen müssen, als sie halten können, um die Bevölkerung zumindest kurzfristig zu beruhigen und einen ersten Schritt aus der Krise heraus tun zu können.

Es ist möglich, die eine oder andere Privatisierung von öffentlichen Dienstleistungen rückgängig zu machen, wenn sich feststellen lässt, dass Marktversagen zu Leistungseinbußen geführt hat, zum Beispiel zu einer schrumpfenden Infrastruktur, unzureichender flächendeckender Versorgung und Sicherheitsmängeln. Das sind offensichtlich die Gründe, die Neuseeland veranlasst haben, die Privatisierung der Eisenbahn wieder aufzuheben. Man kann auch mit größerer Gewissheit daran festhalten, dass Bildung ein öffentliches Gut ist und deshalb die Privatisierung des Bildungswesens keine der Sache angemessene Gestaltungsform darstellt. Überhaupt kann mit größerer Vorsicht und Genauigkeit geprüft werden, ob die Umstellung von Hierarchien auf Märkte für die in Frage stehende Leistung wichtig ist, welche Unvollkommenheiten und Verzerrungen der Märkte unvermeidlich sind und deshalb überhaupt nicht mit den idealerweise postulierten Leistungsverbesserungen zu rechnen ist. Auf den Prüfstand darf dann zum Beispiel die Vermarktlichung von Gesundheit und Wohlfahrt gestellt werden. Es kann genauer ermittelt werden, welche Leistungsverbesserungen tatsächlich eingetreten sind, und welche Einbußen in Kauf genommen werden müssen.

Dasselbe gilt für die Privatwirtschaft. Die Ersetzung betrieblicher Hierarchien durch Quasimärkte und die Auslagerung von Teilleistungen hat nicht immer und überall zu Leistungsverbesserungen geführt. Standortverlagerungen sind ineffizient, wenn die Qualität der Leistungen darunter leidet und die Kosten der Logistik die Gewinne zunichte machen.

Weil ein erheblicher Teil der Privatisierung öffentlicher Güter und der Vermarktlichung betrieblicher Leistungen maßgeblich aus Gründen der isomorphischen Anpassung an das dominante Rationalitätsmodell im institutionellen Umfeld von Regierungen und Unternehmen erfolgte, kann es gar nicht anders sein, als dass über das Ziel hinausgeschossen wurde und viele Maßnahmen der Privatisierung, Deregulierung und Vermarktlichung gar nicht die erwarteten Leistungsverbesserungen erbracht haben, dafür aber eine ganze Reihe von unerwünschten negativen Effekten. Weil die weltweite Privatisierungs-, Deregulierungs- und Vermarktlichungswelle in ihrem flächendeckenden Umfang gar nicht durch funktionale Leistungssteigerungen zu erklären ist, sondern durch isomorphische Zwänge, übt die globale Finanzkrise einen entscheidenden Einfluss auf das Aufbrechen dieser Zwänge aus. Das Marktparadigma hat erheblich an Legitimität verloren. Deshalb wird es für dessen Verfechter in der absehbaren Zukunft schwerer, weitere Privatisierungs-, Deregulierungs- und Vermarktlichungsmaßnahmen durchzusetzen. Die eine oder andere Rückkehr zu öffentlichen Dienstleistungen und zur hierarchischen statt marktlichen Erstellung von Leistungen werden sie nicht verhindern können. Umgekehrt bekommen die Verfechter der öffentlichen und hierarchischen Herstellung von Gütern und Dienstleistungen Rückenwind. Ihre Argumente werden ernster genommen. Der öffentlichen, hierarchischen und auch der berufsethisch kontrollierten Herstellung von Leistungen wird wieder mehr Legitimität zugesprochen. Die berufs- bzw. professionsethisch kontrollierte Erstellung von Leistungen ist eine von der Transaktionskostenökonomik völlig ignorierte, aber sehr gewichtige dritte Form der Leistungserstellung. Sie kann in Gestalt freier Berufe (Ärzte, Anwälte, Architekten) oder im Rahmen von hierarchischen Organisationen (Lehrer, Professoren, Ingenieure) erbracht werden. Falls aus der Finanzkrise eine Welle der überbordenden Verstaatlichung, Regulierung, Rehierarchisierung und Reprofessionalisierung der Leistungserstellung entstehen sollte, wäre eine Krise der Stagflation wie in den 1970er Jahren vorprogrammiert. Diese Krise würde dann wieder Maßnahmen der Liberalisierung neue Legitimität bescheren.

6.5 Schlussbemerkungen

Die Schwachpunkte, die zum Entstehen und zur globalen Ausbreitung der Finanzkrise beigetragen haben, sind die riskante Seite einer Medaille, deren zweite Seite die Chancen eröffnet hat, die überhaupt erst einen Weg aus der Stagflation der 1970er Jahre und einem in extremer Ungleichheit erstarrten Weltsystem gewiesen haben. Die vollständige Beseitigung dieser Schwachstellen würde diese Chancen zunichte machen und erneut in eine Stagnationskrise führen. Das heißt, dass die Entwicklungs- und Schwellenländer ohne diese Risiken überhaupt keine Entwicklungschancen hätten. Haben sie aber keine Entwicklungschancen, dann ist Krieg und Terror die absehbare Zukunft der Welt. Die internationale Arbeitsteilung ist der Ausweg aus diesem Dilemma. Die mit ihre entstehenden Schwachstellen der Weltwirtschaftsordnung lassen sich nicht beseitigen, sondern nur kenntlich machen, beobachten, stützen, wenn sie einzubrechen drohen, und reparieren, wenn sie eingebrochen sind. Alles andere ist träumerische Utopie und Gesinnungsethik ohne Augenmaß und Verantwortung für die Konsequenzen des irregeleiteten Strebens nach einer nicht realisierbaren »idealen« Weltordnung. Die Finanzkrise von 2007/2008 bedeutet nicht das Ende des liberalen Kapitalismus, aber den Anfang zu größeren und legitimer gewordenen Anstrengungen zu seiner Zähmung.

7. Schlussbetrachtung: Ordnung, Inklusion und Exklusion unter liberaler Regie

Zwei Ergebnisse unserer Untersuchung sollen hier herausgehoben, in ihrem Sinn und in ihrer Kulturbedeutung erfasst werden. Es ist einerseits die gesteigerte Offenheit, Dynamik und Krisenanfälligkeit der gesellschaftlichen Ordnung auf dem Wege zur globalen Hegemonie des liberalen Gesellschaftsmodells. Andererseits ist es die Dialektik von wachsender globaler Inklusion und damit einhergehenden neuen Formen der Exklusion in den nationalen Wohlfahrtsstaaten.

Es gibt offensichtlich Zeichen, die auf eine erzwungene Annäherung koordinierter Marktwirtschaften an den liberalen Typus hindeuten. In der Tat sind die OECD-Länder seit den 1980er Jahren von einer weitreichenden Liberalisierungs- und Privatisierungswelle erfasst worden, die sich von der Privatisierung öffentlicher Betriebe bis zur Deregulierung der Arbeitsmärkte erstreckt. Diese Liberalisierungswelle hat sich ganz gegen die These Mancur Olsons (1982) durchgesetzt, dass Nationen mehr und mehr durch Verteilungskoalitionen von Verbänden gelähmt werden und dem wirtschaftlichen Niedergang geweiht sind, je länger sie demokratisch regiert werden. Warum sich diese Liberalisierungswelle weltweit ausgebreitet hat, harrt allerdings noch einer überzeugenden Erklärung. Wie Martin Höpner (2007) zeigt, hat die Liberalisierung dort den größten Umfang angenommen, wo die Länder am Beginn der Messung am wenigsten liberalisiert waren. Die Offenheit der Volkswirtschaft und die Mitgliedschaft in der EU erweisen sich jedoch nicht als erklärungskräftig. Das heißt jedoch nicht, dass der internationale Wettbewerb keine Rolle spielt. Er scheint die OECD-Länder auf den Weg des radikalen Innovationsregimes zu drängen, weil sie in der standardisierten Massenproduktion von den Entwicklungs- und Schwellenländern eingeholt worden sind. Die Bildungsexpansion und der Ausbau des Dienstleistungssektors haben außerdem die kollektive Solidarität von Arbeitnehmern in der Massenproduktion in ihrer Bedeutung für den gesellschaftlichen Zusammenhalt schrumpfen lassen. Die koordinierte

Marktwirtschaft wird demnach von zwei Seiten in die Zange genommen: von der Seite der Umstellung auf radikale Innovationen und von der Seite der abnehmenden kollektiven Organisation der Arbeitnehmerschaft. Dieser Wandel des Produktionsregimes ist ein Türöffner für ein Denken, das auf Wettbewerb, Märkte, dynamischen Wandel und private Initiative setzt (vgl. Fromm 2004). Dieses Denken ist im Rahmen der OECD-Agenda »Beschäftigung und Wachstum in der wissensbasierten Ökonomie« zu einer verbindlichen Reformleitlinie geworden. Die Lissabon-Strategie der EU hat diese Leitlinie in ein Programm umgesetzt, das die EU zum dynamischsten wissensbasierten Wirtschaftsraum der Welt machen soll. In den Verfahren der Offenen Methode der Koordinierung (OMK) findet ein fortlaufendes Benchmarking und Monitoring der Mitgliedstaaten statt, das die EU dem gesetzten Ziel näher bringen soll, ob das – wie angestrebt – schon 2010 erreicht wird oder auch nicht. In Deutschland ist die Reformagenda 2010 der rot-grünen Koalition als Umsetzung dieser Strategie zu verstehen (vgl. Bernhard 2005, 2008; Schäfer 2005).

Durch die OECD- und EU-Agenden erhält der internationale Wettbewerb eine ideelle Rahmung, innerhalb derer die Gesellschaft als ein Projekt gedeutet wird, das es auf Wettbewerb, Märkte und dynamischen Wandel auszurichten gilt. Traditionen der koordinierten Marktwirtschaft verlieren in dieser Perspektive ihre Legitimität, während Programme der Liberalisierung zunehmend per se schon als legitim erscheinen, weil die Welt in diesen Kategorien begriffen wird. Produktivkräfte, Produktionsverhältnisse und Überbau greifen dann zunehmend ineinander, um eine tendenziell liberale Gesellschaftsform mit allen ihren aus Sicht einer koordinierten Marktwirtschaft problematisch aussehenden Begleiterscheinungen hervorzubringen (vgl. Jessop 2008: 178–224). Diese Reformbewegung breitet sich dann unabhängig davon aus, ob ein Land nun eine mehr oder weniger offene Volkswirtschaft hat, oder ob es der EU angehört oder nicht. In diesem Sinne folgt die globale Liberalisierungswelle dem Diffusionsmodell des von John Meyer (2005) und seinem Forschungsteam vertretenen Neoinstitutionalismus. Allerdings ist dessen Durchsetzungskraft allein durch die Etablierung von OECD-Experten als anerkannte Berater (»kulturelle Andere«) nicht zu erklären. Das ist der Überbau. Die Kraft der Veränderung ergibt sich erst aus der Unterstützung der OECD-Berater durch den Unterbau des verschärften globalen Wettbewerbs und dessen Umsetzung in die zunehmende internationale Arbeitsteilung (Durkheim 1977), in der den OECD-Ländern die Rolle der radikalen Innovation zufällt. Das impliziert zugleich eine Machtverschiebung weg von den nationalen Koalitionen von Parteien und Verbänden und hin zu transnationalen Expertenstäben. Die sich herausbildende Mehrebenen-Governance ist zugleich eine entdemokratisierte und verwissenschaftlichte Form des Regierens (Majone 1996). Die Transnationalisierung befördert die Verwissenschaftlichung von Governance und die Entmachtung der Parteien und Verbände, sodass der Olsonschen Voraussage der institutionellen Sklerose der Boden entzogen wird. Diesen Effekt des Abbaus von Handelsschranken hat Friedrich von Hayek schon in einem 1939 zuerst erschienenen Aufsatz vorausgesagt, wie Martin Höpner nach einem Hinweis von Armin Schäfer feststellt (Hayek 1948: 258, 261; vgl. Höpner 2007: 338, Fußnote 32).

Aus einer Bourdieuschen Feldperspektive bedeutet die Transnationalisierung des politischen Feldes (Bourdieu 2001), dass die Parteien und Verbände Kapital verlieren, während die transnationalen Expertenstäbe an Kapital gewinnen. Mit Foucault (2006) lässt sich die globale Liberalisierungswelle als eine zunehmende Überwindung des Regierens mittels territorial gebundener Gesetze und mittels staatlicher Disziplinarmacht durch eine liberale Regierungskunst begreifen, die ihre Veridiktion durch den Markt und ihre Begrenzung durch die Interaktion des Marktes mit dem Zivilrecht findet, das einen möglichst weiten Freiheitsraum des individuellen Handelns absteckt. Im Gefüge der EU ist der Europäische Gerichtshof die Konsekrationsinstanz dieser liberalen Ordnung (Münch 2008b). Weil sich Verlierer wie Gewinner des globalisierten Wettbewerbs derselben Prinzipien bedienen müssen, um ihre Rechte zu reklamieren, kann hier von einem hegemonialen Liberalisierungsprojekt gesprochen werden (Gramsci 1971; Laclau und Mouffe 2001).

7.1 Globale Ausbreitung, Dynamik und Krisenanfälligkeit der liberalen Ordnung

Zum globalen Regime des liberalen Kapitalismus gehört die flächendeckende, in alle gesellschaftlichen Funktionsbereiche hineinwirkende Ersetzung von traditionalen Bindungen durch jederzeit kündbare Verträge, von treuhänderischer Verantwortung durch Kontrollen und Gegengewichte. Alle Akteure können ihre einmal getroffenen Entscheidungen jederzeit ändern. Niemand kann sich seiner Sache sicher sein. Deshalb sind alle permanent mit der möglichst attraktiven Selbstdarstellung (Signalling) und der Suche nach besseren Alternativen (Screening) beschäftigt. Dementsprechend wächst das Interesse an Offenlegung aller relevanten Fakten (Transparenz) exorbitant. Der Effekt dieser Nachfrage nach Transparenz ist das Entstehen eines Wachstumsmarktes für Ranking und Rating, die selbst wieder undurchsichtig erscheinen und nach einem Ranking und Rating von Rankings und Ratings verlangen. Es offenbart sich ein unendlicher Regress, der zwangsläufig das Bewusstsein der Risikobehaftetheit von Entscheidungen verstärkt. Die Folge ist eine weitere Beschleunigung der Revision von Entscheidungen. In diesem Prozess der immer scheiternden Suche nach vollständiger Information findet eine grundlegende Transformation der gesellschaftlichen Ordnung statt. Sie stützt sich weniger auf stabile Vertrauensverhältnisse und mehr auf Misstrauen.

Eine unvermeidliche Begleiterscheinung dieser Entwicklung ist die enorme Beschleunigung des Wandels mit entsprechenden Ausschlägen von Nachfrage und Angebot, von Konflikten und Krisen. Das ist der Grund, warum in einer so offenen Gesellschaft die Nachfrage nach formalen Kontrollen und Sicherheiten so enorm wächst. Der Liberalismus gerät deshalb in das Dilemma, dass seine Entfaltung ein Maß der staatlichen und zwischenstaatlichen Überwachung und Kontrolle verlangt, das mehr rechtliche Zwänge mit sich bringt, als dies in einer noch mehr von stabilen Vertrauensverhältnissen geprägten Gesellschaft notwendig war. Liberalismus und totale Kontrolle sind zwei Seiten ein und derselben Medaille. Die Kontrollen beziehen sich insbesondere auf die Gewährleistung von Transparenz, was keineswegs zur Entschleunigung des Wandels führt, sondern sogar zu dessen weiterer Beschleunigung, weil unter weiter verbesserter Transparenz die Entscheidungen noch schneller revidiert werden. Eine Verringerung der Krisenanfälligkeit der Gesellschaft kann deshalb von der Erhöhung der Transparenz durch verstärkte Kontrollen nicht erwartet werden.

Die Einrichtung von Auffangmechanismen für die Geschädigten einer Krise machen die Krisen zwar erträglicher, tragen aber gerade deshalb selbst zu ihrem häufigeren Auftreten bei. Die Krise wird so zum Normalzustand. Das gilt gerade auch für Krisen des globalern Finanzmarktes, die offensichtlich in zunehmend kürzeren Abständen auftreten. Alle staatlichen und zwischenstaatlichen Vorkehrungen müssen dem Paradigma des Misstrauens folgen und ändern deshalb systematisch nichts daran, dass die neue gesellschaftliche Ordnung gewachsene Volatilität von Nachfrage und

Angebot, beschleunigtem Wandel und erhöhte Krisenanfälligkeit mit sich bringt (vgl. Streeck 2008a, 2008b).

Der Zusammenbruch der globalen Finanzmärkte, der von faulen Immobilienkrediten in den USA ausgelöst worden ist und in seinem Ausmaß schon auf eine Stufe mit dem New Yorker Börsencrash vom 29. Oktober 1929 gestellt wird, hat die ganze Welt in Angst und Schrecken versetzt. Auf den Finanzmärkten herrschte totales Misstrauen, das zwangsläufig in eine Rezession führen musste. Auch die glühendsten Verfechter der freien, jeder staatlichen Kontrolle entzogenen Märkte riefen in dieser Situation nach dem Staat als Retter in der größten Not. Und die härtesten Gegner der freien Marktwirtschaft sahen sich in ihrem Misstrauen in die Leistungsfähigkeit von Märkten so offensichtlich bestätigt, wie es nicht besser geschehen konnte (vgl. Bischoff 2008; Münchau 2008).

Der Staat sollte also das verlorene Vertrauen wiederherstellen, damit wieder Bereitschaft zur Investition, zur Kreditvergabe oder zum Aktienkauf entsteht, die wirtschaftliche Rezession nicht zu lange dauert und die Weltwirtschaft ihren Wachstumskurs wieder fortsetzen kann. Wie sollte aber der Staat neues Vertrauen schaffen, wenn ihm selbst über Jahre systematisch Vertrauen entzogen wurde, von den ökonomischen Experten, die behauptet haben, dass Märkte bessere »Problemlöser« sind als der Staat, und von den Bürgern, die sich von einem Staat, der alles privatisiert und den Märkten überlässt und auch seine ihm verbliebenen »öffentlichen« Leistungen in Profitcentern organisiert, schlicht abgewandt haben, um sich ihren privaten Dingen zu widmen? Wenn alle öffentlichen Angelegenheiten in private umgewandelt werden, ist es nicht sonderlich überraschend, dass sich die Bürger nur noch als Privatbürger sehen und der Staat selbst zu einem Unternehmen wird, das auf einem von generellem Misstrauen beherrschten politischen Markt von einer Krise in die nächste stürzt, heftigsten Stimmungsschwankungen ausgesetzt ist und hilflos dem grassierenden Populismus ausgeliefert ist.

Der Staat selbst und erst recht die Staatengemeinschaft befinden sich seit geraumer Zeit in einer tiefen Vertrauenskrise. Deshalb ist es nicht so einfach, mit staatlichen Bürgschaften, verstaatlichten Banken und zwischenstaatlichen Abkommen zur Regulierung der Finanzmärkte nachhaltig Vertrauen in die Zukunft zu erzeugen. Ist die aktuelle Krise überwunden, wird die nächste nicht lange auf sich warten lassen. Vieles deutet darauf hin, dass sich Krisen nicht nur auf den Finanzmärkten häufen und in kürzeren Abständen auftreten, sondern auch die Politik sowohl national als auch international in beschleunigter Abfolge von Krisen heimgesucht wird (Schweiger 2008). Über die Wirtschaft und die Politik hinaus wird die Zerbrechlichkeit gesellschaftlicher Ordnung offensichtlich und allgegenwärtig. Die international vergleichende Lebenslaufforschung hat inzwischen breitgefächerte Evidenzen dafür zu Tage gefördert, dass Lebensläufe unsicherer und weniger planbar geworden sind. Das gilt für alle Phasen und Phasenübergänge im Lebenslauf, für die Übergänge von der Bildung in die Beschäftigung, für die beruflichen Karriereschritte, für die Beschäftigungsdauer, die Betriebszugehörigkeit und den Übergang in die Phase des Ruhestands. Dazu kommen häufigere Wechsel des Wohnorts, der Mitgliedschaft in Verbänden und religiösen Gemeinschaften, der Ehe und anderer Partnerschaften. Dieser Trend wird durch die in einem Land bzw. in einem Wohlfahrtsregime gegebenen Institutionen verstärkt oder gemildert und in eine je spezifische Form und Richtung gebracht (Kohli 1985, 2003; Leisering und Leibfried 1999; Mayer 2004; Blossfeld, Klijzing, Mills und Kurz 2005; Blossfeld, Mills und Bernardi 2006; Blossfeld und Hofmeister 2006). Damit soll nicht geleugnet werden, dass frühere Generationen viel Schlimmeres – Hungersnöte, Geldentwertung größten Ausmaßes, wirtschaftliche Depression und Kriege – erlebt haben. Im Vergleich zu den ersten Jahrzehnten nach dem Zweiten Weltkrieg ist jedoch ohne Zweifel die Krisenanfälligkeit der gesellschaftlichen Ordnung spürbar gewachsen. Das Ende des kalten Krieges hat diese Tendenz noch befördert.

Die Ursachen für diese Entwicklung sind vielschichtig. In systematischer Hinsicht lässt sich indessen eine wesentliche Ursache dingfest machen. Es ist die breit ausgreifende Umstellung der gesellschaftlichen Ordnung von Vertrauen auf Misstrauen. Sie geht einher mit der Ersetzung von Hierarchien durch Märkte, von öffentlicher Verantwortung durch private Angebote, von Staatsbetrieben durch private Unternehmen (Zohlnhöfer, Obinger und Wolf 2008), von öffentlicher Verantwortung für die Bildung durch Bildungsmärkte (Crouch 2007), von professioneller Ethik und handwerklicher Ehre durch den Wettbewerb um Kunden, von Bürokratie durch New Public Management, von Abteilungen in Betrieben durch Profitcenter, von Angestellten durch Unternehmer im Unternehmen, von öffentlicher Wohlfahrtspflege durch Wohlfahrtsmärkte (Bode 2004). Diese gesellschaftlichen Transformationen ersetzen gewachsenes Vertrauen, fest umrissene Aufgaben und Verantwortungsverhältnisse durch das grundsätzliche Misstrauen, dass öffentliche Instanzen nicht wissen, welche Maßnahmen das Gemeinwohl fördern, dass es überhaupt kein Gemeinwohl gibt, sondern immer nur viele einzelne Privatinteressen, weshalb es grundsätzlich besser ist, statt auf die öffentliche Definition und Förderung des Gemeinwohls auf eine Vielzahl ineinander verschachtelter Märkte zu bauen (vgl. Schneider und Tenbücken 2004). Alle diese Veränderungen bedeuten eine tiefgreifende Transformation nicht nur des Staates (Leibfried und Zürn 2006), sondern der ganzen Gesellschaft (Dux 2008).

Wie Friedrich von Hayek (2005) gelehrt hat, kann der Staat niemals die Weisheit des Marktes als Instrument der Suche nach Problemlösungen erreichen. Das gilt erst recht, wenn der Staat nicht mehr in einem politischen Gemeinwesen verwurzelt ist, in dem sich die »Staatsbürger« über das Gemeinwohl verständigen und an dessen Verwirklichung mitwirken. Etwas weniger emphatisch könnte man auch davon sprechen, dass die Bindung der Staatsbürger an ihr Gemeinwesen viel Vertrauen erzeugt, sodass auch schlechte Zeiten gut überstanden werden. Die Transformation des politischen Gemeinwesens in ein Mehrebenensystem der Governance (vgl. Zürn 1998; Höffe 1999), viele Arenen und Kampfplätze setzt an die Stelle des Verhältnisses von Vertrauensnehmer zu Vertrauensgeber ein grundsätzliches Misstrauen, das nur dadurch noch Kooperationsbereitschaft zulässt, dass genügend Kontrollen und Gegengewichte (checks and balances) den generell vermuteten Missbrauch von Macht, Einfluss und übertragener Verantwortung verhindern. Dafür ist in der Tat die Ersetzung von Hierarchien durch Märkte, von öffentlicher Verantwortung durch private Angebote der konsequente Weg einer Gesellschaft des verallgemeinerten Misstrauens. Dieser Weg führt allerdings nicht zurück zu alten Vertrauensverhältnissen, sondern nur weiter hinein in eine Kultur des Misstrauens, in der sich stabile Verhältnisse nur als trügerischer Schein darstellen und erst recht zum Misstrauen einladen. Eine Gesellschaft, die alles in Märkte überführt, kennt keine stabilen Vertrauensverhältnisse, sondern nur generelles Misstrauen. Deswegen ist sie besonders anfällig für Krisen, ihre spiralförmige Vertiefung und nur kurzzeitige Überwindung bis zur nächsten Krise (vgl. Offe 2003). Die damit einhergehende Moralisierung der Märkte (Stehr 2007) ist von derselben Fragilität wie die Märkte selbst gekennzeichnet. Es herrscht der ständige Wandel, die permanente Beschleunigung (Rosa 2005), die grenzenlose Optionenvielfalt (Gross 1994), die Steigerung als Selbstzweck (Schulze 2003). Die gesellschaftliche Kommunikation treibt sich selbst ohne Halt voran (Wenzel 2001); sie bewegt sich von einer Inflations/Deflations-Spirale zur nächsten (Münch 1991, 1995). Es ist der Zustand der Postdemokratie (Crouch 2008) erreicht, in dem der Staatsbürger durch den Konsumenten ersetzt worden ist. Eine Wende hin zu einer neuen, gleichwohl im klassischen Sinn verstandenen Demokratie erscheint unwahrscheinlich, zumal in einer Welt, in der die spätmoderne Identität des Konsumenten auf grenzenlosen Märkten nur in der Befriedigung subjektiver Wünsche ihre Erfüllung findet, jedoch nicht in der Produktion öffentlicher Güter (Blühdorn 2006).

Die instabilen Finanzmärkte sind nur der krasseste Ausdruck dieser prekären Lage der Gesellschaft. Das »Prekariat« gehört genauso dazu wie die Spekulanten und Kriegsgewinnler aller Art. Dabei wird auch deutlich, dass die realen Märkte ganz anders funktionieren als es dem Idealbild entspricht und von den ökonomischen Ratgebern angestrebt wird. Der Wettbewerb ist vielfach oligopolistisch verzerrt, Wettbewerbsvorteile aller Art werden verstetigt und in Monopolrenten umgesetzt, private Gewinnmaximierung obsiegt über öffentliche Verantwortung, Kontraktmanagement mit Zielvereinbarungen und Kennziffernsteuerung errichtet ein System totaler Kontrollen mit dem Effekt der Beseitigung von Kreativität und Selbstverantwortung, die Privatisierung öffentlicher Dienstleistungen treibt die Kommunen in einen Sumpf der Korruption bei der Vergabe »öffentlich ausgeschriebener« Aufträge, die zu Unternehmern im Unternehmen gemachten Arbeitnehmer zehren ihre Arbeitskraft in zermürbenden Mobbingaktivitäten auf. Macht man eine staatliche Eisenbahn zum »internationalen Logistik-Konzern«, dann erzielt der neue Konzern in China und Indien Gewinne, während daheim die Infrastruktur an Schienenwegen schrumpft und dadurch die Ungleichheit zwischen Zentren und Peripherien wächst und sich der Konzern als unfähig erweist, für pünktliche Zugverbindungen zu sorgen. In Neuseeland hat man daraus die Konsequenz gezogen, die Privatisierung der Eisenbahn wieder rückgängig zu machen, während die Deutsche Bahn just zu derselben Zeit zur Börse strebte.

Wie ist es zu diesem grundlegenden Wandel von Vertrauens- zu Misstrauensverhältnissen gekommen? Eine wesentliche Ursache dafür ist sicherlich darin zu sehen, dass die globale Vernetzung von Wirtschaft, Politik, Zivilgesellschaft und Kultur der Ordnung der Gesellschaft durch das politische Gemeinwesen den Boden entzogen hat. Das sich herausbildende Mehrebenensystem der Governance ist per se pluralistisch organisiert und viel mehr eine Sache des Lobbyismus als eine Sache von Staatsbürgern oder eine Sache der korporatistischen Zusammenarbeit von Regierung, Parteien und Verbänden (vgl. Mayntz 1997, 2007; Lahusen und Jauß 2001). Je mehr die Gesellschaft die nationalen Grenzen überschreitet und europäische oder gar globale Dimensionen annimmt, umso mehr ist sie ein Konglomerat von Interessengruppen und Privatbürgern. Ist der Kampf aller gegen alle um die Durchsetzung ihrer eigenen Interessen aber zum herrschenden Bild der Gesellschaft geworden, dann hat das Plädoyer für das Öffentliche und die Beschränkung des Privaten keine guten Argumente auf seiner Seite. In dieser Situation erscheint es nur konsequent, nur noch auf die Karte von Märkten zu setzen.

Die neoliberale Vorstellung der Gesellschaft als eine Ansammlung von Märkten konnte so allgemein gültige Wahrheit für sich beanspruchen und alle anderen Ordnungsvorstellungen in das Reich ausgedienter Ideologien verbannen (Foucault 2006). Sozialdemokratische, konservative und grüne Programme mussten den Test der Marktkompatibilität bestehen, um überhaupt noch ernst genommen zu werden. Das hat jede Menge populistische Gegenströmungen auf der rechten und auf der linken Seite des politischen Spektrums entstehen lassen, die inzwischen zu einem nicht mehr zu ignorierenden politischen Faktum geworden sind. Die alten Appelle an die demokratischen Tugenden werden diese »Geister« nicht so schnell vertreiben. Was der Wahrspruch des Marktparadigmas allerdings übersieht, sind die massiven Kosten, die aus der Umwandlung der Gesellschaft in ein Konglomerat von Märkten entstehen. Er ignoriert die Tatsache, dass die Ökonomisierung aller Funktionsbereiche der Gesellschaft jenseits der Grenze eines ausbalancierten Verhältnisses zu durchgreifenden Funktionsdefiziten führt. Im Zentrum dieser Defizite steht die Verdrängung des Vertrauens durch generelles Misstrauen und die damit einhergehende Krisenanfälligkeit des gesellschaftlichen Geschehens. Die Gesellschaft steht auf weniger sicheren Beinen und befindet sich stets am Rande des Chaos (vgl. Strulik 2004).

Eine grundsätzliche Rechtfertigung hat die Vorstellung der Gesellschaft als eine Ansammlung von Märkten über die von Hayeksche Lehre von der Unwissenheit der Regierungen und der Weisheit der Märkte als Problemlöser hinaus in einem so abstrakten Paradigma wie der Transaktionskostenökonomik (Coase 1937; Williamson 1985), einer speziellen Variante der Institutionenökonomik, gefunden, das seit den 1980er Jahren erheblichen Auftrieb erfahren hat (North 1992), allein schon im Fahrwasser der Auszeichnung mehrerer Vertreter der Institutionenökonomik mit dem Nobelpreis für Wirtschaftswissenschaften. Die Transaktionskostenökonomik unterscheidet zwei Formen der Koordination, Steuerung oder Governance von menschlichem Handeln: Märkte und Hierarchien. Sie versucht die Frage zu beantworten, unter welchen Bedingungen Märkte und unter welchen Bedingungen Hierarchien zu besseren Ergebnissen (Leistungen) führen. In einem einfachen Modell können zwei Parameter darüber entscheiden: die Spezifität einer Leistung und die Messbarkeit einer Leistung. Man kann annehmen, dass spezifische, viel besonderes, organisationsspezifisches Wissen erfordernde und wenig messbare Leistungen besser im Rahmen einer Hierarchie erbracht werden, zum Beispiel die Leistung von Entwicklungsingenieuren im Automobilbau. Dagegen überlässt man unspezifische und messbare Leistungen besser dem Markt, zum Beispiel dem Catering-Service zwecks Verpflegung der Belegschaft eines Betriebes statt der eigenen Betriebskantine. Dieses Modell lässt sich auch auf den Staat und dessen Entscheidung übertragen, was er in Eigenregie tut und was er auf dem Markt einkauft. So kann die kommunale Verwaltung zum Beispiel das Bauamt in eigener Regie, das heißt in der Hierarchie betreiben, aber die Müllabfuhr an private Unternehmen vergeben. Nach dem theoretischen Modell muss stets von Fall zu Fall entschieden werden, welche Koordinationsform die bessere Leistung erbringt. Als Maßstab gilt dabei die Effizienz. Das heißt zum Beispiel, es muss gemessen werden, ob der öffentliche oder der private Betrieb der Müllabfuhr eine bestimmte Menge an Müll von den privaten Haushalten zur öffentlichen Deponie bei niedrigeren Personal- und Gerätekosten fährt. Bei der Müllabfuhr mag das noch einigermaßen nachvollziehbar zu berechnen sein, obwohl auch in diesem Fall nicht direkt sichtbare Kosten einen Strich durch die Rechnung machen können. In vielen Fällen dürfte es unmöglich sein, exakt zu berechnen, welche Koordinationsform die bessere Leistung erbringt. Dabei ist insbesondere bei staatlichen Leistungen zu berücksichtigen, dass die Effizienz der Leistungserbringung nicht die ganze Leistung erfasst, sondern nur den ökonomischen Aspekt.

Bei vielen staatlichen Tätigkeiten handelt es sich um spezifische, nicht leicht messbare Leistungen, für deren Erstellung eher die Hierarchie geeignet ist. Wie spezifisch und wenig messbar eine Leistung ist, ergibt sich allerdings nicht von selbst. So kann gerade die Suche nach Einsparungsmöglichkeiten dazu führen, dass ursprünglich spezifische und wenig messbare Leistungen zu unspezifischen und messbaren gemacht werden. Das ist zum Beispiel der Fall, wenn Leistungen anhand von Kennziffern definiert werden, die sich gegebenenfalls auch auf dem freien Markt einkaufen lassen. Oder man baut einen Quasimarkt in eine Hierarchie ein und lässt mehrere Anbieter von durch Kennziffern gemessenen Leistungen gegeneinander antreten. Die Folge dieser Prozedur kann eine Umdefinition der Leistungen und eine entsprechende Zielverschiebung sein. Die Leistungserbringer zielen dann nicht mehr direkt auf die Leistung an sich, sondern auf die Kennziffern. Außerdem wächst der Berichts- und Überwachungsaufwand in einem Ausmaß, das umfangreiche Ressourcen in Zeit und Energie von den eigentlichen Tätigkeiten abzieht, bis dahin, dass ein verselbständigter, aus eigenen Interessen zum Wachstum neigender Kontroll- und Berichtsapparat heranwächst und alle Effizienzgewinne zunichte macht. Ein Überwachungsskandal reiht sich an den anderen (Lidl, Telekom, Deutsche Bahn AG).

Im gesteigerten Kampf um Positionen häufen sich Mobbing, Betrug, Täuschung und Korruption, um zum Erfolg zu gelangen. Doping, Cheating und Mobbing sind zwangsläufiger Bestandteil eines Systems, das den Kampf aller gegen alle zum Normalzustand macht. Die Antwort darauf ist noch umfassendere und subtilere Überwachung. So entwickelt sich ein spiralförmiger Prozess, in dem die Gewährung größerer Freiheiten Hand in Hand mit einer neuen Form der totalen Überwachung geht. So paart sich das Ausleben von ungebremstem Egoismus mit totaler Kontrolle. Sie sind die Zwillingsbrüder einer Gesellschaft, die in der vollständigen Vermarktlichung alle Ressourcen der freiwilligen Bindung, der Loyalität und des Vertrauens verloren hat. Angesichts dieser Folgen der ubiquitären Umwandlung aller gesellschaftlichen Prozesse in Märkte, erschallt der Ruf nach einem neuen »Vertrauensmanagement«, gerade auch aus dem Munde derjenigen, die den Schaden angerichtet haben. Dabei wird erneut verkannt, dass sich nicht gezielt »managen« lässt, was nur auf natürlichem Wege wachsen kann. Jedes Management verfolgt eine Absicht. Vertrauen wurzelt aber in absichtslosem, eine selbstverständlich geltende, als legitim anerkannte Ordnung reproduzierendem Handeln. Deshalb wird man mit gezieltem Vertrauensmanagement das verlorene Vertrauen in eine als legitim anerkannte Ordnung nicht so leicht wieder herstellen können.

Auf der abstrakten Ebene des Paradigmas überlässt es die Transaktionskostenökonomik der Berechnung im Einzelfall, ob die Variante Hierarchie oder die Variante Markt gewählt wird. In der Realität dürfte deshalb die Entscheidung situationsspezifisch sehr unterschiedlich ausfallen. Wie ist dann aber zu erklären, dass die Entscheidungen von Unternehmen und Regierungen seit den 1980er Jahren einseitig in die Richtung des Abbaus von Hierarchien und des Aufbaus von Märkten gelaufen sind? Aus dem abstrakten Paradigma ist diese globale und flächendeckende Entwicklung nicht vorherzusagen. Es müssen demnach andere erklärende Faktoren ins Spiel kommen. Die im Zuge der Transnationalisierung und der Bildungsexpansion gesteigerte Individualisierung der Lebensverhältnisse und der damit einhergehende Wertewandel bilden eine wesentliche Grundlage für die Delegitimierung von Hierarchien und die Legitimierung von Märkten. Die weltweite Diffusion des neoliberalen Ordnungsmodells ist eine Folge und in der Rückwirkung eine legitimierende Kraft dieser Entwicklung. Im Sog dieser Entwicklung liegt es nahe, dass die Anwendung der Transaktionskostenökonomik häufiger für Märkte als für Hierarchien optieren lässt. Einmal in Fahrt gekommen, bleibt es nicht bei der Auslagerung der Betriebskantine oder der Müllabfuhr. Es wird jetzt mehr als zuvor mit spitzem Stift gerechnet, ob sich die dauerhafte Vorhaltung von Personal für die Herstellung eines Gutes im Vergleich zum Einkauf auf dem Markt lohnt. Dabei spielt noch die Tatsache der Vermarktung von Leistungen in die Hände, dass sich die damit verbundenen Einsparungen an Personal und Gerätschaft leichter dokumentieren lassen, als die weniger sichtbaren Kosten an Qualitätseinbußen, Koordination und Kontrolle. Einmal ausgelagert, schlagen die Kosten der Reintegration von Leistungen in die Organisation für die Marktvariante verstetigend zu Buche. Weiterhin sind Spillover-Effekte wirksam. Das heißt, an einer Stelle angefangen, ist an weiteren Stellen der Wechsel von der Hierarchie zum Markt wahrscheinlicher, nämlich leichter vorstellbar und leichter durchführbar. Ist der Zug in Gang gesetzt, wird in Kennzahlen zergliedert und messbar gemacht, was vorher nicht genau messbar erschien. Damit wird zumindest die hierarchieinterne Umwandlung einer Abteilung in ein Profitcenter möglich. Im institutionellen Umfeld wird die Welle der Vermarktlichung von Analysten, Ratingagenturen und Aktionären unterstützt, die Auslagerungen und Personalabbau mit Kurssprüngen an der Börse belohnen. So greifen mehrere Faktoren ineinander, um eine an sich offene Entscheidung zwischen Hierarchie und Markt in die Richtung der zunehmenden Vermarktlichung der Koordination des menschlichen Handelns zu lenken. Die Transaktionskostenökonomik verliert in diesem Prozess ihre Unschuld und dient unbeabsichtigt als Legitimationsinstrument für die Ablösung von Hierarchien durch Märkte. Das ist besonders bedeutsam, weil weniger die tatsächlich feststellbare Leistungssteigerung als die isomorphische Anpassung von Maßnahmen an die im institutionellen Umfeld herrschenden Rationalitätsmodelle über die Wahl zwischen Hierarchie oder Markt entscheidet. Nicht die Effizienzsteigerung, sondern die Erzielung von Legitimität erklärt die Option für Hierarchie oder Markt. Die weltweite Welle der Entstaatlichung und Privatisierung, der Enthierarchisierung und Vermarktlichung der Koordination von menschlichem Handeln und der Erstellung von Leistungen ist weniger der damit verbundenen Effizienzsteigerung und mehr der damit erreichten Legitimität geschuldet. Niemand kann genau nachweisen, zu welchen tatsächlichen Effizienzgewinnen für die Gesellschaft zum Beispiel die Umwandlung der Deutschen Post von einem öffentlichen Betrieb in ein Privatunternehmen führt, wenn die Transaktionskosten einberechnet werden, die zum Beispiel aus dem kurzfristigen Auf- und Abbau von Postdiensten in den USA mit 15.000 Mitarbeitern und weiteren Fehlinvestitionen resultieren, und wenn weiter die Kosten einkalkuliert werden, die der Gesellschaft dadurch entstehen, dass die Personalverknappung in der Postzustellung aus Effizienzgründen durch die Finanzierung von höheren Krankenständen und mehr Hartz IV-Empfängern ausgeglichen werden muss (Dohmen 2008)

Die Verfechter der flächendeckenden Durchsetzung des Marktparadigmas tragen insofern eine maßgebliche Verantwortung für die Destabilisierung und gesteigerte Krisenanfälligkeit der gesellschaftlichen Ordnung, als sie im Fahrwasser der zunehmenden Bedeutung ökonomischer Märkte im Zuge der wachsenden internationalen Arbeitsteilung die Umstellung aller gesellschaftlichen Funktionsbereiche auf Märkte forciert haben, auch wenn auf diese Weise nur Quasi-Märkte oder Pseudomärkte entstanden sind (LeGrand und Bartlett 1994), die ganz anders funktionieren als vollkommene Märkte, auch wenn dadurch umfangreiche Defizite im Hinblick auf andere Funktionen der Gesellschaft als die ökonomische Funktion der Allokation knapper Ressourcen an artikulierte private Präferenzen entstanden sind. Die Gesellschaft ist ein viel komplexeres Gebilde als nur eine Ansammlung von Märkten und Verträgen. Das ignoriert zu haben, ist der Beitrag der Ökonomen zur aktuellen Krise der Gesellschaft. Die Ursache dafür liegt in der Dominanz des neoklassischen Paradigmas in der Ökonomie, das modelltheoretische Reinheit auf Kosten äußerster Realitätsfremdheit erreicht hat. Die Korrektur dieses Paradigmas durch die Institutionenökonomik hat noch längst nicht zu derjenigen Erweiterung des ökonomischen Denkens geführt, die erforderlich ist, um der komplexen Realität der Gesellschaft gerecht zu werden. Auch die Institutionenökonomik folgt einseitig einer Logik der Effizienz.

Die teuer erkaufte modelltheoretische Reinheit hat der Ökonomie den Glanz einer exakten Wissenschaft und deshalb Nobelpreiswürde eingebracht. Mit dieser Würde geadelt, hat die Ökonomie weltweit die anderen gesellschaftswissenschaftlichen Disziplinen vom Rang ernst genommener politischer Beratung verdrängt. Die Mediengesellschaft hat dieser Entwicklung mit der medialen Inszenierung des Nobelpreisträgers als Guru der Wissensgesellschaft einen kräftigen Schub gegeben. So ist es gekommen, dass gesellschaftswissenschaftliches Halbwissen zu globaler Dominanz gelangt ist und überall Rezepte verordnet, die in der Gesellschaft ganz andere Wirkungen haben als in der reinen Modellwelt der Ökonomie. McKinsey & Co. haben diese Herrschaft des Halbwissens auf breiter Front in die Praxis umgesetzt. In dieser Hinsicht ist die weit über die Finanzmärkte hinausgreifende Krise der Gesellschaft einer Beraterelite zu verdanken, die mit Halbwissen die Welt regiert. Die nahe liegende Lösung dieses Problems ist der Vertrauensentzug, die Umstellung auf Misstrauen in Beraterwissen und ein offenerer Wettbewerb zwischen den gesellschaftswissenschaftlichen Disziplinen um die Definition der Situation und die Deutung der gesellschaftlichen Problemlagen, das heißt die konsequente Anwendung des Marktparadigmas auf seine Verfechter selbst. Die Gesellschaft betritt dadurch kein sichereres Terrain. Sie wird dafür wenigstens nicht mehr so eklatant in die Irre geführt wie unter der unangefochtenen Regentschaft des neoliberalen Marktparadigmas (vgl. Mayer 2001; Beckert, Ebbinghaus, Hassel und Manow 2006).

7.2 Die Dialektik von Inklusion und Exklusion

Die Krisenanfälligkeit einer schon aus strukturellen Gründen das liberale Ordnungsmodell favorisierenden Weltgesellschaft ist die eine Seite der neuen Gesellschaftsordnung. Die andere Seite ist ein grundlegender Wandel der Solidarität, der einer Dialektik von globaler Inklusion und damit einhergehenden neuen Formen der Exklusion im nationalen Wohlfahrtsstaat folgt. Nationale Kollektive sind nicht mehr die ausschließliche Zurechnungseinheit von Solidarität und Teilhabe am Wohlstand. Es findet insofern ein grundlegender Solidaritätswandel statt als die mechanische Solidarität nationaler Kollektive von einer organischen, auf feingliedriger grenzüberschreitender Arbeitsteilung beruhenden, Solidarität transnationaler Netzwerke überlagert wird. Nationale Kollektive schöpfen ihre Solidarität aus äußerer Abgrenzung und innerer Homogenisierung, die in einem langen geschichtlichen Prozess ein Gefühl der Zusammengehörigkeit geschaffen haben. Transnationale Netzwerke sind solidarische Einheiten mit hochgradiger Differenzierung und Individualisierung der Teilhabe, in denen sich relativ autonome Individuen durch Leistungsaustausch miteinander verbinden und in denen Gefühle der Zusammengehörigkeit mangels äußerer Abgrenzung und innerer Homogenisierung nur schwach ausgeprägt sind. Das macht sie aber auch zugleich nach außen offener als nationale Kollektive. Sie sind unbegrenzt aufnahmefähig und erzeugen deshalb ein Band zwischen Individuen, die vorher durch nationale Grenzen voneinander getrennt waren. Da sie die nationalen Kollektive überlagern, wirken sie auf eine Angleichung von nationaler und transnationaler Solidarität hin. Das heißt, dass nationale Solidarität ein Stück weit arbeitsteilig differenziert und individualisiert wird, um mit dem neuen transnationalen Typus der organischen Solidarität vereinbar zu sein. Innerhalb der nationalen Kollektive bedeutet das im Vergleich zur Vergangenheit Solidaritätsverlust und Desintegration. Dabei ist allerdings zu beachten, dass dieser Typus der Solidarität innere Brüderlichkeit mit äußerer Unbrüderlichkeit gepaart, Binnen- und Außenmoral scharf voneinander getrennt hat (Münch 2001c). Die transnationale Solidarität von Netzwerken hebt diese Differenzierung tendenziell auf, um sie durch eine differenzierte und individualisierte Form der Inklusion in die Weltgesellschaft abzulösen. In dieser Perspektive ist die partielle Desintegration des nationalen Wohlfahrtsstaates ein Teil eines umfassenderen Umwälzungsprozesses, bei dem die Integration nationaler Gesellschaften im Vergleich zur transnationalen Integration der Weltgesellschaft an Bedeutung verliert. Transnationale Integration und nationale Desintegration stehen in dem Sinne in einem dialektischen Verhältnis, dass die transnationale Integration nur auf Kosten nationaler Desintegration voranschreiten kann, dass die transnationale Integration die nationale Integration in sich aufhebt und dabei in ihrem Charakter verändert. Die Inklusion von bisher ausgeschlossenen Teilen der Weltbevölkerung in den Weltwohlstand wird von der Exklusion bisher inkludierter Teile der nationalen Bevölkerung in den Wohlfahrtsstaaten begleitet.

Angesichts des beschriebenen Solidaritätswandels stellt sich die Frage, welche Strategien der Reintegration auf der nationalen Ebene überhaupt Erfolgsaussichten haben. Dabei erscheint es kaum machbar, etwas an den dargelegten Ursachen der nationalen Desintegration zu ändern. Die breitere Teilhabe an der weiterführenden Bildung kann nicht zurückgeschraubt werden. Der Weg weist eher in die Richtung des weiteren Ausbaus, gerade deshalb, weil dadurch die Wettbewerbsfähigkeit bisher marginalisierter Gruppen verbessert wird. Umso mehr geraten allerdings die zwar weniger werdenden, aber eben immer noch verbleibenden gering Qualifizierten unter Druck. Es ist sogar so, dass sich der Druck auf dieses Segment der Bevölkerung noch erhöht. Auch die Protektion der landwirtschaftlichen und arbeitsintensiven Produktion in den Industrieländern gegen die Konkurrenz aus den Entwicklungs- und Schwellenländern ist keine tragfähige Strategie. Im Gegenteil, der von den bislang aus dem Weltwohlstand exkludierten Regionen ausgehende Druck auf Inklusion erhöht sich sogar, weil Unterentwicklung inzwischen zu einer realen Gefahr für die reichen Industrieländer geworden ist. Die Al-Quaida-Anschläge auf das World Trade Center in New York am 11. September 2001 sind zum nicht mehr zu verdrängenden Symbol dieses weltgesellschaftlichen Inklusionsproblems geworden. Wie aber von der Entwicklungsökonomie nachgewiesen wird, ist das immer noch gegebene Niveau der Protektion landwirtschaftlicher und arbeitsintensiver Produktion in den Industrieländern das größte Hindernis auf dem Weg zu einer erhöhten Teilhabe der Entwicklungsländer am Weltwohlstand. Was die Entwicklungsländer durch den besseren Zugang zu den Märkten in den Industrieländern gewinnen können, übersteigt das Niveau der Entwicklungshilfe um ein Vielfaches (World Bank 2002). Es besteht demnach langfristig keine Chance, in den Wohlfahrtsstaaten innere Stabilität durch äußere Protektion zu sichern, zumal die daraus resultierenden Spannungen und Konflikte im Vergleich zu den inneren Spannungen und Konflikten an Bedeutung gewinnen.

Auch an der transnationalen Ausdifferenzierung von Solidarität mit organischem, leistungsbezogenem Charakter zu Lasten der nationalen Solidarität mit mechanischem Charakter lässt sich nicht rütteln, weil grenzüberschreitende Produktionsketten besser komparative Kostenvorteile nutzen können als nationale Produktionsketten und sich dadurch am Markt besser behaupten, während national konzentrierte Produktionsketten vom Markt gedrängt werden (Durkheim 1977). Marktschließung zwecks Erhaltung nationaler Produktionsketten ist aber keine aussichtsreiche Strategie, weil sie dem Inklusionsdruck großer Teile der Weltbevölkerung nicht standhält. Es besteht auch keine Chance, die Differenzierung der Arbeitnehmerschaft nach Qualifikations- und Tätigkeitsprofil wieder zurückzudrehen, weil dies die Optionen und Entfaltungschancen jedes einzelnen Individuums in einer nicht mehr durchsetzbaren Weise einschränken würde. Das heißt aber, dass kein Weg zu einer homogeneren und gewerkschaftlich einheitlich organisierten Arbeitnehmerschaft zurückführt, die Arbeitnehmerschaft keine große solidarische Einheit mehr bilden kann, sondern in eine Vielzahl von kleineren Einheiten zersplittert wird. Dieser Prozess wird durch die Tertiarisierung der Wertschöpfung noch verstärkt, die sich angesichts der Wettbewerbsvorteile von Niedriglohnregionen im Sektor der industriellen Produktion ebenso wenig zurückdrehen lässt. Es besteht eher ein weiterer Ausbaubedarf in diesem Sektor. Auch der Standortwettbewerb mit seiner Wirkung der Spaltung der nationalen Arbeitnehmerschaft in Qualifizierte mit relativ sicheren Arbeitsplätzen und Unqualifizierte mit unsicherer Beschäftigung ist auf Dauer nicht zu verhindern, und zwar nicht nur wegen der erhöhten Mobilität des Kapitals im liberalisierten Weltmarkt, sondern auch wegen des Inklusionsdrucks, den bislang ausgegrenzte Teile der Weltbevölkerung auf die Industrieländer ausüben (Langer 1995).

Wenn es also keinen Weg zurück in die »heile Welt« des nationalen Wohlfahrtsstaates gibt, stellt sich die Frage, welche Strategien dann überhaupt noch möglich sind, um die neuen Inklusionsdefizite zu beheben. Es könnte auch sein, dass die entsprechenden inneren Desintegrationserscheinungen der Preis sind, den jetzt auch die konservativen und egalitären Wohlfahrtsstaaten für mehr transnationale Integration bezahlen müssen, um die Gefahren zu bannen, die aus der mangelnden Lösung dieses Problems resultieren. Gangbar erscheint deshalb nur der Weg der gezielten sozialpolitischen Flankierung eines Solidaritätswandels, der ohnehin nicht aufzuhalten ist und der sich aller Wahrscheinlichkeit nach in der absehbaren Zukunft noch verschärfen und beschleunigen wird. Diese Strategie der sozialpolitischen Flankierung des Strukturwandels wird von einem Wohlfahrtsstaat verlangt, der mit seinem bisherigen Programm ohnehin an die Grenzen der Finanzierbarkeit gestoßen ist. Wie soll da noch Platz für neue Programme sein, die auf die Inklusion der marginalisierten Gruppen zielen? Obwohl die Notwendigkeit staatlich geleiteter sozialer Sicherung nach wie vor von allen Schichten der Bevölkerung gesehen wird, klagt insbesondere die Mittelschicht über die damit verbundene Abgabenlast (Schwarze und Härpfer 2002). Es besteht deshalb kaum Spielraum für höhere Abgaben, zumal sie auch zu einem Einstellungshindernis geworden sind und deshalb die Beschäftigungsquote nach unten drücken.

Neue Inklusionsprogramme stehen unter dem Diktat der Kostenneutralität. Daraus folgt, dass die Kosten eines Wohlfahrtsprogramms, das auf die soziale Absicherung der breiten Mehrheit der Bevölkerung ausgerichtet ist, gesenkt werden müssen, um Platz für neue Programme zu schaffen.

Die größte Herausforderung dürfte dabei die Abkehr von Programmen sein, die auf die Unterstützung von Inaktivität hinauslaufen, um zu einem ausgeglichenen Verhältnis von Sozialabgaben und empfangenen Sozialleistungen zu gelangen. Dieses Problem stellt sich angesichts der Altersstruktur insbesondere bezüglich der Finanzierung von Renten und Pensionen. Die lange Zeit praktizierte Strategie, den wirtschaftlichen Strukturwandel durch Frühverrentung abzufangen, ist unter diesen Bedingungen nicht mehr möglich. An einer Verlängerung der Lebensarbeitszeit wird deshalb kein Weg vorbeiführen. Der Fokus wird stattdessen auf der aktiven Gestaltung des Strukturwandels liegen, der eine gezielte Innovationsförderung verlangt, um in der erforderlichen Geschwindigkeit neue Arbeitsplätze zumindest für die nachwachsenden Generationen in größerem Umfang und größerer Geschwindigkeit schaffen zu können. Sozialpolitik ist unter diesen Bedingungen in hohem Maße zugleich Innovationspolitik. Das gilt umso mehr, als der Strukturwandel weg von der landwirtschaftlichen und arbeitsintensiven Produktion und hin zu High-Tech-Produktion und Dienstleistung führt, um die bisher ausgeschlossenen Teile der Weltbevölkerung am Weltwohlstand teilhaben zu lassen.

Das neue Paradigma der Sozialpolitik setzt auf vormarktliche Humankapitalbildung. Es löst das alte, auf nachmarktlichen sozialen Ausgleich, das heißt auf Dekommodifizierung ausgerichtete Paradigma ab. Daraus ergibt sich eine Rekommodifizierung des individuellen Lebensschicksals. Das neue *Humankapital-Paradigma* unterwirft die Teilhabe des Individuums an der Gesellschaft – wie der Begriff schon sagt – mehr als das alte *Paradigma des sozialen Ausgleichs* den Gesetzmäßigkeiten der Kapitalverwertung. Wenn an Stelle der Beschäftigungssicherheit und der Absicherung der Arbeitslosigkeit auf hohem Niveau die Betonung auf Beschäftigbarkeit und Aktivierung durch Investitionen in Humankapital gelegt wird, dann ist dies ohne Zweifel eine Abkehr von gegebenen Sicherheiten, mit denen allerdings die Verzögerung des Strukturwandels, die Verzögerung der Inklusion bisher exkludierter Teile der Weltbevölkerung und die Absorption finanzieller Ressourcen durch die Unterstützung von Inaktivität verbunden war. Umso weniger Aufmerksamkeit und Ressourcen konnte der Strukturwandel selbst für sich beanspruchen, sodass die damit verbundenen Integrationsprobleme ein Ausmaß erreicht haben, das jetzt umso größere Anstrengungen verlangt, um überhaupt bewältigt werden zu können.

Die Gestaltung des Strukturwandels erfordert neben der Förderung von Innovationen zwecks Schaffung neuer Arbeitsplätze ein besonderes

Augenmerk für Allgemeinbildung, berufliche Bildung, Weiterqualifizierung und Umschulung, um das Niveau der Beschäftigungsfähigkeit aller Bevölkerungsschichten zu steigern (Schmid 2002). Einsparungen bei der Verlängerung der Lebensarbeitszeit und bei der Finanzierung von Arbeitslosigkeit können gezielt für die Finanzierung neuer Programme der Bildung, Weiterbildung und Umschulung genutzt werden (Crouch, Finegold und Sako 1999). Um die Marginalisierung durch geringe Qualifikation zu verringern, kommt es insbesondere auf Begleitprogramme an, die helfen, die schulischen Misserfolge der Jugendlichen aus bildungsfernen Schichten zu senken. Wie die PISA-Studie gezeigt hat, sind die schulischen Leistungen in Deutschland im internationalen Vergleich besonders stark nach sozialer Herkunft differenziert (Baumert et al. 2001). Das liegt vor allem an der geringen Verfügbarkeit von Einrichtungen, die familiale Betreuungsdefizite ausgleichen können: Kindertagesstätten, Ganztagsschulen, Hausaufgabenbetreuung, Schulpsychologie, Jugendbetreuung (Bos et al. 2003).

Die Investitionen in »Humankapital« werden nicht dazu führen, dass 100 Prozent der Arbeitnehmerschaft für High-Tech-Berufe mit hohen Qualifikationsanforderungen geeignet sind. Es wird immer noch ein Teil übrig bleiben, der nicht in so hohem Maße qualifiziert werden kann. Weil sich noch einige mehr qualifizieren werden, wird die übrig bleibende Gruppe der Unqualifizierten noch mehr marginalisiert sein, weil es sich jetzt um eine Gruppe handelt, aus der heraus überhaupt kein Aufstieg mehr zu schaffen ist.

Kann die Marginalisierung der Unqualifizierten durch großzügige Unterstützung von Arbeitslosigkeit verringert werden? Das ist eher unwahrscheinlich, weil dafür keine Solidarität vorhanden ist, die sich auf Zusammengehörigkeitsgefühl stützt. Wie wir schon festgestellt haben, differenziert sich Solidarität im transnationalen Raum in Netzwerken, die sich von der geschlossenen Solidarität nationaler Kollektive entfernen. Außerhalb der Produktionskette ist kein Platz für eine Solidarität, die über das Interesse am Selbstschutz gegen drohende Gefahren der Anomie hinausgeht. Das heißt, dass die Unterstützung der Untätigkeit der Unqualifizierten nicht das Niveau erreichen kann, auf dem auf deren Seiten kein hohes Maß der relativen Deprivation (Exklusion) vorhanden wäre. Relative Exklusion mit ihren Begleiterscheinungen der Desorganisation wäre so nicht zu verhindern. So bleibt nur der Weg der Schaffung von Beschäftigungsmöglichkeiten auf einem niedrigen Qualifikationsniveau. Der Abbau solcher Arbeitsplätze im Sektor der industriellen Produktion muss durch einen entsprechenden

Ausbau von Arbeitsplätzen im Sektor der Dienstleistungen kompensiert werden (Esping-Andersen 1999: 99–119; Scharpf 2000: 213–223). Dabei handelt es sich um einen Sektor, der weniger als die industrielle Produktion der Weltmarktkonkurrenz ausgesetzt ist. Das heißt indessen nicht, dass dann auch höhere Löhne gezahlt werden können, zumal es dabei um Arbeitsplätze mit geringeren Möglichkeiten der Produktivitätssteigerung als bei der industriellen Produktion geht. Der Dienstleistungssektor kann keinen vollwertigen Ersatz für verlorene Produktionsarbeitsplätze schaffen.

Einfache Dienstleistungsarbeit kann nicht in derselben Weise wie lange Zeit einfache Produktionsarbeit durch die hohe Produktivität einer ganzen Produktionskette – zumal in der Obhut einheitlicher Gewerkschaftsvertretung – mit auf ein insgesamt hohes Niveau der Produktivität gezogen werden. Die individualisierte Dienstleistungsarbeit kann mit dieser Art von arbeitsteiliger Produktionssolidarität nicht rechnen. Sie wird deshalb relativ niedrig bezahlt bleiben und damit relative Deprivation nicht beseitigen (van Berkel und Horneman Møller 2002). Allerdings kann angenommen werden, dass im Vergleich zur Arbeitslosigkeit wenigstens die Inklusion in soziale Netzwerke – die am Arbeitsplatz hängen – gegeben ist, aus der sich immerhin weitere Teilhabechancen ergeben. Es wird so die totale Exklusion vermieden. Mehr wäre nur dann zu erreichen, wenn es durch Qualifizierungsmaßnahmen im Rahmen der Dienstleistungstätigkeit noch weitere Aufstiegschancen gäbe. Solche Programme können einem Teil der wenig Qualifizierten noch ein Stück mehr Teilhabe am Wohlstand ermöglichen. Darüber hinaus bleiben nur noch Maßnahmen, die solche Dienstleistungstätigkeiten noch mit einem Einkommen belohnen, das eine als ausreichend empfundene Teilhabe am Wohlstand gewährt und relative Deprivation (Exklusion) in erträglichen Grenzen hält. Ein Weg dazu ist die negative Einkommenssteuer nach dem Modell der amerikanischen Earned Income Tax, bei der das Finanzamt unterhalb einer festzusetzenden Einkommensschwelle keine Steuern kassiert, sondern umgekehrt einen finanziellen Ausgleich bis zu einer ebenso festzusetzenden Höhe ausbezahlt. Auf diese Weise kann Beschäftigung im Niedriglohnsektor gefördert und gleichzeitig ein Einkommen erreicht werden, das wenigstens eine bescheidene Teilhabe an der Gesellschaft erlaubt (Scharpf 1995). Wenn darüber hinaus bestimmte staatliche Leistungen (Kindergarten, Schule, Hochschule) nach Einkommensgrenzen an Gebühren geknüpft werden, wäre ein weiteres Tor der Inklusion für die davon befreiten unteren Einkommenssegmente geöffnet. Dabei sind allerdings die Übergänge so zu regeln, dass keine neuen Probleme der Benachteiligung von Gruppen knapp oberhalb der Einkommensgrenze entstehen.

Solche Maßnahmen werden die neuen Inklusionsprobleme des konservativen und egalitären Wohlfahrtsstaates nicht beseitigen, sondern nur mildern können. Angesichts der Unvermeidlichkeit dieser Probleme auf Grund der ebenso unausweichlichen Differenzierung von Solidarität im Rahmen der Überlagerung von nationaler durch transnationale Integration, kommt ihnen allerdings eine herausragende Bedeutung zu. Was immer auch getan wird, an dem Dilemma, dass jede Form der Inklusion immer auch Exklusion erzeugt, führt kein Weg vorbei. Das gilt gerade auch für die individualisierte Inklusion durch Bildung und Markterfolg im neuen Wohlfahrtsstaat unter dem Regime des liberalen Kapitalismus. Wegen dieser Komplexität der sozialen Probleme lassen sich die Fronten sozialer Konflikte in der Weltgesellschaft nicht mehr so eindeutig fixieren, wie das in der nationalen Gesellschaft zwischen Kapital und Arbeit möglich war. Infolgedessen zeigen sich Widerstand und Protest in genau derselben fragmentierten, nicht auf einen ideologischen Nenner zu bringenden Form, wie die Realität der Problemlagen selbst (Kreye 2009). Man sitzt in einer Sache in demselben Boot, um bei der nächsten schon wieder als Gegner aufeinanderzutreffen. Daraus entsteht keine Massenbewegung, die grundlegende Veränderungen herbeiführen würde. Eine Soziologie, die über die gesellschaftliche Wirklichkeit aufklären will, muss es bei dieser Erkenntnis belassen.

Abkürzungen

Namen für Organisationen, Verträge, Programme und dergleichen

BDA	Bundesvereinigung der deutschen Arbeitgeberverbände
BDI	Bundesverband der deutschen Industrie
BGB	Bürgerliches Gesetzbuch
BIP	Bruttoinlandsprodukt
DAG	Deutsche Angestellten-Gewerkschaft
DGB	Deutscher Gewerkschaftsbund
EFTA	European Free Trade Association
EG	Europäische Gemeinschaft
EGV	Vertrag zur Gründung der Europäischen Gemeinschaft
EU	Europäische Union
EuGH	Europäischer Gerichtshof
GATT	General Agreement on Tariffs and Trade
MIT	Massachusetts Institute of Technology
NAFTA	North American Free Trade Association
OECD	Organization for Economic Cooperation and Development
ÖTV	Gewerkschaft Öffentliche Dienste, Transport und Verkehr
PISA	Programme for International Student Assessment
Verdi	Vereinte Dienstleistungsgewerkschaft
WHO	World Health Organization
WTO	World Trade Organization

Ländernamen

A	Austria, Österreich
AUS	Australien
B	Belgium, Belgien
CDN	Canada, Kanada
CH	Schweiz
CZ	Tschechien
D	Deutschland
DK	Dänemark
E	España, Spanien
F	Frankreich
FIN	Finnland
GR	Griechenland
I	Italien
IRL	Irland
IS	Island
J	Japan
L	Luxemburg
MEX	Mexiko
N	Norwegen
NL	Niederlande
NZ	New Zealand, Neuseeland
PL	Polen
ROK	Republic of Korea, Korea
S	Schweden
SK	Slowakei
TR	Türkei
UK	United Kingdom, Großbritannien
USA	United States of America, Vereinigte Staaten von Amerika

Literatur

Abolafia, Mitchel Y. (1996), *Making Markets. Opportunism and Restraint on Wall Street.* Cambridge, Mass.: Harvard University Press.

Abraham, Henry J. (1977), *Freedom and the Court: Civil Rights and Liberties in the United States.* 3. Aufl. New York: Oxford University Press.

Ackerman, Bruce (1991), *We the People. Foundations.* Cambridge, Mass.: Harvard University Press.

Adam, Barry D. (1995), *The Rise of a Gay and Lesbian Movement.* New York: Twayne Publishers.

Agnew, Robert (1992), »Foundation of a General Strain Theory of Crime and Delinquency.« In: *Criminology* 30, S. 47–87.

Akerlof, George A. (1970), »The Market for ›Lemons‹: Quality Uncertainty and the Market Mechanism.« In: *Quarterly Journal of Economics* 84, S. 488–500.

Alber, Jens (2002), »Modernisierung als Peripetie des Sozialstaats?« In: *Berliner Journal für Soziologie* 12 (1), S. 5–35.

— (2006), »Das europäische Sozialmodell und die USA.« In: *Leviathan* 34 (2), S. 208–241.

Albert, Mathias (2002), *Zur Politik der Weltgesellschaft. Identität und Recht im Kontext internationaler Vergesellschaftung.* Weilerswist: Velbrück.

Albert, Michel (1992), *Kapitalismus contra Kapitalismus.* Frankfurt/New York: Campus.

Albrow, Martin (1997), *The Global Age.* Palo Alto, CA: Stanford University Press.

Alesina, Alberto und Roberto Perotti (1997), »The Welfare State and Competitiveness.« In: *American Economic Review* 87, S. 921–939.

Allen, Franklin und Elena Carletti (2006), »Credit Risk Transfer and Contagion.« In: *Journal of Monetary Economics* 53, S. 89–111.

Allen, Franklin und Douglas Gale (2007), *Understanding Financial Crises.* Oxford: Oxford University Press.

Almond, Gabriel und Sidney Verba (1963), *The Civic Culture: Political Attitudes and Democracy in Five Nations.* Princeton, N.J.: Princeton University Press.

Antony, Jürgen und Horst Entorf (2003), »Zur Gültigkeit der Abschreckung im Sinne der ökonomischen Theorie der Kriminalität: Grundzüge einer Meta-Studie.« In: Hans Jörg Albrecht and Horst Entorf (Hg.), *Kriminalität, Ökonomie und Europäischer Sozialstaat.* Heidelberg: Physica-Verlag, S. 167–185.

Aristoteles (1921), *Nikomachische Ethik.* Leipzig: Meiner.

Armingeon, Klaus (1988), »Gewerkschaftliche Entwicklung und ökonomischer, beschäftigungsstruktureller und politischer Wandel. Das Beispiel der Gewerkschaften in der BRD.« In: *Soziale Welt* 39, S. 459–485.

Armingeon, Klaus (2005), »Die Ausbreitung der Aktiengesellschaft und der Wandel des Wohlfahrtsstaates und der Arbeitsbeziehungen.« In: Paul Windolf (Hg.), *Finanzmarkt-Kapitalis-*

mus. Analysen zum Wandel von Produktionsregimen. Sonderheft 45 der *Kölner Zeitschrift für Soziologie und Sozialpsychologie.* Wiesbaden: VS Verlag für Sozialwissenschaften, S. 441–459.

Axelrod, Robert (1988), *Die Evolution der Kooperation.* München: Oldenbourg.

Bach, Maurizio (2008), *Europa ohne Gesellschaft. Politische Soziologie der Europäischen Integration.* Wiesbaden: VS Verlag für Sozialwissenschaften.

Baecker, Dirk. (1988), *Information und Risiko in der Marktwirtschaft.* Frankfurt a. M.: Suhrkamp.

— (1991), *Womit handeln Banken? Eine Untersuchung zur Risikoverarbeitung in der Wirtschaft.* Frankfurt a. M.: Suhrkamp.

— (2006), *Wirtschaftssoziologie.* Bielefeld: transcript.

Baltes, Paul B. und Karl Ulrich Mayer (Hg.) (1999), *The Berlin Aging Study. Aging from 70 to 100.* New York: Cambridge University Press.

Barber, Bernard (1983), *The Logic and Limits of Trust.* New Brunswick, N.J.: Rutgers University Press.

Baumert, Jürgen, Eckhard Klieme, Michael Neubrand et al. (Hg.) (2001), *PISA 2000. Basiskompetenzen von Schülerinnen und Schülern im internationalen Vergleich.* Opladen: Leske + Budrich.

Baylin, Bernard (1967), *The Ideological Origins of the American Revolution, enlarged edition.* Cambridge, Mass.: Cambridge University Press.

Bechmann, Sebastian (2007), *Gesundheitssemantiken der Moderne. Eine Diskursanalyse der Debatten über die Reform der Krankenversicherung.* Berlin: edition sigma.

Beck, Ulrich (1999), *Schöne neue Arbeitswelt.* Frankfurt/New York: Campus.

— (2008), »Toxische Kredite. Die historische Macht der Finanzkrise.« In: *Süddeutsche Zeitung* 64, Nr. 240, 15. Oktober 2008, S. 13.

Becker, Gary S. (1968), »Crime and Punishment: An Economic Approach.« In: *Journal of Political Economy* 76, S. 169–217.

Beckert, Jens (1997), *Grenzen des Marktes. Die sozialen Grundlagen wirtschaftlicher Effizienz.* Frankfurt/New York: Campus.

— (2002), »Vertrauen und die performative Konstruktion von Märkten.« In: *Zeitschrift für Soziologie* 31 (1), S. 27–43.

Beckert, Jens, Rainer Diaz-Bone und Heiner Ganßmann (Hg.) (2007), *Märkte als soziale Strukturen.* Frankfurt/New York: Campus.

Beckert, Jens, Bernhard Ebbinghaus, Anke Hassel und Philip Manow (Hg.) (2006), *Transformationen des Kapitalismus.* Frankfurt/New York: Campus.

Beckett, Katherine und Bruce Western (2001), »Governing Social Marginality: Welfare, Incarceration, and the Transformation of State Policy.« In: *Punishment & Society* 3 (1), S. 43–59.

Beckett, Katherine und Theodore Sasson (2000), *The Politics of Injustice: Crime and Punishment in America.* Thousand Oaks, CA: Pine Forge Press.

Beckett, Katherine (1997), *Making Crime Pay: Law and Order in Contemporary American Politics.* New York: Oxford University Press.

Beckmann, Martin (2007), *Das Finanzkapital in der Transformation der europäischen Ökonomie.* Münster: Westfälisches Dampfboot.

Bellah, Robert N., Richard Madsen, William M. Sullivan, Ann Swidler und Steven M. Tipton (1985), *Habits of the Heart. Individualism and Commitment in American Life.* Berkeley, CA: University of California Press.

— (1991), *The Good Society.* New York: Alfred A. Knopf.

Bellah, Robert N., Richard Madsen, William M. Sullivan, Ann Swidler und Steven M. Tipton (1992), »Gegen die Tyrannei des Marktes.« In: *Frankfurter Rundschau.* 28.1.1992, S. 9.

Benner, Mats (1997), *The Politics of Growth. Economic Regulation in Sweden 1930–1994.* Lund: Arkiv.

Benner, Mats und Torben B. Vad (2000), »Sweden and Denmark: Defending the Welfare State.« In: Fritz W. Scharpf und Vivien A. Schmidt (Hg.), *Welfare and Work in the Open Economy Volume II: Diverse Responses to Common Challenges in Twelve Countries.* Oxford: Oxford University Press, S. 399–467.

Bennett, W. Lance (1998), »The Uncivic Culture: Communication, Identity, and the Rise of Lifestyle Politics.« In: *Political Science and Politics* 31, S. 741–761.

Berger, Johannes (1999), *Die Wirtschaft der modernen Gesellschaft.* Frankfurt/New York: Campus.

Berger, Peter L. und Thomas Luckmann (1969/1977), *Die gesellschaftliche Konstruktion der Wirklichkeit.* Frankfurt a. M.: Fischer.

Berkel, Rik van und Iver Hornemann Møller (2002), *Active Social Policies in the EU. Inclusion through participation?* Bristol: The Policy Press.

Bernburg, Jón Gunnar (2002), »Anomie, Social Change and Crime. A Theoretical Examination of Institutional Anomie Theory.« In: *British Journal of Criminology* 42 (4), S. 729–742.

Bernhard, Stefan (2006), »The European Paradigm of Social Exclusion.« In: *Journal of Contemporary European Research* 2, S. 41–57.

— (2008), *Die Produktion von Inklusion. Zur Entstehung eines europäischen Feldes.* Diss. rer. pol. Universität Bamberg.

Berthoff, Rowland (1971), *An Unsettled People: Social Order and Disorder in American History.* New York: Harper & Row.

Betz, Hans-Georg (1994), *Radical Right-Wing Populism in Western Europe.* New York: St. Martin's Press.

Beyer, Jürgen (2006), *Pfadabhängigkeit. Über institutionelle Kontinuität, anfällige Stabilität und fundamentalen Wandel.* Frankfurt/New York: Campus.

Bhagwati, Jagdish (1988), *Protectionism.* Cambridge, Mass.: The MIT Press.

Bhagwati, Jagdish und Robert E. Hudec (1996), *Fair Trade and Harmonization: Prerequisites for Free Trade?* 2 Bde. Cambridge, Mass.: The MIT Press.

Bischoff, Joachim (2008), *Globale Finanzkrise – Über Vermögensblasen, Realökonomie und die »neue Fesselung« des Kapitals.* Hamburg: VSA-Verlag.

Black, Fischer und Myron Scholes (1973), »The Pricing of Options and Corporate Liabilities.« In: *Journal of Political Economy* 81 (3), S. 637–654.

Blechschmidt, Peter (2009), »Westerwelles Höhenflug. FDP liegt laut Meinungsumfrage bei 18 Prozent – nur noch 5 Punkte hinter der SPD.« In: *Süddeutsche Zeitung* 65, Nr. 35, 12. Februar 2009, S. 5.

Bleses, Peter und Martin Seeleib-Kaiser (2004), *The Dual Transformation of the German Welfare State.* Houndmills, Basingstoke: Palgrave Macmillan.

Bloch, Ruth H. (1985), *Visionary Republic. Millennial Themes in American Thought 1756–1800.* Cambridge, Mass.: Cambridge University Press.

Blomeyer, Wolfgang (1995), »Europäischer Gerichtshof und deutsche Arbeitsgerichtsbarkeit im judiziellen Dialog.« In: Wolfgang Blomeyer und Karl Albrecht Schachtschneider (Hg.), *Die Europäische Union als Rechtsgemeinschaft.* Berlin: Duncker & Humblot, S. 37–73.

Blossfeld, Hans-Peter und Heather Hofmeister (Hg.) (2006), *Globalization, Uncertainty and Women's careers. An International Comparison.* Cheltenham: Edward Elgar.

Blossfeld, Hans-Peter, Erik Klijzing, Melinda Mills und Karin Kurz (Hg.) (2005), *Globalization. Uncertainty and Youth in Society.* London: Routledge.

Blossfeld, Hans-Peter, Melinda Mills und Fabrizio Bernardi (Hg.) (2006), *Globalization, Uncertainty and Men's Careers. An International Comparison.* Cheltenham: Edward Elgar.

Bluhm, Katharina (2008), »Corporate Social Responsibility – Zur Moralisierung von Unternehmen aus soziologischer Perspektive.« In: A. Maurer und U. Schimank (Hg.), *Die Gesellschaft der Unternehmen – Die Unternehmen der Gesellschaft.* Wiesbaden: VS Verlag für Sozialwissenschaften, S. 144–162.

Blühdorn, Ingolfur (2006), »billig will Ich. Post-demokratische Wende und simulative Demokratie.« In: *Forschungsjournal Neue Soziale Bewegungen* 19 (4), S. 72–83.

Blum, Jürg M. (2008), »Why ›Basel II‹ May Need a Leverage Ratio Restriction.« In: *Journal of Banking and Finance* 32 (8), S. 1699–1707.

Bode, Ingo (2004), *Disorganisierter Wohlfahrtskapitalismus. Die Reorganisation des Sozialsektors in Deutschland, Frankreich und Großbritannien.* Wiesbaden: VS Verlag für Sozialwissenschaften.

Bogdandy, Armin von und Sergio Dellavalle (2008), »Universalism and Particularism as Paradigms of International Law.« In: *International Law and Justice Working Papers 2008/3.* New York University: School of Law.

Boltanski, Luc und Eve Chiapello (2003), *Der neue Geist des Kapitalismus.* Konstanz: UVK.

Boot, Arnoud W.A., Todd T. Milbourn und Anjolein Schmeits (2006), »Credit Ratings as Coordination Mechanisms.« In: *Review of Financial Studies* 19 (1), S. 81–118.

Bornschier, Volker (2005), »Varianten des Kapitalismus in reichen Demokratien beim Übergang in das neue Gesellschaftsmodell.« In: Paul Windolf (Hg.), *Finanzmarkt-Kapitalismus. Analysen zum Wandel von Produktionsregimen.* Sonderheft 45 der *Kölner Zeitschrift für Soziologie und Sozialpsychologie.* Wiesbaden: VS Verlag für Sozialwissenschaften, S. 331–371.

Bos, Wilfried, Eva-Maria Lankes, Manfred Prenzel, Knut Schwippert, Gerd Walther und Renate Valtin (Hg.) (2003), *Erste Ergebnisse aus IGLU. Schülerleistungen am Ende der vierten Jahrgangsstufe im internationalen Vergleich.* Münster: Waxmann.

Bourdieu, Pierre (2001), *Das politische Feld. Zur Kritik der politischen Vernunft.* Konstanz: UVK.

Boyer, Robert (2005), »Coherence, Diversity, and the Evolution of Capitalisms – The Institutional Complementarity Hypothesis.« In: *Evolutionary and Institutional Economics Review* 2 (1), S. 43–80.

Brady, David, Jason Beckfield und Martin Seeleib-Kaiser (2005), »Economic Globalization and the Welfare State in Affluent Democracies, 1975–2001.« In: *American Sociological Review* 70, S. 921–948.

Braun, Stefan und Martin Hesse (2008), »In der Krise geht's zurück zu den Wurzeln.« In: *Süddeutsche Zeitung* 64, Nr. 296, 20./21. Dezember 2008, S. 24.

Bruce, Marino A. (2000), »Inequality and Delinquency: Sorting out Some Class and Race Effects.« In: *Race & Society* 2 (2), S. 133–148.

Brunkhorst, Hauke (2002), *Solidarität. Von der Bürgerfreundschaft zur globalen Rechtsgenossenschaft.* Frankfurt a. M.: Suhrkamp.

Bude, Heinz (2008), *Die Ausgeschlossenen. Das Ende vom Traum einer gerechten Gesellschaft.* München: Carl Hanser Verlag.

Bursik, Robert J. und Harold G. Grasmick (1993), »Economic Deprivation and Neighborhood Crime Rates, 1960–1980.« In: *Law and Society Review* 27 (2), S. 263–284.

Butterwegge, Christoph (2001), *Wohlfahrtsstaat im Wandel: Probleme und Perspektiven der Sozialpolitik.* Opladen: Leske + Budrich.

Büttner, Thiess und Hannes Spengler (2002), »Lokale Determinanten der Kriminalität und Tätermobilität. Eine empirische Studie mit Gemeindedaten.« In: *Monatsschrift für Kriminologie und Strafrechtsreform* 85, S. 1–19.

Casper, Steven (2001), »The Legal Framework of Corporate Governance: The Influence of Contract Law on Company Strategies in Germany and the United States.« In: Peter A.

Hall und David Soskice (Hg.), *Varieties of Capitalism. The Institutional Foundations of Comparative Advantage.* Oxford: Oxford University Press, S. 387 – 416.

Castells, Manuel (1996), *The Information Age, Volume I: The Rise of the Network Society.* Oxford: Blackwell.

Castles, Francis (2004), *Future of the Welfare State: Crisis Myths and Crisis Realities.* New York: Oxford University Press.

Chamlin, Mitchell B. und John K. Cochran (2005), »Ascribed Economic Inequality and Homicide Among Modern Societies.« In: *Homicide Studies* 9 (1), S. 3–29.

Chomsisengphet, Souphala und Anthony Pennington-Cross (2006), »The Evolution of the Subprime Mortgage Market.« In: *Federal Reserve Bank of St. Louis Review* 88, S. 31–56.

Cloward, Richard A. (1959), »Illegitimate Means, Anomie, and Deviant Behavior.« In: *American Sociological Review* 24, S. 164–176.

Coase, Ronald (1937), »The Nature of the Firm.« In: *Economica* 4 (6), S. 386–405.

Coles, Jeffrey L., Naveen D. Daniel und Lalitha Naveen (2006), »Managerial incentives and risk taking.« In: *Journal of Financial Economics* 79, S. 431–468.

Crouch, Colin (2007), »Kommerzialisierung oder Staatsbürgerschaft. Bildungspolitik und die Zukunft des öffentlichen Dienstes.« In: J. Mackert und H.-P. Müller (Hg.), *Moderne (Staats)Bürgerschaft.* Wiesbaden: VS Verlag für Sozialwissenschaften, S. 168–212.

— (2008), *Postdemokratie.* Frankfurt a.M.: Suhrkamp.

Crouch, Colin, David Finegold und Mari Sako (1999), *Are Skills the Answer? The Political Economy of Skill Creation in Advanced Industrial Countries.* Oxford: Oxford University Press.

Curbach, Janina (2008), *Die Corporate Social Responsibility-Bewegung.* Diss. rer. pol. Universität Bamberg/Wiesbaden: VS Verlag für Sozialwissenschaften 2009.

Cusack, Thomas R., Torben Iversen und David Soskice (2007), »Economic Interests and the Origins of Electoral Systems.« In: *American Political Science Review* 101 (3), S. 373–391.

Daniels, Roger (1990), *Coming to America: A History of Immigration and Ethnicity in American Life.* New York: Harper Collins.

Davey, Joseph Dillon (1995), *The New Social Contract: America's Journey from Welfare State to Police State.* Westport, CT: Praeger/Greenwood.

Davies, James C (1962), »Toward a Theory of Revolution.« In: *American Sociological Review* 27, S. 5–19.

Davis, Mike (1986), *Prisoners of the American Dream.* London: Verso.

Dehousse, Renaud (1998), *The European Court of Justice.* Basingstoke: Macmillan.

DeMarzo, Peter M. (2005), »The Pooling and Tranching of Securities. A Model of Informed Intermediation.« In: *Review of Financial Studies* 18, S. 1–35.

DeNavas-Walt, Carmen; Robert Cleveland and Bruce H. Webster (2003), *Income in the United States: 2002.* Current Population Reports, U.S. Census Bureau. Washington, D.C.: U.S. Government Printing Office. [http://www.census2010.gov/prod/2004pubs/p60-226.pdf]

DeNavas-Walt, Carmen; Bernadette D. Proctor and Jessica Smith (2007), *Income, Poverty, and Health Insurance Coverage in the United States: 2006.* Current Population Reports, U.S. Census Bureau. Washington, D.C.: U.S. Government Printing Office. [http://www.census2010.gov/prod/2007pubs/p60-233.pdf]

Deutschmann, Christoph (2005), »Finanzmarkt-Kapitalismus und Wachstumskrise.« In: Paul Windolf (Hg.), *Finanzmarkt-Kapitalismus. Analysen zum Wandel von Produktionsregimen.* Sonderheft 45 der *Kölner Zeitschrift für Soziologie und Sozialpsychologie.* Wiesbaden: VS Verlag für Sozialwissenschaften, S. 58–84.

— (2008), *Kapitalistische Dynamik. Eine gesellschaftstheoretische Perspektive.* Wiesbaden: VS Verlag für Sozialwissenschaften.

Dezalay, Yves und Bryant G. Garth (1996), *Dealing in Virtue. International Commercial Arbitration and the Construction of a Transnational Legal Order.* Chicago: University of Chicago Press.

— (1998), »Le ›Washington Consensus‹. Contribution à une sociologie de l'hégémonie du libéralisme. « In : *Actes de la Recherche en Sciences Sociales* 121–122, S. 3–22.

DiMaggio, Paul J. und Walter W. Powell (1983), »The Iron Cage Revisited: Institutional Isomorphism and Collective Rationality in Organizational Fields.« In: *American Sociological Review* 48, S. 147–160.

DIW (Deutsches Institut für Wirtschaftsforschung) (2008), »Schrumpfende Mittelschicht – Anzeichen einer dauerhaften Polarisierung der verfügbaren Einkommen?« In: *DIW Wochenbericht,* 75. Jahrgang, Nr. 10/2008, 5. März 2008, S. 101–108. Online (19.01.2009): [http://www.diw.de/documents/publikaionen/73/79586/08-10-1.pdf].

Dohmen, Caspar (2008), »Post beendet US-Desaster.« In: *Süddeutsche Zeitung* 64, Nr. 262, 11. November 2008, S. 23.

Dohmen, Caspar, Thomas Fromm und Meite Thiede (2008), »Sparkassen verzocken sich.« In: *Süddeutsche Zeitung* 64, Nr. 258, 6. November 2008, S. 25.

Donziger, Steven R. (1996), *The Real War on Crime. The Report of the National Criminal Justice Commission.* New York: Harper Perennial.

Dörre, Klaus und Ulrich Brinkmann (2005), »Finanzmarkt-Kapitalismus: Triebkraft eines flexiblen Produktionsmodells?« In: Paul Windolf (Hg.), *Finanzmarkt-Kapitalismus. Analysen zum Wandel von Produktionsregimen.* Sonderheft 45 der *Kölner Zeitschrift für Soziologie und Sozialpsychologie.* Wiesbaden: VS Verlag für Sozialwissenschaften, S. 85–116.

Dubet, François und Didier Lapeyronnie (1994), *Im Aus der Vorstädte. Der Zerfall der demokratischen Gesellschaft.* Stuttgart: Klett-Cotta.

Duby, Georges und Dominique Barthélemy (1990), »Französische Adelshaushalte im Feudalzeitalter.« In: Philippe Aries und Georges Duby (Hg.), *Geschichte des öffentlichen Lebens, 2 Bde., Vom Feudalzeitalter zur Renaissance.* Frankfurt a. M.: S. Fischer.

Dulckeit, Gerhard, Fritz Schwarz und Wolfgang Waldstein (1989), *Römische Rechtsgeschichte.* München: C.H. Beck.

Dunne, Tim und Nicholas J. Wheeler (Hg.) (1999), *Human Rights in Global Politics.* Cambridge, Mass.: Cambridge University Press.

Durkheim, Emile (1961), *Die Regeln der soziologischen Methode.* Neuwied/Berlin: Luchterhand (frz. Originalausgabe 1895).

— (1973a), »Individualism and the Intellectuals«. In: Emile Durkheim, *On Morality and Society.* Hg. und eingeleitet von R.N. Bellah. Chicago: University of Chicago Press, S. 43–57.

— (1973b), »The Principles of 1789 and Sociology.« In: Emile Durkheim. *On Morality and Society.* Hg. von R.N. Bellah. Chicago: University of Chicago Press, S. 34–42.

— (1973c), *Der Selbstmord.* Neuwied/Berlin: Luchterhand (frz. Originalausgabe 1895).

— (1977), *Über die Teilung der sozialen Arbeit.* Frankfurt a. M.: Suhrkamp (*De la division du travail social.* Paris: Presses Universitaires de France. 1893).

Dux, Günter (2008), *Warum denn Gerechtigkeit: Die Logik des Kapitals. Die Politik im Widerstreit mit der Ökonomie.* Weilerswist: Velbrück.

Ebbinghaus, Bernhard (2000), »Any Way Out of `Exit from Work`? Reversing the Entrenched Pathways of Early Retirement.« In: Fritz W. Scharpf und Vivien A. Schmidt (Hg.), *Welfare and Work in the Open Economy.* Oxford: Oxford University Press, S. 511–533.

Eder, Klaus (2000), »Die Tätigkeitsgesellschaft. Euphemisierung postindustrieller Dienstleistungsarbeit und Normalisierung von Diskontinuität.« In: *Berliner Debatte Initial* 11, S. 5–16.

EFI (Expertenkommission Forschung und Innovation) (Hg.) (2008), *Gutachten zu Forschung, Innovation und technologischer Leistungsfähigkeit.* EFI Berlin.

Eichener, Volker (1994), »Europäische Regulierung im Arbeitsschutz: Überraschungen aus Brüssel und ein erster Versuch ihrer Erklärung.« In: Volker Eichener und Helmut. Voelzkow (Hg.), *Europäische Integration und verbandliche Interessenvermittlung.* Marburg: Metropolis, S. 385–417.

Einecke, Helga., Martin Hesse und Claus Hulverscheidt (2008), »Köhler redet Banken ins Gewissen.« In: *Süddeutsche Zeitung* 64, Nr. 272, 22./23. November 2008, S. 7.

Eisenstadt, Shmuel N. (2000), *Die Vielfalt der Moderne.* Weilerswist: Velbrück.

Entorf, Horst und Hannes Spengler (2002), *Crime in Europe: Causes and Consequences.* Heidelberg: Springer Verlag.

Esping-Andersen, Gøsta (1990), *The Three Worlds of Welfare Capitalism.* Cambridge, Mass.: Polity Press.

— (1999), *The Social Foundations of Postindustrial Economies.* Oxford: Oxford University Press.

— (2000), »Who is Harmed by Labour Market Regulations? Quantitative Evidence.« In: Gøsta Esping-Andersen und Mario Regini (Hg.), *Why Deregulate Labour Markets?* Oxford: Oxford University Press, S. 66–98.

Estevez-Abe, Margarita, Torben Iversen und David Soskice (2001), »Social Protection and the Formation of Skills: A Reinterpretation of the Welfare State.« In: Peter Hall und David Soskice (Hg.), *Varieties of Capitalism.* Oxford: Oxford University Press, S. 145–183.

Etzioni, Amitai (1968), *The Active Society. A Theory of Societal and Political Processes.* New York: Free Press.

— (1993), *The Spirit of Community. Rights, Responsibilities and the Communitarian Agenda.* New York: Crown.

Faist, Thomas (2007), »Die transnationale soziale Frage. Soziale Rechte und Bürgerschaften im globalen Kontext.« In: J. Mackert und H.-P. Müller (Hg.), *Moderne (Staats)Bürgerschaft.* Wiesbaden: VS Verlag für Sozialwissenschaften, S. 285–307.

Featherstone, Richard und Mathieu Deflem (2003), »Anomie and Strain: Context and Consequences of Merton's Two Theories.« In: *Sociological Inquiry* 73, S. 471–489.

Fioretos, Orfeo (2001), »The Domestic Sources of Multilateral Preferences: Varieties of Capitalism in the European Community.« In: Peter Hall und David Soskice (Hg.), *Varieties of Capitalism.* Oxford: Oxford University Press, S. 213–244.

Firebaugh, Glenn (2003), *The New Geography of Global Income Inequality.* Cambridge, Mass.: Harvard University Press.

Firebaugh, Glenn und Brian Goesling (2004), »Accounting for the Recent Decline in Global Income Inequality.« In: *American Journal of Sociology* 110 (2), S. 283–312.

Fligstein, Neil (2001), *The Architecture of Markets.* Princeton, N.J.: Princeton University Press.

Fligstein, Neil und Alec Stone Sweet (2002), »Constructing Polities and Markets: An Institutionalist Approach of European Integration.« In: *American Journal of Sociology* 107, S. 1206–1243.

Foucault, Michel (2006), *Geschichte der Gouvernementalität.* 2 Bde. Frankfurt a. M.: Suhrkamp.

Fourcade, Marion (2006), »The Construction of a Global Profession: The Transnationalization of Economics.« In: *American Journal of Sociology* 112 (1), S. 145–194.

Franck, Georg (1998), *Ökonomie der Aufmerksamkeit: Ein Entwurf.* München/Wien: Carl Hanser Verlag.

Franke, Günter und Jan P. Krahnen (2006), »Default Risk Sharing Between Banks and Markets: The Contribution of Collateralized Debt Obligations.« In: M. Carey und R. Stulz (Hg.), *The Risks of Financial Institutions.* Chicago: University of Chicago Press, S. 603–631.

— (2008), »The Future of Securitization.« Paper prepared for the Brookings-Tokyo Club-Wharton Conference on »Prudent Lending Restored: Securitization after the 2007 Mortgage Securities Meltdown.« Washington, 16. Oktober 2008. Universität Konstanz/ Goethe Universität Frankfurt.

Freeman, Richard B. (1996), »Why so Many Young American Men Commit Crimes and What Might We Do About It.« In: *Journal of Economic Perspectives* 10 (1), S. 25–42.

Frerichs, Sabine (2008), *Judicial Governance in der europäischen Rechtsgemeinschaft. Integration durch Recht jenseits des Staates.* Baden-Baden: Nomos.

Frerichs, Sabine, Richard Münch und Monika Sander (2008), »Anomic Crime in Post-Welfarist Societies. Cult of the Individual, Integration Patterns and Delinquency.« In: *International Journal of Conflict and Violence* 2 (2), S. 194–214.

Fromm, Sabine (2004), *Formierung und Fluktuation.* Berlin: Wissenschaftlicher Verlag Berlin.

Fromm, Sabine und Hans-Jürgen Aretz (2006), »Institutioneller Wandel der globalen Börsenindustrie und der Konflikt um die Deutsche Börse AG.« In: *Berliner Journal für Soziologie* 16, S. 371–391.

Fuchs, Susanne und Ronald Schettkat (2000), »Germany: A Regulated Flexibility.« In: Gøsta Esping-Andersen and Mario Regini (Hg.), *Why Deregulate Labour Markets?* Oxford: Oxford University Press, S. 211–244.

Gambetta, Diego (Hg.) (1988), *Trust: Making and Breaking Cooperative Relations.* Oxford: Blackwell.

Garland, David (2000), »The Culture of High Crime Societies.« In: *British Journal of Criminology* 40, S. 347–375.

Gebauer, Ronald und Georg Vobruba (2003), »The Open Unemployment Trap: Life at the Intersection of Labour Market and Welfare State. The Case of Germany.« In: *Journal of Social Policy* 32 (4), S. 571–587.

Geißler, Karlheinz A. (2002), »Wege aus der Warteschleife.« In: *Süddeutsche Zeitung* 76, 2. April 2002, S. V2/10.

Gellner, Ernest (1991), *Nationalismus und Moderne.* Berlin: Rotbuch.

Giddens, Anthony (1995), *Konsequenzen der Moderne.* Frankfurt a. M.: Suhrkamp.

— (2001), *Der Dritte Weg und seine Kritiker.* Frankfurt a. M.: Suhrkamp.

Gilbert, Neil (2002), *Transformation of the Welfare State.* New York: Oxford University Press.

Gilpin, Robert (2001), *Global Political Economy.* Princeton, N.J.: Princeton University Press.

Glazer, Nathan (1997), *We Are All Multiculturalists Now.* Cambridge, Mass.: Harvard University Press.

Goesling, Brian (2001), »Changing Income Inequalities within and between Nations: New Evidence.« In: *American Sociological Review* 66, S. 745–761.

Goodin, Robert E., Bruce Headey, Ruud Muffels und Henk-Jan Dirven (1999), *The Real Worlds of Welfare Capitalism*, Cambridge, Mass.: Cambridge University Press.

Gordon, Milton M. (1964), *Assimilation in American Life. The Role of Race, Religion and National Origins.* New York: Oxford University Press.

Gorz, André (1989), *Kritik der ökonomischen Vernunft.* Berlin: Rotbuch Verlag.

Gramsci, Antonio (1971) *Selections from the Prison Notebooks.* Hg. Von Q. Hoare und G. Nowell-Smith. London: Lawrence & Wishart.

Granovetter, Mark (1985), »Economic Action and Social Structure. The Problem of Embeddedness.« In: *American Journal of Sociology* 91, S. 481–510.

Gross, Peter (1994), *Die Multioptionsgesellschaft.* Frankfurt a. M.: Suhrkamp.

Guenther, Tina (2007), *Struktur- und Kulturwandel international tätiger deutscher Unternehmen: Das Beispiel des Bayer-Konzerns.* Wiesbaden: Deutscher Universitätsverlag.

Gunther, Gerald und Noel Dowling (1970), *Cases and Materials on Individual Rights in Constitutional Law.* Mineola, N.Y.: The Foundation Press.

Haas, Ernst B. (1958), *TheUniting of Europe. Political, Social and Economic Forces, 1950–1957.* Stanford: Stanford University Press.

Habermas, Jürgen (1981), *Theorie des kommunikativen Handelns.* 2 Bde. Frankfurt a. M.: Suhrkamp.

— (1992), *Faktizität und Geltung*, Frankfurt a. M.: Suhrkamp.

— (1998), *Die postnationale Konstellation.* Frankfurt a. M.: Suhrkamp.

Hack, Lothar (2008), *Wie Globalisierung gemacht wird.* Berlin: edition sigma.

Haider-Markel, Donald P. und Kenneth J. Meier (1996), »The Politics of Gay and Lesbian Rights: Expanding the Scope of the Conflict.« In: *Journal of Politics* 58, S. 332–349.

Hall, Peter A. und David Soskice (2001), »An Introduction to Varieties of Capitalism.« In: Peter A. Hall und David Soskice (Hg.), *Varieties of Capitalism. The Institutional Foundations of Comparative Advantage.* Oxford: Oxford University Press, S. 1 –70.

Hall, Peter A. und Rosemary C.R. Taylor (1996), »Political Science and the Three Institutionalisms.« In: *Political Studies* 44, S. 936–957.

Hall, Peter und Kathleen Thelen (2009), »Institutional Change in Varieties of Capitalism.« In: *Socio-Economic Review* 7 (1), S. 7–34.

Haller, Max (1997), »Klassenstruktur und Arbeitslosigkeit – Die Entwicklung zwischen 1960 und 1990.« In: Stefan Hradil und Stefan Immerfall (Hg.), *Die westeuropäischen Gesellschaften im Vergleich.* Opladen: Leske + Budrich, S. 377–428.

Hank, Rainer (1995), *Arbeit – Die Religion des 20. Jahrhunderts. Auf dem Weg in die Gesellschaft der Selbständigen.* Frankfurt a. M.: Eichborn.

Hannon, Lance und James Defronzo (1998), »Welfare and Property Crime.« In: *Justice Quarterly* 15 (2), S. 273–288.

Harrington, Brooke (2007), *Top Finance. Investment Groups in the United States.* Princeton, N.J.: Princeton University Press.

Hartmann, Martin und Claus Offe (Hg.) (2001), *Vertrauen. Die Grundlage des sozialen Zusammenhalts.* Frankfurt/New York: Campus.

Hartz, Louis (1955), *The Liberal Tradition in America.* New York: Harcourt Brace.

Hayek, Friedrich A. von (1948), »The Economic Conditions of Interstate Federalism.« In: F.A. von Hayek. *Individualism and Economic Order.* Chicago: University of Chicago Press, S. 255–272.

— (1969), *Freiburger Studien.* Tübingen: Mohr Siebeck.

— (2005), *Die Verfassung der Freiheit.* 4. Aufl. Tübingen: Mohr Siebeck.

Heideking, Jürgen (2000) »The Constitution, Festive Culture, and America's National Identity.« In: Habenbüchle, Roland und Josef Raab (Hg.), *Negotiations of America's National Identity, Bd. 1.* Tübingen: Stauffenberg Verlag, S. 95–136.

Heidenreich, Martin (2004), »Innovationen und soziale Sicherung im internationalen Vergleich.« In: *Soziale Welt* 55 (2), S. 125–144.

Heintz, Bettina, Richard Münch und Hartmann Tyrell (Hg.) (2005), *Weltgesellschaft. Theoretische Zugänge und empirische Problemlagen. Sonderheft der Zeitschrift für Soziologie.* Stuttgart: Lucius & Lucius.

Heinze, Thomas (2001), »Transformation des deutschen Unternehmenskontroll-Systems?« In: *Kölner Zeitschrift für Soziologie und Sozialpsychologie* 53, S. 641–675.

— (2002), »Die Struktur der Personalverflechtung großer deutscher Aktiengesellschaften zwischen 1989 und 2001.« In: *Zeitschrift für Soziologie* 31, S. 391–410.

Heitmeyer, Wilhelm (1997), *Was treibt die Gesellschaft auseinander? Bundesrepublik Deutschland: Auf dem Weg von der Konsens- zur Konfliktgesellschaft.* Frankfurt a. M.: Suhrkamp.

Heitmeyer, Wilhelm und Reimund Anhut (Hg.) (2000), *Bedrohte Stadtgesellschaft. Soziale Desintegrationsprozesse und ethnisch-kulturelle Konfliktkonstellationen.* Weinheim/München: Juventa.

Held, David, Anthony McGrew, David Goldblatt und Jonathan Perraton (1999), *Global Transformations. Politics, Economics and Culture.* Stanford: Stanford University Press.

Helfert, Mario (1992), »Segmentierung, soziale Ungleichheit und Qualifizierung von An- und Ungelernten.« In: *WSI Mitteilungen* 6, S. 356–364.

Hellwig, Martin (2008), »Systemic Risk in the Financial Sector: An Analysis of the Subprime-Mortgage Financial Crisis.« In: *Working Paper.* Bonn: Max Planck Institute for Research on Collective Goods.

Hiß, Stefanie (2006), *Warum übernehmen Unternehmen gesellschaftliche Verantwortung?* Frankfurt/New York: Campus.

Hobbes, Thomas (1970), *Leviathan.* Stuttgart: Reclam (engl. Original 1651).

Hobsbawm, Eric (1991), *Nationen und Nationalismus. Mythos und Realität seit 1780.* Frankfurt/New York: Campus.

Höffe, Otfried (1999), *Demokratie im Zeitalter der Globalisierung.* München: C.H. Beck.

Holzer, Boris (2005), »Vom globalen Dorf zur kleinen Welt. Netzwerke und Konnektivität in der Weltgesellschaft.« In: B. Heintz, R. Münch und H. Tyrell (Hg.), *Weltgesellschaft. Theoretische Zugänge und empirische Problemlagen. Sonderheft der Zeitschrift für Soziologie.* Stuttgart: Lucius & Lucius, S. 314–329.

Hondrich, Karl-Otto und Claudia Koch-Arzberger (1992), *Solidarität in der modernen Gesellschaft.* Frankfurt a. M.: Fischer Taschenbuch Verlag.

Höpner, Martin (2003), *Wer beherrscht die Unternehmen? Shareholder Value, Managerherrschaft und Mitbestimmung in Deutschland.* Frankfurt/New York: Campus.

— (2007), »Ist Politik gegen Verbände möglich? 25 Jahre Mancur Olsons ›The Rise and Decline of Nations‹« In: *Leviathan* 35 (3), S. 310–347.

— (2008), »Usurpation statt Delegation. Wie der EuGH die Binnenmarktintegration radikalisiert und warum er politischer Kontrolle bedarf.« *MPIfG Discussion Paper* 08/12.

Höpner, Martin und Gregory Jackson (2003), »Entsteht ein Markt für Unternehmenskontrolle? Der Fall Mannesmann.« In: Wolfgang Streeck, Martin Höpner (Hg.), *Alle Macht dem Markt? Fallstudien zur Abwicklung der Deutschland AG.* Frankfurt a. M.: Campus, S. 147–168.

Höpner, Martin und Lothar Krempel (2003), »The Politics of the German Company Network.« In: *MPIfG Working Paper 2003/9.* Köln: Max-Planck-Institut für Gesellschaftsforschung.

Höpner, Martin und Armin Schäfer (Hg.) (2008), *Die Politische Ökonomie der europäischen Integration.* Frankfurt/New York: Campus.

Huber, Evelyne und John D. Stephens (2001), *Development and Crisis of the Welfare State.* Chicago, Ill.: University of Chicago Press.

Huff-Corzine, Liu, Jay Corzine und David C. Moore (1991), »Deadly Connections: Culture, Poverty, and the Direction of Lethal Violence.« In: *Social Forces* 69, S. 715–732.

Huffschmid, Jörg (1999), *Politische Ökonomie der Finanzmärkte.* Hamburg: VSA-Verlag.

Hülverscheidt, Claus und Nikolaus Piper (2008), »Finanzsystem wird neu geordnet.« In: *Süddeutsche Zeitung* 64, Nr. 267, 17. November 2008, S, 17.

IAB (Institut für Arbeitsmarkt und Berufsforschung) (2003), *IAB-Kurzbericht Nr. 20/2003.* Nürnberg: Institut für Arbeitsmarkt und Berufsforschung.

Imbusch, Peter und Wilhelm Heitmeyer (Hg.) (2008), *Integration – Desintegration.* Wiesbaden: VS Verlag für Sozialwissenschaften.

Immerfall, Stefan (1997), »Soziale Integration in den westeuropäischen Gesellschaften: Werte, Mitgliedschaften und Netzwerke.« In: Stefan Hradil und Stefan Immerfall (Hg.), *Die westeuropäischen Gesellschaften im Vergleich.* Opladen: Leske + Budrich, S. 139–173.

Immergut, Ellen (1998), »The Theoretical Core of the New Institutionalism.« In: *Politics & Society* 26 (1), S. 5–34.

Imrohoroğlu Ayse, Antonio Merlo und Peter Rupert (2000), »On the Political Economy of Income Redistribution and Crime«. In: *International Economic Review* 41 (1), S.1–25.

Iversen, Torben (1999), *Contested Economic Institutions.* Cambridge, Mass.: Cambridge University Press.

— (2005), *Capitalism, Democracy, and Welfare.* Cambridge: Cambridge University Press.

Iversen, Torben und Thomas R. Cusack (2000), »The Causes of Welfare State Expansion: Deindustrialization or Globalization?« In: *World Politics* 52, S. 313–349.

Iversen, Torben und David Soskice (2006), »Electoral Institutions and the Politics of Coalitions: Why Some Democracies Redistribute more than Others.« In: *American Political Science Review* 100 (2), S. 165–181.

Iversen, Torben und John D. Stephens (2008), »Partisan Politics, the Welfare State, and Three World of Human Capital Formation.« In: *Comparative Political Studies* 41 (4–5), S. 600–637.

Jessop, Bob (2008), *State Power. A Strategic Relational Approach.* Cambridge, Mass.: Polity Press.

Johnson, Chalmers (1966), *Revolutionary Change.* Boston: Little, Brown.

Joppke, Christian (1999), *Immigration and the Nation State. The United States, Germany and Great Britain.* Oxford: Oxford University Press.

Kalberg, Stephen (1997), »Tocqueville and Weber on the Sociological Origins of Citizenship: The Political Culture of American Democracy.« In: *Citizenship Studies* 1, S. 199–222.

Kallen, Horace M. (1956), *Cultural Pluralism and the American Idea. An Essay in Social Philosophy.* Philadelphia: University of Pennsylvania Press.

Kant, Immanuel (1964), »Über den Gemeinspruch: Das mag in der Theorie richtig sein, taugt aber nicht für die Praxis.« In: *Werke in sechs Bänden,* Bd. VI. Hg. von Wilhelm Weischedel. Frankfurt a. M.: Insel Verlag, S. 125–172 (Erstveröffentlichung 1793).

Karst, Kenneth L. (1989), *Belonging to America: Equal Citizenship and the Constitution.* New Haven: Yale University Press.

Katzenstein, Mary Fainsod (1992), »Die Institutionalisierung des amerikanischen Feminismus: Kampf innerhalb des Systems.« In: *Berliner Journal für Soziologie* 2, S. 29–37.

Kaufmann, Franz-Xaver (1997), *Herausforderungen des Sozialstaats.* Frankfurt a. M.: Suhrkamp.

Kawachi, Ichiro, Bruce P. Kennedy und Richard G. Wilkinson (1999), *The Society and Population Health Reader. Income Inequality and Health.* New York: New Press.

Keister, Lisa A. (2000), *Wealth in America: Trends in Wealth Inequality.* Cambridge, Mass.: Cambridge University Press.

Kelly, Morgan (2000), Inequality and Crime. *Review of Economics and Statistics* 82, S. 530–539.

Kern, Horst und Michael Schumann (1984), *Das Ende der Arbeitsteilung? Rationalisierung in der industriellen Produktion. Bestandsaufnahme, Trendbestimmung.* München: Beck.

Kesteren, John N. van, Pat Mayhew und Paul Nieuwbeerta (2000), *Criminal Victimisation in Seventeen Industrialised Countries: Key-findings from the 2000 International Crime Victims Survey.*

Den Haag. Justizministerium, WODC.
Online (06-24-2004): [http://www.unicri. it/icvs/publications/index_pub.htm].

Kieserling, André (2004), *Selbstbeschreibung und Fremdbeschreibung. Beiträge zur Soziologie soziologischen Wissens.* Frankfurt a. M.: Suhrkamp.

Kitschelt, Herbert, Peter Lange, Gary Marks und John D. Stephens (Hg.) (1999), *Continuity and Change in Contemporary Capitalism.* New York: Cambridge University Press.

Klages, Philipp (2009), *Juristische Akteure zwischen Ökonomie und Recht.* Diss. phil. Humboldt Universität zu Berlin.

Knorr-Cetina, Karin und Urs Brügger (2005), »Globale Mikrostrukturen der Weltgesellschaft. Die virtuellen Gesellschaften von Finanzmärkten.« In: Paul Windolf (Hg.), *Finanzmarkt-Kapitalismus. Analysen zum Wandel von Produktionsregimen.* Sonderheft 45 der *Kölner Zeitschrift für Soziologie und Sozialpsychologie.* Wiesbaden: VS Verlag für Sozialwissenschaften, S. 145–171.

Knorr-Cetina, Karin und Alex Preda (Hg.) (2005), *The Sociology of Financial Markets.* Oxford: Oxford University Press.

Koch, Moritz (2008), »Rekordverluste in US-Finanzbranche.« In: *Süddeutsche Zeitung* 64, Nr. 262, 11. November 2008, S. 19.

Koenig, Matthias (2005), »Weltgesellschaft, Menschenrechte und der Formwandel des Nationalstaats.« In: B. Heintz, R. Münch und H. Tyrell (Hg.), *Weltgesellschaft. Theoretische Zugänge und empirische Problemlagen. Sonderheft der Zeitschrift für Soziologie.* Stuttgart: Lucius & Lucius, S. 374–393.

Kohli, Martin (1985), »Die Institutionalisierung des Lebenslaufs.« In: *Kölner Zeitschrift für Soziologie und Sozialpsychologie* 37, S. 1–29.

— (2003), »Der institutionalisierte Lebenslauf: ein Blick zurück und nach vorn.« In: Jutta Allmendinger (Hg.), *Entstaatlichung und soziale Sicherheit.* Bd. 1. Opladen: Leske + Budrich, S. 526–545.

Korpi, Walter (2003), »Welfare State Regress in Western Europe: Politics, Institutions, Globalization and Europeanization.« In: *Annual Review of Sociology* 29, S. 589–609.

Koschorke, Albrecht (2008), »Die vierte Etappe. Letzte ›frontier‹: Nicht nur der Finanzmarkt verspielt die Zukunft.« In: *Süddeutsche Zeitung* 64, Nr. 253, 30. Oktober 2008, S. 17.

Kronauer, Martin und Reiner Neef (1997), »Exklusion« und »soziale Ausgrenzung«: Neue soziale Spaltungen in Frankreich und Deutschland.« In: *Deutsch-Französisches Institut. Frankreich-Jahrbuch 1996. Politik, Wirtschaft, Gesellschaft, Geschichte, Kultur.* Opladen: Leske + Budrich, S. 219–235.

Kühl, Stefan (2003), *Exit. Wie Risikokapital die Regeln der Wirtschaft verändert.* Frankfurt/New York: Campus.

Kymlicka, Will (1995), *Multicultural Citizenship.* New York: Oxford University Press.

Laclau, Ernesto und Chantal Mouffe (2001), *Hegemony and Socialist Strategy. Towards a Radical Democratic Politics.* London: Verso.

Ladd, Everett Carll (1999), *The Ladd Report.* New York: The Free Press.

LaFree, Gary und Kriss A. Drass (2002), »Counting Crime Booms among Nations: Evidence for Homicide Victimization Rates, 1956 to 1998.« In: *Criminology* 40 (4), S. 769–801.

LaFree, Gary (2005), »Evidence for Elite Convergence in Cross-National Homicide Victimization Trends, 1956 to 2000.« In: *The Sociological Quarterly* 46 (1), S. 191–211.

Lahusen, Christian (2003), *Kontraktuelle Politik.* Weilerswist: Velbrück.

Lahusen, Christian und Claudia Jauß (2001), *Lobbying als Beruf: Interessengruppen in der Europäischen Union.* Baden-Baden: Nomos.

Langer, Stefan (1995), *Grundlagen einer internationalen Wirtschaftsverfassung.* München: C.H. Beck.

Legler, Harald (2004), »Forschungs- und Entwicklungsaktivitäten.« In: *Studien zum deutschen Innovationssystem*, Nr. 12–2004. Hannover: Niedersächsisches Institut für Wirtschaftsforschung.

Legler, Harald und Olaf Krawczyk (2007), »Forschungs- und Entwicklungsaktivitäten von Wirtschaft und Staat im internationalen Vergleich.« In: *Studien zum deutschen Innovationssystem*, No. 8–2007. Hannover: Niederäschsisches Institut für Wirtschaftsforschung.

Legler, Harald, Birgit Gehrke und Olaf Krawczyk (2005), »Deutschlands forschungs- und wissensintensive Wirtschaftszweige: Spezialisierung, Wachstum, Beschäftigung und Qualifikationserfordernisse.« In: *Studien zum deutschen Innovationssystem*, Nr. 14–2005. Hannover: Niedersächsisches Institut für Wirtschaftsforschung.

Legomsky, Stephen H. (1987), *Immigration and the Judiciary: Law and Politics in Britain and America*. New York: Oxford University Press.

LeGrand, Julian und Will Bartlett (1994), *Quasi-Markets and Social Policy*. Houndmills/Basingstoke: Macmillan.

Leibfried, Stephan und Paul Pierson (1995), *European Social Policy*. Washington, D.C.: The Brookings Institution.

Leibfried, Stephan und Michael Zürn (Hg.) (2006), *Transformationen des Staates?* Frankfurt a. M.: Suhrkamp.

Leisering Lutz und Stephan Leibfried (1999), *Time and Poverty in Western Welfare States. United Germany in Perspective*. Cambridge, Mass.: Cambridge University Press.

Lepsius, M. Rainer (1990), *Interessen, Ideen und Institutionen*. Opladen: Westdeutscher Verlag.

— (1991), »Nationalstaat oder Nationalitätenstaat als Modell für die Weiterentwicklung der Europäischen Gemeinschaft?« In: Rudolf Wildenmann (Hg.), *Staatswerdung Europas? Optionen für eine Europäische Union*. Baden-Baden: Nomos, S. 19–40.

Lessenich, Stephan (2003), *Dynamischer Immobilismus. Kontinuität und Wandel im deutschen Sozialmodell*. Frankfurt/New York: Campus.

Lessenich, Stephan und Ilona Ostner (Hg.) (1998), *Welten des Wohlfahrtskapitalismus. Der Sozialstaat in vergleichender Perspektive*. Frankfurt/New York: Campus.

Levitt, Steven (2004), »Understanding Why Crime Fell in the 1990s: Four Factors that Explain the Decline and Six that Do Not.« In: *Journal of Economic Perspectives* 18 (1), S. 163–190.

Lipset, Seymour M. (1963/1979), *The First New Nation: The United States in Historical and Comparative Perspective*. New York: Basic Books.

— (1996), *American Exceptionalism: A Double-Edged Sword*. New York: W.W. Norton & Company.

Lipset, Seymour M. und Gary Marks (2000), *It Didn't Happen Here. Why Socialism Failed in the United States*. New York/London: W.W. Norton & Company.

Locke, John (1967), *Zwei Abhandlungen über die Regierung*. Frankfurt a. M.: Europäische Verlagsanstalt (engl. Original 1690).

Loeffelholz, Hans-Dietrich von (1998), »Die Unternehmens- und Arbeitsmarktverfassung.« In: Willy Paul Adams und Peter Lösche (Hg.), *Länderbericht USA*. Bonn: Bundeszentrale für Politische Bildung, S. 547–577.

Lofgren, Charles A. (1987), *The Plessy Case: A Legal-Historical Interpretation*. New York: Oxford University Press.

Löw, Martina (2001), *Raumsoziologie*. Frankfurt a. M.: Suhrkamp.

Lowenkamp, Christopher T., Francis T. Cullen und Travis C. Pratt (2003), »Replicating Sampson and Groves's Test of Social Disorganization Theory: Revisiting a Criminological Classic.« In: *Journal of Research in Crime and Delinquency* 40: 351.

Luhmann, Niklas (1988), *Die Wirtschaft der Gesellschaft*. Frankfurt a. M.: Suhrkamp.

— (1989), *Vertrauen. Ein Mechanismus der Reduktion sozialer Komplexität.* 3. Aufl. Stuttgart: Enke.

— (1997), *Die Gesellschaft der Gesellschaft.* 2 Bde. Frankfurt a. M.: Suhrkamp.

— (2000), *Die Politik der Gesellschaft.* Frankfurt a. M.: Suhrkamp.

Lütz, Susanne (2002), *Der Staat und die Globalisierung von Finanzmärkten. Regulative Politik in Deutschland, Großbritannien und den USA.* Frankfurt/New York: Campus.

— (2005), »Von der Infrastruktur zum Markt? Der deutsche Finanzsektor zwischen Deregulierung und Reregulierung.« In: Paul Windolf (Hg.), *Finanzmarkt-Kapitalismus. Analysen zum Wandel von Produktionsregimen.* Sonderheft 45 der *Kölner Zeitschrift für Soziologie und Sozialpsychologie.* Wiesbaden: VS Verlag für Sozialwissenschaften, S. 294–315.

Luxembourg Income Study (2000), *Income Inequality Measures.* Online (06-24-2004): [http://www.lisproject.org/keyfigures/ineqtable.htm].

MacDonald, Ziggy (2002), »Official Crime Statistics: Their Use and Interpretation.« In: *Economic Journal* 112 (477), S. F85–F106.

Mackert, Jürgen und Hans-Peter Müller (Hg.) (2007), *Moderne (Staats)Bürgerschaft.* Wiesbaden: VS Verlag für Sozialwissenschaften.

Mahoney, James und Dietrich Rueschemeyer (Hg.) (2003), *Comparative Historical Analysis in the Social Sciences.* New York: Cambridge University Press.

Majone, Giandomenico (1996), *Regulating Europe.* London: Routledge.

Malinowski, Bronislaw (1979), *Argonauten des westlichen Pazifik.* Schriften in vier Bänden. Bd. 1. Frankfurt a. M.: Syndikat.

Manow, Philip (2005), »Globalisierung, ›Corporate Finance‹ und koordinierter Kapitalismus. Die Alterssicherungssysteme als (versiegende) Quelle geduldigen Kapitals in Deutschland und Japan.« In: Paul Windolf (Hg.), *Finanzmarkt-Kapitalismus. Analysen zum Wandel von Produktionsregimen. Sonderheft 45 der Kölner Zeitschrift für Soziologie und Sozialpsychologie.* Wiesbaden: VS Verlag für Sozialwissenschaften, S. 242–275.

Marrewijk, Charles van (2002), *International Trade and the World Economy.* Oxford: Oxford University Press.

Marshall, Thomas H. (1964), *Class, Citizenship and Social Development.* Garden City, N. Y.: Doubleday.

Marwah, Sanjay und Mathieu Deflem (2006), »Revisiting Merton: Continuities in the Theory of Anomie and Opportunity Structures.« In: Mathieu Deflem (Hg.), *Sociological Theory and Criminological Research: Views from Europe and the United States.* Oxford, UK: Elsevier.

Marx, Karl (1867/1962), *Das Kapital. Bd. 1. Marx-Engels Werke,* Bd. 23. Berlin: Dietz.

Mau, Steffen (2003), *The Moral Economy of Welfare States: Britain and Germany Compared.* London: Routledge.

— (2007), »Mitgliedschaftsräume, wohlfahrtsstaatliche Solidarität und Migration.« In: J. Mackert und H.-P. Müller (Hg.), *Moderne (Staats)Bürgerschaft.* Wiesbaden: VS Verlag für Sozialwissenschaften, S. 215–233.

Maurer, Andrea (Hg.) (2008), *Handbuch der Wirtschaftssoziologie.* Wiesbaden: VS Verlag für Sozialwissenschaften.

Maurer, Andrea und Uwe Schimank (Hg.) (2008), *Die Gesellschaft der Unternehmen – Die Unternehmen der Gesellschaft.* Wiesbaden: VS Verlag für Sozialwissenschaften.

Maurer, Andrea und Michael Schmid (Hg.) (2002), *Neuer Institutionalismus. Zur soziologischen Erklärung von Organisation, Moral und Vertrauen.* Frankfurt/New York: Campus.

Mauss, Marcel (1975), »Die Gabe.« In: Marcel Mauss, *Soziologie und Anthropologie II.* München/Wien: Hanser.

Mayer, Karl Ulrich (Hg.) (2001), *Die beste aller Welten? Marktliberalismus versus Wohlfahrtsstaat.* Frankfurt/New York: Campus.

— (2004), »Whose Lives? How History, Societies, and Institutions Define and Shape Life Courses.« In: *Research in Human Development* 1 (3), S. 161–187.

Mayntz, Renate (1997), *Soziale Dynamik und politische Steuerung. Theoretische und methodologische Überlegungen.* Frankfurt/New York: Campus.

— (2007), »Die Handlungsfähigkeit des Nationalstaats in Zeiten der Globalisierung.« In: Ludger Heidbrink und Alfred Hirsch (Hg.), *Staat ohne Verantwortung? Zum Wandel der Aufgaben von Staat und Politik.* Frankfurt/New York: Campus, S. 267–281.

McDonald, Forrest (1985), *Novus Ordo Seclorum: The Intellectual Origins of the Constitution.* Lawrence: University of Kansas Press.

Mead, George Herbert (1968), *Geist, Identität und Gesellschaft.* Frankfurt a. M.: Suhrkamp.

Merton, Robert C. (1973), »The Theory of Rational Option Pricing.« In: *Bell Journal of Economics and Management Science* 4, S.141–183.

Merton, Robert K. (1949/1968a), »Social Structure and Anomie«. In: R.K. Merton. *Social Theory and Social Structure.* New York: Free Press, S.185–214.

— (1949/1968b), »Continuities in the Theory of Social Structure and Anomie.« In: R.K. Merton. *Social Theory and Social Structure.* New York: Free Press, S. 215–248.

— (1949/1968c), »The Self-Fulfilling Prophecy.« In: R. K. Merton, *Social Theory and Social Structure.* New York: Free Press, S. 424–436.

Messner, Steven F. und Richard Rosenfeld (1997), »Political Restraint of the Market and Levels of Criminal Homicide: A Cross-National Application of Institutional Anomie Theory.« In: *Social Forces* 75 (4), S. 1393–1416.

— (1994/2007), *Crime and the American Dream.* Belmont, CA: Wadsworth.

Messner, Steven F., Eric P. Baumer und Richard Rosenfeld (2004), »Dimensions of Social Capital and Rates of Criminal Homicide.« In: *American Sociological Review* 69, Dezember, S. 882–903.

Meyer, John W. (2005), *Weltkultur. Wie die westlichen Prinzipien die Welt durchdringen.* Frankfurt a. M.: Suhrkamp.

Meyer, John W. und Brian Rowan (1977), »Institutionalized Organizations: Formal Structure as Myth and Ceremony.« In: *American Journal of Sociology* 83 (2), S. 340–363.

Mishel, Lawrence, Jared Bernstein und Heather Boushey (2003), *The State of Working America 2002/2003.* Ithaca/London: ILR Press of Cornell University Press.

Morenoff, Jeffrey D., Robert J. Sampson and Stephen W. Raudenbush (2001), »Neighborhood Inequality, Collective Efficacy, and the Spatial Dynamics of Urban Violence.« In: *Criminology* 39, S. 517–560.

Mühlauer, Alexander (2008), »Die Wissenskrise. Der Bankenkrach stellt die Lehre an den Business Schools in Frage – sie müssen umdenken.« In: *Süddeutsche Zeitung* 64, Nr. 282, 4. Dezember 2008, S. 20.

Mulford, Carla (1996), »Benjamin Franklin and the Myths of Nationhood.« In: Robert A. Lee und W.M. Verhoeven (Hg.), *Making America/Making American Literature.* Amsterdam/Atlanta, GA: Rodopi, S. 15–58.

Müller, Walter und Dietmar Haun (1994), »Bildungsungleichheit im sozialen Wandel.« In: *Kölner Zeitschrift für Soziologie und Sozialpsychologie* 46, S. 1–42.

Münch, Richard (1991), *Dialektik der Kommunikationsgesellschaft.* Frankfurt a. M.: Suhrkamp.

— (1986/1993), *Die Kultur der Moderne*, 2 Bde. Frankfurt a. M.: Suhrkamp.

— (1995), *Dynamik der Kommunikationsgesellschaft.* Frankfurt a. M.: Suhrkamp.

— (1996), »Modernisierung und soziale Integration. Replik auf Thomas Schwinn.« In: *Schweizerische Zeitschrift für Soziologie* 22, S. 603–29.

— (1998), *Globale Dynamik, lokale Lebenswelten. Der schwierige Weg in die Weltgesellschaft.* Frankfurt a. M.: Suhrkamp.

— (2001a), *The Ethics of Modernity. Formation and Transformation in Britain, France, Germany and the United States.* Lanham, MD: Rowman & Littlefield.

— (2001b), *Nation and Citizenship in the Global Age.* Basingstoke: Palgrave.

— (2001c), *Offene Räume: Soziale Integration diesseits und jenseits des Nationalstaats.* Frankfurt a. M.: Suhrkamp.

— (2008a), »Constructing a European Society by Jurisdiction.« In: *European Law Journal* 14 (5), S. 519–541.

— (2008b) *Die Konstruktion der europäischen Gesellschaft.* Frankfurt/New York: Campus.

Münch, Richard und Tina Guenther (2005), »Der Markt in der Organisation. Von der Hegemonie der Fachspezialisten zur Hegemonie des Finanzmanagements.« In: Paul Windolf (Hg.), *Finanzmarkt-Kapitalismus. Analysen zum Wandel von Produktionsregimen.* Sonderheft 45 der *Kölner Zeitschrift für Soziologie und Sozialpsychologie.* Wiesbaden: VS Verlag für Sozialwissenschaften, S. 394–417.

Münchau, Wolfgang (2008), *Vorbeben: Was die globale Finanzkrise für uns bedeutet und wie wir uns retten können.* München: Carl Hanser Verlag.

Murswieck, Axel (1998), »Gesellschaft.« In: Willi Paul Adams und Peter Lösche (Hg.). *Länderbericht USA.* Bonn: Bundeszentrale für politische Bildung, S. 712–715.

Nakane, Chie (1985), *Die Struktur der japanischen Gesellschaft.* Frankfurt a. M.: Suhrkamp.

Nassehi, Armin (2003), *Geschlossenheit und Offenheit. Studien zur Theorie der modernen Gesellschaft.* Frankfurt a. M.: Suhrkamp.

Nelson, Joel I. (1995), *Post-Industrial Capitalism. Exploring Economic Inequality in America.* Thousand Oaks, CA: Sage Publications.

Nelson, William E. (1988), *The Fourteenth Amendment: From Political Principle to Judicial Doctrine.* Cambridge, Mass.: Harvard University Press.

Neumann, Gerald L. (1996), *Strangers to the Constitution: Immigrants, Borders, and Fundamental Law.* Princeton, N.J.: Princeton University Press.

Neumayer, Eric (2003), »Beyond income: convergence in living standards, big time.« In: *Structural change and economic dynamics* 14, S. 275–296.

North, Douglas C. (1992), *Institutionen, institutioneller Wandel und Wirtschaftsleistung.* Tübingen: Mohr Siebeck.

Nullmeier, Frank (2000), *Politische Theorie des Sozialstaats.* Frankfurt/New York: Campus.

O' Sullivan, Mary A. (2000), *Contests for Corporate Control.* Oxford: Oxford University Press.

O'Brien, Robert, Anne Marie Goetz, Jan Aart Scholte und Marc Williams (2000), *Global Governance. Multilateral Economic Institutions and Social Movements.* Cambridge, Mass.: Cambridge University Press.

Obinger, Herbert (2004), *Politik und Wirtschaftswachstum. Ein internationaler Vergleich.* Wiesbaden: VS Verlag für Sozialwissenschaften.

Obinger, Herbert, Uwe Wagschal und Bernhard Kittel (Hg.) (2003), *Politische Ökonomie. Demokratie und wirtschaftliche Leistungsfähigkeit.* Wiesbaden: VS Verlag für Sozialwissenschaften.

OECD (1998), *Employment Rates Report 1998. Employment Performance in the Member States.* Paris: OECD.

— (2000a), *Employment Outlook.* Paris: OECD.

— (2000b), *International Trade and Core Labour Standards.* Paris: OECD Publication Service.

— (2002a), *Society at a Glance. OECD Social Indicators.* Online (24.06.2004): [http://www.oecd.org/document/24/0,2340,en_2649_37419_2671576_1_1_1_37419,00.html].

— (2002b), *World Development Indicators Database. Society at a Glance.* Online: [http://www.oecd.org/document/24/0,2340,en_2649_37419_2671576_1_1_1_37419,00.html].
— (2003a), *Statistical Compendium.* CD-ROM, Edition 1/2003.
— (2003b), *Employment Outlook.* Paris: OECD.
— (2003c), *Historical Statistics.* Paris: OECD.
— (2003d), *Labour Market Statistics.* Paris: OECD.
— (2003e), *Main Economic Indicators.* Paris: OECD.
— (2003f), *Quarterly Labour Force Statistics.* Paris: OECD.
— (2004), *Corporate Data Environment. Labour Force Statistics.* Online: [http://www1.oecd.org/scripts/cde/members/lfsdataauthenticate.asp].
— (2007), *Renten auf einen Blick. Ausgabe 2007.* Paris: OECD.
Oelkers, Jürgen (2003), *Wie man Schule entwickelt. Eine bildungspolitische Analyse nach PISA.* Weinheim/Basel/Berlin: Beltz.
Offe, Claus (1997), »Was tun mit dem Überangebot an Arbeitskraft?« In: *Gewerkschaftliche Monatshefte* 48, S. 239–243.
— (2003), *Herausforderungen der Demokratie. Zur Integrations- und Leistungsfähigkeit politischer Institutionen.* Frankfurt/New York: Campus.
Olson, Mancur (1982), *The Rise and Decline of Nations. Economic Growth, Stagflation, and Social Rigidities.* New Haven/London: Yale University Press.
Opielka, Michael (2004a), *Gemeinschaft in Gesellschaft: Soziologie nach Hegel und Parsons.* Wiesbaden: VS Verlag für Sozialwissenschaften.
— (2004b), *Sozialpolitik. Grundlagen und vergleichende Perspektiven.* Reinbek bei Hamburg: Rowohlt Taschenbuch-Verlag.
— (2004c), »Was kostet ein Grundeinkommen?« In: *Leviathan* 32 (4), S. 440–447.
Opielka, Michael und Georg Vobruba (Hg.) (1986), *Das garantierte Grundeinkommen. Entwicklung und Perspektiven einer Forderung.* Frankfurt a. M.: Fischer Taschenbuch.
Ostner, Ilona (1998), »Quadraturen im Wohlfahrtsdreieck. Die USA, Schweden und die Bundesrepublik im Vergleich.« In: Stephan Lessenich und Ilona Ostner (Hg.), *Welten des Wohlfahrtskapitalismus.* Frankfurt/New York: Campus, S. 225–252.
Pangle, Thomas L. (1988), *The Spirit of Modern Republicanism. The Moral Vision of the American Founders and the Philosophy of Locke.* Chicago: University of Chicago Press.
Parsons, Talcott (1967), »Durkheim's Contribution to the Theory of Integration of Social Systems.« In: Talcott Parsons, *Sociological Theory and Modern Society.* New York: Free Press, S. 3–34.
— (1969), *Politics and Social Structure.* New York: Free Press.
— (1971), *The System of Modern Societies.* Englewood Cliffs, N.J.: Prentice Hall.
— (1977), »Some Theoretical Considerations on the Nature and Trends of Change of Ethnicity.« In: Talcott Parsons, *Social Systems and the Evolution of Action Theory.* New York: Free Press, S. 381–404.
— (1979), *The American Societal Community.* Cambridge, Mass.: Parsons Archives, Harvard University.
Parsons, Talcott und Winston White (1964), »The Link between Character and Society.« In: Talcott Parsons, *Social Structure and Personality.* New York: Free Press, S. 183–235.
Pastore, Ann L. und Kathleen Maguire (Hg.) (2003), *Sourcebook of Criminal Justice Statistics 2001.* Washington, D.C.: U.S. Dept. of Justice, Bureau of Justice Statistics.
Patchin, Justin W., Beth M. Huebner, John D. McCluskey, Sean P. Varano, und Timothy S. Bynum (2006), »Exposure to Community Violence and Childhood Delinquency.« In: *Crime & Delinquency* 52, S. 307–332.

Paxton, Pamela (1999), »Is Social Capital Declining in the United States? A Multiple Indicator Assessment.« In: *American Journal of Sociology* 105, S. 88–127.

Peterson, Merrill D. (1970), *Thomas Jefferson and the New Nation.* New York: Oxford University Press.

Petracca, Marc P. (1992), *The Politics of Interest.* Boulder: Westview.

Pettigrew, Thomas F. (1964), *A Profile of the Negro American.* Princeton, N.J.: Van Nostrand.

Pettit, Becky und Bruce Western (2004), »Mass Imprisonment and the Life Course: Race and Class Inequality in U.S. Incarceration.« In: *American Sociological Review* 69 (2) , S. 151–169.

Pierson, Paul (1994), *Dismantling the Welfare State?* New York: Cambridge University Press.

— (2004), *Politics in Time: History, Institutions and Social Analysis.* Princeton, N.J.: Princeton University Press.

Piper, Nikolaus (2008), »Gipfeltreffen in Washington: Anstoß für Reformen der Weltfinanzen.« In: *Süddeutsche Zeitung* 64, Nr. 266, 15./16. November 2008, S. 23.

Polanyi, Karl (1977); *The Great Transformation.* Frankfurt a. M.: Suhrkamp (engl. Original 1944).

Pongratz, Hans. J. und G. Günter Voss (2003), *Arbeitskraftunternehmer. Erwerbsorientierungen in entgrenzten Arbeitsformen.* Berlin: edition sigma.

Powell, Walter W. und Paul J. DiMaggio (Hg.) (1991), *The New Institutionalism in Organizational Analysis.* Chicago: University of Chicago Press.

Preyer, Gerhard (2006), *Soziologische Theorie der Gegenwartsgesellschaft. Mitgliedschaftstheoretische Untersuchungen.* Wiesbaden: VS Verlag für Sozialwissenschaften.

Preyer, Gerhard und Mathias Bös (Hg.) (2002), *Borderlines in a Globalized World.* Dordrecht/Boston/London: Kluwer.

Proctor, Bernadette D. und Joseph Dalaker (2002), *Poverty in the United States: 2001.* Current Population Reports. U.S. Census Bureau. Washington, D.C.: U.S. Government Printing Office.

Putnam, Robert D. (1995a), »Bowling Alone: America's Declining Social Capital.« In: *Journal of Democracy* 6: S. 65–78.

— (1995b), »Turning In, Turning Out: The Strange Disappearance of Social Capital in America.« In: *Political Science and Politics* 28, S. 664–683.

Rawls, John (1993), *Political Liberalism.* New York: Columbia University Press.

Reichenbach, Dirk (2006), *Aktienanalysten und Ratingagenturen – Wer überwacht die Überwacher.* Frankfurt a. M.: Peter Lang.

Reinhart, Carmen M. und Kenneth S. Rogoff (2008), »Is the 2007 Sub-Prime Crisis so Different? An International Historical Perspective.« In: *American Economic Review* 98, S. 339–344.

Rhodes, Martin (1996), »Globalization and West European Welfare States: A Critical Review of Recent Debates.« In: *Journal of European Social Policy* 6, S. 305–327.

Ricardo, David (1817/1977), *On the Principles of Political Economy and Taxation.* Hildesheim: Olms.

Rieger, Elmar und Stephan Leibfried (2001), *Grundlagen der Globalisierung. Perspektiven des Wohlfahrtsstaates.* Frankfurt a. M.: Suhrkamp.

Risse, Thomas, Stephen C. Ropp und Kathryn Sikkink (Hg.) (1999), *The Power of Human Rights. International Norms and Domestic Change.* Cambridge, Mass.: Cambridge University Press.

Robinson, Robert V. und Elton F. Jackson (2001), »Is Trust in Others Declining in America? An Age-Period-Cohort Analysis.« In: *Social Science Research* 30, S. 117–145.

Rodrik, Dani (1997), *Has Globalization Gone Too Far?* Washington, D.C.: Institute for International Economics.

Rombes, Nicholas (1996), »Speculative Discourse: Uses of the Future in the Declaration, The Federalist Papers, Jefferson and Paine.« In: Richard A. Lee and W.M. Verhoeven (Hg.), *Making America/Making American Literature.* Amsterdam/Atlanta, GA: Rodopi, S. 77–92.

Rosa, Hartmut (2005), *Beschleunigung: Die Veränderung der Zeitstrukturen in der Moderne.* Frankfurt a. M.: Suhrkamp.

Rosenfeld, Richard (2001), »The Role of Third Parties in Violent Conflict: A Comment on Cooney's Theory of Third Parties.« In: *Theoretical Criminology* 5, S. 261–265.

Rousseau, Jean-Jacques (1970), *Der Gesellschaftsvertrag oder die Grundsätze des Staatsrechts.* Stuttgart: Reclam (frz. Original 1762).

Rubio-Marín, Ruth (2000), *Immigration as a Democratic Challenge: Citizenship and Inclusion in Germany and the United States.* Cambridge, Mass.: Cambridge University Press.

Runciman, Walter G. (1966), *Relative Deprivation and Social Justice. A Study of Attitudes to Social Inequality in Twentieth Century.* London: Routledge & Kegan Paul.

Sahlins, Marshall (1965.), »On the Sociology of Primitive Exchange.« In: M. Banton (Hg.), *The Relevance of Models for Social Anthropology. ASA Monographs 1.* London: Tavistock, S. 139–263.

Sampson, Robert J. und Stephen W. Raudenbush (1999), »Systematic Social Observation of Public Spaces: A New Look at Disorder in Urban Neighborhoods 1.« In: *American Journal of Sociology* 105, S. 603–651.

Sampson, Robert J. und William B. Groves (1989), »Community Structure and Crime: Testing Social-Disorganization Theory.« In: *American Journal of Sociology* 94, S. 774–802.

Sandel, Michael (1982), *Liberalism and the Limits of Justice.* Cambridge, Mass.: Cambridge University Press.

Savelsberg, Joachim J. (1994), »Knowledge, Domination, and Criminal Punishment.« In: *American Journal of Sociology* 99 (4), S. 911–943.

Savolainen, Jukka (2000), »Inequality, Welfare State, and Homicide: Further Support for the Institutional Anomie Theory.« In: *Criminology* 38, S. 1021–1042.

Scatamburlo, Valerie L. (1998), *Soldiers of Misfortune. The New Right's Culture War and the Politics of Political Correctness.* New York: Peter Lang.

Schäfer, Armin (2005), *Die neue Unverbindlichkeit. Wirtschaftspolitische Koordinierung in Europa.* Frankfurt/New York: Campus.

Scharpf, Fritz W. (1995), »Subventionierte Niedriglohn-Beschäftigung statt bezahlter Arbeitslosigkeit?« In: *Zeitschrift für Sozialreform* 41 (2), *S. 65–82.*

— (1997), »Employment and the Welfare State: A Continental Dilemma« In: *MPIfG Working Paper* 97/7.

— (1999), *Regieren in Europa. Effektiv und demokratisch?* Frankfurt/New York: Campus.

— (2000), »The Viability of Advanced Welfare States in the International Economy. Vulnerabilities and Options.« In: *Journal of European Public Policy* 7, S. 190–228.

— (2009), »Legitimacy in the Multilevel European Polity.« In: *MPIfG Working Paper* 09/1.

Scharpf, Fritz W. und Vivien A. Schmidt (Hg.) (2000), *Welfare and Work in the Open Economy.* 2 Bde. Oxford: Oxford University Press.

Schelsky, Helmut (1965), *Auf der Suche nach Wirklichkeit. Gesammelte Aufsätze.* Düsseldorf/Köln: Diederichs.

Schimank, Uwe (1996), *Theorien gesellschaftlicher Differenzierung.* Opladen: Leske + Budrich.

Schlesinger, Arthur Jr. (1992), *The Disuniting of America: Reflections on a Multicultural Society.* New York: Norton.

Schluchter, Wolfgang (1988), *Religion und Lebensführung.* 2 Bde. Frankfurt a. M.: Suhrkamp.

Schmid, Günther (2002), *Wege in eine neue Vollbeschäftigung. Übergangsarbeitsmärkte und aktivierende Arbeitsmarktpolitik.* Frankfurt/New York: Campus.

Schmidt, Alvin J. (1997), *The Menace of Multiculturalism. Trojan Horse in America.* Westport, CT: Praeger.

Schmidt, Manfred G. (1998), »Wohlfahrtsstaatliche Regime: Politische Grundlagen und politisch-ökonomisches Leistungsvermögen.« In: Stephan Lessenich und Ilona Ostner (Hg.), *Welten des Wohlfahrtskapitalismus.* Frankfurt/New York: Campus, S. 179–200.

Schmidt, Volker H. (2005), »Die Systeme der Systemtheorie. Stärken, Schwächen und ein Lösungsvorschlag.« In: *Zeitschrift für Soziologie* 34 (6), S. 406–424.

Schmidt-Wellenburg, Christian (2005), *Evolution und sozialer Wandel. Neodarwinistische Mechanismen bei W.G. Runciman und N. Luhmann.* Opladen: Barbara Budrich.

Schneider, David M. (1968), *American Kinship: A Cultural Account.* Englewood Cliffs, N.J.: Prentice Hall.

Schneider, Volker und Marc Tenbücken (Hg.) (2004), *Der Staat auf dem Rückzug. Die Privatisierung öffentlicher Infrastrukturen.* Frankfurt/New York: Campus.

Schroer, Markus (2007), *Räume, Orte, Grenzen. Auf dem Weg zu einer Soziologie des Raums.* Frankfurt a. M.: Suhrkamp.

Schröder, Martin (2009), »Integrating Welfare and Production Typologies: How Refinements of the Varieties of Capitalism Apporach Call for a Combination of Welfare Typologies.« In: *Journal of Social Policy* 38, S. 19–43.

Schulze, Gerhard (2003), *Die beste aller Welten. Wohin bewegt sich die Gesellschaft im 21. Jahrhundert?* München: Carl Hanser Verlag.

Schulze-Cleven, Tobias (2009), *Flexible Markets, Protected Workers: Adjustment Pathways in Europe's New Economy.* Ph.D.-Dissertation, University of California, Berkeley.

Schuppert, Gunnar Folke (2006), »The Changing Role of the State Reflected in the Growing Importance of Non-State Actors.« In: G.F. Schuppert (Hg.), *Global Governance and the Role of Non-State Actors.* Baden-Baden: Nomos, S. 203–244.

Schwarze, Johannes (1999), »Der Einfluss alternativer Konzeptionen von Alterssicherungssystemen auf Sicherungsniveau, Altersarmut und Einkommensverteilung: Ein Vergleich zwischen Deutschland und USA.« In: Richard Hauser (Hg.), *Alternative Konzeptionen der sozialen Sicherung. Schriften des Vereins für Sozialpolitik. Neue Folge Band 265.* Berlin: Duncker & Humblot, S. 127–168.

Schwarze, Johannes und Marco Härpfer (2002), »Are people Inequality Averse, and Do They Prefer Redistribution by the State?« In: *Discussion Papers 285.* Deutsches Institut für Wirtschaftsforschung DIW Berlin.

Schweiger, Stefan (2008), »Deutschland, deine Rezessionen.« In: *Süddeutsche Zeitung* 64, Nr. 242, 17. Oktober 2008, S. 27.

Schwengel, Hermann (1999), *Globalisierung mit europäischem Gesicht.* Berlin: Aufbau Verlag.

Schwinn, Thomas (1996), »Zum Integrationsmodus moderner Ordnungen. Eine kritische Auseinandersetzung mit Richard Münch.« In: *Schweizerische Zeitschrift für Soziologie* 22, S. 253–283.

— (1997), »Institutionelle Entlastung von Zumutungen. Replik auf Richard Münch,« In: *Schweizerische Zeitschrift für Soziologie* 23, S. 403–411.

— (2001), *Differenzierung ohne Gesellschaft.* Weilerswist: Velbrück Wissenschaft.

— (2005), »Weltgesellschaft, multiple Moderne und die Herausforderungen für die soziologische Theorie.« In: B. Heintz, R. Münch und H. Tyrell (Hg.), *Weltgesellschaft. Theoretische Zugänge und empirische Problemlagen. Sonderheft der Zeitschrift für Soziologie.* Stuttgart: Lucius & Lucius, S. 205–222.

Seeleib-Kaiser, Martin (2001), *Globalisierung und Sozialpolitik. Ein Vergleich der Diskurse und Wohlfahrtssysteme in Deutschland, Japan und den USA.* Frankfurt/New York: Campus.

Sennett, Richard (1998), *Der flexible Mensch. Die Kultur des neuen Kapitalismus.* Berlin: Berlin Verlag.

Shaw, Clifford und Henry McKay (1942), *Juvenile Delinquency and Urban Areas.* Chicago: University of Chicago Press.

Simmel, Georg (1908/1992), *Soziologie. Untersuchungen über die Formen der Vergesellschaftung.* Frankfurt a. M.: Suhrkamp.

Sirianni, Carmen und Lewis Friedland (2001), *Civic Innovation in America.* Berkeley: University of California Press.

Skocpol, Theda (1998), »Don't Blame Big Government. America's Voluntary Groups Thrive in a National Network.« In: E.J. Dionne Jr. (Hg.), *Community Works. The Revival of Civil Society in America.* Washington, D.C.: Brookings Institution Press, S. 37–43.

Smeeding, Timothy M. und Andrew Grodner (2000) »Changing Income Inequality in OECD Countries: Updated Results from the Luxembourg Income Study (LIS).« In: Richard Hauser und Irene Becker, *The Personal Distribution of Income in an International Perspective.* Berlin: Springer.

Smelser, Neil J. und Jeffrey C. Alexander (Hg.) (1999), *Diversity and Its Discontents. Cultural Conflict and Common Ground in Contemporary American Society.* Princeton, N.J.: Princeton University Press.

Smelser, Neil J. und Richard Swedberg (Hg.) (2005), *The Handbook of Economic Sociology.* 2. Aufl. Princeton, N.J.: Princeton University Press.

Smith, Adam (1999), *Der Wohlstand der Nationen. Eine Untersuchung seiner Natur und Ursachen.* 9. Aufl. München: DTV (engl. Original 1776).

Solga, Heike (2002), »Ausbildungslosigkeit als soziales Stigma in Bildungsgesellschaften.« In: *Kölner Zeitschrift für Soziologie und Sozialpsychologie* 54, S. 417–434.

— (2003), »Das Paradox der integrierten Ausgrenzung von gering qualifizierten Jugendlichen.« In: *Aus Politik und Zeitgeschichte* 27, B 21–22.

Stalker, Peter (2000), *Workers without Frontiers. The Impact of Globalization on International Migration.* Boulder: Lynne Rienner.

Stehr, Nico (2007), *Die Moralisierung der Märkte. Eine Gesellschaftstheorie.* Frankfurt a. M.: Suhrkamp.

Stephens, John D., Evelyne Huber und Leonard Ray (1999), »The Welfare State in Hard Times.« In: H. Kitschelt, P. Lange, G. Marks und J.D. Stephens (Hg.), *Continuity and Change in Contemporary Capitalism.* New York: Cambridge University Press, S. 164–193.

Stichweh, Rudolf (2000), *Die Weltgesellschaft. Soziologische Analysen.* Frankfurt a. M.: Suhrkamp.

Story, Jonathan und Ingo Walter (1997), *Political economy of financial integration in Europe.* Manchester: Manchester University Press.

Streeck, Wolfgang (1992), »Productive Constraints: On the Institutional Conditions of Diversified Quality Production.« In: Wolfgang, Streeck, *Social Institutions and Economic Performance: Studies of Industrial Relations in Advanced Capitalist Economies.* London/Beverley Hills: Sage, S. 1–40.

— (1998), *Internationale Wirtschaft, nationale Demokratie. Herausforderungen für die Demokratietheorie.* Frankfurt/New York: Campus.

— (1999), *Korporatismus in Deutschland. Zwischen Nationalstaat und europäischer Union.* Frankfurt/New York: Campus.

— (2008a), »Flexible Markets, Stable Societies.« In: *MPIfG Working Paper* 08/6.

— (2008b), »Von der gesteuerten Demokratie zum selbststeuernden Kapitalismus. Die Sozialwissenschaften in der Liberalisierung.« In: *MPIfG Working Paper* 08/7.

— (2009), *Re-Forming Capitalism: Institutional Change in the German Political Economy*. Oxford: Oxford University Press.

Streeck, Wolfgang und Martin Höpner (Hg.) (2003), *Alle Macht dem Markt? Fallstudien zur Abwicklung der Deutschland AG*. Frankfurt/New York: Campus.

Streeck, Wolfgang und Kozo Yamamura (Hg.) (2001), *The Origins of Nonliberal Capitalism. Germany and Japan Compared*. Ithaca/London: Cornell University Press.

Streeck, Wolfgang und Kathleen Thelen (Hg.) (2005a), *Beyond Continuity. Institutional Change in Advanced Political Economies*. Oxford: Oxford University Press.

Streeck, Wolfgang und Kathleen Thelen (2005b), »Introduction: Institutional Change in Advanced Political Economies.« In: Wolfgang Streeck und Kathleen Thelen (Hg.), *Beyond Continuity. Institutional Change in Advanced Political Economies*. Oxford: Oxford University Press, S. 1–39.

Strulik, Torsten (2000a), »Funktionen und Folgen privater Rating-Agenturen im Kontext der Regulierung globaler Finanzmärkte.« In: *Soziale Welt* 51 (4), S. 443–462.

— (2000b), *Risikomanagement globaler Finanzmärkte. Herausforderungen und Initiativen im Kontext der Bankenregulierung*. Frankfurt/New York: Campus.

— (2004), *Nichtwissen und Vertrauen in der Wissensökonomie*. Frankfurt/New York: Campus.

Süddeutsche Zeitung (2004a), »Politbarometer: Die Stimmung Anfang April. Die Regierung kommt nicht aus dem Keller.« *Süddeutsche Zeitung*, Nr. 79, Samstag/Sonntag 3./4. April 2004, S. 8.

— (2004b), »Deutschland fällt weiter zurück.« *Süddeutsche Zeitung* 60, Nr. 234, 8. Oktober 2004, S. 21.

— (2008), »Es darf keine blinden Flecken mehr geben.« Interview mit Bundeskanzlerin Angela Merkel zum Weltfinanzgipfel. *Süddeutsche Zeitung* 64, Nr. 265, 14. November 2008, S. 6.

— (2009a), »Akademiker verschmähen die SPD. » In: *Süddeutsche Zeitung* 65, Nr. 15, 20. Januar 2009, S. 5.

— (2009b), »Liberale sacken wieder ab.« *Süddeutsche Zeitung* 65, Nr. 37, 14./15. Februar 2009, S. 6.

Sutherland, Edwin H. (1939), *Principles of Criminology*. Philadelphia: Lippincott.

Swank, Duane (2002), *Global Capital, Political Institutions, and Policy Change in Developed Welfare States*. Cambridge, Mass.: Cambridge University Press.

Swedberg, Richard (1998), *Max Weber and the Idea of Economic Sociology*. Princeton, N.J.: Princeton University Press.

— (2000), »The Role of the Market in Max Weber's Work.« In: *Theory and Society* 29, S. 373–384.

— (2003), *Principles of Economic Sociology*. Princeton, N.J.: Princeton University Press.

— (2006), »Max Weber's Contribution to the Economic Sociology of Law.« In: *Annual Review of Law and Social Science* 2, S. 61–82.

Sztompka, Piotr (1999), *Trust. A Sociological Theory*. Cambridge, Mass.: Cambridge University Press.

Thelen, Kathleen (2002), »The Explanatory Power of Historical Institutionalism.« In: R. Mayntz (Hg.), *Akteure – Mechanismen – Modelle. Zur Theoriefähigkeit makro-sozialer Analysen*. Frankfurt/New York: Campus, S. 91–107.

Thelen, Kathleen und Ikuo Kume (2006), »Coordination as a Political Problem in Coordinated Market Economies.« In: *Governance* 19 (1), S. 11–42.

Thome, Helmut und Christoph Birkel (2007), *Sozialer Wandel und Gewaltkriminalität.* Wiesbaden: VS Verlag für Sozialwissenschaften.

Thorlindsson, Thorolfur und Jon Gunnar Bernburg (2004), »Durkheim's Theory of Social Order and Deviance: a Multi-level Test.« In: *European Sociological Review 20,* S. 271–285.

Tiryakian, Edward A. (1975), »Neither Marx nor Durkheim … Perhaps Weber.« In: *American Journal of Sociology* 81, S. 1–33.

Titmuss, Richard (1958), *Essays on the Welfare State.* London: Allen and Unwin.

Tocqueville, Alexis de (1976), *Über die Demokratie in Amerika.* München: Deutscher Taschenbuch Verlag (frz. Original: *De la démocratie en Amérique.* Paris: Gallimard (1835/40) 1951).

Tomuschat, Christian (2001), *International Law: Ensuring the Survival of Mankind on the Eve of a New Century. General Course on Public International Law.* Den Haag: Martinus Nijhoff.

Tonry, Michael (1995), *Malign neglect, race, crime, and punishment in America.* New York: Oxford University Press.

Trampusch, Christine (2003), »Dauerproblem Arbeitsmarkt: Reformblockaden und Lösungskonzepte.« In: *Aus Politik und Zeitgeschichte* B 18 – 19, S. 16 – 23.

Traxler, Franz (2005), »Geldpolitik, Tarifsystem und Korporatismus.« In: Paul Windolf (Hg.), *Finanzmarkt-Kapitalismus. Analysen zum Wandel von Produktionsregimen.* Sonderheft 45 der *Kölner Zeitschrift für Soziologie und Sozialpsychologie.* Wiesbaden: VS Verlag für Sozialwissenschaften, S. 372–393.

Traxler, Franz, Bernhard Kittel und Sabine Blaschke (2001), *National Labour Relations in Internationalized Markets.* Oxford: Oxford University Press.

Tsebelis, George (2002), *Veto Players: How Political Institutions Work.* New York: Russel Sage Foundation.

UN Population Division. Department of Economic and Social Affairs (2002), *International Migration 2002.* Online (24.06.2004): [http://www.un.org/esa/population/publications/ittmig2002/ittmig2002.htm].

UN (2004), *Surveys on Crime Trends and the Operation of Criminal Justice Systems.* Online (16.08.2004): [http://www.unodc.org/unodc/crime_cicp_surveys.html].

U.S. Bureau of Justice Statistics (1995), *National Crime Victimization Survey.* Washington, D.C.: U.S. Government Printing Office.

U.S. Bureau of the Census (1995); *Poverty Areas.* Washington, D.C.: U.S. Government Printing Office.

— (1996a), *Current Population Survey.* Washington, D.C.: U.S. Government Printing Office.

— (1996b), *Poverty 1995.* Washington, D.C.: U.S. Government Printing Office.

U.S. Census Bureau (2002), *Statistical Abstract of the United States.* Washington, D.C.: U.S. Government Printing Office.

— (2004), *U.S. Interim Projections by Age, Sex, Race and Hispanic Origin.* Online (27.03.2008): [http://www.census.gov/ipc/www/usinterimproj/].

U.S. Department of Justice (2003), *Prison and Jail Inmates at Midyear 2002.* Bureau of Justice Statistics Bulletin. Online 24.06.2004: [http://www.ojpusdoj.gov/bjs/pub/pdf/pjim02.pdf].

— (2004), *Bureau of Justice Statistics. Online Data.* Online 24.06.2004: [http://www.ojpusdoj.gov/dataonline/Search/Crime/State/StateCrime.cfm];
[http://www.ojpusdoj.gov/bjs/glance/tables/incrttab.htm].

U.S. National Center for Education Statistics (1996), *Youth Indicators 1996. Indicator 53. Volunteer Work and Community Affairs.* Washington, D.C.: U.S. Government Printing Office.

Verba, Sidney, Kay L. Schlozman und Henry E. Brady (1995), *Voice and Equality. Civic Voluntarism in American Politics.* Cambridge, Mass.: Harvard University Press.

Veysey, Bonita M. und Steven F. Messner (1999), »Further Testing of Social Disorganization Theory: An Elaboration of Sampson and Groves's ›Community Structure and Crime‹.« In: *Journal of Research in Crime and Delinquency* 36, *S*.156–174.

Vitols, Sigurd (2001), *The Origins of Bank-Based and Market-Based Financial Systems: Germany, Japan and the United States*. Ithaca/London: Cornell University Press.

Vobruba, Georg (2000), *Alternativen zur Vollbeschäftigung: die Transformation von Arbeit und Einkommen*. Frankfurt a. M.: Suhrkamp.

Vobruba, Georg (2007), *Entkoppelung von Arbeit und Einkommen. Das Grundeinkommen in der Arbeitsgesellschaft*. 2. erweiterte Aufl. Wiesbaden: VS Verlag für Sozialwissenschaften.

Vogel, Steven K. (1996), *Freer Markets, More Rules. Regulatory Reform in Advanced Industrial Countries*. Ithaca/London: Cornell University Press.

Vowinkel, Gerhard (1995), *Verwandtschaft, Freundschaft und die Gesellschaft der Fremden. Grundlagen menschlichen Zusammenlebens*. Darmstadt: Wissenschaftliche Buchgesellschaft.

Walzer, Michael (1990), »The Communitarian Critique of Liberalism.« In: *Political Theory* 18, S. 6–23.

Weber, Max (1923), *Wirtschaftsgeschichte*. Hg. von S. Hellmann und M. Palyi. Berlin: Duncker & Humblot.

— (1920/1972), *Gesammelte Aufsätze zur Religionssoziologie*. Bd. 1. Tübingen: Mohr Siebeck.

— (1922/1976), *Wirtschaft und Gesellschaft*. Tübingen: Mohr Siebeck.

Weiler, Joseph H. (1999), *The Constitution of Europe*. Cambridge: Cambridge University Press.

Weizsäcker, Christian von (1999), *Logik der Globalisierung*. Göttingen: Vandenhoeck & Ruprecht.

Wenzel, Harald (2001), *Die Abenteuer der Kommunikation*. Weilerswist: Velbrück.

Wesel, Uwe (1997), *Geschichte des Rechts. Von den Frühformen bis zum Vertrag von Maastricht*. München: C.H. Beck

Western, Bruce und Katherine Beckett (1998), »Der Mythos des freien Marktes. Das Strafrecht als Institution des US-amerikanischen Arbeitsmarktes.« In: *Berliner Journal für Soziologie 8*, S.159–180.

White, Harrison C. (1981), »Where do Markets Come From?« In: *American Journal of Sociology* 87, S. 517–547.

— (2001), *Markets from Networks. Socioeconomic Models of Production*. Princeton, N.J.: Princeton University Press.

Whyman, Philip (2003), *Sweden and the« Third Way«: A Macroeconomic Evaluation*. Hampshire, UK: Ashgate Publishing, Ltd.

Wiener, Antje (2007), »Europäische Bürgerschaftspraxis.« In: J. Mackert und H.-P. Müller (Hg.), *Moderne (Staats)Bürgerschaft*. Wiesbaden: VS Verlag für Sozialwissenschaften, S. 261–283.

Wikipedia (2009), *Ergebnisse der Landtagswahlen in Hessen*. Online (19.01.2009): [http://de. wikipedia./org/wiki/Ergebnisse_der_Landtagswahlen_in_Hessen]

Williamson, Oliver E. (1975), *Markets and Hierarchies. Analysis and Antitrust Implications*. New York: Free Press.

— (1981), »The Economics of Organization. The Transaction Cost Approach.« In: *American Journal of Sociology* 87 (3), S. 548–577.

— (1985), *The Economic Institutions of Capitalism*. New York: Free Press.

Wilson, Julius W. (1990), *The Truly Disadvantaged. The Inner City, the Underclass and Public Policy*. Chicago: University of Chicago Press.

Windolf, Paul (2002), *Corporate Networks in Europe and the United States*. Oxford: Oxford University Press.

— (2003), »Korruption, Betrug und Corporate Governance in den USA: Anmerkungen zu Enron.« In: *Leviathan* 31, S. 185–218.

— (Hg.) (2005), *Finanzmarktkapitalismus. Analysen zum Wandel von Produktionsregimen*. Sonderheft 45.der *Kölner Zeitschrift für Soziologie und Sozialpsychologie*, Wiesbaden: VS Verlag für Sozialwissenschaften.

— (2008), »Eigentümer ohne Risiko. Die Dienstklasse des Finanzmarkt-Kapitalismus.« In: *Zeitschrift für Soziologie* 37 (6), S. 516–535.

Windolf, Paul und Jürgen Beyer (1995), »Kooperativer Kapitalismus: Unternehmensverflechtungen im internationalen Vergleich.« In: *Kölner Zeitschrift für Soziologie und Sozialpsychologie* 47, S. 1–36.

Windolf, Paul und Michael Nollert (2001), »Institutionen, Interessen, Netzwerke. Unternehmensverflechtung im internationalen Vergleich.« In: *Politische Vierteljahresschrift* 42 (1), S. 51–78.

Wobbe, Theresa (2003), »From Protecting to Promoting: Evolving EU Sex Equality Norms in an Organizational Field.« In: *European Law Journal* 9, S. 88–108.

— (2007), »Die Koexistenz nationaler und supranationaler Bürgerschaft: Neue Formen politischer Inkorporation.« In: J. Mackert und H.-P. Müller (Hg.). *Moderne (Staats)Bürgerschaft*. Wiesbaden: VS Verlag für Sozialwissenschaften, S. 235–259.

World Bank (2002), *Globalization, Growth, and Poverty*. New York: Oxford University Press.

— (2003), *World Development Indicators*. Washington, D.C.: World Bank.

Wuthnow, Robert (1988), *The Restructuring of American Religion, Society and Faith since World War II*. Princeton, N.J.: Princeton University Press.

— (1991), *Acts of Compassion: Caring for Others and Helping Ourselves*. Princeton, N.J.: Princeton University Press.

— (1995); *Learning to Care. Elementary Kindness in an Age of Indifference*. New York: Oxford University Press.

Young, Iris Marion (1990), *Justice and the Politics of Difference*. Princeton, N.J.: Princeton University Press.

Zielcke, Andreas (2008), »Bist du berühmt? Bist du sexy? Hast du gewonnen?« In: *Süddeutsche Zeitung* 64, Nr. 255, 3.November 2008, S. 11.

Zohlnhöfer, Reimut, Herbert Obinger und Frieder Wolf (2008), »Partisan Politics, Globalization, and the Determinants of Privatization Proceeds in Advanced Democracies (1990–2000).« In: *Governance* 21 (1), S. 95–121.

Zukunftskommission der Friedrich Ebert Stiftung (1998), *Wirtschaftliche Leistungsfähigkeit, sozialer Zusammenhalt, ökologische Nachhaltigkeit*. Bonn: Dietz.

Zürn, Michael (1998), *Regieren jenseits des Nationalstaats*. Frankfurt a. M.: Suhrkamp.

Personenregister

Sachregister

Veröffentlichungsnachweise

Die folgenden schon veröffentlichten Texte sind in erweiterter und veränderter Fassung in das Buch aufgenommen worden:

»Strukturen – Die Ausdifferenzierung und Institutionalisierung von Handlungsräumen.« In: Friedrich Jaeger und Burkhard Liebsch (Hg.). *Handbuch der Kulturwissenschaften*, Bd. 1. Stuttgart/Weimar: Verlag J.B. Metzler, 2004, S. 173–189 (Kap. 1).

»Reformblockade vs. Gestaltungswille? Deutsche und amerikanische Politik im Vergleich.« In: Hermann Strasser und Gerd Nollmann (Hg.). *Endstation Amerika? Sozialwissenschaftliche Innen- und Außenansichten.* Wiesbaden: VS Verlag für Sozialwissenschaften, 2005, S. 143–165 (Kap. 2).

»Die Dialektik von transnationaler Integration und nationaler Desintegration.« In: G. Preyer (Hg.). Neuer Mensch und Kollektive Identität in der Kommunikationsgesellschaft. Wiesbaden: VS Verlag für Sozialwissenschaften, 2008, S. 185–211 (Kap. 5).

»Die Kultur des Misstrauens.« In: *Blätter für deutsche und internationale Politik* 54 (1), 2009, S. 20–22 (Schlussbetrachtung).